王朝风云之春秋战国

CHUNQIU
ZHANGUO

李楠——编著

历史度尽劫波
文明生生不息

中国文史出版社

图书在版编目（C I P）数据

春秋战国 / 李楠编著 . -- 北京 : 中国文史出版社，2021.1

（王朝风云；2）

ISBN 978-7-5205-2255-7

Ⅰ . ①春… Ⅱ . ①李… Ⅲ . ①中国历史—春秋战国时代—通俗读物 Ⅳ . ① K225.09

中国版本图书馆 CIP 数据核字 (2020) 第 173832 号

责任编辑：詹红旗　戴小璇

出版发行：中国文史出版社
社　　址：北京市海淀区西八里庄 69 号院　邮编：100142
电　　话 : 010- 81136606　81136602　81136603(发行部)
传　　真 : 010-81136655
印　　装：廊坊市海涛印刷有限公司
经　　销：全国新华书店
开　　本：1/16
印　　张：22
字　　数：338 千字
版　　次：2021 年 3 月北京第 1 版
印　　次：2021 年 3 月第 1 次印刷
定　　价：66.00 元

前言

“凤凰台上凤凰游，凤去台空江自流。吴宫花草埋幽径，晋代衣冠成古丘。”李白一首《登金陵凤凰台》，可生动反映中国历代王朝的没落与沧桑。

中国是一个拥有 5000 年悠久历史的文明古国，王朝众多，更迭频繁。其间上演过无数令人感慨的悲喜剧，也创造了举世瞩目的中华文明。

这套《王朝风云》丛书，旨在全景展现中华民族从原始社会、奴隶社会到封建社会的历史跨越，以真实丰富的史料，鲜活生动的叙述，让一个个风格迥异的王朝如戏剧般轮番登场，上演从夏商周到晚清近代历史的荣光与波折。使读者从王朝演变的故事中深刻地体味历史的魅力，领悟中华文明博大精深的文化内涵。

丛书着重讲历史脉络，以历代政权更迭及政治、军事斗争为主，努力把中国历史中最精彩、最生动的内容奉献给广大读者。同时，为增强系统性，一定程度地反映历朝历代的掌故、习俗、科技、文化等内容。

《王朝风云》丛书共 15 部，此为第二部《春秋战国》，主要讲的是从公元前 770 年周平王东迁到公元前 221 年秦始皇统一天下 550 年间里中国历史上发生的那些丰富多彩的故事。

春秋战国分为春秋时期和战国时期。春秋时期，简称春秋，是属于东周的一个时期。春秋时代周王的势力减弱，诸侯群雄纷争，齐桓公、晋文公、宋襄公、秦穆公、楚庄王相继称霸，史称春秋五霸（一说为齐桓公、晋文公、楚庄王、吴王夫差、越王勾践）。战国时期简称战国，是中国历史上东周后期至秦统一中原前，各国混战不休，故被后世称为“战国”。

春秋时期，中国社会各个领域都发生了极大的变化，周朝赖以立国的分封制逐渐瓦解，各个国家相互征伐、兼并。到了战国时期，几个强大的诸侯国相继实行变法，封建生产关系逐渐确立，其中，秦国从中脱颖而出，最终吞并六国，实现了统一大业。

春秋时代的 300 年间，中国古代社会经历了深刻的变革。这个变革在中国古代史上有着重要的地位。它上承夏、商、周的统一王朝，下启列国并立、争奇斗艳的局面。这时先前铁板一块、神圣统一的帝国裂成了五颜六色的碎块；盘根错节的古代宗法制度，开始分崩离析；好像长期冻结的河水，随着春风送暖的季节到来，而逐渐融化以至奔流起来。在这样变革的广阔背景上，出现了那么多才智闪烁的人物、妙语连珠的议论、出奇制胜的谋略、威武雄壮的场面、山重水复的情节，从而组成了一幅幅壮丽的历史画卷——这就构成了我国古代一个重要历史阶段——春秋时代。

到了战国时期，经过长期的混战，形成了齐、楚、燕、韩、赵、魏、秦七个强大的诸侯国，历史上称为“战国七雄”。处在西面的秦国，经过一系列改革措施，逐渐强大起来。到了秦王嬴政时代，经过兼并战争，消灭了其他六国，终于又统一了全国，建立起中国历史上第一个统一的封建王朝。

了解历史，反思历史，是为了更好地借鉴历史、把握未来。

目录

第一编　春秋无义战，诸侯各自立

第一章　列国纷争

第二章 春秋五霸

第三章 军事征战

第二编　战国乱纷纷，云消归一统

第一章　战国七雄

第二章　变法运动

第三章 明争暗斗

第四章 战争狼烟

第五章 风云人物

第六章 政治经济

第七章 科技文化

第一编

春秋无义战，诸侯各自立

春秋初年，周王室已经开始衰弱，一些较大的诸侯国开始争霸称雄，齐桓公、晋文公、楚庄王、吴王夫差、越王勾践相继称霸。此外，宋襄公、燕昭王、秦穆公也都曾称霸一时。

春秋时代展开的大国争霸战争，其最终目的是代替周王室并夺取其对各国的号令及索贡权，实际是兼并掠夺战争另一种形式的发展。这就是所谓的“春秋无义战”。

第一章 列国纷争

一、春秋历史大脉络，周王更替诸侯兴

春秋时期（公元前770—公元前476年）政治格局动荡不安，群雄争霸，大国都想做霸主，而小国只能力求自保，当然也不乏具有野心的小国。

下面让我们大概了解一下春秋时期各个时间段里的大事件。

周平王（姬宜臼），公元前770—公元前720年在位。周幽王被犬戎杀害后，他在晋、郑、秦等国的保护下，东迁于洛邑。东迁，使周王室的威严不再。周王室逐渐衰微，诸侯大夫都开始蠢蠢欲动，意欲称霸中原，处在此时的百姓，生活十分困苦。

周桓王（姬林），公元前719—公元前697年在位。此时周王室更加没落。郑庄公为朝中权臣，连王室都拿他没有办法，而且，郑庄公做出了一个惊世骇俗的决定——与周王室对抗，并且他的部下还射伤了周王，这在当时可以说是大逆不道，但没有人来讨伐郑国。可见此时周天子在诸侯眼中已不是原来那个能号令天下的“王”了，郑庄公的这一箭不是偶然，而是必然，同时他这一箭也开启了春秋乱世的大门。

周庄王（姬佗），公元前696—公元前682年在位。别小看这短短的十几年，在庄王四年，周公黑肩居然要杀掉周庄王，这黑肩是个人名，周公是封号，当然不是周公旦了。他要立王子克为王，结果被辛伯告发，周庄王也不是好惹的，他杀死了黑肩，王子克也逃走了，而公元前685年，叱咤一时的齐桓公刚刚继位。公元前681年，齐桓公举行了历史上的第一次结盟，并成为盟主。

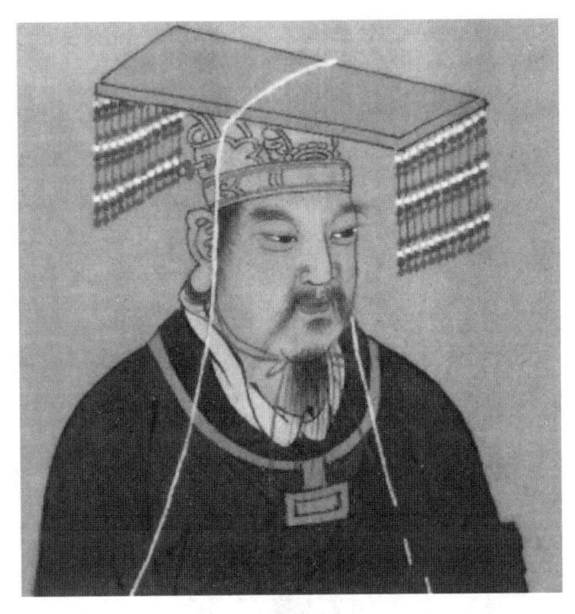
周庄王

周釐王（姬胡齐），公元前681—公元前677年在位。此时，齐桓公重用管仲，将国家治理得井井有条，百姓都归附他。在管仲的建议下，开始走上了向外扩张的道路。第一次结盟，效果不是很理想，参与的国家较少，而且有的盟国还背叛了齐桓公，他一怒之下，讨伐那些没来参加会盟的国家和背叛的盟友。公元前679年，再次举行会盟，这一次，各国诸侯都基本承认了齐桓公的霸主地位。

周惠王（姬阆），公元前676—公元前652年在位。齐桓公成为霸主以后，开始尊王攘夷，对于北戎和一些少数民族坚定不移地打击，中原各国也向他进贡。而唯独南边的楚国不肯臣服，他就率领各诸侯国前去谈判，结果楚国被迫签订盟约。此时晋国也收服吞并了一些弱小的国家。公元前656年，发生了骊姬之乱，公子重耳逃走，申生自杀。

周襄王（姬郑），公元前651—公元前619年在位。可以说，这期间是最混乱也最激动人心的时期，首先周王室就动乱不定。周惠王有一个儿子叫叔带，很受周惠王的宠爱，在朝中也很有威信，令周襄王十分忌惮。周襄王三年（公元前649年），叔带竟勾结戎、翟攻打周襄王。外族毕竟是长途跋涉，而且和叔带也不是很要好，结果兵败。周襄王要杀叔带，叔带逃到齐国，齐桓公派管仲扫除周王室的威胁，所谓勤王就是如此。周襄王九年（公元前643年），第一任霸主齐桓公去世，齐国大乱，宋襄公平定了齐国内乱，意欲称霸，却被楚成王蔑视，在会盟时将他抓去，在齐国的调节下，才被放回。而后楚宋爆发了泓水之战，以宋国失败告终。晋文公颠沛流离了几十年后终于回国当上了国君。此时，周王室又发生了动乱，叔带并没有死，这一次他

周匡王

想推翻周襄王。晋文公得知此事后，也前去勤王，后成为一代霸主，并两次击败楚国。不过可惜的是，这位霸主在位的时间太短了，在周襄王二十四年（公元前 628 年）就去世了。下一个霸主秦穆公，于九年后也逝世了，他并没有挺进中原，而是独霸西戎。周襄王在位几十年，共经历了四位霸主。

周顷王（姬壬臣），公元前 618—公元前 613 年在位。在这个短命天子统治的时期，战争依然不断。

周匡王（姬班），公元前 612—公元前 607 年在位。周匡王和他父亲应该可以归到一起，这时候有权盖君王的赵盾，在公元前 607 年派人将晋灵公杀死，同时也有春秋时期最后一个霸主——楚庄王的上任和改革，令楚国发展强大起来。

周定王（姬瑜），公元前 606—公元前 586 年在位。这期间，楚庄王率兵北进，与晋等国发生数次战役，最后平定中原，成为春秋最后一任霸主。在路过周王室的时候，他询问九鼎的轻重，想要搬回去，却被周王室的使者王孙满拒绝，楚庄王抱惭而回。

周简王（姬夷），公元前 585—公元前 572 年在位。此时，齐国已经不如晋、楚那样强大，很多小国都依附这两个国家。晋楚间经历了许多战役，已经不想再交战，当然这些小国也十分赞同，因为一旦交战，这两个大国倒没有多大损伤，却让这些小国动乱不安，所以举行了弭兵会盟，规定晋楚不再交战，整个时期也获得了暂时的安定。不过这一平衡却被晋悼公打破，在周简王十三年（公元前 573 年），晋厉公被杀害，公子子周被立为悼公。

周灵王（姬泄心），公元前 571—公元前 545 年在位。这时正值晋悼公称霸中原，他联合了各国诸侯，将楚国打得疲惫不堪，又联合了吴国，俨然比齐桓公还要霸气。不过可惜的是他没有在历史上被称为霸主，比起宋襄公，他更有霸主之实，却无霸主之名。晋悼公死后，又出现了第二次弭兵会盟，又暂时安定了几年。而在周灵王二十四年（公元前548年）时，齐国大夫崔杼杀死了齐庄公。此时齐国若是没有晏子，定会乱成一团。

周景王（姬贵），公元前544—公元前520年在位。这个时期显得相对安定许多，各国都将战场从国外转向了国内，晏子治理齐国，子产治理郑国，而晋国的六卿及楚国的贵族们都各自争夺权势，搞得国家逐渐衰败。在弭兵会盟以后，秦国也与晋国搞好关系，不再争斗。

周悼王（姬猛），公元前520年在位。这是一位悲剧性的君王，此时周王室继续衰败，对于王位争夺不休。周悼王虽然赢得了王位，却随即就病逝了——也有人说是被子朝杀害的。

周敬王（姬匄），公元前519—公元前476年在位。周悼王死后，子朝自立，但是晋国却拥立周敬王，并率领诸侯拥戴周敬王回朝。这期间发生了一件大事，蠢蠢欲动的田氏终于按捺不住，在周敬王三十九年（公元前481年）时，田常杀害齐简公，也就是历史上的“田姓代齐”，以后的政权也被后人称为田齐政权，但此时还未被正式封为诸侯。周敬王四十一年（公元前479年），到处游学却四处碰壁的孔子也永离人世。中原的战争少了一些，但吴、越、楚这三国却交战不断，越王勾践被夫差所掳。吴国显得十分强盛，北上与晋国争夺霸主。

二、春秋王室多变乱，一蹶不振为哪般

1. 周王室内乱

周王室进入春秋以后，实力已经远远不如大的诸侯国了。即便在这种情况下，周王室内部仍然爆发了多次王位争夺战：周庄王时期的王子克之乱，周惠王时期的王子颓之乱，周襄王时期的叔带之乱，周景王时期的三王之乱，等等，这些变乱都加速了周王室的灭亡，让本来尚可以苟延残喘的周王室，多次面临灭亡的危机。本来就羸弱不堪的周王室，为何会频繁爆发王位争夺战，其中又蕴含着怎样的玄机呢?

其实爆发这么多次叛乱的根本原因，就在于周王室不想被强大的诸侯们压制，想重新恢复先祖的统治，想发展壮大自己。但是纵观东周 20 多位君主，没有一个是有德明君，没有一个是有能力重整朝纲的人。其他诸侯国基本上都出现过有能力的明君，但是周王室却没有出现中兴之主。周王室立储都是严格遵循嫡长制，完全不看个人能力，只要是嫡长子没有夭折，王位的继承人就是确定好的。这样的制度虽然避免了王位的争夺，但是也把周王室推向了深渊，让没有能力的王子即位，必将会让周王室越来越衰败。这一任周天子没有能力让周王室发达兴旺，他必将会寄希望于下一代。然而下一代的储君如果也是毫无大志，远远不如其他王子，这种情况下周天子就会有所考虑，但是又不能违背祖宗礼法，毕竟废长立幼是大忌。所以周天子不得不辅以兄终弟及的继承法，但就是这种继承制度让周王室多次爆发王位争夺战。

（1）王子克之乱。

王子克是东周第二代天子周桓王姬林的次子，自小聪明过人，周桓王对其宠爱有加，曾在不同场合暗示日后将王位让给克。但是，当时历代挑选王位继承人还是采用“嫡长子继承制”，即由正妻所生长子继承王位。王子克因此不能成为合法的继承人，周桓王对此忧心忡忡。周桓王二十三年（公元前 697 年），在其临死前，专门把大臣周公黑肩叫到床前，特别嘱托道：“立子以嫡，礼也，然而次子克，朕所钟爱，异日兄终弟及，赖卿大力成全。”尽管周桓王一心想让次子克继承王位，但他还是不想打破“嫡长子继承制”的传统，希望在其长子死后，让其次子克继位。

周桓王临终前的安排，为孽嫡之争埋下了祸根，正像《左传·闵公二年》所说的那样，“孽子配嫡，大都耦国，乱之本也”。周桓王姬林死后，众臣依照惯例拥立长子姬佗继承周天子的王位，这就是周庄王。但是，王子克和大臣周公黑肩等人争夺王权心切，暗中积蓄力量，勾结有势力的诸侯国伺机行动，夺取王位。

周庄王四年（公元前 693 年），周公黑肩认为发动政变的时机已经成熟，想一举杀掉周庄王，另立王子克为王。但是，周公黑肩与王子克的阴谋诡计被周大夫辛伯识破，辛伯曾劝谏周公黑肩：“并后匹嫡，两政耦国，乱之本也。”周公黑肩一意孤行，不听劝阻。辛伯无奈，只好向周庄王报告周公黑肩和王子克图谋不轨的行为。周庄王采取紧急行动，先发制人，以迅雷不及掩耳之势，杀死了周公黑肩及其死党，镇压了这次以庶篡嫡的政变。王子克得知周公黑肩被杀的消息，自知阴谋败露，立即只身逃离王城，渡过黄河，寻求燕国的庇护。这场庶孽之乱最终以策划者王子克的失败而告结束。

（2）王子颓之乱。

王子颓为周庄王庶子，受宠。周惠王即位后侵夺一些贵族的宫室、田地和秩禄，引起强烈不满。公元前 675 年，蒍国、边伯、石速、詹父、子禽祝跪等五大夫奉子颓以攻伐周惠王，未克，遂出奔苏氏的温邑，子颓又在苏氏支持下逃卫。子颓联合卫国、燕国军队伐周。被立为周王。次年春，郑厉公居中调停周惠王与子颓的关系，未果，郑遂接周惠王暂时居郑的栎邑。子颓占据王城，志得意满，歌舞不倦。郑厉公闻之，往见虢公，指出子颓逐周惠王，居王城是“奸王之位”，劝虢公与郑联合平定子颓之乱。公元前 673 年春，郑厉公和虢公在弭（今河南密县境）相约。这年夏天，郑厉公与虢公同伐王城，郑军护送周惠王从王城南门攻入，虢公自北门攻入，杀子颓及五大夫。子颓之乱前后历时 3 年，极大地削弱了周王朝的实力。

王子颓之乱，这次叛乱比王子克之乱影响更为深远。郑厉公看到勤王的机会，让郑国讨了个大便宜。郑厉公拥护周惠王复位，周天子为了感谢郑国的帮助，只有把周王室的土地封赏给郑国，不仅让周王室颜面尽失，还丧失了祖宗留下来的土地。

（3）叔带之乱。

周襄王三年（公元前 649 年），周襄王弟叔带为篡夺王位，联络戎人，攻入周都王城（今河南洛阳王城公园一带）。秦、晋发兵勤王，击退戎军。次年，叔带畏罪逃齐。十五年，叔带被周襄王赦免，返回王城。十七年夏，出身狄人的周襄王后隗氏与叔带私通，被周襄王废黜。隗氏系狄人之女。狄人因此怨恨周襄王。周大夫颓叔、桃子乘机奉叔带联合狄军攻打周襄王。周襄王逃坎欿（周邑，今河南巩义东）。秋，狄军大败周军，俘周大夫周公忌父、原伯、毛伯、富辰。周襄王避难于郑国汜邑（今河南襄城），并遣使告难于晋、秦等国。十八年春，秦穆公领兵东进勤王。晋大夫狐偃建议晋文公独自勤王，以谋取政治优势，建立霸业基础。三月，晋文公辞退秦军，亲率晋军南下，自周邑阳樊（又作樊邑，今河南济源西南）分兵两路。一路赴汜迎周襄王；一路趋温（今河南温县西）攻叔带，将其俘获。四月初，周襄王复位，杀叔带，将阳樊、温、攒茅（今河南辉县西南）、原（今河南济源西北）四邑赐予晋文公。晋南部疆域遂扩展至今太行山以南、黄河以北一带，为其日后图霸中原提供了有利条件。

叔带之乱又让周王室丧失了大半的土地，晋文公趁机占了大便宜，从而成为继齐桓公之后又一大霸主。

（4）三王争立。

公元前441年，在位了28年的周贞定王驾崩，顿时掀起了一阵腥风血雨。按照惯例，本来应该是长子去疾继位，没想到三个月后，去疾的弟弟叔袭杀死兄长自立为王，又过了五个月，去疾、叔袭的幼弟嵬又攻杀叔袭自立，这三兄弟，后来被称为周哀王、周思王、周考王。这段兄弟相残的历史被称为“三王争立”。“三王争立”，让周王室更加动荡不堪，毫无发展的可能。而其他诸侯国则相继变法图强，发展国家实力。

春秋周王室的多次内乱，不仅让周王室丧失了很多土地，同时也加速了周王室的灭亡。

2. 王室衰落的原因

春秋战争时期，乃是大争之世，不仅大国称雄称霸，许多小国、弱国，也能通过一系列的变革措施而强盛起来。春秋前期的郑国，凭借从虢、郐之君那里贿赂而来的十邑之地，兼虢并郐，其后又吞并其他周边小国。而至郑庄公在位时期，更为活跃，屡屡与宋、陈、蔡、卫等国争战，还打败了天子之师，令周王室威信扫地，郑庄公也因此被称为“春秋小霸”。

春秋后期的吴、越两国，原为东南的两个小国，较中原诸侯国极为落后，连六艺中的“射”“御”两项军事技能都完全不懂，却在晋、楚两国的扶持与襄助之下，迅速崛起，竟取代了晋、楚而成为霸主。还有战国前期的秦国，也远较东方诸侯落后，其后实行变法，竟异军突起而一并天下。

那为何拥有优势政治资源的周王室，却在东迁之后一蹶不振，再难振兴呢？原因有以下几点：

其一，周王室是天下秩序的制定者，就绝不可能自坏秩序。但凡振兴图强，莫不以兼并弱小国家为途径。而天下的诸侯，皆是周王室所分封。故而，周王室不可能吞并自己分封的诸侯国，而此恶例一开，周王室也就会立即丧失“共主”的地位。

其二，周王室东迁之后，其疆域已大蹙，时不时还要犒赏“勤王”的诸侯。如：秦襄公护送周王室东迁，周平王便将残破的宗周地区赐予秦国（名义上），自此秦国才被正式列为诸侯；晋文公替周襄王平定了王室之乱，周襄王又将河内、阳樊等地赐予晋国；郑厉公勤王有功，周惠王将虎牢以东之地赐予郑国，等等。

其三，周王室世世分封，更使得其疆域越来越小，国力越来越弱。分封制乃周之宗法，而按此宗法，则要世世分封，以致周王室的直领疆域愈来愈小，制约了周王室势力的恢复。最后，周王室还分成了东周与西周两个小国。

其四，周王室的地位尊崇无比，其生存环境极其安逸，故而早已磨灭周人的雄心壮志。由于周王室乃是天下的共主，其东迁洛邑之后，位于华夏之核心，远离了戎狄部落，而周王室的周边诸侯又绝不敢轻易地打周王室的主意，致使周王室的生存环境极为安逸。长期安逸尊崇的生活环境，逐渐磨灭了周人的雄心壮志。

三、郑国南北两不惹，夹缝生存豪气消

郑国立国较晚，其开国君主是西周末年周宣王的庶弟姬友（即郑桓公）。公元前 806 年，周宣王封姬友于郑（今陕西华县东），此后周幽王任他以司徒（掌管国家土地和人口的官职）。郑桓公见周幽王政治昏暗，西周将亡，遂将郑国的财产、部族、家属连同商人一起迁移到东虢（今河南荥阳东北）和郐（今河南密县东南）之间。郑桓公死于犬戎之难后，其子郑武公因迎立周平王并护送东迁有功，袭父爵，为周卿士，往来于周、郑之间，一度乘乱攻灭了郐和东虢，建立郑国，都新郑（今属河南省）。郑国自此开始

参与了春秋时代诸侯国的政治活动。

郑武公的儿子郑庄公执政时，凭借郑国较强的军事力量和自己周朝卿士的特殊身份，上迫周王，下欺邻国，在东周初的政治舞台上称雄一时。公元前 701 年郑庄公去世后，主要有三个原因使郑国国势衰弱不振：

一是庄公的 4 个儿子，在 20 年间互相争国，政治变乱和武装对峙连续不断，加上邻国在其政变后的索贿之战和讨伐之战，极大地削弱了郑国的势力。

二是北南争霸的局面开始形成，霸主国的存在抑制了郑国的发展。

三是郑国在地理环境上处于晋、楚之间，又几乎无险可守，成了北、南霸主争夺的对象和他们斗武的受害者。

从齐桓公组织诸侯攘楚开始、到楚国被吴攻破为止的一个半世纪多的时期里，郑国的历史可以说是在大国争霸的缝隙喘息挣扎、依靠应付和讨好霸主国而生存的屈辱历史。吴越霸主兴起后，列国政治活动中心明显南移，北南争霸的政治格局被打破。而后战国七雄并起，郑国在地缘政治上已失去了原来那种特殊的战略地位，成了一个在战乱中日益衰弱的、无足轻重的小国。它和相邻的韩国有过几次较量，最终于公元前 375 年为韩国所灭。

郑国在争霸之世主要面临的是外交上的困难。郑庄公死后，动荡不定的郑国希望依靠结盟的方式以求自保，但北方的邻国多因郑国以前的桀骜不驯而与其有历史积怨，而南邻楚国已见强大之势，于是郑国选择了“依楚”的方针，以纳贡为条件获得楚国的庇护。齐国霸业初建时，管仲根据“郑为中国之枢”的认识，对齐桓公明确表示：“君若欲屏王室而霸诸侯，非攘楚不可；欲攘楚，必先得郑。”齐国于是武装支持被拒栎邑（今河南禹县）17 年的郑厉公回国复位，使郑成为齐的追随国。郑文公在位的四五十年间，正是楚国全力向北扩张的时候。楚令尹（掌军政大权的最高官员）子文向楚成王表示：“郑居南北之间，为中原屏蔽，王若欲图中原，非得郑不可。”于是楚对郑采取了连续不断的军事行动。后来晋国的执政荀林父在比较陈、郑两国的地位时分析说：“郑为中国之枢，自来图伯（霸），必先服郑。宁失十陈，不可失一郑也。”北、南双方的政治家都是从战略的角度考虑郑国的地位及其对它的态度，致使郑国成为北南争霸的热点地区；而郑国从生存的角度考虑对北、南霸主的态度，因而使它一直成为争霸之世南北摇摆、动摇不定的政治势力。

子　产

春秋后期，晋楚由弭兵而开始通和，北南争霸的势头开始减弱，郑国从艰难的外交困境中稍稍得到解脱。尤其是著名政治人物子产执政时，治政有方，在与大国的周旋中卑亢得宜，多少恢复了郑国应有的政治地位。但对经受了长期战争浩劫、国势微弱的郑国来说，此时已回天乏力。吴相国伍员率兵破楚后，又移兵伐郑，几灭郑国，使郑国的衰弱更为加重。

郑国历史上的内乱比其他国家要少得多，除郑庄公刚死后的一段内乱期外，其他几次内变都规模小、影响小，没有引起国家政局的动荡。严重的外患强烈地吸引了郑国执政者的注意力，使他们将政治活动能量主要地分配在了对付外患上，内部争斗的能量及其所能引发的冲动力极其有限。因为这一原因，郑庄公以后郑国有作为的政治人物，都首先是有成就的外事活动者，如缒城说退秦军的烛之武、据鼎抗晋的叔詹、治政有方的子产，还有颇富辩才的石申父、公孙舍之等。郑国的政治最需要的是外事活动人物，郑国的人物只有首先在外事活动中显露才华，他才能对郑国的政治有所作为。

四、齐国霸业失内溃，后继无人徒争位

春秋时代的姜姓齐国是西周开国功臣姜子牙的封国，战国时代的田氏齐国是春秋时陈国贵族的后裔为君，它们是两个不同的诸侯国。但这两个诸侯国是由国政易手而形成的，互相衔接，在列国政治关系中的地位基本

相同。

齐国居处今山东北部，可算列国东部的一个大国。东周以来，王纲不振，天下大乱，齐国也在齐襄公执政时及其身后经历了短期的内乱。公元前685年齐桓公执政后，任用大政治家管仲为相，适时地制定和实施了一系列重大的战略方针，终于“九合诸侯，一匡天下”，成为春秋时代诸国的第一位领袖。这是齐国历史上最为辉煌的时期。

齐国成为春秋第一霸主国，首先是时代的需要。东周以来，传统的社会政治结构开始紊乱，诸侯间的兼并和各国内部的政变频繁发生，这时，小国迫切需要有一种力量来保护自己，以免在兼并战争中被大国吃掉；大国也需要有一种力量以形成对内部政变势力的威慑和制止；华夏诸国还同时需要一种强大力量来帮助自己抵御夷狄戎蛮等异族的强悍武力。他们需要的这种力量是高居于自身之上的，而数百年来掌握这种力量的周王室已基本丧失了这种能力，因而，动乱的春秋时代在呼唤霸主的出现。齐桓公正是在这样的时代走上政治舞台，开创自己的辉煌事业的。

时代需要霸主，但并不是必然地需要齐国做霸主，齐国霸业的实现，是有自身原因的。首先是齐国自姜子牙立国后采取了一些有利经济发展的措施，“通商工之业，便鱼盐之利”（见《史记·齐太公世家》），使齐国成为经济活跃、人民归附的大国。东周初郑庄公争霸称雄时，其世子忽认为“郑小齐大”，尚不敢在婚姻上“仰攀”齐国。齐襄公之前的齐釐公执政时，已有“小伯（霸）”之称。齐国在中原诸国中的这种大国地位，是其春秋创霸的良好基础。除此之外，齐桓公为首的创霸集团提出和实施了一些重大的战略方针，这是他们创霸成功的至关重要的自身原因：

第一，提出了“尊王攘夷”的战略方针，既公开表达了自己的政治立场及政治活动的指导思想，借重了周王室的政治影响力，又以恢复传统礼仪的旗号表明了自己对各层政治势力所要求的行为规范，为治乱确定了应有的纲常准则；还明确表示了对异族侵扰的打击，以保护中原诸国的手段有效地团结他们。齐国创霸者在长期的政治活动中全力实施这一战略方针，从而得了诸侯的拥戴，创造了显赫的霸业。

第二，齐国创霸有许多重大内政方针的配合。管仲为相后，内政建设实行了全面整顿，如经济上繁荣工商业、收税聚财的方针；制度建设上分类管理、安定国民的方针；思想上强化礼仪廉耻“四维”教育的方针；军队建设上关于提高素质、增加战斗力的方针，等等。这些方针的长期实施，进一步增强了齐国的实力，巩固并提高了齐国的大国地位，加强了对列国的号召和威慑力。

第三，齐国创霸时在中原诸国采取了广树恩德的战略方针。他们从戎狄的强悍武力下救燕国、扶邢国、存卫国、助郑国，不仅自己出兵力，而且送去物资、送给衣食，甚至出让土地，还为许多诸侯国平定内乱。这些恩礼交加、厚往薄来的措施，使齐国真正实现了对诸侯人心的征服，成为诸侯当之无愧的领袖。

事实上，齐国的霸业只存在了一代就过早地陨落了。齐桓公死时，他的几个儿子拥兵争立，大闹朝堂；宋襄公出兵为齐靖乱，无亏立君三月而被国人所杀；其后 40 余年间有孝公、昭公、懿公、惠公相继执政，四个君主都是桓公的儿子，他们都是通过政权争夺或各种形式的内变而上台的。政局的激烈动荡极大地削弱了国家的实力，齐国从原有的霸主地位跌落下来而恢复无望。这一阶段，在列国政治舞台上，宋襄公创霸受挫，后来晋文公创霸成功，取得了中原诸国的霸主地位，晋楚争战方酣，齐国当政者穷于应付国内动荡的政局，既无力插手列国争霸，又无扭转齐国衰弱状况的战略良策，他们先亲近宋国，后又投靠晋国，充当着北方争霸国的随从。

从春秋中期起，齐国的顷公、灵公、庄公、景公相继执政的约百年间发生了一些新的情况，这时，南方楚国已进入了水平发展时期，失去了向北扩张的逼人气势；晋国虽然保持了北方霸主的地位，但大臣争权，内耗较多，晋楚争霸呈现相对僵局。从齐景公之后的晏孺子荼上台到战国时齐威王执政前的百余年间是齐国发展的又一阶段。这一时期列国的基本形势是吴越相继称霸，其后晋国三分，社会进入战国之世。而魏国一时势力强大，齐国在外敌所迫的困境中，经过多次内变完成了田氏对姜氏政权的取代。这一阶段的几次内变已不是君主的儿子们争相自立，而是由大臣弑君后选立新君，如晏孺子之死、齐悼公、齐简公之死均是如此，政治动作的操纵力已属异姓之臣。后来齐康公被迁于海滨，异姓之臣代立为君，才基本结束了齐国的阵痛期。

随后，齐威王、齐宣王创造了齐国的第二个发展高峰。战国前期，齐威王上台时，魏国最强，大有吞并天下之势。齐威王在魏祸未及齐国时励精图治，严惩腐败现象，政治气象为之一新。当魏国侵吞韩、越时，齐国看准机会，以救弱为借口直捣魏国，桂陵、马陵两战一跃成为天下强国，改变了战国的政治格局。

战国是一个武力争雄的时代，齐国所以能在争雄之世一度领先，与当时最高当权者的战略眼光有关：首先，齐威王田因齐上台后，听大臣之言，励精图治，在内政和军事上狠下功夫，如他重罚受贿官员，严打腐败之风，极大地推动了政治的清廉；军事上以强大的魏国为战略争夺对手，积极准备，养精蓄锐，终于瞅准机会，击败了魏国，取代了魏的强国地位。其次，齐国的最高当权者倡尊贤之风，积极招致人才，依靠邹忌、孙膑、田忌等人，内政清明，军事上迅速强大。在一个尚武的时代，武力强大的齐国不能不称雄列国。

齐威王造就的强盛之势在周宣王之世依旧保持，但继周宣王为君的齐滑王田地政治素质低劣，目光短浅，贪小利，急近功，在列国树敌太多，用人处事上又受纵横家的操纵，缺乏战略眼光。他骄横迂腐，虽然凭先世之余威取得了不少战功，但同时积累了大量导致败亡的因素，终于被燕国乐毅统领的多国部队联合攻破，几近亡国，齐国又一次失去了自己的兴盛期。田单复齐后，有齐襄王、齐王建两世执政，齐国作为秦国战略“远交”的对象，被秦国的联合策略所迷惑，不敢放手与其他国家联合制衡强秦，致使秦在蚕食列国中继续壮大，从而加速了齐国自身的相对弱小化。同时，齐国完全放弃了对秦国的战略防范，在后来 40 余年未受兵的和平假象中兵备日弛，公元前 221 年终为秦国轻易攻灭。

五、宋国仁义威不济，霸权余荫险中存

宋国公族是殷商王族的后代。周武王灭商，封商王纣的儿子武庚于旧都商丘，不久武庚叛乱，周公平叛后，又将其地封于纣的庶兄微子启，建宋国。宋君为上公之爵，比诸公之爵更尊贵些。宋国的辖地在今河南东部及山东、江苏、安徽三省间。

东周时代，宋国的政局和其政治地位发生了重大的变化，以公元前638年的泓水之战和春秋后期宋国倡导的晋楚弭兵之会为两个标志，宋国在东周的发展变化大体经历了三个阶段。

在第一阶段，列国间大国争霸的局面逐渐形成并走向高潮，宋国在此阶段的发展先后遇到了三个政治对手：一是郑庄公为首的郑国创霸集团；二是齐桓公为首的齐霸集团；三是兵锋北指的楚国争霸集团。东周初郑庄公创霸时，东方的严重障碍即是宋国，他曾假借王命，打起“奉天讨罪”的旗号，纠合数国伐宋，但始终未实现对宋的军事吞并。在宋国的一次内变后，郑庄公扶植宋先君的后裔公子冯为君，即宋庄公，公子冯返国为君前对郑表示，自己“当世为陪臣，不敢二心”，于是郑国一度实现了对宋的不战而胜。齐桓公称霸时，他以周王的名义组织了北杏（今山东东阿县境）之会，召集四五个国家参加。当时赴会的宋桓公竟因为自己在会盟中的名次被排于齐桓公之后而中途逃会，公开表现了摆脱齐国霸权的企图。齐桓公不久征得周王之命，率数国军队伐宋，在军事与外交的配合下,宋国终于对齐国的霸主地位予以承认。齐国霸业陨落后，宋襄公准备不失时机地接替齐桓公而称霸天下，但因战略失误、缺少人才等原因，连连受到楚国的打击，泓水之战更是损失惨重，称霸的希望遂化为泡影。

宋国一直陶醉于自己爵尊国大的优势，泓水之战后才真正认识到了自己的劣势，开始调整国家的政治方针。晋国流亡公子重耳过宋时，宋襄公安排热情接待，他临死前给世子遗言说：“晋公子重耳若返国，必然得位，得位必能合诸侯。吾子孙谦事之，可以少安。”这是宋国政治方针的一次重要调整。

春秋·镬鼎

泓水之战后到晋楚弭兵之会前，这是宋国发展的第二阶段。这一阶段宋国重新调整了政治方针：一是放弃了不切实际的争霸企图和摆脱霸权的幻想；二是在晋楚争霸的政治格局中比较稳定地依靠晋国，一意充当晋国的追随国。宋国的这一方针使自己在楚国兵车北犯时每每能受到晋的保护，也使自己在楚的无端挑衅下胆硬气壮。晋楚城濮之战的直接导因是晋国要保护宋国，宋国恃晋少恐，敢于杀掉过宋而无假道文书的楚大夫申无畏。但因宋国一意追随晋国，也招引来楚国无休止的报复性骚扰。而晋对宋的保护在后期也显得疲惫无力和鞭长莫及，如楚国组织的厥貉会盟上，楚穆王借故鞭挞宋昭公之御者以侮辱宋国；楚共王曾支持宋国的反叛分子以反宋，晋国也表现了对军事援宋的怠惰情绪，曾以援宋之空言坚定宋人的抗楚信心，而实际未能发兵。宋国在晋楚争霸的缝隙中艰难地生存着。宋国为了摆脱这种窘境，后来积极倡导晋楚两国平分霸权，和平相处，这代表了北南争霸中中间地带中小国家的共同愿望。

晋楚弭兵之会后，宋国经历了一个较长的平和发展时期，直到战国中期宋国被齐所灭，这是宋国发展的最后一个阶段。宋国平和发展期的出现主要的是外部的原因：春秋后期楚国穷于应付吴国而无力北征，晋国六卿争权而自顾不暇，宋国在弭兵之会后从大国的争夺与纠缠中相对解脱了出来。战国前期，若干并起的大国相互制衡和争雄，弱小的宋国在战国狂澜中成了无足轻重的因素。及强盛的齐国称王于东部时，不自量力的宋君偃攀比称王，他认为："宋弱甚矣，寡人不兴之，更望何人！"于是暴虐国人、讨齐伐楚，好大喜功的齐湣王于是联络楚魏，以讨伐"桀宋"为名，出兵灭掉了宋国。

六、晋国稳霸百余年，六卿掌政终分权

晋国的始封君是周成王的同母弟叔虞，封地在今山西西南部，建都于唐（今山西翼城西）。东周初年晋昭侯分封叔父成师于曲沃（今山西闻喜东北），后来曲沃势力渐大，长期与公室为敌。经过60余年的持续内战，至曲沃武公时终于攻灭了公室，全有晋地，周王室受其重贿列武公为诸侯。

武公的儿子晋献公执政时，是晋国发展的一个重要阶段，这时晋国已是一个内部统一的诸侯国。此时齐桓公的霸业正在兴盛，晋献公在齐楚争霸、战争之祸未及晋国期间，采取了意在发展晋国的战略性措施。他将原来的一军扩充为二军，先后吞并了周围的霍（今山西霍州西南）、魏（今山西芮城北）、耿（今山西河津东南）以及唇齿相依的虢（今河南三门峡市东南）、虞（今山西平陆北）等小国。晋献公的武力扩张，使晋开始成为北方的强国，为后来的进一步发展创造了重要条件。同时，晋献公鉴于先祖因分封亲族而引起内战的事实，为使政权集中于公室，采纳了谋臣士蔿的建议，对群公子或杀或逐，以图避免亲族内部的争位之战。

晋献公执政时，世子申生及公子重耳、夷吾等均已形成势力，申生深得人心，他和其他公子并无叛逆迹象，晋国的政治结构表现为大国上升时期良好而稳定的状态。然而，晋献公晚年宠幸新纳的夫人骊姬，为立骊姬所生的幼子奚齐为嗣，在骊姬的唆使下又诛杀群公子，最后害死了深孚众望的世子申生；又逼公子重耳、夷吾出逃，废长立幼，破坏了晋国初步稳定了的政权结构。同时，晋献公死后，11岁的奚齐和9岁的卓子相继被立为君，他们在朝少有自己的势力，形成晋国政权核心软弱的局面，出现了一次又一次的内乱。

自晋献公执政时起，晋国对外一直是一个威震诸侯的大国，尤其是在齐国霸业陨落后，晋文公不失时机地迅速创建了显赫的霸业。这个霸业延续了几代之久，形成了与楚相抗的春秋政治主格局，其对天下政治局势的影响是不能低估的。然而，另一方面，晋国的政权结构一直处于紊乱状态，

除晋文公、晋襄公执政的十余年外，各朝执政都内乱不息，极大地消耗了自身的力量。

从晋献公去世到晋文公重耳上台为君时的十多年间，晋国内部拥戴奚齐的势力、世子申生的残余势力、公子夷吾的势力和重耳的流亡势力围绕国家政权进行了反复的争夺，长期内斗不止。时西邻秦国在秦穆公的主持下已显强盛，于是插手晋国内政，并乘晋惠公夷吾的韩原之败强割其河外五城，这是晋国发展史上的停滞时期或倒退时期。这一时期的晋国当权者，无论是奚齐、卓子之党，还是晋惠公、晋怀公父子均无法妥善处理各政治势力之间的关系，他们忙于应付朝野其他各政治势力的对抗及秦国的和战事务，无暇顾及在齐桓公霸业陨落后晋国应有的发展战略，振兴晋国的希望落在了在外流亡 19 年而靠秦国扶植上台的老年君主晋文公身上。

晋文公上台时，其政治形势是非常严峻的，在国际舞台上齐国霸业已经陨落，宋襄公创霸已告全面失败，楚国北进的势头咄咄逼人，秦国崛起后越晋而东向发展的企图愈益明显。尤其严重的是，晋惠公、晋怀公的残余势力在朝野潜伏，伺机进行新一轮的权力争夺，国内政局动荡、人心不稳。

面对复杂的政治局面，晋文公上台伊始便用极大的精力首先进行了政权建设，为此他采取了三项积极有效的措施：一是诱发并粉碎晋惠公主要孽党吕、郤的叛乱，清洗政敌；二是大批重用跟随自己流亡的亲信和迎立自己的大臣，壮大自己的政治力量；三是在以自己为核心的政权结构基本确立时，针对吕、郤之党甚众，其心不安的形势，立即颁布大赦令，并起用与自己有宿怨的头须等人，以示大赦之诚意，最终安定了人心，稳定了政局。晋文公由此确定了以自己的众多亲信为骨干、包容多种政治势力的较稳定的政权组织，并开始了自己的创霸活动。这一政权组织的骨架一直保持到文公的儿子襄公去世之时。

国内政权基本稳固后，晋文公开始了对外创霸的宏图大业，其主要战略性措施有三点：

一是不失时机地勤王靖乱。当周襄王为弟叔带所逼，逃至郑国汜地（今河南襄城县东北）向诸侯告急时，晋国君臣认为“继文侯辅周之勋，光武公启晋之烈，皆在于此”，因此而劝阻了秦穆公的同时勤王之师。晋国的勤王之举在天下政治舞台上初步显示了威德，提高了晋国的国际地位。

春秋・三足红陶竖纹壶

二是将晋献公时的二军扩充为三军。中原的霸权真空势必要靠武威去填充，晋国的扩军措施，使他们在北方诸国争逐霸主局面全面展开之前，手里就握定了一张“强军”的王牌。

三是实施了遏制楚国的战略方针，为了打击强楚的北犯势头，他们积极地争取秦、齐等大国的支持，精心策划了城濮之战的胜利，从而争得了霸主地位。

晋国的霸主地位自确立起，一直延续到百年左右的春秋晚期。然而晋国的霸业守成是和内部的强烈阵痛相伴随的。晋襄公去世后，以中军元帅赵盾为典型代表的私族势力开始抬头，在后来的政治演变中各私族势力愈益强盛，并可分为若干派系和分支。晋国的私族多是随晋文公创霸的功臣后代，他们有很深的根基，其关系盘根错节，无法清除。晋国私族各派系政治势力的发展及其相互矛盾一方面导致争权夺位的政治动乱的一次次发生，制约了晋国在国际舞台上的政治作为，使他们常常不得不放弃对从属国的保护义务，或者不得不回避对楚国的争战，从而使其霸主国的地位在春秋后期出现严重动摇；另一方面使晋国在国际政治舞台上的每一次得手和成功，以及国内政治局势的每一次变动，都实质上成了私族势力发展的机会。既然几家私族势力可以选择和拥立一个新的君主，那么他们也就能够逐渐参与对属于公室的土地、人口和财富的分割，逐渐造成礼乐征伐自大夫出的新局面。

春秋后期晋平公之后的约80年间，公室已基本上退出了国家政权中心位置，晋昭公、晋定公等几朝君主只是在外事活动中作为一个象征物而出场，国家政权比较稳定地由私族派系所掌握。这期间主要发生过四卿联合攻灭范氏、中行氏的争斗，不久发生了韩、赵、魏三家攻灭智氏的争斗。

战国时代，晋国已一分为三。在竞争中发展和留存下来、代表新兴社会阶层的几个政治集团，各以独立国家的身份参与了更大范围的、更为激烈的竞争。

七、楚国问鼎开盛世，政治腐败国难存

楚国是先秦时期位于长江流域的诸侯国，国君为芈姓、熊氏。周成王时期，封楚人首领熊绎为子爵，建立楚国。经过几百年的发展，楚国在春秋时楚成王之世开始崛起，奄有江汉，不断兼并周边各小诸侯国，周天子赐胙，命楚国镇守中南。公元前470年，熊通僭越称王，是为楚武王。楚庄王时，任用虞邱子、孙叔敖等贤臣，问鼎中原，邲之战大败晋国而称霸，开创春秋时期楚国最鼎盛的时代。进入战国，楚悼王任用吴起变法，一时间兵强马壮，初露称雄之势。楚宣王、楚威王时期，疆土西起大巴山、巫山、武陵山，东至大海，南起南岭，北至今河南中部、安徽和江苏北部、陕西东南部、山东西南部，幅员广阔，楚国至此进入了最鼎盛时期。楚怀王时期攻越国，尽得越国故吴地，越国因此而分崩离析。但因为楚怀王用人不当以及秦相张仪欺诈导致国势渐衰。公元前223年，秦军攻破楚都寿春，楚国灭亡。

西周初年，荆人的残部主要是季连的芈姓后人，已西迁至丹水与淅水之间。鬻熊为首领时，审时度势，率楚民背弃商纣王，西行投奔周文王，并受到周文王的器重。周武王继位后，有图南之意，楚人觉察后，在鬻熊之子熊丽的率领下，举部南迁至雎山与荆山之间，暂时避栖于荒野之地。周成王时，周公避祸于楚，楚人敬之如上宾，周公大感其德，回朝后诉说此事，感动了周成王，于是周成王封熊丽之孙熊绎为楚君。荆楚开始跻身于诸侯之列，楚国正式诞生了。

楚人经过一个多世纪的惨淡经营，至熊渠时初露峥嵘。熊渠是熊绎第四代孙，是一位既有才识又有进取精神的君主，他整军习武，趁着中原动乱之机，开始了开疆拓土的进程。三苗早已归顺荆楚，熊渠把征伐重点放在西部和东部。在西征中，攻打了庸国（今湖北竹山境内），拉开了拓疆序幕。在东讨中，楚人攻打了位于今湖北中部的扬越，势力推进至江汉平原。接着远征，攻打了位于今湖北鄂州境内的鄂国。

几番征战顺利，楚国逐渐兴盛起来，真正立于诸侯之林。熊渠离经叛道，分封三个儿子为王，镇守长江中游的三个要地。虽然在周王朝的压力之下，熊渠最后取消了三个儿子的王号，但楚国仍然在江汉平原扎稳了根基。

公元前770年，周平王迁都洛阳，历史进入春秋时代。平王三十一年（公元前740年），熊通为楚地之王，继续了熊渠的开疆拓土历程。公元前706年，楚国攻打姬姓诸侯国随，并逼周天子晋升其爵位。遭拒绝后，熊通亲率大军再次征讨随国，大获全胜后，熊通自称“楚武王”，成为天下诸侯中第一个敢于自己称王的国君。楚成王时，楚国在令尹子文的治理下更显强盛，楚国的大国声威真正建立起来了。

楚成王两传至楚庄王，楚庄王励精图治，终成霸业。楚庄王曾率领楚军，浩浩荡荡开赴伊水与洛水之间，对周天子耀武扬威。楚庄王选拔孙叔敖实行文治，楚国出现了经济繁荣、文化灿烂的鼎盛局面。

吴楚大战后，楚国经过8年的休养生息，逐渐恢复了元气。楚惠王时，历史进入战国时代，其间，楚国和诸侯列国战战和和，并无大的建树，一直延续到楚简王、楚声王。公元前400年，韩、赵、魏合兵数次攻楚，向楚国提出了严峻的挑战。楚悼王谋求富国强兵之道，任用吴起开始变法，并取得了成效。一时间，楚国兵强马壮，横扫中原，初露称雄之势。

楚威王后期，楚国成了七雄中唯一能与秦国抗衡的大国，疆土西起大巴山、巫山、武陵山，东至大海，南起南岭，北至今安徽北部，幅员空前广阔。“筚路蓝缕，以启山林”的楚国至此进入了最鼎盛的时期。

公元前246年，秦王政即位，随即开始统一全国的进程，各诸侯国纷纷割地事秦，但仍不能挽救灭亡的命运。在攻灭韩、赵、魏后，秦军于公元前 224 年大举伐楚，楚国只有招架之功，而无反击之力。公元前 223 年，秦军席卷淮北淮南，攻陷寿郢，俘获负刍，绵延 800 年的楚国就此灭亡。

综观楚国灭亡最根本的原因，具体来讲有三点：

第一，改革不利。吴起变法的广度、力度相当大，如果这个变法能够持续下去的话，楚国是可以成为战国时期最强大的国家。但是最终吴起的变法失败了，这个失败的原因，说起来也很简单：一个是楚悼王去世，再一个是反对派强大。变法刚刚开始楚悼王就死了，被吴起变法触及了利益的那些贵族、大臣，在楚悼王的灵堂之上把伏在楚悼王尸体上的吴起乱箭射死了。这样一来，改革就失败了。

第二，政治腐败。楚国的政治腐败，主要是表现在用人之上。楚国的用人，前期主要用的是公族，就是国君的这些亲族，中期用的是屈、召、景三大姓。这种制度有它的好处，就是他信得过；但也有很大的一个弊端，就是其他家庭出身的那些杰出人才，没有出头之日。楚国后期内政腐败，贵族把持特权，制度僵化保守，派系斗争激烈，造成严重内耗。从楚灵王、楚平王开始，他们大兴土木、穷奢极欲、劳民伤财，导致国疲民贫，给楚国造成重大创伤。楚国君臣贪图享乐的风气已蔚然形成，到楚顷襄王时，国势顿衰，民心涣散。在强秦的进攻面前，楚国已经无法摆脱灭亡的命运了。同时奸臣祸国殃民，奸臣与昏君结合导致楚国吏治败坏。其中最突出的当推楚平王时期的费无极、楚怀王时期的靳尚、公子兰之流。他们嫉贤纳贿，为非作歹，极尽阿谀奉承之能事，

春秋·楚王孙铜钟

而昏庸的楚平王、楚怀王肆意放纵，导致楚国的内政外交一片混乱，元气大伤。贪污贿赂公行，奸臣往往与贪官连在一起，贪官对待小国也极尽搜刮之能事。楚昭王幼年继位，权力掌握在令尹子常手中，而令尹子常公然带头索贿受贿，由这些人把持朝政，楚国哪有不亡之理？

第三，不明大势。所谓不明大势，就是不了解战国发展的大趋势。春秋时期的大趋势是争霸，所以有“春秋五霸”之说。战国时期的大趋势，就是统一。如果明白战国时期的大趋势的话，要么让楚国强大起来，让自身足够强大起来，由楚国统一天下；要么看清大势，把最强大的国家给抵制住。结果楚国没有强大起来，也没有遏制住当时最强大的秦国。楚国的国君不了解大势，只顾眼前利益，所以最终楚国在各种力量的共同作用下灭亡了。

八、燕国弹丸之地小，难入中原立霸业

燕国的开国君主是召公姬奭。姬奭的采邑原在召（今陕西岐山县西南），故称召公。周武王灭商后，封召公奭于北燕（以便与相传为黄帝后裔的伯偹在今河南延津东北所建的燕相区别），通称燕，建都于蓟（今北京市西南隅），辖地有今河北省北部和辽宁省西端。

燕国原是一个不大的国家，国势较弱。东周初受到齐国的侵伐，曾向宋国求救，后来惧于齐国的威势，出兵帮助齐釐公讨伐纪国（今山东寿光南纪台村），以此讨好齐国。中原争霸高潮刚兴起时，燕国受到居处令支（约今河北省滦县、迁安县间）的北戎部落的进攻，在存亡不保的关头求救于齐桓公。齐桓公为了在战略上安定北方，遂率大兵北征，攻破令支，兵抵孤竹（今河北卢龙南），取胜撤兵时将开辟的500里土地送给燕国，燕国至此成为北方大国。春秋后期，燕曾随从晋伐齐，未曾交战而溃退，最后向齐纳赂请和。由此可见，燕国始终未成为一个强国。

燕国居处中原诸国的北部，地僻路遥，在当时交通技术不发达的条件下很难与中原诸国有过多的交往，整个春秋之世和战国前期，燕国几乎没有参与大国争霸和强国争雄的政治活动。战国中期，苏秦为了抗秦而合纵列国，才将燕国纳入了六国的政治联盟中。苏秦当时认为燕国是“耳不闻

金戈铁马之声，目不睹覆车斩将之危”，其原因在于赵国挡住了强秦，因而鼓动燕文公亲近赵国，从而连结列国以摈秦。燕国在与列国经过长期隔绝后也有了参与列国政治活动的愿望，于是燕国成了列国合纵同盟的首先发起国。燕国自苏秦倡导合纵起始与列国的交往增多，后来，姬哙因轻信而让位，致生内乱，为齐所破。燕昭王姬平为复仇而招贤、发愤图强，趁齐政局不稳时，派乐毅联合数国军队伐齐，几灭其国，不久又因前线易帅而兵败退归，国势渐衰，战国末年太子姬丹收买侠士荆轲等，想以谋刺方式将燕国从秦国的兼并下挽救过来，终归没有成功。当秦国统一的铁帚横扫天下时，燕王喜一度退保辽东（今辽宁大凌河以东），公元前 222 年被秦将王贲率军追过鸭绿江而擒虏，燕国遂亡。

战国争雄时代，列国间的政治斗争愈演愈烈，某些政治势力和政治人物势必要争取和扶持燕国，以借重燕国的政治力量，天下政治的狂风暴雨将燕国裹挟到争雄行列已在所难免，燕国碰到了参与列国政治和发展自己的机会和条件。苏秦对燕文公游说成功，是天下政治兼容燕国之必然趋势的反映，也是燕国政治走向天下的契机。

然而，落后的文化氛围和缺乏政治风浪长久磨炼的燕国走向天下后几乎没有产生出自己成熟的政治家。除燕昭王姬平当政的几十年曾以破

春秋 · 竹简书

齐复仇为长远施政目标，并有相应的政治手段外，燕国的数代君主未作出过振兴国家的战略决策，却多次实施少有成功把握的侥幸之举：姬哙在对子之情况不明时让位于他，把强国的赌注押在子之身上；姬丹派荆轲行刺秦王而救亡；姬喜后来幻想以诱杀太子姬丹来缓解秦国的进攻。这些政治人物的短视行为带有极大的局限性，使他们很难在天下政治风浪的摔打中顶风冲浪。它走向了天下却又不能征服天下，那它自然要被其他强国所吞并。

九、吴国破楚又臣越，魂系中原霸一时

后稷的第十二代孙古公亶父（周太王）率周族由豳（今陕西旬邑西）迁至岐（今陕西岐山东北）后，想传位给少子季历的儿子姬昌（即后来的周文王），于是周太王的长子太伯和次子仲雍为让位给季历，二人乃远奔江南，改从当地风俗，文身断发，以示难以为君。太伯自号勾吴，因当地有千余家仰慕归附，遂成为当地君长，为吴太伯。太伯死后无子，其弟仲雍继立，三世而传至周章。其时周武王灭殷，寻求太伯、仲雍的后裔，知周章已为吴君，因而封之为诸侯，并封周章之弟虞仲于夏墟（今山西夏县、平陆一带），使建虞国。春秋前期，晋献公灭虞国，而吴国却在南方逐渐发展了起来。吴国地处楚国之东，占有今江苏、上海和安徽、浙江的部分地带，都于吴（今江苏苏州）。

春秋中期，吴国寿梦为君时国势益大，遂自用王号。时晋楚争霸正趋剧烈，楚国大夫巫臣因内讧而叛投晋国，被任为大夫。巫臣为了晋国的战略利益，由晋使吴，教给吴人车战之法，并留儿子狐庸仕于吴国。吴国自此开始与中原联系，并参加了晋国的反楚同盟。

吴王寿梦有四个儿子，他欲传位给幼子季札。在季札拒不接受的情况下，他不得已让长子诸樊代理国政。诸樊与两弟余祭、夷昧为实现父亲生前遗愿，采取兄终弟及的继位方式，必欲将王位传与季札。及三十余年夷昧死后，季札竟逃位而去，吴人遂立夷昧之子僚为王。而诸樊的儿子姬光则认为既然叔父季札不受君位，那理当让他为王，因而阴纳豪杰，谋图王位。不久，楚人伍员为避祸逃至吴国，姬光深相结交，又经伍员而结识勇士专诸。

他们造成机会，刺杀了王僚，姬光代立为王，即吴王阖闾。等季札返回时，姬光的王位已经确定。

吴王阖闾就王位后，重用楚国亡臣伍员和著名军事家孙武，在消除了领兵在外的王僚党羽后，积极整军练武，向外用兵，公元前 506 年一度攻破楚都郢，声威大振。后来由于秦国出兵助楚和他的弟弟夫概的反叛，又撤军退守吴国。阖闾晚年准备北向伐齐，因未能找到适当的借口而作罢。其后乘越王允常新丧而伐越，公元前 496 年被允常之子勾践在槜李（今浙江嘉兴西南）击败，他脚部受伤，退军途中死去，其子夫差继位。

夫差继位吴王时，吴国为越国的战败国，国耻未雪，家仇待报。经过两年艰苦的军事准备,公元前 494 年夫椒（江苏苏州吴中区）一战大败越军，乘胜攻破越都，越王勾践被迫乞和，并随夫差入吴称臣。后来，吴国放归勾践，北上与齐国争战，在艾陵（今山东莱芜东北）打败齐兵，吴国的势力达到鼎盛。公元前 482 年，夫差率兵赴黄池（今河南封丘西南）和中原诸侯会盟，与晋争霸，越王勾践率兵乘虚攻入吴都，夫差退归乞和。公元前 473 年越国再次兴兵败吴，夫差乞和不得，自杀而死，吴国遂灭。

吴国所以在春秋晚期能称霸列国，首先是由于自身势力的发展。吴国长期与其他国家很少交往，虽然不利于生产技术的交流，但却避免了战争的消耗。到春秋中期止，列国争霸的烽烟始终未引燃到吴国的大地上，这为其经济的正常进行和迅速发展提供了保证，寿梦为君时自称王号，是吴国势力在春秋后期大为增强的反映。其次，吴国在国势增强以后，因各种因素而出现了与中原及楚国进行文化交流的机会，一是晋国对吴的大力扶持；二是寿梦幼子季札出访列国，与中原诸多名士的思想交流；三是伍员等楚亡臣在吴的参政；四是与楚国的战争关系。吴在与列国的文化交流中逐渐改变了“蛮夷”身

吴王夫差铜矛

份，使其得到了参与列国争霸的资格，也产生了争夺霸主的要求。再次，吴国自阖闾姬光执政时起，组成了包括战略家伍员、军事家孙武在内的领导集团，这个集团一度目标一致、团结和谐，极大地推进了吴国的创霸事业。

吴国创霸事业能迅速进展，还有当时国际政治中的极有利的条件。春秋后期，晋楚争霸的和局渐趋明显，楚国由于政治腐败、属国反叛，加之军事不力，已无力北进，而晋国由于卿大夫专权和相互间的矛盾，也逐渐丧失了控制诸侯和向南争夺的力量。春秋晚期，天下失去了能够控制四方诸侯的名副其实的霸主，于是吴国才能以所拥有的远不及晋文公、楚庄王的武力崛起于东南隅并称霸列国。黄池会盟上，吴国向晋国争夺盟主，甚至整军示威以要挟，新起强国向传统霸主的挑战，是数百年争霸风云的继续，也是霸权时代走向没落的标志。

吴国在北南争霸激烈的国际背景下一经崛起，就成为春秋链式政治关系中的重要一环。它的崛起是天下政治格局的自然演进，曾激化了春秋争霸的政治局面；同时又促进了天下政治主格局的解体，使北南争霸进入尾声。

十、越王雪耻招自满，嫉贤妒能终亡国

夏后帝少康的庶子无余被封于会稽（今浙江绍兴）一带，建立越国。他们在此开辟荒野，修建住宅，随当地风俗而生活，很少与外界往来。自无余 20 多代后的允常执政时，历史进入了春秋后期，西邻吴国开始崛起，常与越国相攻伐，造成两国积怨。公元前 496 年，允常死，其子勾践继立为越王。他率师在槜李击败了伐越的吴国军队，吴王阖闾在败退中死亡。数年后，夫差率吴兵兴师报仇，越国大败于夫椒，国家存亡不保，因而向吴乞和。勾践亲去吴国臣事夫差，数年后被释回国。他卧薪尝胆，韬光养晦，“十年生聚”，终于乘吴王北上争盟时攻破吴国，不久将吴国吞并，成为霸主。

越国地处吴之东南，比吴国更为僻远，它之所以能在春秋晚期的天下政治舞台上替代吴国而称霸一时，首先是由于它有明确的战略目标。越国东靠大海，南为荒芜之地，只能向西北发展。强盛的吴国既是越国向西北

发展的严重障碍，又给越国的生存造成现实的威胁，只有制服吴国，才能获得自身的安全，也才能得到长足的发展。越国在允常和勾践执政的几十年间，这一点把握得是很准的。长期以来，他们与吴争战不休，其中有胜有败。但无论怎样，他们的战略争夺目标始终没有分散，彻底战胜吴国只剩下一个实力和机会问题。

由于生产技术的提高，当时沿海经济的发展较为迅速，这为越国实力的增长提供了基本的条件。同时，不断遭到吴国骚扰而苦于应付的楚国，为了牵制吴国，减轻自身的压力，也有意扶植越国。他们派本国宛（今河南南阳）令文种和宛人范蠡前去越国，辅佐越王治理国家。这两位才士参与越国政治，大大提升了因越国文化落后导致的政治决策水平，同时进一步加强了越国与楚国的合作，使越国经济政治的发展具备了更有利的条件。另外，越国在对吴国战败称臣的屈辱年代里，君臣一心，励精图治，采取了奖励生产、奖励生育和练兵强军的一系列政策，也刺激了越国综合国力的提高。

在越国实力得到增长的一段时期，强盛的吴国正称霸列国，使越国一直缺乏击败吴国的有利时机。为了避开吴国锋芒，越国领导集团选择了韬光养晦、等待时机、以屈求伸、出奇制胜的政治策略，他们的一系列战争准备总是在秘密进行：在外交上向吴国纳贡称臣，不惜以各种方式取悦于吴国君臣，以金钱美女为诱饵，为对方的朝政腐败创造条件；大力支持吴国北伐中原和大兴土木，促使对方国力的消耗。越国采用许多策略性措施，旨在转移吴国对自己的注意力，以便赢得增强自身实力和寻找败吴机会所需要的时间。

公元前 482 年，吴王夫差率精兵强将北上中原，在黄池与晋争夺盟主，导致国内空虚。经过多年准备而实力大增的越国立即抓住这一机会，率大军攻破吴都，擒虏吴王太子，其后不久灭亡了吴国。越国在实施自己发展战略的征途上，至此逾越了最大的障碍。

越王勾践灭吴后，列国东南隅已无越国的对手，于是他沿着夫差当年的路线，引兵北渡淮河进入中原，与齐、晋等国诸侯会盟于徐州（今山东滕州市南），并向周王进献贡品，周元王使人赐勾践胙（祭祀用的肉），命他为方伯（诸侯领袖）。勾践在名义上是经过周王命名的霸主，但实际上并没有像齐桓公、晋文公那样实现对诸侯国的真正控制。越国称霸是特殊历史情况下的特殊现象，一个小国要想控制天下的政治局面，无论在何时都几乎是不可能的。僻居东南隅的越国称霸天下的现象，表明了华夏民族的进一步拓展，它预示着北南对峙走向没落，春秋时代天下政治主格局开始解体，社会由此将进入一个新的时代。

越国吞吴之后与楚毗邻，双方立即感觉到了对方的威胁，各怀敌视之心，它们在天下政治格局中同一派系的盟友关系即告终止。这一现实状况反映到越国领导集团中，则是越王勾践与身为楚人的范蠡、文种两大夫深相疑忌。勾践为人机险阴狠，他对曾怀着楚国使命来越辅政、并且才能高超的范蠡、文种二人自然会产生提防戒备之心。主张顺时处政的范蠡敏感地察觉到了这种险情，他选择了急流勇退。而文种留恋于自己参与创建的越国霸业，不久被勾践赐死。越国刚一称霸，其领导集团就由于国际政局变化的影响而分崩离析，它们自此再没有组成像创霸时期那样高品质的领导集团，失去了在称霸基础上继续发展自身的首位条件。

到了战国之时，越国已成为列国中一个无足轻重的国家。勾践六世后裔无强执政期间，约公元前 306 年与楚威王争战，被楚所杀，越国遂灭。

十一、秦国不甘守边陲，帝王雄心终一统

秦的祖先非子，在西周中期因给周王养马有功而受封于秦地（今甘肃清水县东北），属于诸侯的附庸。东周以来，秦获得了发展的机会。

战国之前，秦有两个时间不长的发展期。首先是西周末骊山之难，犬戎攻破镐京（故址在今陕西西安长安区韦曲乡西北），秦襄公率兵救援周王室，协助赶走犬戎，后又护送周平王东迁洛邑，战功显赫，被封为诸侯。秦襄公辞归前，周平王又赐给他已被犬戎占据的岐、丰之地（今陕西岐山县、西安市鄠邑区一带）。秦襄公和他的儿子秦文公为此进行了两代战争，终于打败了犬戎，夺回了这一地盘，其后建都于雍（今陕西凤翔东南）。秦国的第二个发展期是在秦穆公时代，在齐桓公、晋文公在中原相继经营霸业的同时，僻居西陲的秦穆公抱着跻身列国的雄心锐意

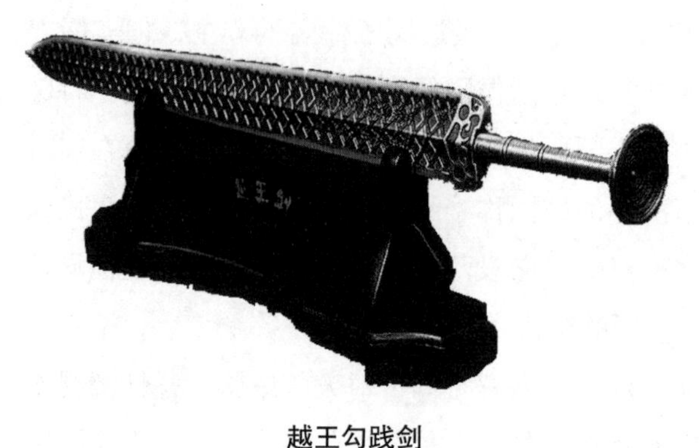

越王勾践剑

图强，他延揽人才，扬威树德，在东境受强晋阻隔的不利条件下终也征服了周围诸戎，一时称霸西隅。

秦国原本居于戎、狄之间，国小无爵，列国几乎将其与戎、狄等视。秦襄公勤王保驾而受封，又夺得了岐、丰之地，这就密切了他和周王室的关系，提高了自身的政治地位。秦立国于周疆西陲而抗拒戎、狄，间接地保卫了中原诸国的西境安全，更使它成了受列国注重的诸侯国。

春秋争霸初入高潮时，秦国因地域偏僻、国力不逮而未能参与争霸之列。秦穆公上台后雄心勃勃，急欲扭转国家的落后局面。秦国的优势是长期与戎作战而养成了国民的强悍之性，其劣势是文化状态落后于中原诸国，国民的礼仪教化及组织状态较差。秦穆公首先采取大量引进中原人才的方针，任用百里奚、蹇叔、由余等中原政治人物治国，把向国民进行德治教化作为跻身列国的重要战略，继而成功地征服了西戎。秦国后来东向的发展虽然受挫，但其称霸西戎的地位和东向发展的势头已使它成为春秋时政治地位显赫的大国。

秦穆公之后十余位君主的苟安思想和自卑思想较强，没有大作为的气魄和勇气，不敢作出乘晋国忙于南线战事之机打出桃林寨的战略主张，有些仅仅能做到凭借川狭山险的地理条件实现自我保护，河西失守是其数代积弱的结果。

秦国的大发展是在临近战国中期的秦献公之后。秦献公曾在东线取得过一些局部性的胜利，带着远未改变本国积弱面貌的遗恨而谢世。21 岁的秦孝公于公元前 361 年即位为君，布告国中说："三晋攻夺我先君河西地，诸侯卑秦，丑莫大焉。献公即位，镇抚边境，徙治栎阳，且欲东伐，复穆公之故地，修穆公之政令。寡人思念先君之意，常痛于心。"(《史记·秦本纪》)这位满腔热血的年轻君主耻于国势衰弱，发愤继献公之遗志，振穆公之雄风，以造就一个强大的秦国，为此在执政期间相继采取了四项战略性措施：第一，下令招贤。第二，坚持而果断地支持商鞅的变法改革。第三，迁都咸阳。第四，军事上向东推进，开始征服列国。战国以来东邻魏国最强，秦国拥有雄厚的实力后，乘魏国在东线马陵失利，及时出兵伐魏，攻占吴城、夺取西河（今晋、陕间黄河左右），直逼魏都安邑（今山西夏县西北），迫使魏国迁都大梁（今河南开封市西北）。秦对于魏的军事胜利，打通了东向发展的通道，完成了征服天下的重要一步。

春秋时期秦国金饰片

孝公之后，列国各诸侯先后称王，秦国相继为惠文王、武王、昭襄王、庄襄王、秦王政为君。这百余年间，秦国利用孝公时创造的雄厚资本以多种方式积极配合兼并战争。秦惠文王任张仪为相，以连横的外交战略瓦解列国的合纵联盟，使列国对秦国的制衡一次次失败，秦国在反制衡中进一步扩张。秦昭襄王采纳了“远交近攻”的方针，把外交活动和军事斗争在战略策略上结合起来，加速了兼并列国的进程。秦王政以反间策略，收买策略配合军事斗争，“奋六世之余烈，振长策而御宇内”，扫灭六国，完成了统一海内的宏图大业。

秦王朝的确立，是春秋战国时代的历史性终结，也是一个新的历史时代的开始。

十二、诸侯争霸各逞强，后院大夫兼并忙

春秋时期，中国南方和北方的少数民族不断对中原发起进攻，对各诸侯国构成了巨大威胁。由于周天子已名存实亡，无法起到组织领导各诸侯国抵御外侵的作用；另外，一些强大的诸侯国为了争夺土地、人口以及对

其他国家的支配权，纷纷“挟天子以令诸侯”，开始了春秋时期频繁的争霸战争。

与此同时，春秋时从周王室到各个侯国，君权不强者占大多数。鲁、宋、郑、齐、晋等国的君权日益衰弱，而主宰国家命运的卿大夫为了争权夺利，又不断地展开激烈的兼并斗争。

春秋时期长期的争霸战争，虽然给人民带来了巨大的痛苦和灾难，但也打破了各民族间的隔阂局面，促进了以华夏族为主的民族大融合。为后来统一的多民族国家的形成奠定了基础。

春秋时期，随着井田制的瓦解和土地私有制的产生，在政治上也引起很大变动。这主要是许多诸侯长期陷于争战之中，经济困难，政治权力日益削弱；而且不少卿大夫拥有大量的土地；掌握了强大的政治、军事权力。这些卿大夫在经济上损公济私，在政治上干预朝政，甚至影响操纵君位继承，把国君置于他们的控制之下，直至最后篡夺君位。

1. 郑国

郑国的执政以穆公后人为主。穆公有十三子，其中罕、驷、丰、游、印、国、良七家为强族，即所谓的七穆。从春秋中期到晚期，大家你上我下，你来我往，任郑执政者不出这七家。

2. 齐国

齐国在春秋早期由国、高二氏掌握大权，以后又有崔、庆二氏，这四家都是齐的公族。属于异姓贵族者有姬姓的鲍氏和妫姓的田氏。田完本为陈国的公子，后逃到齐，齐桓公使其为工正。齐庄公时，田氏渐渐得势。齐景公时，田乞为大夫。田氏为了扩张自己的势力，“其收赋税于民，以小斗受其粟，予民以大斗”，以此来笼络人心，抬高田氏在齐国的声望。齐景公死后，田氏灭国、高二氏，田乞专齐政。到其子田常时，鲍氏、晏氏也为田氏所除，田氏占有的土地比齐君的封邑还大。到田盘时，田氏的宗族“尽为齐都邑大夫”。田氏在外则和晋通使，成为齐国的实际统治者，齐宣公则有名无实。后田氏废齐康公（齐宣公子），代替姜氏而统治齐国。

3. 晋国

晋国从晋献公时起，不许立公子、公孙为贵族，公子、公孙只好离晋而仕于他国。这就是所谓的“晋无公族”，为春秋时他国所无的现象。排斥公族，导致异姓或国姓中疏远的卿大夫得势。晋文公、晋襄公时，狐、赵、先、郤、胥等氏颇有权势，以后又有韩、魏、栾、范、荀氏等强大宗族。春秋中期以后，卿大夫之间兼并激烈。晋国的新兴势力代表是韩、赵、魏、范、中行、智六家，称“六卿”，又称“六将军”。春秋中叶，晋国的大权逐渐为一些新崛起的异姓贵族所掌握，而旧公族势力日弱，仅有栾氏、羊舌氏和祁氏等几家。晋厉公即位后，被栾氏所杀，拥立晋悼公。公元前550年，以范氏为首的新兴势力联合起来，打败栾氏，以后又镇压了祁氏、羊舌氏的叛乱，一部分旧贵族“降在皂隶”，成为奴隶和平民。从此，“六卿”登上了政治舞台。晋六卿进行了封建性的政治改革，各自废除了“步百为亩”的井田制，实行了封建的田亩制和地税制。此后，“六卿”内部展开了激烈的斗争，范氏和中行氏联合郑国和齐国，攻伐赵氏。公元前493年，赵鞅为争取胜利宣布：“克敌者，上大夫受县，下大夫受郡，士田十万，庶人工商遂，人臣隶圉免。”意思是说，立了军功的人，无论其地位如何，皆可得到赏赐和改善地位。通过这种方式，发展了封建关系，争取了支持者，打败了范氏和中行氏。智、赵、韩、魏四家共同瓜分了范、中行二氏的地盘，而智氏势力最强，智伯掌握了晋国的国政。公元前453年，韩、赵、魏三家联合攻灭智氏，分别建立了3个封建政权，赵氏占据晋的北部地区，以晋阳（今山西太原）为都城；韩氏占据晋的中部地区，以平阳（今山西临汾）为都城；魏氏占据晋的南部地区，以安邑（今山西夏县）为都城。史称“三家分晋”，晋公室名存实亡。公元前403年，周威烈王正式承认韩、赵、魏为诸侯。公元前377年，韩、赵、魏灭晋侯，三分其地，晋亡。

4. 齐国

在齐国，新兴的地主阶级代表是田氏。田氏本是陈国贵族，春秋初期，陈国发生内乱，公子完奔齐。改姓田，齐桓公命其为“工正”，齐景公时，公室日益腐朽没落，阶级矛盾十分尖锐。这时，陈完的四世孙田桓子已做了齐国大夫，他为取得人民的支持，在向贫苦民众放贷时，用大斗借出，小斗收入，其山海所产树木鱼盐到市场上出卖，价格同产地一样。因此大

批民众都逃往田氏门下。公元前 490 年，齐景公死，国、高两氏立齐景公的儿子荼为君。田乞（田桓子之子）乘机发动武装政变，杀死荼，打败了高氏、国氏、弦氏、晏氏四大贵族，拥立阳生为君，为齐悼公，田乞自立为相。公元前 485 年，齐悼公被杀，齐简公立。公元前 481 年，田常（田乞之子）与贵族监止分别担任左、右相。田常继续采取大斗出租小斗收租的办法来笼络平民，实力大增。五月，田常再次发动政变，击败贵族监止的军队，杀齐简公，另立齐平公，内修政治，外结同盟，五年之后，“齐国之政皆归田常”。公元前 391 年，田常的曾孙田和将国君齐康公放逐到海上，田和成了事实上的齐国国君。公元前 386 年，田和被周安王封为诸侯，并沿用齐国的国号，史称“田氏代齐”。

5. 鲁国

鲁国在鲁釐公时，由鲁桓公之子季友秉政，其后代称季孙氏。季友之兄庆父、叔牙之后为孟孙氏、叔孙氏。这三家皆为桓公之后，故称三桓。鲁釐公以后到春秋末，鲁的政权基本上由三家所把持。鲁襄公时，季孙宿执政，三分公室，鲁君实力被削弱。到鲁昭公时，鲁昭公被逐出鲁国，流浪在外七年而卒。《左传》说：“鲁君世从其失，季氏世修其勤。”由于季氏颇得民心，故鲁国出现“民不知君”的现象。但随着三桓势力的过于强大，三桓的家臣也非同一般。在春秋晚期，南蒯、阳虎、侯犯等先后起来反对季氏和叔孙氏，像阳虎就一度执掌鲁的大权，即所谓的“陪臣执国命”。由此又反映出三家也在走向衰微。

6. 宋国

宋国的卿大夫和鲁一样，以公族子孙为主，如有宋戴公之后的华、乐、老、皇四家，后来有宋桓公之后的鱼、荡、鳞、向四家。整个春秋时期，宋国的执政不出于戴、桓两族，其中尤以戴族为多。各大族的倾轧很激烈，到春秋晚期，桓氏势力被铲除，剩下戴族的乐、皇几家。

7. 楚和秦

以上几个国家都因为存在强大的同姓或异姓贵族势力，致使君权削弱，“权去公室，政在家门”。卿大夫为了争权夺利，引起内乱频繁发生。但并非诸侯国皆如此，如楚王的宗族虽强盛，却未形成像鲁、晋那样实力很大

春秋时期陶俑

并能控制君主的强家，故楚的君权较许多中原国家为强。秦的情况和楚也有某些相像之处。

春秋时期经过连年战争，以及各国新兴地主阶级的夺权斗争，许多诸侯国灭亡了，大部分诸侯国中的新兴地主阶级取得了政权，中国逐步进入了封建社会。

十三、齐桓公平戎攘夷，周襄王葵丘之会

周惠王二十一年（公元前 656 年），齐桓公率领 8 国军队逼近楚境，在召陵与楚国结盟修好，暂时挡住了楚国北上的势头。当时，周天子欲废太子姬郑，改立宠妃所生的公子带为太子，为了安定王室，齐桓公于周惠王二十二年（公元前 655 年）会宋、鲁、陈、卫、郑、许、曹诸君在首止（今河南睢县东）与太子姬郑相盟，以定太子之位。周天子派周公宰孔召郑文公，告诉他天子打算立公子带为太子，要他约同楚国，辅佐王室。郑文公借口国内有事，逃盟而去。其余 7 国歃血为盟，约定：凡我同盟，共辅太子，佐助王室，谁违盟约，即受天罚。周惠王二十三年（公元前 654 年），齐国以郑文公逃盟为理由，率鲁、宋、陈、卫、曹等国军队讨伐郑国，楚成王出兵围许以救郑，诸侯解郑围救许，楚亦释

鲁侯鼎

围回军。周惠王二十五年（公元前652年），周天子去世，太子姬郑继位，是为周襄王。周襄王担心其弟姬带争位，秘不发丧而求助于齐。这一年，齐国又出兵攻打郑国。周襄王元年（公元前651年），齐桓公率鲁、宋、卫、许、曹的国君及陈世子与周襄王的大夫在洮地（今山东鄄城西南）会盟，以巩固周襄王的王位，周襄王定位而后发丧，郑文公也去乞盟。

为了巩固已取得的成果，齐桓公于周襄王元年与宋、鲁、卫、郑、许、曹等国的国君及周襄王的使者宰孔在葵丘（今河南兰考县境）相会，齐桓公把公子昭托付给宋襄公，周襄王为了感谢齐桓公对他的支持，让宰孔把天子祭祀祖先的祭肉赏赐给齐桓公。按照当时的礼制，天下祭祖的礼物只分给同姓国家，齐是姜姓，没有分享祭品的权利，周襄王赏赐齐桓公祭肉，是表示对齐桓公的特别敬重。齐桓公听从管仲的意见，下堂行跪拜礼，宰孔又说周襄王命令加赐爵位一等，不必下拜。齐桓公表示谦虚，跪拜受赐。

然后，齐桓公率诸侯盟誓，盟辞初命道："诛不孝，无易树子（不能随便废立太子），无以妾为妻。"再命道："尊贤育才，以彰有德。"三命道："敬老慈幼，无忘宾、旅。"四命道："士无世官，官事无摄（公家职务不要兼摄），取士必得（贤才），无专杀大夫。"五命道："无曲防（不要堵塞河流），无遏籴（不要自己囤积粮食而禁止邻国购买），无有封而不告（不要分封而不报告盟主）。"盟辞还声称：凡是参加我同盟的国家，结盟之后要言归于好，不许再互相攻伐。盟誓完毕，周襄王的使者及诸侯相继散去。此后一段时间，齐桓公的霸业主要放在平戎攘夷之上。

十四、晋楚争霸谋议和，华元向戌两弭兵

春秋中期以后，晋楚双方势均力敌，互有胜负。但连年的攻战，各国都很疲乏，尤其是小国普遍厌战。同时，争霸战争也加速了本国的阶级矛盾和新旧势力之间斗争的发展，使各国无力外顾，都想暂时休战，于是便出现了“弭兵”运动。它是由受战祸最深的宋国发起的,先后召开两次“弭兵”之会。

1. 华元弭兵

从春秋中期开始，周王室中衰，诸侯并起，其中以晋国和楚国最强大。晋、楚两国为了争夺霸权，连年征战，给广大人民带来无穷无尽的灾难。尤其当时夹在两国中间的很多小国，比如宋国，经常成为两大强国的战场，更是苦不堪言。这些小国归顺楚国就会遭到晋国的进攻，归顺晋国就会遭到楚国的进攻，只能在两大强国的夹缝中忍辱偷生。公元前 595—公元前 594 年，楚庄王率军队围宋国商丘达九个月，宋国人民粮食断绝，只好把自己的孩子与别人的孩子交换当食物，用人骨当柴火。经过长期的战争，晋楚两国也损失巨大，而且两国都面临着新的敌人。晋国对依附它的小国强取豪夺，引起了他们的强烈不满。晋国与西边的秦国结盟，不料秦国很快背盟，联合少数民族白狄攻打晋国。楚国爆发了一系列的内乱，楚国的叛臣巫臣跑到东边的吴国，教吴国人兵车作战。吴国很快强大起来，对楚国构成了严重

齐桓公

的威胁。吴军不断骚扰楚国，害得楚军疲于奔命，损失了很多人力物力。在这种情况下，晋国和楚国都有停战的意思，在激烈争夺的同时，又在互相试探，释放俘虏，派使臣互访，谋求媾和。

为了使自己免遭战乱之苦，宋国不遗余力地倡导“弭兵”运动，弭兵就是停止战争的意思。这得到了广大渴望和平、停止战争的小国国君和百姓的支持。宋国大夫华元得知晋、楚两国释放俘虏、使者互访的情况后，就主动出来斡旋，以促成晋、楚结盟。华元与晋国的正卿栾书、楚国令尹（宰相）子重的私人关系都很好，他不辞辛苦奔波于晋、楚两国之间，促成两国停战。

鲁成公十二年（公元前579年），在华元的积极斡旋下，晋国上军师士燮与楚公子罢、许偃在宋国的西门之外会盟，并达成了协议，这就是第一次弭兵之会，也称“宋西门之盟”或华元弭兵。盟约规定互不侵犯。不久，晋厉公和楚公子罢会盟于赤棘，宋西门之盟一时得到了贯彻执行。但两国都没有诚意，盟约缔结四年后，两国爆发了鄢陵之战，宋西门之盟宣告失败。

2. 向戌弭兵

鄢陵之战后，两国的内部矛盾日趋激化。晋国士大夫的实力越来越强，已经开始威胁到国君的地位。秦国一向与楚国交好，敌视晋国，在晋楚争霸中经常派兵援助楚国。终于，晋国忍无可忍，率兵攻打秦国。晋国与东面齐国的关系也不好，晋国虽然派兵打败了齐国，迫使它求和，但并没有解除齐国的威胁。

楚国的情况更加不妙。鄢陵之战以楚国失败而告终，从此开始走下坡路，在与晋国的争霸中处于下风。楚国的统治阶级日益腐败，骄奢淫逸，国内的各种社会矛盾日益尖锐。公族与士族之间，士族与士族之间争权夺利，互相倾轧，造成一些士族逃到晋国和其他国家。西面的吴国逐渐强大，楚国虽然在对吴国的战争中取得了一些胜利，但始终消除不了吴国的威胁。在这种情况下，两国又开始谋求媾和。

宋国的大夫向戌与晋国执政大夫赵文子、楚国令尹子木是好朋友，他趁机来往于两国之间，进行斡旋，谋划议和。晋、楚两国正求之不得，都很爽快地表示答应。另外两个强国齐国和秦国也表示答应。

春秋·龙纹铜壶

鲁襄公二十七年（公元前 546 年）十月，晋国大夫赵文子、楚令尹子木与宋平公、滕国、邾国三国国君，以及齐、秦、鲁、卫、陈、蔡、郑、曹和许 14 国的大夫会盟于宋国国都商丘的蒙门（东北门）。晋、楚两国达成盟约，盟约规定晋国的盟国要向楚国进贡，楚国的盟国要向晋国进贡，奉晋、楚为共同霸主；秦国和齐国也是大国，秦国不向晋国进贡，齐国也不向楚国进贡。邾国和滕国分别是齐国和宋国的属国，所以不参加会盟。在歃盟时，晋、楚两国争当盟主，都抢先歃血，争执不下。晋国大夫叔向劝赵文子说："我们晋国应当发扬我们的仁德，不必争先了。"于是晋国才让楚国先歃血。这就是第二次弭兵之会，也称"宋蒙门之盟"或"向戌弭兵"。

第二次弭兵之会后，晋国忙于内斗，楚国受制于吴国，所以结盟后，晋、楚 40 多年没有再发生战争。这样，中原大国争霸就以晋、楚两国平分霸权而基本告一段落。

弭兵运动之后，春秋历史进入晚期。这时，地处长江下游新崛起的吴国和越国却企图向中原争夺霸权。

十五、宫廷政变多内斗，君臣父子相倾轧

诸侯国的相互吞并，以及诸侯国内的宫廷斗争使春秋战国时期发生了大大小小百余起逐君杀君事件。君臣父子间的相互倾轧历历在目，一幅幅血腥的历史画面犹在眼前。

公元前 698 年，秦国——诸大臣使强盗袭杀国君嬴出子。

公元697年，郑国——大臣祭仲逐国君姬突，迎立之前被罢黜的国君姬忽复位。

公元前696年，卫国——诸公子逐国君卫朔，立他的弟弟卫黔牟。

公元前695年，郑国——大臣高渠弥杀国君姬忽，立他的弟弟姬亹。

公元前694年，鲁国——国君姬允赴齐国，被齐国国君姜诸儿暗杀（这又是一件宫廷丑闻）。郑国国君姬亹应邀到齐国开会，被齐国国君姜诸儿杀掉。

公元前688年，卫国——齐、宋、陈、蔡、鲁五国联军强送前任国君卫朔返国复位，现任国君卫黔牟逃亡。

公元前686年，齐国——将领连称杀国君姜诸儿，立公子姜无知。

公元前685年，齐国——大臣雍廪杀国君姜无知，立公子姜小白。

公元前684年，蔡国——楚王国掳蔡国国君姬献舞，不久又释放。

公元前682年，宋国——大将南宫万杀国君子捷，立公子子游。诸公子又杀子游，立公子子御。

公元前680年，郑国——大臣傅瑕杀国君姬婴，迎立被罢黜的姬突复位。

公元前679年，晋国——公子姬称起兵攻杀国君姬缗，自立（称自祖父起，经50余年的奋斗，终于篡夺到政权）。

公元前675年，周王国——王子姬颓起兵逐国王姬阆，自立。

公元前673年，周王国——郑、虢两国联军攻杀现任国王姬颓，迎立被罢黜的前任国王姬阆复位。

公元前672年，楚王国王子芈熊恽杀国王芈熊艰，自立。

公元前662年，鲁国——公子庆父杀国君姬般，立姬般的弟弟姬启。

公元前660年，鲁国——公子庆父又杀国君姬启。卫国狄部落攻杀国君姬卫赤（姬卫赤养有庞大鹤群，每只都有优厚的俸禄。狄军来攻时，人民和武装部队一哄而散）。

公元前656年，蔡国——齐国掳蔡国国君蔡固，不久又释放。

公元前651年，晋国——大臣里克杀国君姬奚齐，奚齐的弟弟姬卓子继位。里克再杀姬卓子，迎立公子姬夷吾。

公元前 645 年，晋国——秦国掳晋国国君姬夷吾，不久又释放。

公元前 643 年，齐国——诸公子起兵互斗，国君姜小白饿死，他的儿子姜无亏继位。

公元前 642 年，齐国——贵族们杀国君姜无亏，迎立前太子姜昭（齐国这才算安定下来）。

公元前 641 年，滕国——国君姬婴齐到曹国会盟，迟到，宋国予以囚禁，不久又释放。鄫国国君到曹国会盟，宋国把他绑到次睢之社。

公元前 639 年，宋国——国君子兹甫到盂邑（河南睢县）会盟，楚王国把他囚禁，半年后才释放（子兹甫是一个凶恶的笨伯，这一次形势恰恰翻了过来，楚王国就在会场上把他逮捕）。

公元前 636 年，晋国——公子姬重耳杀国君姬圉，自立。周王国王子姬带逐国王姬郑，自立（这又是一件宫廷丑闻，姬带是姬郑的弟弟，弟弟跟嫂嫂王后私通，姬郑把王后囚禁。姬带就采取军事行动）。

公元前 635 年，周王国——前任国王姬郑得晋国大军相助，攻杀现任国王姬带，复位。

公元前 632 年，曹国——晋国掳曹国国君曹襄，不久又释放。卫国晋国攻卫，卫国国君姬卫郑出奔楚王国，命他的弟弟姬卫武继位乞和。晋命姬卫郑返国，姬卫郑却射杀姬卫武，复位。晋国掳姬卫郑，立公子姬卫瑕。

公元前 630 年，卫国——前任国君姬卫郑再返国，杀现任国君姬卫瑕复位，首府迁往帝丘（河南濮阳）。

公元前 626 年，楚王国——太子芈商臣杀他的父亲现任国王芈熊恽，自立。

公元前 620 年，宋国——诸公子杀国君子御，立公子子杵臼。

公元前 613 年，齐国——公子姜商人杀国君姜舍，自立。

公元前 611 年，宋国——祖母王姬，杀她的孙儿国君子杵臼，立他的弟弟子鲍（子杵臼过度荒唐，咎由自取）。

公元前 609 年，齐国——大臣杀国君姜商人，立公子姜元（姜商人凶暴，众叛亲离）。莒国——太子己仆杀他的父亲现任国君己庶其，后逃亡鲁国。贵族立公子己季诧。

公元前 607 年，晋国——大臣赵穿杀国君姬夷皋，立公子姬黑臀。

公元前 605 年，郑国——公子姬宋杀国君姬夷，立公子姬坚。

公元前 599 年，陈国——大臣夏征舒杀国君妫平国。

公元前 598 年，陈国——楚王国逐陈国国君妫午，但不久又准他复位。

公元前 582 年,郑国——晋国囚郑国国君姬睔,诸公子立他的庶兄姬繻。

公元前 581 年，郑国——诸公子杀国君姬繻，立其侄姬髡顽，晋国出兵驱逐髡顽，遂前任国君姬睔回国复位。

公元前 576 年，曹国——晋国掳曹国国君曹负刍，明年才释放（这是得罪霸主的惩罚）。

公元前 573 年，晋国——大臣栾书杀国君姬寿曼，立公子姬周。

公元前 566 年，郑国——公子姬驷杀国君姬髡顽，立他的儿子姬嘉。

公元前 559 年，卫国——大臣孙林父逐国君姬卫衎，立公子姬卫秋。

公元前 548 年，齐国——大臣崔杼杀国君姜光，立他的弟弟姜杵臼。

春秋 · 龙纹铜方壶

公元前 547 年，卫国——大臣宁喜杀国君姬卫秋，迎立被罢黜的前任国君姬卫衎，晋国把姬卫衎囚住，但不久就释放。

公元前 544 年，吴王国——守门人杀国王吴余祭，他的弟弟吴夷昧继位。

公元前 543 年，蔡国——太子蔡般杀他的父亲现任国君蔡固，自立。

公元前 542 年，莒国——太子己展舆杀他的父亲现任国君己密州，自立。

公元前 542 年，鲁国——公子季孙宿杀国君姬野，立他的弟弟姬裯。

公元前541年，莒国——公子己去疾逐国君己展舆，自立。楚王国——王子芈围杀国王芈麇，自立。

公元前535年，燕国——诸大臣逐国君燕款，立悼公。

公元前534年，陈国——公子妫招发兵围国君妫弱，妫弱自缢死，立他的儿子妫留。楚王国发兵讨伐陈国内乱，妫留出奔郑国，陈国亡。

公元前531年，蔡国——楚王芈围杀蔡国国君蔡般，蔡国亡。

公元前529年，楚王国——王子芈弃疾政变，国王芈围自缢死。他的哥哥芈比继位，芈弃疾再逼芈比自杀，芈弃疾自立

公元前528年，莒国——诸公子逐国君己狂，立他的叔父己庚舆。

公元前521年，蔡国——诸公子逐国君蔡朱，立公子蔡东国。

公元前519年，周王国——王子姬朝逐国王姬猛，自立。莒国——贵族逐国君己庚舆，迎立被罢黜的前任国君己狂。

公元前517年，鲁国——三桓逐国君鲁昭公姬裯。

公元前516年，周王国——晋国逐周王姬朝，使三年前罢黜的前任国王姬猛复位。

公元前515年，曹国——国君曹午被宋国囚死，他的弟弟曹野继位。

公元前510年，曹国——公子曹通杀国君曹野，自立。

公元前509年，蔡国——楚王国囚蔡国国君蔡申，三年才释。

公元前507年，唐国——楚王国囚唐国国君祁成侯，不久释放。

公元前506年，楚王国——吴王国逐楚王芈轸。曹国——公子曹露杀国君曹通，自立。杞国——公子姒遇杀国君姒乞，自立。

公元前504年，周王国——郑国逐周王姬匄，第二年才返国复位。

公元前502年，陈国——国君妫柳被吴国囚死，儿子妫越继位。

公元前497年，薛国——贵族杀国君任比，立公子任夷。

公元前494年，越王国——吴王国掳越王姒勾践。

公元前491年，蔡国——大臣杀国君蔡申，立他的儿子蔡朔。

公元前489年，齐国——大臣田乞杀国君姜荼，立他的哥哥姜阳生。

公元前488年，郝国——鲁国掳郝国国君曹益，明年才释放。

公元前487年，曹国——宋国杀曹国国君曹阳，曹国亡。郝国——吴

王国囚郑国国君曹益，立他的儿子曹革。

公元前 485 年，齐国——大臣鲍牧杀国君姜阳生，立他的儿子姜壬。

公元前 483 年，卫国——吴王国囚卫国国君姬卫辄，不久又释放。

公元前 481 年，齐国——大臣田恒杀国君姜壬，立他的弟弟姜骜。

公元前 480 年，卫国——国君姬卫辄的父亲姬卫蒯聩，逐他的儿子现任国君姬卫辄，自立。

公元前 478 年，陈国——楚王国杀陈国国君妫越，陈国亡。卫国——贵族杀国君姬卫蒯聩，立公子姬卫般师。齐国发兵问罪，又把姬卫般师捉去，立公子姬卫起。杞国——公子姒阏路杀国君姒维，自立。

公元前 477 年，卫国——大臣石圃逐国君姬卫起，三年前罢黜的国君姬卫辄复位。

十六、狂州吁弑君篡位，老石碏大义灭亲

在西周时期，卫国是姬姓诸侯中最重要的诸侯之一。卫之始封者为周文王的儿子，周武王的弟弟卫康叔姬封。卫国和鲁国、齐国都是周人东方殖民的重要据点，对拱卫洛邑和王畿地区起着很大的作用。

然而，到春秋时期，卫国已经衰落下来，变成一个一般的诸侯国。而且，这一时期卫国内乱频仍，有好几次几致灭顶之灾。州吁之乱是其中最早的一次。

卫庄公在位时娶了齐国太子得臣的妹妹庄姜为妻。庄姜长得非常美丽。嫁到卫国以后，卫国国人作了一首诗来称颂她的美貌，这首诗即今本《诗经》中的《硕人》一诗。诗中有“手如柔荑，肤如凝脂，领如蝤蛴，齿如瓠犀，螓首蛾眉。巧笑倩兮，美目盼兮”等句。可是，庄姜美而无子。于是，卫庄公又从陈国娶了厉妫和戴妫姊妹二人。厉妫生孝伯，小时候就夭折了。戴妫生子卫完。卫完母戴妫死，庄姜把卫完养为己子，卫庄公立卫完为太子，后即位，为卫桓公。

可是，卫庄公还有一个儿子叫州吁，是卫庄公宠幸的小妾所生。卫庄公非常喜欢州吁，而州吁又长而好兵，十分横暴。卫庄公也不管教他。庄姜十分讨厌州吁。卫大夫石碏劝卫庄公说：“臣听说，爱孩子要教之以义方，

不要让他走上邪路。习于骄、奢、淫、逸，便必然走上邪路。而这四者之生，皆由宠禄太过而不禁。您若想立州吁为太子，就早点定下来；若不愿立他，却又宠着他，便只是给他留了祸乱的阶梯。很少有人能做到宠而不骄，骄而能降，降而不遗憾，憾而无所恨的。而且，贱妨贵，少陵长，远间亲，新间旧，小加大，淫破义，此为六逆。父慈，子孝，兄爱，弟敬，此为六顺。去顺效逆，只能加速祸害的到来。您作为国君，应当尽力除祸。可您这样做却是加速祸害的发生，这怎么行呢？”可是卫庄公对他的话不加理睬。石碏的儿子石厚和州吁往来甚密，石碏禁止石厚这样干，石厚不听。等卫庄公死，卫桓公即位时，石碏便告老回家了。

卫桓公即位以后，州吁果然越来越放肆。对立的矛盾愈演愈烈，终于爆发为内乱。州吁为推翻卫桓公，暗中招募亡人，积聚力量。郑庄公的弟弟大叔段政变不成，出奔卫国，州吁和大叔段臭味相投，交上了朋友。到周桓王元年（公元前 719 年），州吁终于指挥手下的亡人袭杀了卫桓公，而自立为卫国的国君。

州吁自立为卫君后，本性难移，到处惹是生非。本来卫国和郑国接壤，两国以前经常发生战争。州吁自知弑君自立，国人不服，便想通过发动对外战争来缓和国内的矛盾。他首先将矛头对准郑国。利用宋国和郑国之间的矛盾，派人到宋国去联络，约定共同出兵攻郑。恰巧此时，陈国和蔡国想讨好卫国，便和卫国一起出征。周桓王元年（公元前 719 年）的夏天，四国组成联军，进攻郑国，包围了郑国国都的东门，打了五天，未有结果，撤了回去。到秋天，四国联军又一次进攻郑国，打败了郑国的步兵，抢了一些郑国田野里的庄稼，撤了回去。

州吁为巩固君位而发动战争，根本不得人心。今本《诗经》中，有一首叫《击鼓》的诗，便是反映卫国攻伐郑国的这场战争的。此诗是卫国出征的士兵所作，诗中言道：“击鼓其镗，踊跃用兵。土国城漕，我独南行。从孙子仲，平陈与宋，不我以归，忧心有忡”，“吁嗟阔佤，不我活兮；吁嗟询兮，不我信兮”，对这场战争表示了极大的厌恶，直至开小差逃跑。《日月》一诗，传为庄姜所作。州吁杀害卫桓公后，庄姜十分悲伤愤恨，故诗中有“乃如之人兮，德音无良”等句。当时，不仅卫国国内人心思变，连

其他诸侯国也看出州吁不长久。鲁隐公曾问大夫众仲州吁能不能成事，众仲回答说："安定国家只能以德和民，而不闻以乱。州吁仗恃武力，安于残忍。仗恃武力，众心不附；安于残忍，无亲近之者。众叛亲离是成不了事的。兵就像火，如不自敛，必将自焚。州吁弑其君上，又虐用其民，不去以德安民，却想以乱成事，必不免于失败。"

州吁自立为君数月之后，国内仍然不能安定。石厚便去向父亲石碏请教安民的办法。为除掉州吁，石碏想出了一个主意，对石厚说："让州吁去朝见一下周天王，君位就算合法了。那时会安定。"石厚又问："怎样才能去朝见周天王呢？"石碏说："陈桓公方有宠于天王，而且陈国和卫国正在搞好关系。如果去朝拜陈国，让陈桓公向周天王请求，这件事就成了。"石厚信以为真，便告诉了州吁。州吁同意了，带着石厚往陈国去。他们走后，石碏立即派人告诉陈桓公说："卫国褊小，我也老了，不能做什么事了。州吁和石厚这两个人是杀害我们国君的凶手，您看着办。"州吁和石厚一到陈国，就被抓了起来。然后，陈国派人到卫国，请卫国派人去杀这二人。这年九月，卫国派右宰丑杀州吁于濮（今安徽亳州东南）。石厚因是石碏的儿子，卫人不忍杀之。石碏大义灭亲，派自己的家宰獳羊肩到陈国去将石厚杀死。

然后，卫人从邢国（今河北邢台）迎回了卫桓公的另一个弟弟公子卫晋。冬十二月，公子卫晋即卫国君位，是为卫宣公。卫国终于又平定了下来。

十七、鲁桓公遇人不淑，齐襄公文姜乱鲁

鲁国和齐国在周代都是周王朝最重要的封国。鲁之始封者为周公姬旦之子伯禽，是姬姓大国；齐之始封者为师尚父姜尚，是姜姓大国。按照周代的传统，异姓诸侯和姬姓诸侯都世代保持着通婚关系，因为男女同姓，其生不蕃，而异姓则无此病。鲁、齐二国地位相当，因而世代联姻，或齐主娶鲁女，或鲁主娶齐女，往来不绝。除了同姓不婚的原因外，更重要的还有政治和军事上的原因。齐、鲁皆为当时力量较为强大的诸侯，双方联姻，更是互相寻找一种政治依靠。但这种联姻有时也会带来严重恶果。

周桓王十一年（公元前 709 年）正月，即位刚刚两年多的鲁桓公姬轨和齐釐公会于嬴（在今山东莱芜市西北）。齐釐公要将女儿文姜许配给鲁桓公。年轻的鲁桓公不知就里，便答应下来，并行纳币之礼，订下这桩婚事。同年秋天，鲁桓公派公子姬翚到齐国去迎文姜完婚，齐釐公亲自把女儿送到讙（今山东宁阳县北）。这个行为不符合周代传统的礼节。因为按照周礼，嫁女于异姓诸侯，若是姊妹，则派上卿送之；若是女儿，则派下卿送之。如果对方是大国，也只能派上卿相送。即使是嫁女儿给周天子，诸侯也不必亲自送行。齐釐公此行，遭到了鲁国人的非议。但事情不久便平息了。

鲁桓公虽娶文姜为妻，对文姜本人的品德却不甚了解。他不知道，文姜在出嫁之前，早已和自己的哥哥、后来即位的齐襄公乱伦私通。在鲁桓公与文姜成婚以前，齐釐公曾想把文姜许配给郑国的太子姬忽，但太子姬忽辞掉了。别人问起缘故，太子姬忽解释说："人各自有自己相当的配偶。齐为大国，而郑为小国，不适合娶齐女为妻。"后来，太子姬忽率领郑国军队和齐国军队一起对戎人作战。击败戎人之后，齐釐公又对太子姬忽提起这件事，太子姬忽仍然不肯答应。别人问起缘故，太子姬忽推托说："没

石碏、州吁、石厚三人画像

有为齐国做什么的时候，我都不敢这样想。如今我奉君命帮齐国打戎人，要是答应这件事，别人会说我出兵是为迎娶妻子了。”实际上，太子姬忽固辞齐婚另有缘由。此中缘由，正以文姜品德之不淑。

文姜归鲁后，为鲁桓公生了太子姬同。在以后的十几年中，倒也相安无事。但文姜不德之事，还是传了出去。到鲁桓公十八年（公元前 694 年）春天，已经即位多年的齐襄公请鲁桓公携文姜到齐国去做客。鲁桓公答应了。鲁大夫申繻预感到事情不利，便劝鲁桓公说：“男人各有自己的妻子，女人各有自己的丈夫，应界限谨严，不得轻易地亵渎它。能够这样做，才算是符合礼仪。否则，必然身败名裂。”但鲁桓公根本不听，还是和齐襄公在泺（今山东济南市西北）相会。随后，带着文姜到齐国去了。

文姜到齐国以后，和齐襄公旧情复发，重又私通。但不久，这件事被鲁桓公发觉。鲁桓公十分恼怒，狠狠地指责了文姜。文姜不但不思改悔，反而把鲁桓公发觉的事告诉了齐襄公。齐襄公心狠手辣，为达到和文姜长期通奸的目的，便决定杀死鲁桓公。

同年四月的一天，齐襄公设宴招待鲁桓公，把鲁桓公灌得大醉，连车都上不了。宴会结束时，齐公子姜彭生在齐襄公的指使下，装着帮助鲁桓公登车，乘机把鲁桓公的脊骨拉断，杀死了他。

鲁桓公

鲁桓公被杀的事情传回鲁国。慑于齐国强大的国力，鲁国虽然君主被杀，可也无可奈何。但也不愿善罢甘休。鲁国派遣使者到齐国去，对齐襄公说：“我们的君主因畏您的威严，不敢宁居，这才到齐国来修齐、鲁两国之旧好。可是，礼办成了，人却没回来，这让我们追究谁的责任？又怎么向诸侯解释？请除掉彭生，为我君报仇。”齐襄公自知理亏，便推卸责任，杀掉了彭生，以此向鲁国道歉。

鲁桓公虽然冤死，但并未阻止文姜和齐襄公乱伦之事。鲁桓公死后，齐襄公干脆就把文姜留在了齐国。有时，把文姜送到齐、鲁两国接壤的边邑，时时相会，往来不绝。文姜也觉得无颜返鲁，便干脆留了下来。鲁庄公即位之后，为父亲的冤死而悲愤，痛恨母亲文姜做出这种下流之事，便和文姜断绝了母子关系。但这件事并没有对齐、鲁两国的关系产生太大的影响。而齐襄公由于作恶多端、反复无常，几年之后，被叛乱的大臣杀死。

十八、智伯瑶野心勃勃，韩赵魏三家分晋

春秋末期，各诸侯国家经常发生战争，使生产遭到破坏，各国财政贫乏，中原大国晋国也日渐衰落。这时，晋国国君的权力也旁落了。

晋的权力由范、中行、赵、魏、韩、智六家大夫把持，他们又以自己的地盘和武装，争权夺利，互相攻战。后来只剩韩、赵、魏、智四家。四家中智伯瑶势力最大，野心也最大。智伯瑶打算下一步侵占韩、赵、魏三家的土地，于是把赵襄子、魏桓子、韩康子三大夫请到家中，设宴款待。席间智伯瑶对三家大夫说：“晋文公时，晋国是中原霸主，后来霸主地位被吴、越夺去了。为了重振晋国雄风，我主张每家献出一百里土地和相应的户口交国君掌管。”韩康子害怕智伯瑶的势力，首先表示赞同，愿把韩家土地和一万家户口交给国家；魏桓子心里不愿意，但也不得不表态，也把百里土地和九千家户口交给智家，智伯瑶见赵襄子一言不发，便用言语威胁他。赵襄子性格耿直，看智伯瑶贪婪的样子，非常气愤，便说：“土地是祖宗遗产，要送给别人，我实在不敢做主。”智伯瑶听罢立刻翻脸，智、赵两家在席上争吵不休，赵襄子一甩袖子走了。智伯瑶立刻决定讨伐，并亲自带兵马为中军，让韩为右军，魏为左军，三军直奔赵城。赵襄子寡不敌众，边战边退，退到晋阳（今山西太原）闭关固守。整整打了两年的仗，智军就是攻不下赵城。

智伯瑶无计可施，十分恼火。一天智伯瑶绕赵城察看地形时，看到晋阳城东北有晋水河，水势湍急，受到启发。智伯瑶便命令士兵筑坝蓄水，

想把晋阳全城淹没。

大水淹进晋阳城以后，赵襄子焦虑不安，愁眉不展，就与谋士张孟谈探讨对策。赵襄子说："目前百姓情绪稳定，只是水势若再往上涨，全城就难保了，这可怎么办呢？"张孟谈分析说："攻城不如攻心。我看韩、魏把土地割让给智家，并不是心甘情愿的，我们何不派人游说，把韩、魏争取过来，请他们帮我们一起对付霸道的智伯瑶。"赵襄子同意这主意，就派张孟谈连夜出城，直奔韩、魏两营。韩、魏二大夫正担忧自己的前途，经张孟谈一说，都赞同合力对付智伯瑶。

第二天深夜，智伯瑶在营帐里睡得正香，突然听见一阵喊杀声。他连忙披衣察看，发觉床下到处是水，以为大堤决口的水是从晋阳城漫过来的，心里还挺高兴。但出帐外一看，兵营里一片汪洋，士兵给突来的大水，弄得惊慌失措，乱作一团。智伯瑶惊魂未定，转瞬间，三家军兵分由韩、赵、魏大夫带领，撑着木筏，从四面八方冲杀过来，打得智家军措手不及，被砍死的和淹死在水里的不计其数，智伯瑶也死于乱刀之下。

韩、赵、魏全歼了智家后，并乘势瓜分了晋国土地。公元前 403 年，三家派使者上邑去见周天子，要求晋封他们为诸侯。周天子见木已成舟，也就顺水推舟送个人情，正式晋封韩康子、赵襄子、魏桓子三人为诸侯。

从此以后，韩、赵、魏都成为中原大国，与秦、楚、燕、齐四个大国并称为"战国七雄"。

十九、春秋诸侯百余国，相互吞并剩三分

1. 春秋时期的诸侯国

周东迁后，实力大为削弱。全国处于分裂割据的状态。见于《左传》的大小国家有 120 多个。其中以姬姓者为最多,有晋(在今山西侯马)、鲁(在今山东曲阜)、曹（在今山东定陶）、卫（先在今河南淇县，后迁至今河南濮阳)、郑（在今河南新郑）、燕（在今北京）、滕（在今山东滕州市）、虞（在今山西平陆）、虢（在今河南陕县）、邢（初在今河北邢台、后迁山东聊城）等国，姜姓国有齐（在今山东临淄）、许（原在今河南许昌）、申（在今河南南阳)、纪（在今山东寿光），嬴姓有秦（在今陕西凤翔）、江（在

今河南罗山西北）、黄（在今河南潢川）、徐（在今江苏泗洪），芈姓有楚（在今湖北江陵），子姓有宋（在今河南商丘）、戴（在今河南兰考），姒姓有杞（原在今河南杞县，后迁到今山东潍坊），妫姓有陈（在今河南淮阳），曹姓有邾（在今山东邹县）、小邾（在今山东滕州市），任姓有薛（在今山东滕州市），曼姓有邓（在今湖北襄樊）。另外还有属于风姓、己姓、姞姓、偃姓等小国。各国之中最强大者为晋、楚，其次为齐、秦，再次则为郑、宋、鲁、卫、曹、邾等国。春秋末崛起者为吴、越两国。除以华夏族为主的大大小小国家之外，还有不少的戎、狄、蛮、夷交错其间。在长期的相互混乱之中，不少小国被强国所吞并。见于《左传》的120余国，到春秋末只剩下原来的1/3了。

2. 诸侯小国对霸主的贡赋

西周时各诸侯都要定期对周天子纳贡，春秋时因周衰而此制渐废。随着大国争霸的出现，各小国都要向霸主国交纳贡奉。特别是到春秋晚期，霸主国为了加紧对小国的勒索，甚至规定出贡赋的标准，如鲁襄公几次到晋国去听政，就是去听取晋对鲁赋的具体数目。霸主为了能保证有这种收入，时常对小国施加军事威慑，小国为了不致遭受战争的灾难，故必须不断地对霸主交纳奉献。《左传》说："鲁之于晋也，职贡不乏，玩好时至，公卿大夫，相继于朝，史不绝书，府无虚月。"除了晋以外，楚是另一个霸主，齐是强邻，鲁对这两国也不敢稍有违抗。据《左传》记载，鲁在春秋时期，对晋、楚、齐三国共朝见过33次。

春秋战车复原图

郑国地当晋、楚之间，两强发生军事冲突时，郑受害最大。郑在子驷当政时期，采取唯强是从的策略，“牺牲玉帛，待于二境，以待强者而庇民焉”。后来子产当政，他对晋人说：“以敝邑之褊小，介于大国，诛求无时，是以不敢宁居，悉索敝赋，以来会时事。”郑和鲁一样，为了少受讨伐，只能向两强多交贡赋。郑人每次赴晋，都要带着丰厚的礼品，如晋安葬晋平公，郑执政子皮带着100辆车的礼物前去送葬。

春秋晚期，晋的执政都很贪婪，加重了对小国的压榨。《左传》说：“范宣子为政，诸侯之币重，郑人病之。”又说：“韩宣子为政，不能图诸侯，鲁不堪晋求。”霸主国的苛求无厌，使小国承受着很重的负担。但和鲁邻近的滕、小邾、杞、鄫等小国，都要经常去朝鲁，如杞对鲁稍有不敬，鲁则出兵讨伐之，可见鲁又模仿着强国去对待比自己弱小的国家。

第二章 春秋五霸

一、春秋诸侯强称霸，大权明日到我家

1. 春秋五霸名分之争

春秋时期，天子衰，诸侯兴，周王室势力衰微，权威不再，已经无法有效控制天下诸侯。一些强大的诸侯国为了争夺天下，开启了激烈的争霸战争，相互之间合纵连横、东征西讨，前后共有数位诸侯依次成为霸。“春秋五霸”是春秋时期特定阶段的历史产物，此时的诸侯争霸战争，为之后的战国时期的兼并统一战争做了先期准备。

由于周室王权日趋式微，各诸侯国内则篡弑迭生，外则互相兼并，加上夷、蛮、戎、狄等异族时常侵扰中原，全国局势非常紊乱。一些势力强大的诸侯，不仅想吞并小国，而且想取代天子的地位；但在列国竞争之下，一时无法君临全国，只得称霸诸侯，而为中原诸侯的盟主，并得到周天子的承认。春秋初年，大小诸侯国见于经传者有 170 多国，但其中会盟、征伐事迹之彰彰可考者，不外齐国、鲁国、楚国、秦国、晋国、宋国、卫国、燕国、陈国、曹国、蔡国、郑国、吴国、越国等十数国。在春秋时期，先后参与争霸的著名诸侯有五个，史称“春秋五霸”。五霸的一般说法，是齐桓公、晋文公、秦穆公、宋襄公、楚庄王。但宋襄公并未能称霸，而秦穆公仅霸西戎。同时争霸的大国还有吴、越两国，于是对“五霸”，其说不一。总而言之，“春秋五霸”并不是势力、地位完全等同的五人。

其一，整个春秋时期基本都是姬姓晋国在替周天子行使王道，晋国在

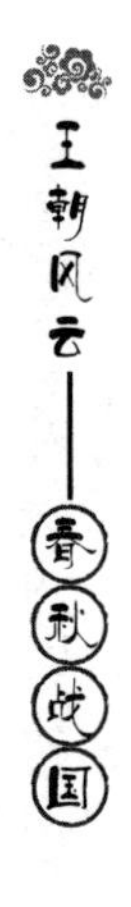

整个春秋历史上维持了百年之久的霸业（公元前 632—公元前 597 年，公元前 589—公元前 506 年），这段时间晋国基本享有领导诸侯之权。在晋文公称霸之后还经历晋襄公接霸、晋景公失霸、最后晋悼公复霸中原。尤其是晋文公玄孙晋悼公政治韬略过于出众，才能、成就、品行都首屈一指，算是晋国霸业的最高巅峰。

其二，郑、宋、秦、吴、越构建的区域霸权其规模、影响、成就难以与齐桓公、晋文公、晋悼公、楚庄王相提并论。

其三，完成诸侯会盟这一重大称霸标志的有：齐桓公、晋文公、晋襄公、楚庄王、晋悼公、吴王夫差、越王勾践等多个诸侯，远远超过五霸的名额。其中仅晋国就称霸百年，会盟多次，几乎独占五霸名额；而夫差最终还被勾践灭国。

周平王东迁以后，东周开始，周王室开始衰微，只保有天下共主的名义，而无实际的控制能力。

2. 郑庄公

郑庄公（公元前 757—公元前 701 年），姬姓，名寤生，郑武公之子，春秋时期著名的政治家，郑国第三任国君，公元前 743—公元前 701 年在位。

公元前 743 年郑庄公即位，扫除了共叔段之乱以巩固政权，之后与齐鲁结盟假命伐宋，由于郑国势大，周天子企图分解郑庄公权利造成郑庄公不满，而后发生周郑交恶。繻葛之战郑国击败周、虢、卫、蔡、陈联军，公元前 719 年又击败宋、陈、蔡、卫、鲁等国联军，使得郑国空前强盛，就连当时的大国齐国也跟着郑国东征西讨，因此郑庄公被称为“春秋小霸”。

3. 齐桓公

齐桓公（？—公元前 643 年），春秋五霸之首，公元前 685—公元前 643 年在位。春秋时代齐国第十五位国君，姜姓，吕氏，名小白。姜太公吕尚的第十二代孙，齐釐公姜禄甫的三儿子，其母为卫国人。在齐釐公长子齐襄公和釐公侄子公孙无知相继死于内乱后，公子姜小白与公子姜纠争位成功，即国君位为齐桓公。

齐国在今山东北部，盛产鱼盐，经济富裕，地近渤海，有山海渔田之利，是东方的一个大国。齐桓公任用管仲为相，推行改革，实行军政合一、兵民合一的制度，齐国逐渐强盛。齐桓公于公元前681年在北杏（今山东鄄城）召集宋国、陈国、蔡国、邾国四国诸侯会盟，是历史上第一个充当盟主的诸侯。当时中原华夏各诸侯苦于戎、狄等部落的攻击，齐桓公采用管仲的意见，打出“尊王攘夷”的旗号，团结其他诸侯，北击山戎，南伐楚国，在诸侯国中树立了威信。后来，齐桓公召集诸侯国在葵丘会盟，“九合诸侯，一匡天下”。周王室也派人参加，正式承认了齐桓公的霸主地位，成为春秋时期第一个霸主。

齐桓公晚年昏庸，管仲去世后，任用易牙、竖貂等小人，最终在内乱中饿死。

4. 晋文公

晋文公（公元前697—公元前628年），姬姓，名重耳，是中国春秋时期晋国的第二十二任君主，公元前636—公元前628年在位。晋献公之子，母亲为狐姬。晋文公文治武功卓著，是春秋五霸中第二位霸主，与齐桓公并称“齐桓晋文”。

晋文公初为公子，谦虚而好学，善于结交有才能的人。骊姬之乱时被迫流亡在外19年，公元前636年春在秦穆公的支持下回晋杀晋怀公而立。晋文公在位期间任用狐偃、先轸、赵衰、贾佗、魏犨等人实行通商宽农、明贤良、赏功劳等政策，作三军六卿，使晋国国力大增。对外联合秦国和齐国伐曹攻卫、救宋服郑，平定周王室姬带之乱，受到周天子赏赐。公元

晋文公复国图

前633年，楚成王率领楚、郑、陈等国军队围攻宋国都城商丘（今河南商丘市南）。宋国派人到晋国求救。晋文公采纳了部下的正确意见，争取了齐国和秦国参战，壮大了自己的力量。而后，又改善了晋同曹、卫的关系，孤立了楚国。这时，楚国令尹（官名，相当于宰相）子玉大怒，发兵进攻晋军。晋文公为了避开楚军的锋芒，以及报答因晋国内乱逃亡在外时楚王的帮助和殷勤接待，命令部队向后撤退90里。晋军“退避三舍”，后撤到卫国的城濮（今山东省鄄城县）。城濮离晋国比较近，补给供应很方便，又便于会合齐、秦、宋等盟国军队，集中兵力。公元前632年4月，晋、楚两军开始决战。晋军诱敌深入，楚军陷入重围，全部被歼。城濮之战创造了在军事上先退让一步，后发制人的著名战例。

此后，晋文公请来周襄王，并召集齐、宋等国在践土（今河南广武）和诸侯会盟，史称“践土会盟”。周天子策封晋文公为“侯伯”（诸侯之长），并赏赐他黑、红两色弓箭，表示允许他有权自由征伐。晋文公正式成为第二位霸主，开创了晋国长达百年的霸业。

5. 秦穆公

秦穆公（公元前682—公元前621年），一作秦缪公，嬴姓，赵氏，名任好，秦德公少子，秦宣公、秦成公之弟，是缪氏先祖。公元前659—公元前621年在位。

秦穆公继位后马上任百里奚（即五羖大夫）、蹇叔、公孙枝为重臣，扶持晋惠公（姬夷吾）登基，还在晋国闹灾时接济晋国。可晋惠公登基后不但未送五座城池给秦国（晋惠公许诺：若成功夺位，必赠秦五城），反而恩将仇报，在秦国同样闹灾时，一颗粮食也不卖给秦国。秦穆公大怒，亲率孟明视等人讨伐，并生擒晋惠公，成功获得五座城池，把疆域扩展到黄河西岸。晋惠公的儿子太子姬圉（晋怀公），在秦国放走晋惠公之后如约到秦国做了人质。秦穆公为了继续掌控晋国，将女儿怀嬴许配给太子姬圉；可太子姬圉回到晋国登基之后变卦，与秦国交恶。秦穆公之后又将怀嬴改嫁给姬重耳，并辅助姬重耳回国当了国君，即历史上著名的怀嬴改嫁。晋文公在任期间与秦国和睦、时常结盟。由于秦国与晋国的多次联姻，被后世多称为“秦晋之好”。

秦穆公在成功完成秦晋联盟之后，急欲进兵中原，完成霸业。后遣孟明视、西乞术、白乙丙奔袭郑国，后被郑人识破，途中顺道又灭了滑国，中原自危。晋襄公为了遏制秦人东进的势头，亲率先轸等人于峭山（今河南洛宁县西北）埋伏，全歼秦军。虽然之后秦人成功复仇，但毕竟受到超级强国晋国的压制，难以东进。

秦穆公于是掉头向西发展。他用计将从晋国投奔到戎人的由余招来作谋士。秦国根据由余的计划，逐渐灭掉西方戎人所建立的国家 12 个（有说 20 个）。秦穆公对戎人的胜利，周王特加祝贺，并赐金鼓，希望他擂鼓继续向戎人进攻；周襄王时出兵攻打函谷关以西的国家，开辟国土千余里，因而周襄王任命他为西方诸侯之伯，遂称霸西戎，为日后秦统一中国奠定了基石。

公元前 621 年，秦穆公去世，谥号穆，葬于雍（今陕西宝鸡凤翔东南），殉葬的人数达 177 人。《左传》文公六年曾这样记载："秦伯任好卒，以子车氏三奄息、仲行、针虎为殉，皆秦之良也，国人哀之，为之赋《黄鸟》。"

6. 楚庄王

楚庄王（？—公元前 591 年），又称荆庄王（出土战国楚简作臧王），芈姓，熊氏，名侣（一作吕、旅），楚穆王之子，春秋时期楚国国君。公元前 613—公元前 591 年在位，是各史籍当中高度认可的春秋五霸之一。

在齐国称霸时，楚国因受齐国抑制停止北进，转而向东吞并了一些小国，国力强盛。齐国衰落后，楚国便向北扩张与晋国争霸。公元前 598 年，楚庄王率军在邲（今河南郑州）与晋军大战，打败晋军。中原各国背晋向楚，楚庄王开始成为中原霸主。在与晋国争霸的过程中，楚庄王曾经率领楚军北上，借伐陆浑之戎（今河南嵩县东北）之机，把楚国主力大军开至东周洛阳南郊，举行盛大的阅兵仪式。当年即位不久的周定王闻讯忐忑不安，派巧言善辩的王孙满去慰劳。楚庄王接见王孙满，二人谈论天下大势，楚庄王一时兴起，向王孙满问道："周天子的鼎有多大？有多重？"言外之意，要与周天子比权量力，挑战周王室的权威；欲完成祖先"窥中国之政"的夙愿，其勃勃野心昭然若揭。

楚庄王曾曰："夫文止戈为武。"又曰："夫武，禁暴戢兵保大定功，安

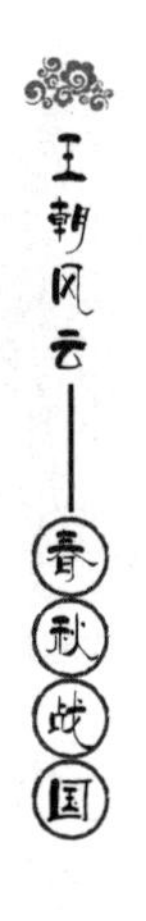

民和财者也。”（《左氏春秋·宣公十二年》）他是在楚国大力推行华夏文明的第一人。春秋末期，孔子曾到访楚国，称楚庄王的政治思想与儒家的“仁”的思想相符。在楚庄王之前，楚国一直被排除在华夏文化之外；自楚庄王始，使楚国强大，为华夏文化的传播、民族精神的形成，发挥巨大作用。公元前591年，楚庄王去世，谥号庄。后世对其多给予较高评价，有关他的一些典故，如“一鸣惊人”等也成为固定的成语，对后世有深远的影响。

7. 宋襄公

宋襄公（？—公元前637年），春秋时宋国国君。子姓，名兹甫。公元前650—公元前637年在位。宋襄公是宋桓公的儿子，宋成公的父亲。

齐桓公死后，齐国发生内乱，宋襄公率领卫国、曹国和邾国等四国人马打到齐国，齐人里应外合，拥立齐孝公，宋襄公因此声名鹊起。

宋襄公雄心勃勃，想继承齐桓公的霸业，与楚国争霸，一度为楚国所拘。公元前638年，宋襄公讨伐郑国，与救郑的楚兵战于泓水。楚兵强大，宋襄公讲究“仁义”，要待楚兵渡河列阵后再战，结果大败受伤，次年伤重而死。

8. 晋襄公

晋襄公（？—公元前621年），姬姓，名欢，晋文公之子，春秋时晋国君主。公元前627—公元前621年在位。

公元前627年，晋襄公以先轸为帅，于崤山大败秦军，生俘秦军白乙丙、孟明视、西乞术“三帅”，旋再败秦复仇之师于彭衙之战。秦穆公倾国复仇时主动避让其锋。在位时举贤任能，为政宽仁，保持晋国霸业。夫人（晋文公夫人）请放“三帅”归秦，晋襄公从之。先轸因之大怒，“不顾而唾”，襄公以袖掩面称谢，未治其罪。后先轸在与狄人作战时孤身“免胄”直入狄人阵中，战死谢罪。公元前622年，晋大夫赵衰、狐偃、栾枝等人去世。公元前621年，晋襄公崩，赵盾摄政。

晋襄公是一位有作为的少年君主，虽然先在崤之战中全歼秦军，又在彭衙之战击败前来复仇的秦军，不过史家普遍更为认同他的宿敌秦穆公才是这一时期的霸主，毕竟秦穆公对秦国的建设使后人完成了统一。

9. 晋景公

晋景公（？—公元前581年），姬姓，名据，《左传》名獳，是中国春秋时代诸侯之一晋国的一位君主。公元前599—公元前581年在位。其父为晋成公，晋成公即位后七年就死了，由其子继位，是为晋景公。公元前599年，在颍北之战中，晋国士会率军击败楚庄王率领的楚军。公元前597年，楚庄王在邲之战击败晋军后称霸后，公元前585年晋景公即派兵攻入楚国本土（公元前585年晋楚绕角之役，公元前583年晋伐蔡攻楚破沈之战），使楚国霸业结束。晋景公亦曾在晋齐鞌之战，击败被楚国欺骗、与楚国结盟的齐国（楚国欺骗齐国结盟对抗晋国，但却在晋国攻打齐国时不敢出兵救援齐国），迫使齐国臣服于晋国（详参见晋齐鞌之战）。

晋景公是个知人善任、有所作为的君主，但是他设立六卿制度却为后来晋国的分裂打下基础。

10. 晋悼公

晋悼公（公元前586—公元前558年），姬姓，名周（亦作“纠”），谥号曰“悼”，侯爵，称“晋侯周”，简曰“晋周”，亦称“孙周”，美称其“周子”。公元前572—公元前558年在位。

晋周乃晋室正统，晋襄公曾孙，桓叔捷之孙，惠伯谈次子，晋厉公侄。悼公少聪慧，居洛，师侍单襄公，兼君、相之才，许有争国之望，尝揣窥晋之心。年14即入主晋国，以韩、栾为股肱，祁、杨为谋主，重用韩厥、智罃、魏绛、赵武等一干贤臣，严军纪而恤民力，治律历而行礼法，于是晋宗谐睦，举国大治，戎狄亲附，惠及中原。史载凡晋之盟：“如乐之和，无所不谐”，故华夏尽附。悼公矫天子之命，僭天子之尊，十年之功，以靖外难，年仅29岁。晋国在其治下，国势鼎盛，军治

晋悼公

万乘，成了当时绝对的天下霸主。

晋悼公的文治武功带领晋国再次走向全盛，铸造军国霸权，尊天子而令诸侯，和戎狄以征四方，最终得以完全独霸中原。他是一位杰出的政治家、战略家、纵横家，同时也毫无疑问是春秋战国时期最伟大的诸侯之一。

后世评议晋悼公："论谋，不减于晋文公重耳；论智，不屈于郑庄公寤生；论略，不低于齐桓公小白；论才，不逊于楚庄王熊旅；论仁，不亚于宋襄公兹甫；论势，不弱于秦穆公任好。"

11. 吴王阖闾

阖闾（公元前537—公元前496年），一作阖庐，姬姓，名光，又称公子光，吴王诸樊之子（《左传》《世本》作吴王余昧之子），春秋末期吴国君主。公元前514—公元前496年在位。

公元前515年，吴王阖闾派专诸刺杀吴王僚，夺取吴国王位。吴王阖闾执政时期，以楚国旧臣伍子胥为相，以齐人孙武为将军，使国势日益强盛。公元前506年，吴军在孙武、伍子胥率领下，从淮水流域西攻到汉水，五战五胜，攻克楚国都城郢都，迫使楚昭王出逃。后楚臣申包胥入秦乞师，在秦廷哭了七天七夜，才使秦出兵助楚复国。公元前496年，吴王阖闾在与越国的檇李之战中，被越大夫灵姑浮挥剑斩落脚趾，重伤而死。

12. 吴王夫差

夫差（公元前528—公元前473年），姬姓，吴王阖闾之子，吴国末代君主。公元前495—公元前473年在位。

夫差为了洗雪其父阖闾败给越王勾践的耻辱，励精图治，吴国也迅速增强。夫差二年（公元前494年），于夫椒（今江苏苏州西南太湖中）打败越王勾践。胜利后，勾践向吴国表示臣服，夫差将勾践释回越国。

勾践在越国卧薪尝胆，十年生聚十年教训，迅速恢复越国国力，图谋报复。公元前486年，夫差在邗（今江苏扬州附近）筑城，又开凿邗沟，连接了长江、淮河，在艾陵之战中全歼10万齐军。公元前482年，夫差在黄池（今河南封丘西南）会盟诸侯，与晋争霸获胜。但夫差仅使太子姬友和老弱守国，勾践乘虚而入，大败吴师、杀太子姬友。

夫差二十三年（公元前473年），都城姑苏（今苏州）被勾践兴兵攻破，夫差被围困在吴都西面的姑苏山上，吴国灭亡，而夫差也被勾践流放，最后自杀身亡。

13. 越王勾践

勾践（约公元前520—公元前465年），姒姓，名勾践，又名鸠浅、菼执，夏禹后裔，越王允常之子。春秋末年越国国君，公元前496—公元前465年在位。

公元前494年，吴王夫差进攻越国，围困越王勾践于会稽（今浙江绍兴），迫使越国屈服。接着又打败齐军。公元前482年，在黄池（今河南封丘附近）与诸侯会盟，争得了霸权。越王勾践自被吴国打败后，卧薪尝胆，立志报仇，经过几十年努力，转弱为强，灭了吴国。勾践乘势北进，与齐、晋等诸侯会盟于徐（今山东滕州市），成为霸主。

二、春秋小霸郑庄公，奉天讨罪首发难

东周末年，周天子地位衰微，强大起来的诸侯逐渐不听从王室的指挥。到春秋前期，这种状况愈演愈烈，以致在周桓王十三年（公元前707年），爆发了周、郑繻葛（今河南长葛东北）之战，郑国的祝聃竟敢以箭去射天子周桓王。

郑国是春秋时期政治上最为活跃的诸侯国，郑庄公是郑国活跃时期领导集团中的核心人物。他初践王纲，用武于列国，图得争作诸侯领袖，从此拉开了春秋争霸的历史序幕。

1. 计平太叔

东周列国中，郑国是受封较晚的一个，但也是较早表现霸气，敢与周天子抗衡的一个。郑国的地理条件很好：据有今河南中部靠北一片，与东周王畿的东南部相接。

春秋初年，郑国同王室的关系最为密切。郑国始封君是郑庄公的祖父郑桓公姬友，在西周末年西戎入侵镐京时，为保护幽王献出了生命。此后，其父郑武公掘突又因迎立周平王并护卫王室东迁洛邑建有大功，被周平王任命为卿士寮卿士。郑武公去世后，郑庄公顶替此职，继续执掌王室大权。郑庄公仰仗祖先的功劳，在王室内专横跋扈。

说起来，周平王和郑庄公是“亲上加亲”的关系：他们各自的祖父是同胞手足；他们各自的母亲是姊妹一对。可是郑庄公对兄长既不尊，更不亲，颇让周平王烦恼，见到他便想躲开。

郑庄公的母亲姜氏嫁与郑武公后，生了两个儿子，郑庄公为长，兄弟姬段为次。郑庄公是在母亲睡梦中出世的，所以取名姬寤生。这种奇特的分娩方式把母亲吓了一跳，以姜氏一直讨厌姬寤生而宠爱姬段，曾多次劝丈夫立姬段为世子。

郑武公不听夫人之言，坚持立姬寤生为世子。姬寤生即位为郑庄公后，姜氏便替姬段来向他讨地盘，点名要将京城制邑给姬段做封邑。制邑在今河南荥阳市东北，北临黄河，地势险要，即有名的“虎牢关”所在。姜氏和弟弟的用意何在，庄公怎会不明白？

大夫祭仲也坚决反对：“京城地广民众，城垣坚固，地位同国都荥阳相等。让叔段就封于此，必生国有二君的后患！”

可姜氏再三请求加威逼，没办法，庄公只好答应了。

祭仲的担忧一点不差。姬段受封京城后来向母亲辞行时，姜氏屏去左右，悄悄对他说：“你那个哥哥，没一点儿同胞之情。你去封地后，可抓紧练兵训武。倘有机会可乘，我就通知你，里应外合，夺取国柄。如果你能取代他当国君，我死无遗憾！”

姬段大喜，遂去京城居住。自此国人改口，都称他“京城太叔”。太叔开府之日，就把京城西部和北部两块边区的贡税划归自己，丁壮编入军册。又以出猎为名，占领了鄢邑和廪延。两邑长官逃到国都向庄公控诉。庄公笑而不语。官员公子吕认为太叔谋叛的意向已十分明显，应该赶快对其采取镇压措施。庄公却说：“姬段是我母亲爱子，又是我同胞兄弟。我宁可失去土地，也不可伤害兄弟之情，违逆母亲意愿啊！”

公子吕忿忿不平，跑到祭仲那儿发牢骚，抱怨郑庄公只顾母子兄弟私情，不惜社稷利益。祭仲笑道：“主公才智过人，真会坐观太叔这样胡闹？你瞧他好长时间没去王室料理卿士的事务了，不就是怕出变故？当着众官员的面，他自然只能用这些套话搪塞你。不信，你再去悄悄地同他谈谈。”

公子吕听了祭仲的分析，恍然大悟，当夜再叩宫门。

果然不出祭仲预料，郑庄公正为太叔在母亲支持下加快篡权步伐的事大伤脑筋：及早动手吧，又没拿到他叛乱的确凿证据；坐视他胡闹吧，又怕养成声势后就难制服了。

公子吕出了个将计就计的方案：请郑庄公假称去周王室当差，引诱太叔提早行动，暗中张网以待。叛军一来，公子吕立即带兵迎击；郑庄公则自统一师，从背后杀来，给他个前后合击，一鼓聚歼。

郑庄公连称妙计，第二天便传令，使大夫祭仲监国，自己准备去王室辅政。姜氏听说暗喜，忙写密信给太叔，嘱其趁兄长离开郑国时，举兵攻占国都。太叔大喜，回信母亲，约定于五月五日发难，请姜氏届时在城上竖面白旗接应。

信使来往，俱从郑庄公和公子吕布下的圈套里经过，郑庄公终于掌握了姜氏与太叔勾结谋叛的确凿证据。郑庄公旋与姜氏告别，佯称赴洛——其实去暗中布置平叛措施了。

自以为即将得逞的太叔还蒙在鼓里。探知郑庄公确已去周后，一面派儿子公孙滑去卫国借兵，自己则亲率叛军直驱国都荥阳。

太叔刚离开巢穴，埋伏在侧的公子吕立即占领京城，断其后路。正行于途中的太叔得知后，慌了手脚，忙转变进军方向，急奔鄢邑。岂知郑庄公料他有此一着，抢先占鄢。走投无路的太叔只好逃往以前郑武公指定给他的食邑共城，闭门自守。

郑庄公与公子吕各领一军追赶过来。小小共城，怎抵得两路大军夹击？没等郑庄公发出总攻令，太叔段便拔剑自刎了。临死前哀叹道："这都是母亲害了我呀！我还有何面目见兄长？"

2. 掘地见母

姬段既亡，部下立即开门投降。郑庄公搜检兄弟的私藏，姜氏约其叛乱的密信还在，遂派人将此证据送到国都，让祭仲转交姜氏。同时吩咐，立刻把姜氏送去颍地安置，并发誓道："不到黄泉，再也不用相见了。"

由共城返回国都后，郑庄公却在为一怒之下赶走母亲的事后悔了。但君无戏言，说出去的话就像泼出去的水，无法收回啊！

颍谷地方官颍考叔听说国君将母安置于颍、且发誓不到黄泉不相见的

事后，很不以为然：“虽说做母亲不像个母亲，但儿子不能不像个儿子呀！”

颍考叔托人逮了几只幼鸟，以贡献野味为名，来到荥阳谒见郑庄公。郑庄公问：“这是什么鸟？”颍考叔说：“这鸟叫鹧鸪，幼时靠母鸟哺育，长大后反啄食其母。不孝之鸟，故捕而食之。”

郑庄公默然。恰巧这时膳厨里给郑庄公端来一盆蒸羊肉，郑庄公割了一大块给颍考叔吃。颍考叔偷偷选了一大块嫩腴的羊肉藏进袖管内。郑庄公觉得奇怪，便问他为啥这样做。

“小臣家有老母”，颍考叔恭恭敬敬地回答，“平时小臣弄到点什么好吃的，都先请母亲品尝。今天主公赐小臣蒸羊，小臣想到母亲还从未尝过如此美味，哪能下咽？所以想带回去做一碗羊羹，奉献母亲。”

听考叔说毕，郑庄公长叹道：“唉！你有老母奉养，得尽为儿子的孝心。我贵为诸侯，反不如你呢。”接着，他把送姜氏去颍地的来龙去脉向颍考叔讲了一遍，并说现在很后悔，却又不便违背当初“不及黄泉，无相见也”的誓言。

“这有何难！”颍考叔说，“可以在地下挖一条地道，见到泉水，主公就去地道里同国母相见，就可以不违背誓言了。”

郑庄公

郑庄公大喜，马上托颍考叔经办此事。

颍考叔带了500个壮汉，去曲洧牛脾山下，掘地十多丈深，泉水涌出，便于泉旁造了间地下室。颍考叔将姜氏迎来，用长梯送进地下室内，郑庄公随后便也进了地道内。

全靠考叔的巧妙安排，姜氏同郑庄公终于在地泉中相会了。母子抱头痛哭，遂升梯出穴。郑庄公扶母亲登辇，亲自执辔，一起回到国都。国人见郑庄公迎回了母亲，都称赞他的孝道。

郑庄公感念颍考叔有功，赐他大夫爵秩，与公孙阏同掌兵权。

3. 互换人质

但太叔叛乱的余波未消：他的儿子公孙滑去卫国引来援军，一举攻占了郑国的廪延。郑庄公大怒，马上出兵夺回廪延，反攻卫国。卫桓公忙致信讲和，说自己是受了公孙滑的蒙蔽，愿意将他引渡到郑。姜氏怕郑庄公会杀公孙滑，遂向郑庄公哀求："看在他也是先王一脉，就留他一条命吧。"郑庄公难却母亲情面，也不要卫国捆送公孙滑，就退师返回。但郑、卫两国却因此结下嫌隙。

却说周平王对郑庄公专擅王室政务，久怀不满。前一阵，郑庄公被国内政争绊住了，周平王便想趁这个机会，提拔虢公忌父与郑庄公分任左右卿士，共同掌管王事。孰知郑庄公人在郑国，王畿中却有其耳目，早将此讯密报给他。郑庄公等国事忙完，便气咻咻直奔洛邑，去找周平王"算账"。

"听说吾王有委政虢公之意"，见到周平王后，郑庄公开门见山道，"臣实不才，哪敢尸位素餐。这就请拜还卿士之职。"

眼看郑庄公面色铁青，口气凶狠，周平王害怕起来，矢口否认，说只是让虢公暂时代理一下。

郑庄公毫不客气地打断周平王的辩解："政事是吾王的政事，用什么人理政，当由吾王决定。虢公才堪理政，臣理当让贤。不然，大家还以为我贪恋权势呢！"

这一番以退为进的恫吓，可把周平王吓软了："爱卿父子有大功于国，故相继委以大政。40余年，君臣相得。现在卿忽有疑寡人之心，叫寡人怎样才能自明？这样吧，寡人让太子狐到郑国为质，终可剖明寡人对卿的信

任不移吧？”

郑庄公见目的业已达到，便看风使舵，表示他也可以把世子姬忽送到王室来为质，以示对平王的忠心耿耿。

天子和诸侯交换人质，这在夏商周三代千余年历史上还是破天荒第一次。随着郑国世子姬忽到周、周朝太子姬狐到郑的“君臣互质”兑现，东周王室的实际地位，就降为与诸侯国平列的关系了。

4. 奉天讨罪

换质事件对周平王刺激很深，此后一直郁郁寡欢，最终在愧对祖宗的愧疚中死去。长期留在王室掌权的郑庄公马上让儿子姬忽返郑，换回在郑国当人质的太子姬狐来即王位。

太子姬狐悼伤父王驾崩，自己不能侍奉汤药，又未曾亲视含殓，从荥阳一路哭到洛邑，便因哀痛太过，竟死在平王的灵柩前。依承祧原则，太子的儿子姬林升座，史称周桓王。

周桓王是个血气方刚的小伙子，既伤其父亲质郑身死，又对郑庄公长期专擅朝政久怀不满。所以登基之后，马上对他这位叔祖父下逐客令：“卿乃先王之臣，寡人不敢以班僚相屈，卿其自安。”

郑庄公可没想到这个本来不放在其眼中的新天子竟有这等厉害，两手一拱，头也不回地大踏步走出朝堂。对人说：“小子负心，不足辅弼！”当天便驾车返回郑国。

然而，郑庄公一肚子怨愤无从宣泄，当即派祭仲带领大队人马直驱王室温地（今河南温县），把麦子全部割走；到了秋天，又命祭仲带人把成周（今洛阳东）的稻子割走。

孰知周桓王并不像他祖父周平王那般懦弱，毫无示软之意。与此同时，一些早就对郑庄公独擅王政怀有不满的诸侯知道郑、周关系紧张，便趁火打劫。就在祭仲割麦刈稻的翌年（公元前 719 年）夏天，宋、卫、陈、蔡四国联合伐郑，鲁国的公子姬翚不顾国君反对，也带着鲁军前来参加这场军事行动。五国联军把郑都的东门围困五天，最后将郑国的稻禾全部割走才退兵，史称“东门之役”。

“刈人稻者，人亦刈其稻！”周桓王听说有人代他出气，拊掌直乐。别看天子的实际力量已跌落到不能保护自己领地上庄稼的程度，但它毕竟还是一块可以用来号令诸侯的招牌。

郑庄公也意识到了同王室搞僵关系对自己争雄诸侯的不利，两年后，又带着祭仲来到王都朝见桓王。周桓王气还没消，讥笑着对郑庄公说："温地的麦，成周的禾，如今寡人可以留着自己吃了。"

不胜羞愤的郑庄公马上告辞，周桓王亦不加挽留。待其离开王都回郑前，派人送来十车黍米，说是给他歉收时度饥荒备用。

郑庄公可没做好接连遭受羞辱的思想准备，直向祭仲抱怨："早知这臭小子如此狂妄，真不该跑这一趟！"祭仲说："诸侯所以尊重郑国，正因为郑国世为王室卿士。您甭管他送什么东西，说起来都是王者所赐，正好借此张扬'天宠'，使诸侯都知道您依然是王室卿士，在替天子发号施令。"

郑庄公顿时转怒为喜，拜托使者向周桓王感谢赏赐。随即依祭仲献计，把王室太宰周公黑肩私赠他的两车彩缯分盖在十车黍米上，一路招摇；并称郑庄公已奉王命，即将代天子讨伐不守诸侯之礼的宋国。宋国忙纠合卫国结盟，又硬把齐国拖进来，欲同郑国相抗。

此时周桓王知道自己对付郑庄公的强硬政策已见成效，趁势任命虢公忌父为王室右卿士，掌理主政；郑庄公为左卿士，担个虚名。郑庄公将计就计，一边上表称谢接受此职，一边就借此声势，先将齐国从敌对同盟中分化出来，又把鲁国拉到自己一边，接着便树起"奉天讨罪"的大旗，发起了向宋国和其同盟卫国的进攻，结果取得了胜利，迫使宋国归服，卫国求和。战胜之余，又将没听从其调遣的郕、许两个小国一一消灭。与此同时，又成功地赢得了两次抗御北戎南侵战争的胜利。

从此，郑国声威大震，庄公俨然成为春秋初期的霸主。

5. 繻葛之战

郑庄公的退让，使得周桓王得寸进尺。周桓王八年（公元前 712 年），周桓王把本来不属于王室的 12 个邑作为空头支票，换取郑国四邑，使郑国白白丢了 4 个邑；到周桓王十三年（公元前 707 年），周桓王又干脆罢免了郑庄公的左卿士之职，因而郑庄公也就不去朝见他。这样，周桓王便率领王师及蔡、卫、陈之师讨伐郑国，郑国也出兵抵抗，两军在繻葛（今

河南长葛市东北）摆开阵势。

王师方面的部署是：周桓王亲率中军，虢公林父将右军，周公黑肩将左军；蔡、卫两国军队属右军，陈国的军队属左军，呈“鸟阵雁行”的阵势，突出中军。郑国方面针对王师的部署，采取“鱼网之阵”的阵法，把主力放在左右两方阵上，中军摆在两方阵中间靠后，郑庄公率中军，祭仲将左方阵，曼伯将右方阵，左右方阵中把战车排列在前面，步卒配置于战车之后，填补车与车之间的空隙，构成密集队形。开战时让左右方阵先接敌，打垮对方力量较弱的左、右军，然后三军呈鱼网状合围对方中军主力。

两军交战，郑庄公在原繁、高渠弥的护卫下坐镇中军，并与祭仲、曼伯约定中军大旗挥动时，左右两方阵同时发起攻击。开战后，陈国由于内政处于动乱之中，士气不高，遇到郑军方阵的攻击，立即溃逃，周王室的左军士卒跟着也败下阵来；蔡、卫两国的军队本无战斗力，在受到攻击后，抵挡不住，转身而逃，王室的右军也随之溃败。然后，郑国三军合围周王中军，祝聃一箭射中周桓王的肩膀。周桓王忍着箭痛，指挥军队退却。祝聃请求郑庄公下令追击，郑庄公认为君子对一般人尚且不能逼之太甚，何况对于天子！如果能够使国家免于危亡，这就足够了。因此，按兵不动。当天晚上，郑庄公派遣祭仲去慰问周天子及其随从，表示郑国只是不得已应战，愿同王室和好。

繻葛之战是诸侯强大、王室衰微的一个标志。祝聃“射王中肩”，王师惨败于诸侯军队名下，这使周天子的威风扫地，同时这一仗也拉开了列国争雄的序幕。

以郑国首开先河，强大起来的诸侯再也不买王室的账了。

六年后，东周历史上第一个敢于公然同天子对抗的雄主郑庄公在荥阳去世，在位 43 年。

三、尊王攘夷齐桓公，九合诸侯匡天下

齐桓公是春秋时期的第一位霸主。作为春秋争霸的先驱者、成功者，齐桓公姜小白以“尊王攘夷”作为号召诸侯的手段和策略，威以济德，多次大会中原诸侯，订立盟约，成功地取得了春秋时期的第一个霸主地位。

齐桓公即位后，立即发兵攻鲁，迫使鲁国杀死了公子姜纠，并囚送管仲回齐国。管仲是春秋时期著名的政治家，齐桓公即位后，在鲍叔牙的劝说下，不计前嫌，任用管仲为相。

公元前679年，齐与宋、陈、卫、郑会于鄄（今山东鄄城），开始称霸。齐桓公以“尊王攘夷”为旗帜，联合诸侯，抗击夷、狄，并提高自己的威望，发展自己的力量。

公元前651年，齐桓公又在葵丘（今河南兰考）大会诸侯，参加的有鲁、宋、郑、卫等国，周天子也派代表参加。这次盟会规定：“凡我同盟之人，既盟之后，言归于好。”通过这次盟会，齐桓公最终取得了中原霸主的地位。齐桓公死后，诸子争立，齐国从此失去了霸主之位，走向衰落。不久，晋文公登上霸主地位。

1. 登基坐殿

东周庄王十一年（公元前686年）隆冬，一场宫廷政变使地处山东半岛的齐国陷入了绝境：国君齐襄公被其策动暴乱的堂弟公孙无知杀害。次年春天，大臣雍廪又杀死公孙无知。齐国出现了权力真空。

有资格当选新君的是两位正旅居国外的齐襄公的异母兄弟：公子姜纠在鲁国，公子姜小白在莒国。听说国君宝座正空在那儿，两人都急着要回国夺权。

公子姜纠的母亲是鲁国人，鲁庄公决定亲自护送公子姜纠回国。公子姜纠在鲁国的护送下向齐国进发，并派自己的老师管仲去路上截杀姜小白。管仲射中了姜小白的衣服带钩，姜小白遂将计就计，假装死去，于是公子姜纠和鲁国军队放慢了行进速度。六天后，当公子姜纠一行优哉游哉地来到齐都临淄（今山东淄博市东北）城郊时，机警的姜小白已抢先进入临淄升座。公元前685年，公子姜小白继承王位，即齐桓公。

2. 重用管仲

齐桓公运用权变，捷足先登，令鲁国三军白跑一趟。鲁庄公不肯甘休，即屯兵临淄以东的乾时（今山东桓台县南），欲以强大的武力威慑，迫使他让位给公子姜纠。

这当然是一厢情愿。齐桓公趁鲁军立足未稳，发起攻击。结果鲁军大溃，乘胜追击的齐军一直越过汶水，还夺取了鲁国境内的汶阳。紧接着，鲍叔

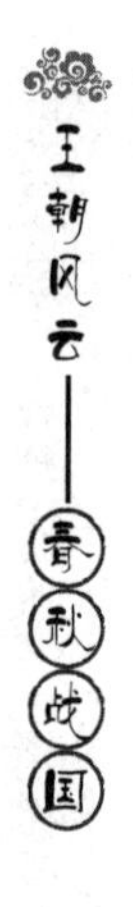

牙又自请统领三军抵汶，兵压鲁境，逼迫鲁国杀死了公子姜纠，并要求交出公子姜纠的师傅召忽及管仲。召忽不肯回国，自杀而死；管仲被鲁人装在囚车内交给齐人。

外患消弭，政敌剪除，站稳脚跟后的齐桓公马上给援立有功、御敌有方的群臣叙勋行赏，并要任鲍叔牙为上卿，委以国政。鲍叔牙说："臣只能循礼守法，并非治国之才。"

"爱卿还不能治国，什么才叫治国呢？"齐桓公大异。

"所谓治国，必使国内百姓安居乐业，周边各族归服王化，恩泽布达诸侯，功勋加于王室。"鲍叔牙上前一步，侃侃而谈："宗社有泰山之安，主公享无疆之福。功垂金石，名播千秋。此乃帝臣王佐重任，臣能担当得起吗？"

在鲍叔牙的劝说下，齐桓公不计前嫌，任用管仲为相，委以重任。

这时的齐桓公刚满 30 岁。赦免和重用管仲之举，不仅是其胸怀豁达的反映，更显示出这位青年君主立意开创一代丰功伟业的远大志向。

齐桓公这种事业心，也是时代的要求与发展的趋势。前面说过，进入东周以后，王室衰微，诸侯坐大。其中各方面力量较为强大的，便打着"尊王攘夷"的旗号，从事一些维护王室的工作，这样在实际上便于"挟天子以令诸侯"，成为诸侯的领袖，也就是被称为"霸主"。齐桓公就是其中的第一个。

3. 裙带外交

急于求成的齐桓公，巴不得一口吃成个大胖子。来年春天，他不肯听从管仲劝阻，亲自率领齐国大军发动了一场伐鲁战争。结果在鲁境长勺（今山东曲阜县东北）遭到鲁军有力反击，这便是春秋战史上著名的"长勺之战"。

"这都是寡人不听相国高见所致"，狼狈返回临淄的齐桓公一见管仲，便羞愧地说，"今后该怎么做，全听你的。"

管仲把行政重点转移到国内改革上，同时请齐国宿臣隰朋充任高级外交官，专赴洛邑，向周庄王禀告新君即位，趁机代齐桓公求婚。这个请求，正投合周庄王急于挽救日益降低的王室地位的想法，当即应允。次年，就请鲁庄公主婚，把宗女嫁到齐国。徐、蔡、卫等几个和王室关系密切的诸侯，也遵循旧礼，让各自的宗女随嫁为媵妾。

迎娶大典十分热闹。这门亲事不仅使齐国在同王室攀上姻亲的同时，又和好几位诸侯结上裙带关系。而且还因为鲁君充当“月老”，齐鲁两国得以暂解仇怨，换来齐国改革事业所需要的边界和平环境。

对齐桓公个人来说，收获亦相当可观。早在管仲任相国后未久，他就悄悄地问过：“寡人爱好打猎，还喜欢漂亮女人，这些毛病，会妨碍齐国的称霸大业吗？”管仲笑道：“不会。只有不知贤、不用贤，或者让小人参政，才会妨碍霸业。”这不，现在相国一下子替他娶回来一群美貌年轻、雍容华贵的贵族女子，乐得他合不拢嘴。有人来找国君禀告政事，得到的答复总是一句：“为何不去找相国？”

办正事的人全去了相府，随之便有小人往王宫里拱。有个叫竖貂的，工于献媚，为能钻进后宫，不惜自阉，由是益加得到桓公的宠爱。还有个叫易牙的，不仅有权术，且善于烹调，通过拍竖貂的马屁，由竖貂推荐给桓公。有一天桓公对他开玩笑：“寡人尝遍鸟兽虫鱼之味，就是不知人肉是啥滋味？”没想到易牙竟把自己年仅三岁的长子杀了，将其做成一盆嫩如乳羊的蒸肉让桓公品尝。事后，齐桓公知道了真相，认为这是易牙对自己爱戴的表示，愈加宠信。于是这两个小人便开始向齐桓公进献谗言，说是如今齐国政令，全出自仲父（即管仲），人民简直要怀疑还有没有国君存在了。

“寡人和仲父，就像身首与股肱。”齐桓公向竖貂和易牙笑道，“有仲父辅弼，寡人才能做英明有为的君主。你们这些小人懂什么！”

竖貂和易牙大眼瞪小眼，再不敢搬弄是非了。

4. 尊王攘夷

齐桓公痛定思痛，决定全力支持管仲进行全面改革。

管仲在齐国进行了一系列改革：第一，按土地好坏分等征税，打破了井田制的限制，肯定了土地私有权，调动了生产者的积极性，增加了税收，增强了国力。第二，改革行政机构，推行“叁其国而伍其鄙”制度，形成了严密的行政机构，加强了对国内的控制和管理。第三，改革兵制，实行“作内政以寄军令”的军政合一制度，士兵平时生产、训练，战时出征，增强

了战斗力。第四，设“轻重九府”，由官府铸造货币，调剂物价，并设置盐铁官，发展盐铁和渔业，以增加财政收入。

经过一系列改革措施的实行，齐国国内政局稳定，经济实力增强，军队也有了较强的战斗力。这些都为齐国称霸诸侯奠定了基础。

三年后，齐国大治，经济和军事力量都有了长足发展。

“现在寡人可以同诸侯立盟称霸了吧？”齐桓公问管仲。

“当今诸侯中，比齐国强盛的有的是，南有荆楚，西有秦、晋。”管仲避开正面答复说，“但它们都自逞其雄，不知尊奉周王，所以不能成霸。周室虽说已经衰微，但名分上毕竟还是天子，比谁都大。如果主公能够奉天子的命令去会合诸侯，这就不同于诸侯关系并列，谁也不服谁了。”

但怎样才能拿到这个天子命令呢？管仲对此胸有成竹，接着说道：“现在就有机会。新天子才即位，主公可以遣使去朝贺。顺便提出，宋国刚发生内乱，新君主的位子不稳，请天子下令宣布宋君的地位。主公拿到天子的命令去会合诸侯，代王宣旨，别人就不便反对。确立宋君只是个抓手，往后就是奉天子以令诸侯，对内以尊戴王室为宗旨，对外以抵抗入侵为方针。列国之中，对衰弱者予以扶植，对强横者加以抑制，对那些淫昏乱政且不遵守公理公法者，就率领各国去讨伐。如此，海内诸侯，皆知我齐国大公无私，都会前来朝谒，则不用兵车而霸业可成。”

这一通后来被史家概括为“尊王攘夷”的策论，使齐桓公茅塞顿开，从此便成为他称霸事业的方略。

5. 北杏会盟

按照管仲的策划，齐国特使来到洛邑，向新登极的天子周王朝贺，同时提出请颁王命确定宋国新君的要求。不出管仲预料，周王因王室早被人冷落，想不到还有齐侯这么一个大国来捧场，高兴不已，当即表示：“伯舅不忘周室，乃是寡人的幸运。泗上诸侯，全听伯舅左右！”

当初齐桓公逃亡时经过了谭国，但谭国待齐桓公不好，所以齐桓公在齐桓公二年（公元前 684 年）出兵灭掉谭国，谭国君主逃向莒国。齐桓公五年（公元前 681 年），齐桓公以“王命”通报齐、宋、陈、蔡、邾五国国君，约以三月初一，在北杏（今山东肥城市南）召开各国首脑会议，旨在协力平息宋国内部争夺君位的变乱。

届时，宋桓公子御说率先抵达与东道主齐桓公先期会晤。接着，陈宣公妫杵臼、邾子曹克、蔡哀侯姬献舞等相继来到。但见会场上筑起高达三丈的礼坛，设有象征天子权威的王座，左右钟鼓玉帛等一应礼器俱全，招待赴会者起居的馆舍设备也很精美，反倒不见一点兵戈之类的陈设。于是诸侯无不感叹："齐侯推诚待人。"

原来这也是管仲的主意。过去诸侯有双边会晤或订立盟约等外交活动，多以兵车相随。齐桓公在布置会场前，也曾这样打算过。管仲说："主公是奉天子之命召集诸侯，何用兵车？请开成一个礼仪之会。"现在果然收效。

经陈宣公倡议，大家一致推选齐桓公任大会主席。齐桓公故作姿态，谦让一番，然后便昂然上坛，站在"王座"一侧，率领大家向天子座位行礼，并互相致礼。会议过程中，以齐桓公领衔，大家签订了以"共奖王室"为宗旨的盟约，史称《北杏宣言》。齐国首开以诸侯身份主持天下会盟的纪录，齐桓公的威望在诸侯中开始不断升高。

会盟前齐桓公曾邀遂国国君入盟，遭到拒绝。"北杏会盟"结束后，齐桓公便吞灭遂国。

6. 霸主确立

北杏会议是齐桓公第一次借用"王命"操纵国际事务，由此跨入称霸事业的初级阶段。周王说"泗上诸侯"全归他指导，特指黄河下游的各国。

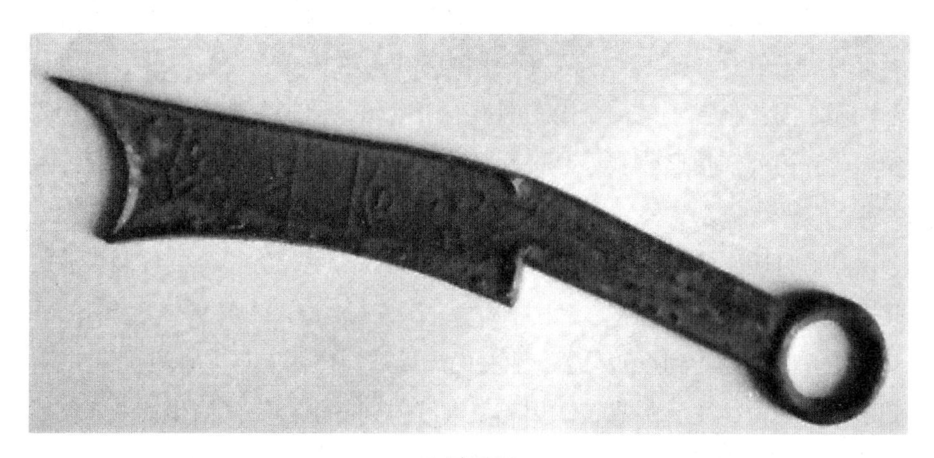

齐国刀币

其中能与齐国争雄的，至少有鲁、郑、宋三国。鲁、郑两国没有应召赴会，就是不承认齐桓公有行使王命身份的表示。宋桓公赴会的目的是通过这次会议确立自己的国君地位，但是会前通过的以齐侯为会议主席的动议，则令其大失所望。是以《北杏宣言》墨迹未干，他就带着本国使团不告而别，以中途退会的行为，给正在兴头上的齐桓公泼了盆冷水。

听从管仲的劝告，愤怒的齐桓公暂且放弃把宋君追回会场的念头，先以巩固和扩大北杏会议的成果为急务。首先的议程是设法让鲁国以某种形式对齐国的地位予以认可，办法是先以不奉命出席会议为借口，出动齐军把鲁国的附庸遂国给兼并了，使齐的势力扩张到汶水，对鲁国形成威慑。鲁国眼看诸侯服齐，遂国的先例又使它感到威胁，便于当年冬天和齐国在柯地（今山东阳谷县东北）结盟。盟约订立后，齐桓公做高姿态，把过去侵夺的汶阳之田还给了鲁国。

此举大见成效。卫国和曹国也马上派人来齐国谢罪，请求加入《北杏宣言》。齐桓公趁热打铁，遣使赴洛，告以宋桓公不遵王命，中途逃会，请下令讨伐。周天子马上批准，并派大夫单伯带领一支“王师”，加入由齐、陈、曹三国军队组成的多国部队。三国四方约定明春在宋国边境会师，联合行动。

宋国看到齐国打着周天子的旗号来讨伐，不想背负抗御王师、与天子作对的罪名，请求归顺王室、与诸侯和好。齐桓公觉得“拉大旗作虎皮”的办法比自己直接出兵更有效，便又在第二年（公元前 679 年）冬天请周天子的代表单伯，约集卫、郑、宋三国国君一起在鄄地会盟。未几，齐、卫、宋、郑四国首脑在鄄地（今山东鄄城北）会晤，周王室特地派单伯作代表参加。齐桓公知道已收服人心，旋又于当年冬天，在宋国的幽地发起诸侯大会。这一次，宋、鲁、郑、卫、陈、许、滑、滕等各国君主，全都赴会。会议歃血订盟，宣誓效忠王室，并共推齐国为盟主，齐桓公的称霸事业由此进入兴盛时期。

借齐国捧场尝到点“天子”甜头的周天子在位才五年多时间就驾崩了，其子姬阆继位，史称周惠王。周惠王继续得到齐桓公率同诸侯拥戴。其后曾发生过郑厉公抢去安定王室功劳的一个插曲，但幸亏他不久后便死去，没构成对齐桓公霸主地位的威胁。齐桓公又以联合鲁国伐戎获胜的“攘夷”实绩，树立了威信。公元前667年，齐、鲁、宋、郑、陈等国再次到幽地结盟，确认桓公霸主地位不变。

7. 大会诸侯

齐桓公二十三年（公元前663年），山戎攻打燕国，燕国向齐国求救，齐桓公出兵讨伐山戎救援燕国，一直打到孤竹才回师。燕庄公于是送齐桓公回国一直送到了齐国的境内。齐桓公说：“不是天子，诸侯相送不能出境，我不可以对燕无礼。”于是把燕君所到的地方尽数割予燕国，并叮嘱燕君学习召公为政，像在周成王、周康王时那样给周天子纳贡。诸侯听说此事，都拥护齐国。

齐桓公二十七年（公元前659年）春，齐、宋、曹三国之君各率本国兵马共同救邢。狄人退兵后，三国决定将邢国迁得离狄族远些，齐桓公帮助邢国把都城迁到靠近齐国较为安全的夷仪（今聊城西南）。

不久狄人又侵犯卫国，齐桓公考虑到卫国已是君死国灭，需要重新建国，便于第二年（公元前658年）春在楚丘帮助卫国筑新城，使卫国在黄河南岸重建国都。

齐桓公二十九年（公元前657年），桓公和蔡姬在水中游玩，蔡姬晃船，齐桓公心怕，阻止蔡姬。蔡姬不听，晃个不停。齐桓公大发雷霆，将蔡姬送了回去。蔡国也不高兴，把蔡姬又嫁给别人。齐桓公便兴兵讨伐蔡国。秋、楚两国进攻郑国，齐桓公约集各国国君在“阳谷会盟”，商讨伐楚救郑。齐桓公三十年（公元前656年）春，齐桓公率领齐、鲁、宋、陈、卫、郑、许、曹等八国联军先对楚国的盟国蔡国实行军事行动；接着，齐桓公率大军联合进攻楚国。两者相持不下，通过外交谈判，楚国答应遵守诸侯的本分，恢复向周天子纳贡。于是齐桓公和各小国诸侯共同与楚国在召陵订立盟约，互相结盟，各自退兵，史称“召陵之盟”。

齐桓公三十一年（公元前655年），周王室发生更立太子之事：周惠王已立王子姬郑为太子，因惠后喜欢小儿子姬带，周惠王便欲废姬郑立姬带。在周惠王死后，齐桓公约集鲁、宋、卫、许、曹、陈等国在洮会盟，正式将王太子姬郑扶上周天子宝座，是为周襄王。

齐桓公的中原霸主地位，通过召陵和约使楚国认可，楚国也恢复了中断近百年的对周王室的朝贡。遏止住楚国北进势头并使其尊戴周王，也把齐桓公的声望推向一个新的高峰。

8. 葵丘会盟

周襄王为了感谢齐桓公对自己的支持，周襄王于改元之年（公元前651年）举行过春祭后，特地派周公宰孔给他送去祭肉。按周朝礼制规定，天子祭祀祖先的祭肉，只分给同姓兄弟之国，以表示他们之间的血亲关系。齐国姓姜，却能获得祭肉，体现了天子对他的特别尊崇。如此“殊荣”，哪能悄悄地让它过场呢？

预先得到赐祭肉信息的齐桓公通知诸侯，在葵丘（今河南兰考、民权县境）举行大会。宰孔依照齐桓公的愿望，把祭肉送进会场。按照管仲的策划，赐肉仪式变成一次“尊王”大典。尽管宰孔传达襄王口谕，道是“伯舅年纪大了，加赐爵位一级，不要下拜”，但齐桓公依管仲教导，坚持行了跪拜礼。

赐胙之外，葵丘之会的另一项重要议程是重申盟约。《孟子·告子下》记载了齐桓公“葵丘会盟”盟辞的“五禁”条款：一是诛杀不孝之人，勿改变已确立的太子，不要以妾为妻。二是尊重贤能之人，培育人才，要大力表彰那些有德行的人。三是尊重老人，爱护孩童，不忘来宾和旅客。四是士不能世世为官，官吏的事情让他们自己去办，不要独揽。取士一定要得到能人，不专杀大夫。五是不要故意设堤坝，不要阻止别国人来籴粮食，也不能不报告天子就封国封邑。

这“五禁”条款分明是齐桓公成就霸业的经验总结。周襄王派大臣与会并送重礼，说明周襄王承认了齐桓公的霸主地位，会上齐桓公俨然代周天子号令诸侯，标志着齐桓公霸业达至巅峰。

齐桓公自称一生“九合诸侯，一匡天下”，葵丘会议就是“九合诸侯”中最后亦是最著名的一次。

9. 凄惨离世

葵丘会议后六年（公元前645年），管仲因病逝世；弥留时，奉劝桓公今后要远离“三贵”。桓公很奇怪：“这三个人侍奉寡人已久，为何从未听仲父这样说过？”

"臣所以不说，是不想拂逆主公喜好。"管仲叹气道，"他们好比是水，臣是堤防，能遏止泛滥。现在堤防没了，将有横流之患。因此主公宜避开他们。"

管仲去世前，宁戚、宾须无等已死。管仲死后，齐桓公据其推荐，用隰朋执政。隰朋死后，用鲍叔牙执政。鲍叔牙以先斥"三贵"为条件，桓公说："这是仲父生前关照的，寡人敢不听从？"当即撵走易牙、竖貂和开方，不许入朝。没想到这样一来，食无味，睡不安，生活没了情趣，脸上的笑容也消失了。长卫姬说："主公老了，何必折磨自己？先把易牙召来掌厨，开开胃口，竖貂和开方也会不召自来。难道鲍叔牙左右就不用几个听使唤的人？"

桓公乃召易牙，鲍叔牙责备他忘了仲父的话。桓公不以为然："这三人于寡人有益，对国家无害。仲父所言，未免太过！"索性将竖貂和开方一起召来，均予复职。

鲍叔牙忧愤发病而死。从此，齐国权柄落到"三贵"手中。

桓公有三个夫人，都没生儿子。以下又有六个如夫人，因俱得宠爱，礼数与夫人没区别。六个如夫人各生一子。其余妾媵，有子者尚多，但不在如夫人之数。如夫人中，长卫姬资历最老，其子无诡在诸公子中也年纪最长。竖貂和易牙一向与长卫姬勾结密切，早就建议桓公立无诡为嗣并得到桓公首肯。但桓公在出席葵丘大会时，又和管仲商讨了接班人问题，君臣都认为郑姬所生的公子昭最贤，因拜托过来出席会议的宋襄公，要他辅立公子昭。此外，"三贵"中的开方又与葛姬所生的公子潘交情特厚，专为他谋嗣。还有几位公子，亦都各请母亲向桓公求为太子，桓公要讨这些如夫人的欢情，一概含糊应允。因为立嗣方案从未明确过，所以随着桓公病情的加重，如夫人及诸公子之间的争夺进入白热化。

桓公四十二年（公元前 644 年），戎攻打周朝，周告急于齐，齐令各国诸侯发兵救周。齐桓公四十三年（公元前 643 年），齐桓公重病。竖貂眼看齐桓公已没治了，忙和易牙想出一条计策——悬牌宫门，假托齐桓公恶闻人声，禁绝了内外交通。过几天，见老头还不死，索性将他左右侍候的人全撵走，在其寝室周围筑起高墙，连门窗全封死，只留一个狗洞，早

晚叫个小内侍从洞穴钻进去瞧他是死是活。弥留中的齐桓公想喝一口热水亦不得，愤怒地喊道：“天啊，天啊！小白就是这样完蛋的吗？”恍惚间，突然想起管仲要他远离小人的告诫，不禁悲叹：“我死后，若无知也就罢了。倘有知，有何面目见仲父于九泉之下？”旋以衣袂自掩其面，连叹数声而绝，享年 73 岁。

墙外，儿子们的夺位之战进入高潮。五公子（公子无诡、公子昭、公子潘、公子元、公子商人）各率党羽争位，互相攻打，齐国一片混乱。桓公尸体在床上放了 67 天，尸虫都从窗子里爬了出来，直到十二月十四日新立的齐君无诡才把桓公收殓。

齐国的霸业却在无休止的内耗中顷刻断送了。

四、志大才疏宋襄公，仁义齐天霸业空

宋襄公是春秋时代一位特别的人物，他笃信仁义，少智寡谋，志大才疏。宋国争霸的呼声颇高，但错误的方针注定了失败的结局。

1. 匡扶齐室

齐桓公的霸业，主要靠管仲、鲍叔牙等辅佐建立，齐桓公自己好色多宠，有子十余人。三个夫人都无子，因而未立太子。六个如夫人（侧室）各有一子，均立为公子。其中公子昭最为贤能。桓公有意立为太子，管仲也同意。所以，在桓公会盟诸侯的葵丘之会上，他和管仲一道，当面托付宋襄公，要他在齐国有难时帮助公子昭继位。

管仲、鲍叔牙去世后，齐桓公不听管仲生前劝告，任用竖貂、易牙等奸佞之徒，以致国政紊乱。待到齐桓公年老病危，竖貂等妄图操纵国柄，杀戮反对的官吏，拥立大公子无诡为国君。为了不让齐桓公立公子昭，他们把齐桓公幽禁起来，也不给医疗、饮食。有个小妾偷偷爬进齐桓公居所，齐桓公已快咽气，当即嘱咐她通知公子昭立即逃走，找宋襄公帮助他返国继位，随即气绝身亡。

公子昭逃到宋国，宋襄公觉得时机来了。本来齐桓公有重托在先，自当信守诺言；现在齐国发生内乱，由他出面联合诸侯拨乱扶齐，这是自己创立霸业的极好机会。于是，宋襄公立即通知各诸侯，要大家共襄义举。

然而，多数诸侯对此并不热心，实际效力的只有卫、曹、邾三个小国。不过，不管多少，四国联军浩浩荡荡，直奔齐国而来。

齐国在竖貂等拥立下的无诡根本没有威信，而且天怒人怨。联军一到，立即看风使舵，把公子无诡和竖貂杀了，易牙也被轰走了。于是，公子昭顺利地继了位，这就是齐孝公。

2. 图谋称霸

扶齐成功，宋襄公自我感觉不免有点飘飘然：齐桓公原是霸主，而今靠他立嗣，那么，继齐为霸主，“舍我其谁也”？不过，称霸要召集诸侯会盟，还要在会盟时执牛耳，居首席，得到公认才行。那些大国，能应约履会吗？转而一想，何妨小试牛刀，于是约滕、曹、邾、鄫国，会盟于鲁国之南。

到了日子，准时到的只有曹、邾两国，滕侯迟到，鄫子缺席。

宋襄公很不高兴。他想，大国且不说，这些小国也如此怠慢，怎能容忍？他决定拿滕侯姬婴齐开刀，把他关押了起来。鄫子得到消息，不敢再怠慢，急忙赶来开会，却仍然迟到了两天。宋襄公破口大骂：“寡人刚提倡会盟，小小鄫国竟敢迟到两天，不加严惩，何以立威？”不由分说，便把鄫子拉出去杀了。不少宋国大夫力加劝阻，宋襄公仍不为所动。

前来开会的曹共公目睹了这一切，觉得宋襄公太过分了。于是，还没到“歃血为盟”那天，他就溜回去了。这下，会开不成了。宋襄公直愣愣的，半晌说不出话来。

3. 阶下之囚

周襄王十三年（公元前639年）春，宋襄公在鹿地首次会合诸侯。齐国、楚国国君相聚在一起，宋襄公以盟主之位自居，引起齐君和楚王的不满。宋襄公又自作主张，没有经过齐国、楚国的同意就约定当年的秋天再次在盂地会合诸侯。

宋襄公的哥哥公子目夷劝他说，宋是小国，小国要争当霸主会招来灾祸的。但宋襄公不听。在到盂地前，公子目夷又劝他要带上军队，以防有变，楚国人是不讲信用的。

宋襄公说：“是我自己提出来不带军队的，与楚人已约好，怎能不守信用呢？”于是，宋襄公不带军队赴会。

到了约定之日，楚、陈、蔡、许、曹、郑等六国之君都来了，楚国早埋伏好了军队。宋襄公和楚成王因为争当诸侯霸主而发生争议，楚成王突然命人抓住了宋襄公，把他带回楚国囚禁起来，想借以攻取宋国。

这下，宋襄公反过来成了楚王的阶下囚和手中的筹码。楚成王盘算，中原小诸侯中，就鲁国没来，趁此机会还可拉拢它。主意一定，便立即遣使去请鲁釐公来开会。

鲁釐公来了。楚成王把握在手中的宋襄公"放"出来"接见"各诸侯。这哪是什么"会盟"？这无疑是楚国在杀鸡儆猴。鲁釐公既领教了楚国的威力,又试探着提议,能否把宋襄公放了。楚成王摆出一副"大度"的架势，同意按鲁侯的意思放宋襄公，再订立"盟约"。

这时的宋襄公，真是欲哭无泪。表面上，"盟约"已经订了，宋襄公的确当了"霸主",可是这个"霸主"究竟有多少分量呢？楚成王虽说没当"霸主"，然而他和真正的"霸主"有什么不同呢？

4. 梦断泓水

这口气，宋襄公无论如何咽不下。他要找楚国报仇，可是有这个力量吗？想来想去，找个替罪羊出出气。小小郑国，竟在会上公开提议让楚国当盟主，是可忍孰不可忍？宋襄公决定拿郑国开刀。满朝文武都不同意，他却说："你们不同意，就让我一个人去好了！"

郑国当然不是宋国对手,但楚国怎会看着宋国进攻郑国而袖手旁观呢？楚军为救郑国，已开到与宋军一河之隔的泓水（古河流名，故道约在今河南省柘城县西北）对岸。宋国大臣说："咱们打的是郑国，何必又和楚国闹翻呢？再说，咱不一定打得过它呀！"宋襄公却不以为然："怕啥？它是兵力有余，仁义不足；咱是兵力不足，仁义有余。兵力能与仁义相敌吗？"他下令做了一面大旗，上绣"仁义"二字，好像这二字就能降妖伏魔似的。

楚军渡河了，宋国大臣提议："趁楚军渡到一半，咱们打吧。"宋襄公指指那面大旗说："哪有此理？对方正渡河就去打，还能算仁义吗？"

楚军登陆，正在整队，宋国大臣又提议："趁它未整好队，咱出其不意突然袭击，定能取胜。"宋襄公又骂他："你怎么这样不懂仁义，人家还没排好队，怎么好打呢？"

宋国故城遗址

可是，楚军打仗才不管什么仁义不仁义呢！当它整好队后，就像潮水般地向宋军压来。宋军哪是楚军对手？整个队伍兵败如山倒，宋襄公本人也受了重伤。公子目夷一边保护他撤退，一边问他："讲仁义打仗就是这样的吗？"宋襄公一瘸一拐地说："讲仁义就是以德服人。比如对伤员，对老人就不该去伤害他。"不过，这一次他可伤得不轻，这一仗使他再不敢尝试当"霸主"的滋味了。

志大才疏，力不从心，欺软怕硬，不懂军事，这些终于使宋襄公的"霸主"梦付之东流；他那蠢猪式的仁义道德，又使他成为万世笑柄。

宋襄公在泓水之战失败以后，撤退到宋国襄邑的行宫里养伤。周襄王十四年（公元前 638 年），晋国公子重耳经过宋国，宋襄公想得到晋国的军事援助，就听从公孙固的意见，送给重耳 80 匹马。

周襄王十五年（公元前 637 年）夏季，宋襄公伤痛发作，不治而死，葬于襄邑（今河南省睢县）城中东北行宫内。其子子王臣即位，是为宋成公。

五、大器晚成晋文公，武霸天下会践土

晋文公重耳流亡 19 年之后，强国兴兵，逞武于列国，保驾周王，城濮胜楚，践土会盟，称霸群雄。晋文公的成功是春秋争霸剧烈化的产物，也是争霸剧烈化的推动力量。

晋文公是继齐桓公的"春秋五霸"之一。他的霸业，不仅在军事上比齐桓公更有成就，在政治上也更有影响。而且，齐桓公的霸业，主要是在生前，晋文公则在身后还有延续。

1. 流亡生涯

晋文公名重耳，是晋献公的次子。重耳在兄弟八人中，最有政治才干，从小结交贤士，著名的有赵衰、狐偃、先轸等人。后来，晋献公的宠姬骊姬，为使她亲生的儿子奚齐继承国君，对晋献公进谗，排斥其他晋公子，以致太子申生蒙冤自杀，重耳也不得不和他所结交的文武贤士数十人，出奔狄国。当时重耳已经 43 岁。

重耳先在狄国住了十二年。晋献公二十六年（公元前 651 年）九月，晋献公去世，公子奚齐继位，骊姬为国母，荀息为托孤之臣，一直支持太子申生的晋国卿大夫里克、邳郑父等人趁机聚众作乱，把幼主奚齐刺死在晋献公的灵堂上，之后荀息立卓子为晋君，里克等人把卓子刺杀在朝堂之上，又将骊姬活活鞭死，并派狐偃之兄狐毛至翟国迎接公子重耳，打算拥立他。重耳辞谢道："违背父亲的命令逃出晋国，父亲逝世后又不能按儿子的礼仪侍候丧事，我怎么敢回国即位，请大夫还是改立别人吧。"于是里克让人到梁国去迎接夷吾，夷吾的谋臣吕省、郤芮认为里克不让晋国国内的公子为国君，反而寻找流亡在外的夷吾，很难令人信服，就商量以河西之地换取秦国支持夷吾归晋，并允诺夷吾为君之后以汾阳之邑封予里克。晋惠公元年（公元前 650 年），夷吾在秦国的支持下即位，史称晋惠公。

晋惠公即位后，违背了给秦及里克的约定，又杀死了邳郑父与七舆大夫，晋人认为夷吾言而无信所以对他都不顺服。晋惠公觉得重耳是自己的心腹大患，就派遣刺客到狄国去行刺。重耳闻讯后逃到卫国，卫国国君认为他是个倒运的公子，不肯接待他，重耳只好狼狈地走了。

2. 齐楚厚待

重耳到了齐国，总算过上了好日子。齐桓公送给他许多财物，还把女儿姜氏嫁给他。长期流浪颠沛的重耳特别钟情于齐国的安逸生活，乐不思晋，再也不提回国的事了。晋惠公八年（公元前 643 年），齐桓公死了，齐孝公即位，齐国的地位下降，对重耳回国登基的事也帮不上多少忙了。

随从们想离开齐国另寻外援，可是重耳小富即安，不愿再走流亡之路。随从们就在桑树下商议，准备劫持重耳上路。不料这事被在树上采桑叶的婢妾听到了，婢妾急忙将此事告诉姜氏。

姜氏怕走漏风声，把婢妾杀死，然后语重心长地对重耳说："你走吧！晋国未来的国君，不是你又是谁呢？留恋妻子和贪图安逸是没有出息的。"可是重耳坚定地回答："流浪的生活我已经受够了，我就老死在齐国了。"

姜氏只好与随从们商议，把重耳灌醉后带走。众人肃然起敬，跪着拜谢姜氏。狐偃说："夫人能割舍夫妻恩爱，来成就公子的大业，大贤大德，古今少有。"当晚姜氏就把重耳灌醉，随从们把重耳放在车里，即刻起程。等重耳醒来，虽然大发雷霆，可是已经走出很远，不好意思回去了。

一行人到了楚国。楚国国君楚成王把重耳当作贵宾，还用招待诸侯的礼节接待他。有一次楚成王问重耳："公子如果回到晋国当上国君，用什么来报答我呢？"重耳回答道："美女、玉帛，那是君王所拥有的；鸟羽、毛皮、象牙、犀革，那是君王土地上所生长的，我能用什么报答君王呢？"楚成王笑着说："这么说，难道就不报答了吗？"重耳说："要是托君王的福，我能够回到晋国，我愿意跟贵国交好。不过如果不幸晋楚发生战争，两军相遇，我一定退避三舍（古代30里为一舍）。如果还得不到君主的宽恕，那就只有被迫应战了。"楚王听后并不在意，而在一旁的楚国大将成得臣却气极了。事后他对楚王说："这个重耳说话没有分寸，将来回到晋国，准是个恩将仇报的家伙，希望君王能当机立断，趁早杀了他。"楚王说："晋公子志向广大而生活俭朴，文辞华美而合乎礼仪，跟随他的人又都德才兼备。这个人似乎有上天相助，我们可不能违背天意啊。"

3. 登上王位

重耳在楚国住了几个月后，在秦国为质的晋国太子姬圉得知晋惠公病重从秦国不辞而别。秦国特别生气，听说重耳住在楚国，就要把重耳邀请到秦国。楚成王赠送很多礼物给他，然后派人送他们到了秦国。原来，秦穆公曾帮助夷吾当了晋国国君，可夷吾回国后并没有一味顺从秦国的意愿办事，两国之间还发生了战争。夷吾死后，新国君晋怀公与秦国更加对立。秦穆公彻底绝望，决心帮助重耳回国夺取王位，还把同宗的五个女子嫁给重耳。

晋惠公十四年（公元前 637 年）九月，晋惠公薨逝，太子姬圉继位，是为晋怀公。晋怀公即位后害怕秦国讨伐，就下令跟随重耳逃亡的人都必须按期归晋，逾期者杀死整个家族，因为舅舅狐偃与狐毛都跟随着重耳没有回国，晋怀公杀死了重耳的外公狐突。十一月，晋安葬了晋惠公。十二月，晋国大夫栾枝、郤谷等人听说重耳在秦国，都暗中来劝重耳、赵衰等人回晋国，做内应的人很多。于是秦穆公就派军队护送重耳回晋国。晋怀公听说秦军来了就派出军队抵拒，可是民众知道了重耳要回来都不愿意抵抗，只有晋惠公的旧大臣吕省、郤芮不愿让重耳即位。公元前 636 年，秦国护送重耳的大军渡过黄河，晋国的大臣们顺势立重耳当国君。这就是晋文公，这时已经 62 岁了。

4. 勤王周室

晋文公经过长期流亡生活的磨炼，增长了知识和才干，即位后用心治理国家，整顿内政，训练军队，使国力强盛起来。这时周王室已衰弱，那些实力比较强大的诸侯，总想充当诸侯国的首领，发号施令，人称霸主。晋文公决心向外扩张，争当诸侯的霸主。

晋文公元年（公元前 636 年），周襄王胞弟王子姬带盗嫂事发，与周襄王发生火并，王子姬带联合狄人攻周，大败周军。周襄王逃居于郑国的氾，并告难诸侯。

晋文公二年（公元前 635 年）春，秦穆公收到了周天子的告急文书便屯兵于黄河岸边准备勤王。赵衰以一个政治家的嗅觉劝晋文公说：“争夺霸权最好是拥护周天子，周王室与晋国同为姬姓，如果晋国不抢先护送周天子回京而落在秦国之后，就无法在天下发号施令，今天尊敬周王是晋国称霸的资本。”三月甲辰日，晋军到了阳樊（今河南济源西南）并包围了温（今河南温县西），护送周襄王回到了周都洛邑。四月，杀死了王子姬带。周襄王大为感动，把河内、阳樊两地赐给了晋国。从此晋文公在诸侯中名声大振。

5. 晋楚争霸

公元前 634 年，楚成王为了争夺中原霸权，借口原来屈服于楚国的宋国投靠了晋国，亲自率领楚军去攻打宋国，包围了宋国的国都商丘。宋成公派人到晋国去求救兵。晋国大夫先轸和狐偃都主张出兵救宋。他们说："楚国老是欺负中原诸侯，主公应当扶助有困难的国家。"晋文公早就看出，要当中原霸主，与楚国交战是不可避免的。但审时度势，双方力量的对比又十分悬殊。中原地带的曹、卫、郑、鲁、陈、蔡等国都依附楚国，齐、宋等大国也受到楚国的威胁。在大约100年时间里，楚国在军事上没有受过挫折。而晋国自晋献公死后，20年来国内没有安定过。晋文公当权刚满四年，虽在政治上进行了一些改革，但毕竟时间还短，晋国的实力不能跟楚国相比。他召集大臣们反复商讨，他说："从实力上说，楚国比我们强；从地理上说，宋国并不靠近我国，远道救援，军队给养困难。我们必须考虑一个万全之策。"狐偃说："听说最近楚国降服了曹国，又和卫国结了亲，它们是楚国的盟国。我们如果去打这两个国家，楚国必然来救。这样宋国的围困就可以不救自解了。"晋文公采纳了这个建议。

晋文公派兵先打卫国，攻占了卫国的五鹿城。接着挥兵南下，攻下曹国都城陶丘，俘虏了曹国国君曹共公。为了争取民心，晋文公当众宣布了曹共公的罪状，其中之一是不重用贤臣僖负羁。晋文公特地下令晋军不得进入僖负羁的住宅。魏犨和颠颉是一对勇将，自恃功高，不服气地说："我们跟随主公几十年，不为我们这些有大功劳的人着想，倒反要我们去保护这个曹国的大臣？！"负气放火烧了僖负羁的家。晋文公要严加惩处，赵衰连忙保奏："这两个人跟随主公出亡19年，最近又立了大功，还是赦免了他们，让他们将功赎罪吧。"晋文公生气地说："我之所以取信于民，就在于令出必行。臣子不遵君令，一切都乱了套，今后如何治国治军？"还是下令把违抗军令的颠颉斩首，革去魏犨的职务。将士们纷纷议论："魏、颠二将军跟随主公屡立大功，一旦违抗军令，或斩或革，何况其他人呢？国法无私啊，我们大家都得谨慎小心哪！"

从此，晋军军纪严明，战斗力更强了。

晋军攻取曹、卫的同时，又和齐国、秦国联盟，加强了自己阵营的力量。这样，晋、楚两国在军事力量的对比上开始发生了有利于晋军的变化。

6. 城濮之战

晋文公五年（公元前632年），楚成王听到晋国和齐、秦建立了联盟，感到形势对自己不利。他深知晋文公是个很难对付的敌手，于是派人命令楚军主将成得臣知难而退，暂时收兵回国。可那成得臣一向骄傲轻敌，自以为宋国迟早可以拿下来，不肯半途而废。他派部将去对楚成王说："虽然我不敢说能打胜仗，但这次一定要竭尽全力，拼个死活。"楚成王听了成得臣的请求，心中不悦，只派了少量的兵力，增援围宋的楚军。

成得臣不愧是老将，他派使者向晋文公提出一个和平建议：如果晋军允许曹、卫复国，楚国就从宋国撤军。这个建议使雄心勃勃的晋文公很为难。狐偃说："成得臣太无礼啦，不能答应他的条件。"先轸不同意这样做，说："安定别人叫作礼。如果楚国一句话而安定三国，我们一句话而使三国灭亡，楚国就有礼，我们就无礼。如果宋国遭到灭亡，各国诸侯会责怪我们，那样反而使楚国成为曹、卫、宋三国的恩人，晋国却跟这三国都结仇。树敌过多，我们还能打胜仗吗？"先轸接着建议："我们不如私底下答应恢复曹国和卫国来离间它们与楚国的关系，同时把楚国使者抓起来激怒成得臣，等打起仗来再说。"晋文公高兴地采纳了先轸这种阳奉阴违的策略，通知曹、卫两国国君，答应恢复他们的君位，但要他们先跟楚国断交。曹、卫两国真的按晋文公的意思办了。

成得臣得知使者被晋文公扣留，气得直蹦乱跳，咆哮不已，喘着气大骂："重耳啊重耳，当初在我国中，你不过是我刀砧上的一块烂肉。如今你刚回国当政，就如此这般欺负人。自古以来'两国相争，不罪来使'，你竟然连这一条起码的道义准则都不遵守，你还配当国君吗？我一定要亲自前来与你这个老贼评理！"他正在大发雷霆，忽见帐外小卒通报："曹、卫二国各有书札，上达元帅。"成得臣拆开书札看时，想不到竟是同楚国绝交的言辞。气得一股无名火直透脑门，当即下令三军，撤去对宋国的包围，与晋军交战。大夫斗越椒劝道："我们君王曾再三嘱咐'不可轻战'，如果元帅要直接与晋军交战，还是先禀报君王而后再行动吧。何况那齐、秦二国曾经为宋国求情，恨元帅你不听从他们的劝告，必然会派兵帮助晋国。我国虽有陈、蔡、郑、许诸国相帮，恐怕实力远远不及齐、秦二国，不是他们的对手。必须先请求君王添兵加将，才能与晋国交战。”成得臣说：“就烦大夫你跑一趟，替我向君王禀报，速去速回。”那斗越椒赶到申邑拜见楚成王，奏明成得臣请兵与晋军交战的意图。楚成王生气地说：“我一再告诫他不要与晋军交战，他硬是要去交战，他能保证一定取胜吗？”斗越椒说：“元帅有言在先，如果不能取胜，愿受军法处置！”楚成王明白成得臣意决难改，将在外君命有所不受，也难以劝他回头，心中很不高兴，只调了千余人马敷衍了事。成得臣之子成大心又聚集了同宗族的600多士兵，自请助战，楚成王也同意了。

援军赶到后，成得臣立即下令楚军和其他盟国的军队开往曹都陶丘，攻打晋军。

楚军一进军，晋文公立刻命令晋军往后撤退。晋军将士不明白这是怎么回事，感到很奇怪。狐偃解释说：“打仗先要凭个理，理直的军队士气就旺盛。当初主公在楚王面前曾经答应过：要是两国交战，晋国情愿退避三舍。今天后撤，就是为了实现这个诺言哪。我们如果说话不算数，那就是楚军理直而晋军理屈了。如果我们退避而楚军仍然不肯罢兵，那就是楚军来侵犯晋军，理亏的是楚军，我们就有充足的理由打它了。”晋军一口气后撤了90里，到了城濮（今河南省范县西南），才停下来，布置好阵势。

见晋军后退，楚军将士个个喜形于色。有人说：“晋文公以君主的身份而避让与之对阵的楚国大臣，我们楚国已经很有体面了。不如见好就收，趁此良机凯旋而归。这样做，虽说没有立下大功，可也不承担失败的罪过呀。”成得臣怒斥道：“我已经向君王请兵添将，如若不进行决战，如何向君王交代？晋军既然退却了，说明他们已经丧失斗志，我们更应当乘胜追击。”成得臣命令楚军继续前进，一直追到城濮。

第二天，成得臣派人向晋文公下战书挑战。战书大意是：请与君主的军队玩一场游戏，君主您就靠着车厢前的扶手尽情地欣赏吧，我成得臣也与您一起观看这场游戏，为您助兴哪。

狐偃说：“两国交战，这可是再重大也不过的事件呀，怎么能当儿戏呢？成得臣如此不慎重地对待战事，能不失败吗？”

晋文公答复说：我不敢忘记楚王的恩惠，所以撤退90里。现在既然

你这样好战，那就明天在战场上见个高低吧。

晋文公精神抖擞地登高检阅晋军军容。晋国战车700辆，装备齐全，训练有素。对阵的楚军右翼为陈国、蔡国联军，是最薄弱的环节，而主将成得臣所在的中军最为精锐。

晋文公采取各个击破的战略战术：以自己局部的优势攻击楚军局部的劣势，一战而胜之，再扩大战果，把楚军一口口吃掉。

决战开始，晋军出其不意地首先向楚军最薄弱的右翼发起猛攻。陈、蔡等国的杂牌军遭到突然袭击，不禁惊慌失措，都争先恐后弃阵逃跑，楚军右军完全崩溃。

这时，晋军主将狐毛，故意在战车上竖起两面大旗，引军后退，好像打算逃跑的样子；又命人用战车拖着树枝扬起尘土，伪造一副乱哄哄的假象。成得臣一向骄傲自大，不把晋军放在眼里，就下令左军直追上去，不料正中了晋军的埋伏。楚军左军大部分被晋军歼灭，一小部分逃散。

成得臣亲自指挥中军前进，被晋军死命抵住，两下混战多时。完成了击溃楚军左右军任务的晋军先后赶来助战，如铜墙铁壁，把楚军围在核心。成得臣这才知道左右二军已溃败，无心恋战，率领中军好容易才杀出重围，行不多时，忽然一阵呐喊，又有晋军当路埋伏，那楚兵已成惊弓之鸟，个个丧胆，幸亏楚将不失余威，勉力冲锋，两下战成一团。忽见晋军传令兵到，称奉晋文公之令，放楚军一条生路，以报昔日楚王款待之恩。

成得臣率军急忙退出战场，总算没有全军覆没，可又觉得没法向楚成王交代，就自杀了。

7. 践土之盟

晋文公五年（公元前632年）五月，晋文公以周天子之命召集诸侯，与齐昭公、宋成公、鲁釐公、蔡庄侯、郑文公、卫叔武及莒子在践土（今河南原阳）会盟。晋文公把楚国的俘虏献给周襄王，郑文公替周襄王主持典礼。周襄王用甜酒款待晋文公，并劝晋文公进酒。周襄王命令王子虎任命晋文公为诸侯首领，并赏赐给他1辆大辂车，红弓1把，红箭100支，黑弓10把，黑箭1000支，香酒1卣，珪瓒以及勇士300。晋侯多次辞谢，最后才行礼接受了。周襄王写了《晋文侯命》，正式承认晋文公称霸。这就是历史上有名的践土之盟。至此，晋文公成就了霸业。

8. 温地会盟

晋文公五年（公元前 632 年）六月，晋文公摈弃前嫌，恢复了卫成公的君位。

卫成公外逃时，有人诬陷元咺想要扶立成公的弟弟叔武为君，卫成公信以为真，便杀了跟随他逃亡的元咺之子元角。复位以后，又杀了忠心守国的弟弟叔武。元咺逃奔晋国避祸，国人哗然。

此时，晋文公正在庆贺胜利，大赏功臣，卫大夫元咺却跑来哭哭啼啼，倾诉冤情。文公本来就对卫成公不满，听了元咺的诉说，大为恼火，遂安排元咺暂时住下，准备严惩卫成公。

是年冬天，晋文公召集秦、齐、鲁、宋、蔡、陈、莒、邾等国诸侯，在温地会见，商议讨伐不驯服的国家。

卫成公与大夫元咺在会上进行讼辩。元咺指控卫成公陷害大夫，滥杀无辜，卫成公因无可否认而败诉。晋文公行使霸主的职权，处死卫成公的答辩人士荣，砍了代理人针庄子的脚，以此代替卫君受刑。并当场拘捕了卫成公，派军士押送京师，投进周王的大牢。晋文公认为卫成公的诉讼人宁武子忠诚，无罪赦免。于是元咺返回卫国，扶立公子卫瑕继位。

这次盟会，晋文公以巡狩为名，邀请周襄王来温地会见诸侯。后来孔子看到这段记载时说："诸侯无权召唤天子，《春秋》说周王巡狩河阳，是故意隐讳此事。"由此可以看出，当时周天子的地位，已经衰落到听任霸主摆布的程度。

9. 秦晋伐郑

晋文公七年（公元前 630 年），为阻止楚国北进，晋文公、秦穆公带兵包围郑国，想得到晋文公流亡郑国时的恩人叔詹，叔詹听说后自杀了。郑国人带叔詹尸体给晋文公，晋文公却说："一定得到郑君才甘心。"郑文公害怕了，就暗中派烛之武挑拨秦穆公，最终凭借烛之武的口才使秦穆公撤军。晋国发现秦军不战而退，十分恼火。狐偃请求追击，晋文公认为不妥，说："如果没有秦国的援助，就没有寡人的今天。依赖了别人，反过来又伤害人家，这是不仁。过河拆桥的事情，我做不出来。咱们也撤兵吧！"

于是晋军也解除了对郑国的包围，班师回国。

晋国虽未灭郑，但郑文公再也不敢对晋国无礼。晋文公九年（公元前628年）郑文公去世，公子姬兰即位，是为郑穆公。郑穆公在位时始终是晋国的重要追随者。但秦、晋两国因伐郑夭折，关系逐渐疏远。

晋文公九年（公元前628年）十二月，晋文公病逝，公子姬驩即位，史称晋襄公。

晋襄公继承文公的霸业，公开与秦国抗衡，秦、晋关系再度恶化。不久，秦军远袭郑国，在崤山（今河南陕县东）遭遇晋军伏击，全军覆没。此战后，晋、秦关系由友好转为世仇。

六、东山再起秦穆公，攻城略地霸西戎

秦国地处渭水流域，于西戎、北狄之间。周宣王时封非子的曾孙秦仲为大夫，秦仲在攻伐戎、狄的战争中战死。其子秦庄公继续攻伐西戎，被周宣王封为“西陲大夫”。西周灭亡，秦襄公因护送平王东迁有功，被封为诸侯，占据了以岐、沣为中心的广大地区，建都于雍（今陕西凤翔），势力逐渐发展起来。经过100多年，到秦穆公（公元前659—公元前621年）时，秦国发展成为强盛的奴隶制国家。

秦穆公任用异地人才百里奚、蹇叔、由余为谋臣，锐意图强，全力向东发展，恩仇施晋，曾俘获晋惠公，又扶持了晋文公的创霸活动，后在崤山被晋军袭败，转而向西发展，攻灭十余小国，称霸西戎。

1. 秦晋之好

秦穆公是按照兄终弟及的传位体系登上历史舞台的。其父秦德公共生三子，他是小三。秦德公死后，老大即位，史称秦宣公。秦宣公有子九人，但传位给二弟，史称秦成公。秦成公有子七人，也学大哥的样，临死前把国玺交给了三弟。

风华正茂的秦穆公出手不凡，于登位改元之年（公元前659年），亲自带兵跨过黄河，灭掉了一支盘踞在茅津（今山西平陆县）的西戎。本来，对于尚处于游牧阶段的戎、狄作战，是当时中原诸侯普遍面临的任务。可是，隅居西北、向来不受诸侯重视的秦国，竟有强渡滔滔黄河挥戈东进的能力，

着实把一直将这一带看作自己势力范围的晋国吓了一跳，赶紧枕戈寝甲，严阵以待，准备等它再来耀武扬威时，好好教训一下。

谁知接下来又是一个意料之外：俟秦人再次渡河时，派来的不是军队，而是一个以亲贵公子絷为首的求婚使团。原来秦穆公还未娶妻，听说晋君献公的长女伯姬美貌贤淑，特来求亲。

侯马盟书

这个问题还从来没想到过，晋献公决定求助神灵。先命太史苏用蓍草占卦，得卦“归妹”。照太史苏的解释，这门亲事不利。又命太卜郭偃用龟甲占卜，卜辞是：“松柏为邻，世作舅甥，三定我君。利于婚媾，不利寇。”郭偃说：“此乃上吉之兆！”

太史苏还想据卦辞再争，晋献公道：“都说从筮不如从卜。我还听说当年王室东迁时，秦君曾受天子亲命：‘你向戎狄攻击，能打到哪里，哪里就属秦所有。’它会壮大起来的。”

晋献公预见到了秦国必将强盛，决定把女儿嫁给秦穆公作为感情投资。此后秦晋两国果如卜辞所云，世为婚姻。后人每用“秦晋之好”比喻两姓联姻，就是这个典故。

伯姬被秦国派人来敲锣打鼓地娶走了。但晋献公却不愿看见这个女婿跨过黄河抠老丈人嘴边的肉，赶快把虞、虢两国灭掉，控制住了秦国通向中原的咽喉桃林寨。

2. 广纳人才

从未和中原诸侯发生结盟关系的秦国，不仅通过秦晋联姻结起了一条裙带关系，还使秦穆公意外地得到了一批国外人才，从而推动了他的称霸事业。

秦晋联姻为秦穆公带来的国外人才中，第一位是公孙枝。他是晋献公的疏族，因无人引荐，埋没田间。此人不但富有勇略，还能两手同时握两锄种地。公子絷奉秦穆公命赴晋求亲回国时，恰逢他在田里用这种最奇怪的农耕技术进行操作，便劝他一起去秦国，当即拜为大夫，首开东周时代秦国累世重用外国顾问（客卿）的先例。

接着，秦穆公在伯姬陪嫁人物明细表里，发现了有名无人的百里奚。经向公孙枝了解，知道此人原籍虞国，富有经世之才，忙把他弄回秦国重用。百里奚又向秦穆公举荐了旅居宋国的好朋友蹇叔。公子絷即奉秦穆公命令，化装成去宋国做转口贸易的商人，把隐居在乡村的蹇叔及其儿子白乙丙一起带回秦国。不久，与丈夫失散多年的百里奚妻子杜氏领着儿子孟明视前来相认团聚。秦穆公一经交谈，发现孟明视与白乙丙一样，俱是饶有父风的干才，不由得连连感叹："怎么人才全出在国外啊？"要公子絷再设法引进。

公子絷反映说，本国的西乞术也是个难得的人才。穆公大喜，忙让公子絷把西乞术请来，和白乙丙、孟明视一同拜为大夫，并号将军，谓之"三帅"，共掌军事。蹇叔任右庶长，百里奚任左庶长，位皆上卿，谓之"二相"。

百里奚知道晋国还有个被埋没的人才由余，即悄悄地向公孙枝打听其下落，公孙枝说此人现在西戎做官。百里奚听说人才不遇，流失国外，大生感慨。

说来真巧，就在百里奚为由余入戎叹息连连时，恰好由余作为西戎国主赤斑的高级使节，前来秦国做国事访问。秦穆公陪他参观富丽华美的苑囿楼台，欲借此夸耀秦国的礼乐文物之盛。岂知由余直率地批评秦国大搞楼台馆舍建筑是劳民伤财，还不屑地取笑说，如今礼乐已成诸侯骄奢淫逸的遮羞布，所以人民心怀怨愤，内乱不已。无言答辩的秦穆公当即按照百里奚的建议，由内史廖设法将此人请了过来。

内史廖的高招，是亲自带一批能歌善舞的美女去西戎做友好访问，随即把她们当礼物送给赤斑。这一边请"二相"和公孙枝轮流做东，天天设宴请由余赴席，尽量拖他多待些日子。一年后，由余才回到西戎。赤斑怪他出国访问盘桓太久，还怀疑他是否私下勾结秦国。由余见赤斑成天泡在美女中沉湎酒色，不理政务，也大为不满。秦穆公看准火候，悄悄地派人说服由余再来秦国，留住他并擢任亚卿，与“二相”共事。

3. 降服戎狄

秦穆公先娶美貌夫人，复得济济人才，趁着喜事接踵的兴头，开展宏图。依百里奚和蹇叔的彰霸方略，秦国能否强大的关键，就在于能否妥善解决好戎、狄问题。所以“二相”任职未久，就派孟明视、西乞术和白乙丙“三帅”出征，先将屡屡侵略秦人的姜戎吾离部战败，迫使吾离逃往晋国，遂占有瓜州（今甘肃敦煌）一带。现在又得到了通晓西戎情况的由余，穆公马上策划新的伐戎计划。

这一仗，仍以“三帅”指挥。因为由余提供了详细的西戎地形与部署兵力的资料，战事推进很顺利。赤斑自省抵敌不住，只得请降。赤斑一降，过去受他役使的陕甘一带的许多戎人酋长，无不悚惧，纷纷前来洽降。秦国的疆土和民众一下子扩充了许多。

4. 割地密约

但是，秦穆公想跨过黄河往东推进的念头，却始终受到晋国陈兵河西的严密军事部署的扼制。俟晋献公死去，晋国发生了动乱，继任国君的公子姬奚齐和公子姬卓子，先后被大臣杀害。照当时通行于诸侯间的惯例，流亡在狄国的公子姬重耳和流亡在梁国的公子姬夷吾，都有回国填补权力真空的资格。而以秦晋比邻且联姻的关系，哪一个能得到秦国的支持，就算是获得了国际声援的一半。秦穆公对自己所处的这种优势十分清楚，马上打起如何通过干涉别国内政来达到自己目的的主意。

遵照穆公的指示，公子縶以特使身份，打起吊唁晋献公的招牌，先后出访翟、梁两国，考察姬重耳和姬夷吾的为人，借此试探他们当政后对秦的外交方针。姬重耳婉言谢绝了公子縶关于秦国愿帮助他回国取得政权的暗示，姬夷吾正好相反，马上同公子縶举行秘密会谈，主动起草了一份密约。密约提出，倘能在秦国支持下回国当政，即割河外五个城市给秦穆公为东扩的据点。此外，晋国愿将西南部的边境收缩到东至虢国旧境（今河南陕县），南及华山，内以解梁（今山西临猗西南）为界。界外土地，悉归秦国占有。这个急于攫取晋国政权的政治流亡者还在奉献割地密约的同时，以 40 镒黄金和 6 双玉珩向公子縶行贿，嘱他回国后一定促成此事。

秦国铜匜

不费一兵一卒而得河外五城，且能使梦寐以求的往东扩张计划获得实现，秦穆公能放弃这天赐良机吗？他马上派公孙枝率领战车兵团护送公子姬夷吾回国。当时在中原诸侯中称霸的是齐桓公，听说晋国内乱，权力真空，也想来插手。他走了好远的路，从东方赶到高梁（今山西临汾东北），准备召集各国首脑会商此事，周惠王亦派了特使前来。没想到与晋国近在咫尺的秦国抢先一步，已用战车把姬夷吾送回晋国。

木已成舟，何况齐桓公对于立姬重耳还是立姬夷吾，本无成见，更没为此同秦国开打一场东西战争的打算。遂顺水推舟，派齐国的资深外交官隰朋出面与公孙枝接洽，表示齐国也参加了在晋国维持和平及成立新政权的国际干预行动，自己则提前回国。

齐桓公远道来晋，不等到同秦人见面便匆匆离开，实际上是对一贯奉行不结盟政策的秦国的轻视。但对秦穆公来讲，由于周惠王特使和隰朋对其一手造成的既成事实的认可，则使其国际地位骤然抬高。姬夷吾顺利地在绛都举行了登位仪式，史称晋惠公，而秦穆公则以此举创立了参与中原事务的先例。

5. 泛舟之役

晋惠公在秦穆公支持下上台以后,根本没有履行先前同秦国订立的“密约”，也不割让河外五城作为秦国助他复国的酬谢。与此同时，晋国统治集团内部又有人合谋推翻晋惠公，迎立姬重耳，没有成功，参与合谋的丕豹逃到秦国，谋求秦国给予军事干涉。秦穆公很想借此机会，报复晋惠公的背信之怨。蹇叔坚决反对，认为师出无名。百里奚也说，反正晋国政局不稳，不妨静观其变化，等待机会。

三年后，晋国遇上天灾，庄稼歉收，仓廪空虚，忙派庆郑为特使赴秦，吁请紧急援助。丕豹向穆公献策：这正是趁势灭晋的天赐良机。蹇叔、百里奚和由余、公孙枝等，却异口同声反对，以为旱涝灾情，何国无之？救灾恤邻乃情之常理，乘人之危则逆天道。秦穆公接受了他们的意见，把大批粮食运到渭水，用船顺流而东达于黄河，然后溯黄河达于汾水，运抵晋都绛城。一时间，渭、河、汾、绛水道上，粮船相接，史称“泛舟之役”。这是中国历史上见于文字记载的最早的一次利用河道大批量运输的行动，也是一场规模空前的国际救援活动，不惟使晋国人民摆脱了饿死的危机，更为秦国带来了新的国际声誉。

6. 活捉晋惠公

巧得很,“泛舟之役”的第二年,秦国也发生了灾荒,晋国的收成却不错。秦穆公忙派人去晋，要求晋国卖一批粮食给秦国度荒。晋惠公不但不许，还让来人捎个口信回去:“要食晋粟，除非用兵来取！”

秦穆公被激怒了，遂亲率大军伐晋。临战前的动员中，特别强调了晋君的背信弃义，以怨报德，是以士气高昂，三战三胜，乘势跨过黄河，深入晋国腹地。晋惠公亦亲自率领主力部队，在韩原（今山西芮城县）同秦军进行决战。结果是晋军大败，晋惠公被秦军生俘，装进囚车送往秦国。

一国元首被人活捉，自然是国人的耻辱。原先各怀异心的文臣武将们，这会儿全合拢来，个个披发垢面，草行露宿，跟在囚车后面。秦穆公见他们这样忠于自己的国君，颇受感动，便对他们说:“寡人只是让你们的主公去秦国住一段时期，待贵国卖给我国粮食后，就会让他回来的。”晋臣们全表示感谢。

用何方式结束这场战争，秦国君臣间提出各种方案。公子絷提议杀掉晋惠公，另立姬重耳。公孙枝以为莫如让他交割河外五城并使太子姬圉来秦充当人质后，仍送他回国为君。秦穆公倾向公孙枝的意见，尚未定议时，后院却起火了——他的夫人伯姬是晋惠公的姐姐，听说兄弟被装进囚车送来，马上让包括太子在内的子女们全换上丧服，随她一起登上堆满柴草的高台，再派人通知丈夫：只待晋君进入国都，就点火自焚，以表姐弟情谊！吓得秦穆公赶紧作出改用国君之礼护送晋惠公去灵台山小住的决定。

7. 怀公背秦

平息后宫风波后，秦穆公即派公孙枝为代表赴灵台山与晋君谈判。急于回国的晋惠公完全接受秦国的条件，立即通知国内派人携带河外五城地图和户口钱粮等档案赴秦，就地办妥移交手续。秦国乃用隆重礼节送晋惠公回国。不久，晋太子姬圉依灵台条约，入秦为质。

太子姬圉到秦国后，秦穆公依公孙枝意见，将他作为亲秦势力培养，除供给他优厚生活待遇外，还把女儿怀嬴嫁给他为妻子，是为秦晋再次联姻，两国相安经年。

其后，晋惠公病重，不能亲自主持朝会。晋国的盟友梁国则因国君不恤民力，大事楼台馆舍建筑，民怨沸腾，纷纷亡入秦国。秦穆公见有机可趁，即命百里奚统军灭梁，使秦国东部边界扩至黄河龙门古渡一带。没想到这一来引起了太子姬圉的恐慌。原来梁国是其母舅家，梁的灭亡，使他感到失去外援。倘晋惠公一死，他未必能继承君位。心烦意乱间，偏偏没想到丈人秦穆公比母舅更有力量这一点，竟抛下妻子，不辞而别，一口气跑回晋国准备接班。

这可把秦穆公惹恼了，辛苦培植多年的亲秦分子说走就走，还把自己的女儿扔为弃妇！立即向臣属表示："夷吾父子，俱负寡人，寡人一定要报复！"立派公孙枝出使楚国，把流亡在楚的姬重耳迎至秦国，蓄意帮助姬重耳重返晋国政坛。

姬重耳来到秦国时，晋惠公已去世，太子姬圉即位，史称晋怀公。晋怀公闭口不提从秦国迎回妻子，等于宣告秦晋联姻的破裂。秦穆公更加愤怒，干脆让怀嬴嫁给姬重耳。怀嬴说："我已嫁过一个丈夫，岂能再婚？何况重耳是圉的叔父。"秦穆公道："你那个丈夫早把你忘了。我看重耳人品好，拥护他的人很多，日后准能当晋国国君，那时你就是国君夫人。这也是为了维护秦晋两国世代联姻嘛。"

怀嬴想了很久，最后表示："既然这场婚姻关系到两国友好，我怎能只顾惜个人名声呢？"

8. 扶持文公

姬重耳当上秦穆公女婿的次年，便由秦国派出重兵护送回国，杀了晋怀公，夺取了国君宝座，史称晋文公。接着，又在秦国帮助下粉碎了晋怀公余党发起的政变，这才使其统治获得稳定。遂亲自至雍都迎回怀嬴，立为第一夫人。秦穆公以精兵 3000 护送，称为“纪纲之仆”。意思是女儿去婆家后，凡门户仆隶等劳役，都由娘家带去的秦卒担当。以后人们常用“纪纲”泛指家奴，就出典于此。

秦穆公帮助晋文公上台，使秦晋两国的友好关系得以恢复，不过这种关系的走向并不朝他最初的愿望去发展——不是秦穆公利用这份投资获得进一步向东方扩张的便利，而是晋文公利用秦国成为其忠实盟友的条件，很快成为继齐桓公之后的新的中原霸主，反过来倒使秦的东进锋芒受到遏制。

秦穆公心里不舒服，但多个朋友总比多个敌人好，所以对女婿的霸业仍持支持态度。不久，晋文公借口郑国亲近楚国，亲自举兵伐郑，邀约秦国联合行动，秦穆公马上领着大军前往郑国与晋军会师。两军分别从东西两面，将郑国的都城围住。

9. 背晋助郑

眼看郑国危亡在即，早就冷眼看出秦晋间微妙关系的郑国老臣烛之武于深夜缒城而出，来到秦营求见秦穆公，针对其既不愿看到晋国过分强大，更想往东方扩张的深层心态，发动了一场凌厉的心理攻势，痛陈郑国覆灭只会有利于晋国而不利于秦国的利害关系，并表示如果郑国保留下来，对秦国大有好处。因为秦国今后要向东方发展，免不了有使臣往来，而郑国正可担负起“东道主”的义务，为秦使提供衣食住行的方便。后人常以“东道主”，“做东”代指居停主人或以酒食请客者，就是用这个典故。

烛之武的分析，句句击中秦穆公的思想要害，乃当场同他歃血为誓，结为盟友。不但立刻传令撤军，还让杞子、逢孙、杨孙三员副将率领 2000 秦兵留下来帮郑国戍守。

秦国背晋助郑，使晋文公一举灭郑的计划不得实现。当时晋臣狐偃建议追袭秦军，晋文公碍于翁婿情面，复念秦国相帮自己夺取政权的恩德，没有采纳这个公开扯破脸皮的意见，但秦晋友好关系因此不复存在。

10. 秦晋反目

公元前628年，晋文公和郑文公去世，秦穆公便想借此机会打败晋国，谋求霸业。他和周围的谋士说："我曾几次帮助晋国平定内乱，就连他们的国君都是我立的。理应由我出任诸侯的首领。只因晋国战败了楚国，我才将首领的位子让给重耳。如今重耳已经死了，我还忍让什么，到了和晋国一争高低的时候了。"他命孟明视为大将，西乞术和白乙丙为副将去打晋国。

孟明视率大军先攻破了一个叫滑的小国，抢到大量珠宝、粮食和衣物，然后到达渑池（今河南渑池县）。白乙丙和西乞术说："这儿靠近崤山，地势复杂，我们一定要当心啊。"但孟明视并不以为然，他认为秦军强大，无人敢来袭击。走完了一段路，前军派人报告说路被乱木挡死了。孟明视至前面一看，但见横七竖八的木头堆在路上，上面还立着一根三丈多高的旗杆，一面红旗高高飘扬，旗上一个大大的"晋"字。孟明视虽说有些警惕，但还是令士兵放倒红旗，搬走乱木前进。

岂料秦军才放倒红旗，顿时鼓声震天，晋军从四处山野中杀了出来。原来那旗一被放倒，就是晋军攻击的信号。这时前面堵截，后是追兵，走投无路的秦军，只好退到堆乱木的地方。哪知晋军早在那些木头上洒了硫黄等引火物，就等秦军一退到这里，把火箭射来，引燃乱木，山谷顿时就成了火海。秦军死伤不计其数，争相逃命，孟明视、西乞术和白乙丙三员大将都成了俘虏。

晋军大胜秦穆公，十分高兴，准备将秦军的三员大将杀了，用他们的头颅来祭祖先、庆胜利。晋襄公的后母是秦穆公的女儿，她听说这件事非常着急，就对晋襄公说："秦、晋两国原是亲戚，关系很好，可别为杀这几个人坏了两家的和气。秦军战败，秦君肯定怨恨他们。不如放回他们去，让秦君自己来处置他们，免得我们落个杀人的坏名声。"晋襄公听她说得在理，就把孟明视等人放了，可后来又后悔了，便又派人去追。待追兵赶到黄河边上，孟明视三人坐的船才离岸。追兵没船，只得作罢。这样，孟明视、西乞术和白乙丙得了条命，回到了秦国。

秦穆公得知孟明视、西乞术和白乙丙三人侥幸逃回，就身穿丧服，亲自到城外迎接他们。孟明视等人看到秦公，急忙跪下请罪。而秦穆公不但没责备他们，并自己承担了责任，希望他们勿忘国耻，以图再起。孟明视等人见秦穆公没有怪罪他们，仍旧叫他们掌握兵权，十分感激，决心立功赎罪。他们操练士卒，演练阵法，为报仇做着不懈的努力。又过了一年，孟明视认为秦国军队已具有打败晋军的实力了。周襄王二十七年（公元前625年），孟明视向秦穆公请示，率兵攻打晋国。得到秦穆公同意后，孟明视、西乞术和白乙丙三位将军带领400辆兵车出发了。

晋君料到秦国不会甘心的，备战的事也没有放松，见秦国来攻就派出大军迎战。两军相逢厮杀一场，秦军败下阵来。孟明视原以为这次可以取胜，没想到却吃了败仗，觉得这回秦穆公不会饶过他了。万没想到，秦穆公没有责备他，还让他继续执掌兵权，这使他对秦穆公感恩不已。

通过两次失败，孟明视开始从自己身上找原因。他认识到自己的指挥才能不够，训练军队和作战的方法也有缺陷。于是他变卖家财，抚恤伤亡将士家属，亲自训练军队，和士兵朝夕相处，同甘共苦。就在他正紧张训练部队的时候，晋襄公命大将先且居（晋国大将先轸的儿子），率领晋、宋、陈、郑四国军队打秦国。面对士气昂扬的四国联军，孟明视沉着冷静，认为秦军尚未做好充分准备，不可应战，就命令紧闭城门，加紧训练。许多秦国人都认为孟明视输怕了，成了胆小鬼，建议解除他的指挥权。秦穆公却向大家说：“孟明视肯定能打败晋军，咱们等着瞧吧。”

秦穆公三十六年（公元前624年），秦军经过孟明视等将军的严格训练，已经是一支兵强将勇、英勇顽强的军队了。孟明视认为征伐晋军的时候到了，他请求秦穆公挂帅亲自出征，并且还发誓说：“假如这次出征不能获胜，我决不回国见家乡父老。”秦穆公命令给出征的军队500辆兵车、装备精良的兵器和充足的粮食，又拨给出征兵士家属粮食和钱财，以解士兵后顾之忧。经过充分的准备，秦穆公、孟明视率大军，浩浩荡荡地杀奔晋国。

秦军渡过了黄河，孟明视下令烧毁渡船，表示没获胜利便不生还。先锋由孟明视亲自担任，秦军一路上势如破竹，没几天就把过去被晋军攻占去的城池收了回来。消息传至晋国都城，朝野兵民一片惊慌，群臣见秦军如此凶悍，全建议回避一下，不要和秦军作战，连大将先且居都不敢迎战。

晋襄公无法，只得命令晋军坚守，不得与秦军交战。

在晋国的土地上，秦军往来驰骋，为所欲为，如入无人之境，晋军哪敢迎战。秦穆公见失地已经收复，也挫灭了晋国的威风，憋了三年的气总算出了，就带领大军到崤山，在当年晋军堆乱木、树红旗的地方，把上次阵亡将士的尸骨埋好，且亲自祭奠一番。孟明视、西乞术和白乙丙跪在坟前，大哭不止，将士们看到了全都非常感动。

秦军东征获胜，不仅收复了失地和民众，也使晋国向西部扩张的锋势得到遏制。史家评论这段史实，都认为“千军易得，一将难求”。秦穆公善于在失败中总结教训，而始终信用孟明视，是其转败为胜的重要原因。

11. 独霸西戎

当时，在今陕甘宁一带，生活着许多戎、狄的部落和小国，如陇山以西有昆戎、绵诸、翟，泾北有义渠、乌氏、朐衍之戎，洛川有大荔之戎，渭南有陆浑之戎。他们生产落后，披发衣皮，各有君长，不相统一。他们常常突袭秦的边地，抢掠粮食、牲畜，掳夺子女，给秦人造成很大的苦难。秦穆公向西发展，采取了比较谨慎的策略，先强后弱，次第征服。

秦穆公听从由余的策划，锐意西北地区的经营，相继降服西戎 20 余国，开辟土地 1000 余里，由戎人同尊为“西戎霸主”。周襄王听说后，念及祖宗东迁洛邑，就是因为抵挡不住西戎的侵扰，想不到秦穆公凭一国之力，创下这等大业，感慨不已。遂特命尹武公为专使赴秦，向秦穆公赐以金鼓，表示祝贺。

秦穆公已是 60 多岁的老人了，不宜再作长途旅行，特委公孙枝为全权代表赴洛邑，向周襄王表示感谢。

未几，由余病卒，秦穆公遂以孟明视为右庶长。

周襄王三十一年（公元前 621 年）春二月，一代霸主秦穆公因感风寒患病不治，逝于秦都。享年 69 岁，计在位 39 年。

秦穆公死后，人才被用来殉葬毁灭，他的继承者们也都平平无大作为。终春秋之世，秦国再没有在当时的政治舞台上有过上乘的表演。

七、一鸣惊人楚庄王，问鼎中原成霸业

秦国打败晋国，报了崤山之仇后，一连十几年两国相安无事。这期间，南方的楚国却一天比一天强大起来。

1. 三年不鸣

楚受封于周成王时，活动于汉水和长江中游之间，居于群蛮之中，一直被排除在华夏之外，进入春秋时期不久，楚国国君即自称为王，后被周惠王授为南方夷越之长，是春秋时期诸国中疆域最大的国家。公元前613年，楚穆王去世，嫡长子熊旅继位，当了国君，是为楚庄王。当年楚庄王还不满20岁，掌握楚国大权的是他的两个老师——斗克和公子燮。年轻的楚庄王根本不把国家大事放在心上，一切事务全由斗克和公子燮两人决断。在他即位的前三年时间里，白天打猎，晚上饮酒作乐，并下了一道命令：谁要是敢来劝谏，就处死谁。

三年过去后，楚庄王毫无悔改之意，仍然日夜歌舞欢宴不止。此时的朝廷政事，混乱不堪，公子燮和公子仪便乘机发动叛乱。幸好朝廷中有庐戢与叔麇两位忠臣，他们当机立断平定了叛乱。但此时，楚国的周边国家陈、郑、宋等小国都依附了晋国。按照楚国的国势，已经危若累卵了。

一天，大臣成公贾实在看不下去了，他请求面见楚庄王。在富丽堂皇的宫殿里，钟鼓丝竹之声绕梁不绝，楚庄王的面前几案上摆满美酒佳肴，楚庄王正在一面饮酒，一面欣赏美女们翩翩起舞。楚庄王一见成公贾便问道："你有什么事？"成公贾故作惊惶的样子答道："我是来出谜语为大王助兴的。"楚庄王听说他要出谜语，觉得挺有趣，就微笑地说："好吧，你说说看吧！"成公贾于是清清喉咙说道："南山上有一只大鸟，三年里站在大树上不飞不动也不叫，这是只什么鸟？"楚庄王沉思了一会儿，说："这是一只与众不同的鸟。这种鸟三年不飞，一飞冲天；三年不鸣，一鸣惊人。你的意思我明白了，你下去吧！"

成公贾以为楚庄王已幡然醒悟，朝政会有新的变化，就兴冲冲地告诉了好友大臣苏从，两人眼巴巴地等待。可是，楚庄王照旧宴饮享乐。

苏从见楚庄王依旧没有变化，便冒死直谏楚庄王，疾言厉色地说："大王身为楚国国君，继位三年，只知寻欢作乐，长此以往，难道是要做桀纣那样的人吗？”楚庄王听罢勃然大怒，抽出佩剑指着苏从心窝说：“你不知我下的禁令吗？”苏从面无惧色，从容不迫地说：“我知道，但是楚国政事已不可收拾，活着也没什么意思，请大王赐臣下一死！”说罢延颈怒目而视，正气凛凛。楚庄王也用眼珠子紧瞪着苏从。突然，他将宝剑插入剑鞘，上前紧走几步，双手紧紧抱住苏从双肩，激动地说：“你才是我要寻找的国家栋梁呀！”

楚庄王立刻下令罢去乐师鼓手、歌妓舞女。然后与苏从相对而坐，促膝谈心。

苏从此时才知道，原来楚庄王因为当时朝政十分复杂，权臣乱政，依附者甚多，忠奸难辨，才故意装糊涂。这样做就是要让奸臣充分暴露，让忠肝义胆的贤臣挺身而出，然后做他的助手，整顿内政。

第二天，楚庄王上朝，召集文武百官，当众宣布一些重大人事任命，振乾立纲。楚国从此蒸蒸日上。

2. 北上争锋

楚庄王亲政的当务之急就是攻伐反叛的庸国。楚庄王三年（公元前611年），楚庄王撇开令尹斗般，乘坐战车到抗击庸国的前线，与前方部队会师，亲自指挥，将楚军分为两队：子越从石溪出兵；子贝从仞地出兵，并联络秦国、巴国及蛮族部落合攻敌人。楚庄王督战，将士们猛攻庸国。不久，庸国不支，宣告灭亡，楚庄王取得了亲政以来的第一场胜仗。楚庄王平乱、灭庸后，统治趋于稳定，产生北上图霸之志。

中原诸侯仍以晋实力最强，它西抑秦、东制齐，秦、齐虽强却仍非晋之对手。时晋灵公也已亲政，然大权却依旧把持于赵盾（赵宣子）手中。晋灵公渐长，对内残害臣民，对外受贿无信，故国内统治既不稳定，国外威信也日益下降，

蟠虺纹青铜车型器

更与权臣赵盾矛盾异常突出，势同水火。这就为楚庄王北上提供了有利时机。

楚庄王四年（公元前610年），晋会卫、陈等诸侯于扈，以郑有二心于楚，拒绝郑穆公与会，经郑子家书告赵盾，申辩郑居大国之间不得不从强令的苦衷，晋才允于请和。从中亦可知楚已复强，郑不得不考虑与楚改变关系。

楚庄王六年（公元前608年），郑即以晋无信，伐齐、伐宋，皆因受齐、宋贿，半途而废，于是叛晋而“受盟于楚”。附晋之郑，主动与楚结盟。随着楚国的稳定与实力的增强，一些中原国家，开始看风使舵，认真选择自己的出路了。恰在这时，陈共公卒，楚庄王不派人前往吊唁，陈灵公一气之下，与晋结盟。楚庄王见时机已到，立即亲率大军攻陈，接着又攻宋。晋赵盾率军会宋、陈、卫、曹诸国军队于棐林，攻郑以救陈、宋。同年冬，晋为摆脱被动局面，从赵穿计，攻打秦之盟国崇，想迫使秦来救，然后便于向秦求成，不料秦国并不理会。晋又攻郑，以报北林之战。

楚庄王七年（公元前607年）春，郑受楚命攻宋，以打击晋国。郑、宋战于大棘，宋军大败，郑囚华元，获乐吕，及甲车460乘。华元逃归，为宋筑城。秦为报复晋侵崇之役，出兵攻晋，围焦。秦、晋关系一度紧张。同年夏，晋赵盾解焦围，接着联合卫、陈攻郑，以报大棘之战。楚庄王立即命斗椒领兵救郑，赵盾以斗椒属若敖氏“殆将毙矣，姑益其疾”为由，悄然退去。郑攻宋、秦攻晋，以及赵盾不敢与斗椒正面交锋，虽有晋灵公不君之故，也侧面说明其时楚国实力日益上升，连一生不服软的赵盾都不敢接战。正当晋国外争不利时，国内又因晋灵公暴虐，这年为赵穿所杀，赵盾等立公子黑臀为晋侯，是为晋成公。晋成公初立，即于楚庄王八年（公元前606年），就率军攻打郑国，抵达郔（今河南郑州北），郑被迫与晋和，订立了盟约。

3. 王室问鼎

楚国经过整顿军队发展生产，出现了富国强兵的新局面，楚庄王认为与中原诸侯争霸的时机成熟了。

公元前606年，楚国讨伐陆浑的戎族，这是邻近东周的小国。得胜之后，楚庄王令大军在洛邑近郊举行一次盛大的阅兵式。一时间，洛邑

周围旌旗蔽日，枪矛如林，鼓声号声震天动地。这一来可把那个挂名的周天子吓坏了，他摸不清楚庄王打的是什么主意，慌忙派殿前大臣王孙满前去打探消息。

王孙满见楚庄王后，代表周天子对楚庄王及楚军表示慰问，并送上了犒劳的礼物。

楚庄王和王孙满交谈了一会儿后，楚庄王问起周王宫里藏着的九鼎的大小重量情况。王孙满听话听音，心中对楚庄王此番阅兵用意也已明白大半了。原来九鼎是用九州贡铜铸成，它既代表了九州，又象征着国家权力。夏、商、周三代都将它视为国宝，尤其周朝周公制礼，宝鼎又被视为象征天子尊严的宝器，旁人是不能过问的，现在楚庄王居然问起九鼎，表明了他有夺取周天子权力的野心。王孙满是个善辩的人，面对楚庄王大逆不道的言行，他说："治理天下的人，主要靠德服人，不是靠鼎的作用。过去大禹有德，远方部落进贡山川珍奇，禹以美金铸鼎，周身饰鬼神和万物图案，护佑小民防祸备荒。后来，夏桀无德，鼎移至殷人之手；纣王暴虐，鼎归于周。由此可见，朝政清明，鼎虽轻不移；朝政昏乱，鼎虽重但必迁。至于九鼎的大小轻重，别人是不应当过问的。"

楚庄王听了王孙满的话，知道自己还没有灭掉周朝的能力，也就带兵回去了。

4. 邲战称霸

公元前598年，陈国发生内乱，楚国出兵征服了陈国，然后又迫使郑国归附。后来，郑国又派人前往晋国，表示愿意服从。楚庄王得知这一消息，勃然大怒，于第二年亲率楚军进攻郑国。

楚军很快到了郑国新郑城下。郑襄公命兵士深沟高垒，坚守不出，又派人前往晋国求救。楚国日夜攻城，三个月后，由于晋兵久久未至，楚军最后攻陷新郑。

来救援郑国的晋军主将是荀林父，他听说新郑已被攻克，便下令班师回朝。副将先轸不听命令，偷偷率部分人马渡河追击楚军。荀林父见军队有分裂的危险，他控制不了先轸率领的兵马，于是横了横心，就下令三军渡河，与楚军主力决战。

楚庄王下令对晋军发起进攻，并亲自擂起战鼓助威。楚军将士如排山倒海般冲向晋军。由于晋军将领意见不一致，不能统一指挥，一下就被击溃了。晋军战败，渡黄河时，自相践踏落水淹死的不计其数。晋军受了这次挫折，元气大伤。

邲之战后，楚庄王饮马黄河，进逼中原国家，迫使郑、许归附，继而灭萧（宋的与国），又攻宋并使其与楚媾和。这样，中原主要小诸侯国皆背晋向楚，楚庄王成为中原的霸主。而此后的晋国，又在逐年消灭赤狄部族的战争中，国力有所恢复。晋、楚争霸之形势尚有可能发生新的变化。

5. 围攻宋国

楚庄王十九年（公元前 595 年），楚庄王遣申舟使齐而没有借道，遭到宋文公及右师华元等人的反感。宋国人一不做二不休，杀死申舟，楚庄王为之大怒，尽起三军，攻打宋都睢阳。与宋国相持了整整九月。天下诸侯为之震惊不已。又是畏惧，又是敬佩，又是不满。所畏惧者，楚国国力之强，远远超出众诸侯的意料。楚国居然能长达九月供应着千里之外的三军，国家综合实力由此可见。纵然诸侯各国有坚固的城池，楚国亦不足恃。面对楚国咄咄逼人的攻势，宋文公带领臣民坚守城池长达半年，城内已是易子相食，饥寒交迫。

楚庄王二十年（公元前 594 年）开春，宋文公派遣乐婴齐往晋国，向晋景公求救。晋景公询问众卿，大夫伯宗反对出兵，认为此时楚军国势鼎盛，有上天眷恋，难与争锋。晋景公纳其言，派遣解扬告知宋国人晋援将至，并鼓励宋国人坚持抗战。事实上，晋还没有从邲之战的阴影中走出来，不敢再轻易向楚军宣战。至同年五月，攻守双方都不能再坚持。宋右师华元突围，趁夜潜入楚营，登上子反的床。子反不备，为华元劫持。华元对子反将宋国国情据实以告，子反醉醺醺的也告诉华元："楚军的粮草只剩几日之用"，无奈之下，子反与华元私下盟誓。后子反将事情经过一五一十告知楚庄王。楚庄王知道围破宋都已成妄想，担心军卒久在国外，国内田地无人耕种，势必荒芜，酿成来年粮灾。最后以宋国与楚结盟，楚国退兵为结束。自此长达九个月之久的跨年度攻坚战，虽以楚国无功而返而告终，但也让中原诸侯谈楚色变。

6. 联齐制晋

邲之战是晋国霸业第一次衰败的起点。往日自以为不可一世的晋人遭到当头一棒，对诸侯的控制力大大减弱。而自齐桓公后便已注册为大国的姜齐便是第一个想脱离晋国控制的诸侯。早在楚庄王十五年（公元前 599 年），齐惠公崩逝，其子吕无野立，是为齐顷公。齐顷公年轻气盛、刚猛精进，目中无人的齐顷公急于摆脱晋景公的控制。

就在邲之战结束的楚庄王十八年（公元前 596 年），齐顷公下令攻伐自恃有晋国撑腰的莒国，打响了反抗晋国的第一仗。齐顷公为瓦解晋国东方的战略碉堡——鲁国，加大对鲁国联络。时鲁国三桓季孙、叔孙、孟孙夺得鲁国军政大权，分别与晋国侈卿建立起较为牢固的跨国联盟以作为外援。鲁宣公及东门氏（即公孙归父，东门襄仲之子）在晋国霸业一片迷茫之时，积极联络齐国当权派以对抗三桓。鲁宣公与齐顷公，一拍即合。经过几年的奋斗，齐顷公胆子越来越大。楚庄王二十二年（公元前 592 年），晋景公命时任中军佐的郤克出使齐国，征召齐顷公参加会盟。齐顷公玩心大发，竟在朝堂之上捉弄郤克。后在敛盂之会上，齐国代表高固（高宣子）又逃席而去。

楚庄王二十三年（公元前 591 年）开春，郤克鼓动晋景公，晋景公忍无可忍，率军与卫太子臧伐齐，也只是小打小闹。在晋国霸权最为迷茫的那几年间，楚庄王联齐以制晋的战略取得极大成功，使得晋国长期忙碌于在北方与齐国周旋，基本无暇南顾。

7. 人亡霸灭

楚庄王二十三年（公元前 591 年），楚庄王突然病重，他已经预感到自己不久于人世，招重臣至病榻之前，望着太子审。其弟子重、子反，申公巫臣等在一旁听候庄王遗命，知会其意。同年秋，楚庄王终于咽下了最后一口气，与世长辞。令尹子重、司马子反依照楚庄王意志，拥立年仅十来岁的太子审为楚君，是为楚共王。公子婴齐摄君事，主内外，掌握了楚国的军政大权。

楚庄王尸骨未寒，贵族间的新仇旧恨迅速暴露，以令尹子重为首的王族与申公巫臣为首的屈氏卿族矛盾激化。子重、子反素恨屈巫，屈巫预感到危机来临，便左右逢源，最终带着寡妇夏姬，流亡他国以避政敌的迫害。子重、子反杀掉了屈巫留在楚国的同族，瓜分了其家族的财产。悲痛万分的屈巫联络晋国外交大使郤至，意欲投奔晋国。晋景公任之为大夫，命其往吴国，教吴人以军阵之术与抗楚之策，吴国始强，令楚国后患无穷。

就在子重、子反为排斥异己殚精竭虑时，晋国正卿郤克以其侄郤至专对楚国外交，与楚人周旋。郤克之志在齐而不在楚，乘楚国重臣反目之际，于公元前 589 年出动大军攻伐齐国，齐顷公大败而还，与晋国结盟。楚国联齐制晋的计划彻底破产。为了挽回颓势及霸主荣誉，这一年冬天，子重辅佐楚共王出兵北上，攻至鲁国，号召诸侯会盟。13 国代表汇聚蜀城，规模虽大，却各怀心机。这不过是楚庄王昔日功业的最后回光。

楚庄王死后几十年间，楚国国力直线下滑，很快被晋国反超。子重为缓衰败之势，欲与晋国弭兵，平分霸权。楚共王晚年，目睹着晋悼公一次次会盟诸侯，声势昊天，暴病而亡。至楚灵王时，欲重塑庄王之盛却好高骛远，身死人手。楚平王时，奸逆当权，继续沦落；至楚昭王，几为吴国所灭，楚国从此退出了争霸行列。楚国的霸业渐行渐远，名存实亡。

八、纵横江淮阖闾死，信谄毁霸夫差亡

吴国在春秋中叶后得晋助而强大。吴王阖闾命专诸刺王僚夺得王位，励精图治，创立一代霸业，槜李之战中为越王勾践所败。夫差即位后，夫椒擒越王，但他信谗施仁，终至亡国。

1. 阖闾夺位

阖闾，姓姬，名光，公元前 514 年至公元前 496 年为吴国国君。吴国当时占有今江苏、上海大部和安徽、浙江的一部分，基本上居楚之东。春秋后期，受到晋国的扶持，不断夺取楚东方之属国，势力逐渐强大，阖闾的祖父寿余为君时，僭爵为王。寿余有四个儿子，他想把君位传给最小的儿子季札，临死前嘱咐长子诸樊首先继位，然后兄弟间依次相传，传弟不传子。后来三子夷昧死后，季札固辞不受君位，逃至延陵（今江苏常州市），群臣乃奉夷昧之子即位，是为王僚。姬光是诸樊的儿子，他

觉得既然季札不受国，就应该立他为君，因而对堂弟王僚心中不满。他暗中咨访豪杰，结纳死党，最后派刺客专诸刺杀了王僚，即吴王之位，自号“阖闾”。

阖闾执政后，委政于楚国亡臣伍员。首先用谋刺手段消除了王僚的残余势力，之后聘请大军事家孙武为军师，经过数年的准备，兴兵大举伐楚，五战连捷，攻陷了楚国的都城郢（今湖北江陵西北），楚昭王逃奔随国（今湖北随县）。后来由于秦国出兵助楚和他的弟弟夫概的反叛，阖闾未能灭楚，退守吴国。他晚年准备北向伐齐，因未能找到适当的借口而作罢，其后乘越王允常新丧而伐越，被其子勾践在槜李（今浙江嘉兴西南）击败，阖闾脚部受伤，退军途中死去，后由其子夫差继位。

阖闾在一生的政治活动中，为了争夺国政和谋图霸业，搜罗了一批豪杰和贤才，组成了春秋后期一支不可忽视的政治势力，促进了吴国的迅速强大，他的政治能力也由此得到了充分的显示。

阖闾一生的政治活动有两个方向，一个是对内推翻王僚的君位并剪除其党羽，夺取和巩固自己的王位；另一个是向外武力征服，创建吴国的霸主地位。两个方向上的政治活动是分为两个阶段实施的，在两个不同的阶段，针对每一个阶段上政治对手的不同，他采取了不同的策略和战术。

王僚执政时期，对姬光是有所提防的，如后来姬光设宴招待王僚，王僚对自己的母亲说：“公子光具酒相延，得无有他谋乎？”他的母亲告诫说：“光心气怏怏，常有愧恨之色，此番相请，谅无好意。”除此之外，朝廷中王僚的党羽甚多，王僚同母弟掩余、烛庸并握兵权，英勇非常，其子庆忌有擒龙搏虎之勇，万夫莫当，与王僚朝夕相随，姬光虽有满腹的怨气，只得隐忍心中。姬光善于用兵，他一方面向王僚屡献战功，不断地结欢和求用于王僚；另一方面暗中求善相人者被离为他咨访豪杰之士，网罗势力，做夺权的人才准备。他对王僚采取明的一手与暗的一手，两手同时进行。他曾被王僚派为大将，大败楚国司马公子魴，楚国惧而筑州来城（今安徽凤台）以防御，后又单师入楚之郧阳（今湖北郧县），完成王僚嘱托等等。与此同时，他结纳了伍员、专诸等人物，经过一段时间的准备，又经伍员后来精心策划，他派专诸刺杀了王僚，自立为王，自号阖闾。

2. 内外兼顾

阖闾上台后的一段时间内，始终没有忘记内敌残余势力的存在，在这点上他的头脑是比较清楚的。王僚的儿子庆忌在艾城（今江西修水或永修），积蓄力量，图谋报仇，阖闾对伍员讲："今庆忌有谋吴之心，寡人食不甘味，坐不安席。"最后使刺客要离谋刺了庆忌。公子掩余和烛庸分别逃至徐国（今安徽泗县）和钟吾两小国，阖闾又派兵袭灭二国，直至楚国舒城追杀了二人，除掉了国内的政敌。

阖闾在特殊的情况下对付国内政敌，他主要采取谋杀的手段。国事粗定后，他将政治活动的方向转而向外，经过长期的战略准备，他向西邻楚国发动了大规模的军事进攻，这些战略准备包括：第一，任用军师孙武训练吴国水陆军队。第二，剪灭楚国东邻的附庸小国，使吴兵能够直达楚境。第三，把吴国的军队分为三部分，轮换扰乱楚境，使楚军长年奔波，志惰力疲。第四，对后方的越国进行了警告性的攻伐，使其不敢轻举妄动。第五，拉拢唐、蔡等国，形成对楚的联合进攻。春秋以来，楚国在南方无有

虎丘剑池

其敌，强大无比，向北方又屡屡得手，曾称霸一时，是春秋之世的头等强国之一，要制服这样一个强国实非易事，阖闾在政权稳定后立即实施制楚的战略，表明了他绝大的政治勇气。吴国一系列制楚战略的实施，创造了对自己的有利条件，终于赢得了伐楚的重大胜利。吴国对楚的军事胜利震动了列国，中原几大强国百余年来无奈楚何，现在吴国攻陷郢都，几乎灭楚，中原国家不得不对吴国刮目相看。阖闾后来伐越失利，但远未磨损吴国的威名，他取得的伐楚之功是吴国霸业的奠基石。

总之，阖闾在内外两个方向上从事政治活动，他以不同的方式对付不同的对手，基本上都取得了成功，这些成功为后来夫差实现霸业准备了必要的条件。

3. 广揽人才

访求豪贤是姬光政治活动的起点，也是他政治活动得以成功的重要因素。春秋末期，各政治集团间的竞争进一步加剧，对人才的争夺更被人们所重视，于是出现了个别专门以识辨人才为生的相者。姬光为了给自己培植势力，求技艺很高的相者被离为他在吴市咨访豪杰。被离发现了楚国亡臣伍员，王僚闻之，拜为大夫，并答应为伍员复仇，进攻楚国，姬光知道后，心中非常痛苦，他想了一个计策，前去对王僚说："万乘之主，不为匹夫兴师。今吴楚构兵已久，未见大胜，若为伍员兴师，是匹夫之恨，重于国耻也。胜则彼快其愤，不胜则我益其耻，必不可！"王僚听了他的话，遂不准备伐楚，伍员因而辞掉大失之职，姬光二次去对王僚讲："伍员以王不肯兴师，辞职不受，有怨望之心，不可用之。"王僚又疏远伍员不用。姬光遂私下去见伍员，厚赠粮帛，与之深相结纳，终于把伍员从王僚身边挖了过去。伍员向他先后推荐了专诸、要离、孙武等人才，又为他不断提出具体行动的策略方针，使他的政治活动立刻发生了转机。

姬光爱戴人才，礼贤下士，具有结交人心的一套手段。他曾向伍员打问才勇相当的人物，当伍员要为他招专诸来见时，他立刻表示："既是才勇之士，某即当造请，岂敢召乎？"他主动去专诸家中拜见，致生平相慕之意，奉金帛进献，又时常问候专诸的老母，馈以生活必需品。后来他向专诸说明了准备谋刺王僚的心情，专诸顾虑说："公子之言是也，但诸有老母在堂，未敢以死相许。”他立刻表示说：“吾亦知尔母老子幼，然非尔无与图事者。苟成其事，君之子母，即吾子母也，自当尽心培育，岂敢有负于君哉？”专诸的母亲常受其问候与馈赠，亦劝其子说：“吾举家受公子恩养，大德当报，汝必亟往。”专诸遂下定了以死报效的决心。

为了保证专诸谋刺成功，姬光采纳子伍员的计策，借故支走了王僚身边的党羽。第二天上朝，他向王僚大言伐楚之利，王僚欣然听从，他怕王僚派自己为将，遂撒谎说：“此事某应效劳，奈因坠车损其足胫，方就医疗，不能任劳。”王僚问他谁可为将，他对王僚说：“此大事，非至亲信者，不可托也。王自择之。”最后王僚把亲信大将掩余和烛庸派了出去。阖闾心犹不足，对王僚讲：“若遣公子庆忌往收郑卫之兵，并力攻楚，而使季札聘晋，以观中原之衅，王简练舟师，以拟其后，霸业可成也。”王僚高兴地接受了这些提议，打发走了身边的四个亲信大臣，国内空虚，阖闾遂派专诸刺杀王僚，乘虚夺取王位。阖闾即君位后，感伍员之大功，封为行人之职，待以客礼而不臣，对伍员破格对待。被离识辨和荐举伍员有功，亦被升为大夫。

阖闾上台后，多次向伍员请教政事，他曾问伍员：“寡人欲强国图霸，如何而可？”后来又推心置腹地对伍员说：“吾国僻在东南，险阻卑湿，又有海潮之患，仓库不设，田畴不垦，国无守御，民无固志，无以威示邻国，为之奈何？”伍员为他提出了“由近制远”的方针，并为吴国筑城设守，传播中原的文明习性，极大地增强了吴国国力。吴国制楚战略的提出和实施，多是伍员的功劳。伐楚之后，阖闾立伍员为相国，效法齐桓公对管仲的做法，呼伍员为子胥而不称其名，以示尊重。

4. 凶狠暴戾

阖闾在王僚执政时就以善战而闻名于吴国，他数次战胜楚军。有一次，他随王僚迎战楚军于鸡父，提出示弱以诱敌的建议，先遣罪犯 3000 人散乱冲突楚之右营，楚军见其状，争相追逐，乱了队伍，吴国大军乘乱掩杀，大胜楚军。有一次，他率师援救边界上的吴军，到达后闻楚兵已归，遂考虑说：“楚方耀武而还，边人必不为备。”于是潜师袭灭巢和钟离（今安徽凤阳东北），奏凯而还。他上台后看到了孙武所著《孙子兵法》13 篇，以内行的

身份赞扬说："观此兵法，真通天彻地之才也。"伐楚时，他任孙武为大将，自己亲自随军督战，一直攻陷郢城。秦国出兵攻吴时，他率军与其相持。后来他的弟弟夫概退兵造反，他星夜从楚退兵，挥师击败叛军，赶跑了夫概。伐楚之后，他把用兵的重点放在了对越国的防御和进攻上，曾增加了吴越边境的防守力量，晚年又自率大军与越王勾践大战于槜李。

阖闾长于军事，勇于征战，他正是依靠军事斗争的成功才兴盛了吴国。他晚年在与越国的争战中不幸丧生，留下了莫大的遗憾，从而把霸业的完成留给了下一代。

由于吴地偏僻，阖闾很少受到中原文明的熏陶，政治斗争的无情和军事征战的残酷自然养成了他凶狠暴戾的性情。他宴请王僚，却将其残害于席间。为了刺杀庆忌，他使用苦肉计，诛戮了刺客要离的妻子，焚弃于市，又砍断了要离的右臂，以使要离能取得庆忌的信任，与之接近。他丢失了一支宝剑，后来听说被楚王得到，他认为这是楚王贿赂了自己身边的人而被盗去的，因此杀了身边几十人。先前与楚的鸡父之战中，他派3000罪犯冲突殉军，草菅人命。他的爱女胜玉死后，他为之举行了隆重的葬礼，送葬时舞白鹤于吴市，让街上的人跟入墓隧观看，最后关闭隧门，男女万余人死于隧墓，事后，他满意地说道："使吾女得万人为殉，庶不寂寞也。"攻破楚都郢城后，他宿于楚王之宫，大肆淫乱，等等。

阖闾由于政治斗争的需要，结纳和重用了伍员、孙武等人才，在对付内敌和制服外敌方面均取得成功，兴盛了吴国。但他把政治活动的基点放在武威一方，不懂得德治的意义，潜伏了迟早失败的必然性。

5. 夫差复仇

阖闾在位时，楚国的伯嚭、齐国的孙武也随伍子胥之后相继来到吴国，辅佐阖闾整顿王室，训练军队，使吴国日益强大。公元前511年，吴伐楚，夺取六邑。两年之后，又攻占楚地巢。随后，又在公元前506年攻克楚的都城郢，迫使楚昭王逃亡。楚亡后，楚国大夫申包胥到秦国求救。而越国则趁吴军尚在楚地而出兵支持吴国内乱，形成了秦、越、楚军联合攻吴的局面，阖闾只好从楚地撤回主力，楚昭王绝境逢生，入郢都复国。

当初阖闾征伐楚国时，曾经请越王允常一起出兵，允常非但没有答应他的要求，反而拆阖闾的墙脚，拥护阖闾的弟弟夫概为吴王。阖闾从此一直怀恨在心，这就有了公元前 496 年的槜李（今浙江嘉兴西南）之战。在这场战争中，刚刚继位的越王勾践出奇兵战胜了吴国军队，阖闾也因伤重而死于撤退途中。从此，吴越两国结下不共戴天之仇。

吴王夫差迎丧归国，在今天的虎丘山厚葬阖闾后，开始了他的君王生涯。

夫差是在吴越冲突白热化的情况下即位的，他发誓要报杀父之仇，为了使自己时刻牢记深仇大恨，他用了 10 个侍者，轮流站在宫门口，每当自己出入时，侍者必须大呼："夫差，你忘记越王杀死你的父亲了吗？"夫差立即哭泣着回答："不敢忘！"夫差命令子胥、伯嚭在太湖训练水兵，又专门造了射棚以练习射击，含着悲愤等待三年丧期的结束。

公元前 494 年的早春，吴王夫差丧期已满，倾全国的兵力与越国决一死战；夫差任命伍子胥为大将，伯嚭为副将，自率中军殿后，浩浩荡荡地从水路出发，与越军在太湖会战。一开始，吴军悄悄退却，勾践乘势直进，推进数里，与夫差大军相遇，夫差就站在船头亲自击鼓，惊雷般的鼓声激励着吴军将士，使他们勇气倍增。这时，湖面上忽然北风大起，波涛汹涌，子胥、伯嚭各乘大舰顺风扬帆而下，船上士兵都用强弓劲弩，万箭齐发，如飞蝗般射向越军阵营。越兵无法抵挡敌人凶猛的攻势，纷纷溃退，吴兵分三路乘胜追击，越将灵姑浮溺水身亡，其他将士死伤不计其数，越军败绩。勾践只好率残部退守会稽山，已没有抵抗的能力了。

6. 勾践求和

为了免于亡国，越王勾践采取大夫范蠡、文种的建议，卑躬屈膝地向吴国投降。文种作为勾践的使者，来到吴军驻地向夫差请罪。越国的乞和条件是彻底的：勾践及其夫人与士大夫均为吴王的家内奴隶，越国的宝器悉数献给吴王，这基本上等于亡国。夫差打算答应文种的请求，伍子胥知道后非常着急，子胥还分析了吴国征服越国较之征服其他国家的有利因素，他说："吴与越这两个国家，土地相连，习俗相似，言语相通。占有越国，我们可以居住在他们的土地上，乘他们的舟车，役使他们的人民；反过来说，如果越国占有了吴国，也就获得了同样的优势。所以，假如我们现在放弃了这样的好机会，等到勾践东山再起时，那就后悔也来不及了。”夫差听后，有些踌躇，一时没有作出决定。

越国君臣并不死心，紧接着又向吴国发动了第二轮“求和”攻势。这一次，他们通过贿赂贪心的伯嚭而实现的。伯嚭收受了越国的重金与美女，带着文种去见夫差。夫差一开始严词拒绝了越国的请降，他愤愤地对伯嚭说：“越与寡人有不共戴天之恨，怎么能答应他们的要求呢？”伯嚭回答说：“大王难道不记得孙武说的话了吗？‘兵凶器，可暂用而不可久也。’越虽得罪于吴，但眼下吴国的报复行动，已经达到了目的。越国所乞求的，仅仅是保存他们宗族的延续而已。吴国若接受越之降，能得到很大的实际利益，若赦免了越之罪，又能名扬天下。”伯嚭一面说着好话，一面又委婉地威胁吴王：“假如吴国一定要诛灭越国，勾践就会焚宗庙，杀妻子，沉金玉于江中，率亡命之徒5000人与吴军拼命，君王的左右就会受到损伤。所以与其杀了这些人，还不如接受他们现在的条件有利。”夫差竟同意了伯嚭的观点。

此时，伍子胥闻讯匆忙赶到，见文种、伯嚭俩人站在夫差旁边，知道形势不妙，他怒气冲冲地责问夫差：“大王已经允许越国求和了吗？”夫差说：“已经允许了。”伍子胥大叫不可，厉言劝阻夫差，最后说：“现在不灭越国，怎么实现自己三年来向先王发的誓呢？”夫差一时语塞，却不肯推翻自己已经作出的决定，就用求援的目光看着身边的伯嚭。伯嚭立即上前反驳伍子胥，他说：“假如一定要说因先王大仇而不能赦免越国，那么相国对楚国的仇恨更为深刻，那为什么当时不马上灭掉楚国，而是允许他们求和呢？现在越王夫妇都愿意成为吴国的奴隶，与楚国仅仅交纳一点贡献根本不能相比，相国自行忠厚之事，却叫大王居刻薄之名，这就不是忠臣的所为了。”夫差听了这些话，也就作为对伍子胥的挡箭牌，说什么孤意已决，相国暂且退下。伍子胥无奈，只得含恨退回军营。

吴越之战就这样结束了，在夫差看来，不仅对越国已经取得了胜利，而且吴国的霸业确实从此进入鼎盛时期，但是，导致吴国覆灭的种子，无疑也是在这个时候种下了。

吴越争霸群像

7. 放虎归山

阖闾去世后，吴王夫差在压抑与仇恨中度过了三年，夫椒之战后，他又在成功带来的喜悦和轻松中度过了三年，前后三年的心境，反差是极为巨大的。更何况越王勾践作为他的仆人，其驯顺的姿态每时每刻都在麻醉着他，以为越国已经彻底臣服。

一次偶然的疾病，通过勾践范蠡的精心谋划，在勾践忍气吞声为夫差尝粪测病的举动后，打消了夫差对越国的最后一点戒备。感动之余，他作出了释放越国君臣回国的决定。伍子胥对此举的后果看得很清楚，于是不惜冒犯夫差将越国君臣的图谋直言相告，岂知反被夫差奚落了一通，他说："寡人生病三个月来，没有听到一句安慰的话，这是相国的不忠；也没见进一样我喜欢的东西，这是相国的不仁。为人臣不忠不仁，又怎能取信于君主呢？"接着他又赞美勾践："越王抛弃了他的国家，千里迢迢来归顺寡人，奉献他们的财物，自己又身为奴婢，并没有怨恨之心，这就是忠；寡人有疾，亲口尝粪，这就是仁。如果按照相国的意思杀了勾践这样的人，岂不辜负皇天的旨意，寡人不会这样不明事理。"伍子胥还想努力纠正夫差的看法，他说越王勾践入臣于吴是一个极大的阴谋，"虚其府库，不见恨色，是欺我王也；下饮王之溲者，是上食王之心也；下尝王之恶者，是上食王之肝也"，恳请吴王留意观察。可惜的是，夫差连

姑苏台消夏宫图

这么明白的道理也辨别不清，甚至对伍子胥说："我已作出决定，请相国不要再提这事，我也不想再听了。"

公元前491年，吴王夫差亲自置酒为勾践送行，临别时还告诫勾践："寡人赦君返国，君当念吴之恩，勿记吴之怨。"他天真地以为，凭着自己的宽宏大量，就可以轻松地将两国间的恩恩怨怨一笔勾销了。应该说，夫差的愿望也没有什么错，只是他忘了自己为报父仇，曾经怎样要人天天提醒自己了。因此他也不可能料到，沉甸甸地压在越国君臣心头的仇恨，将爆发出足以击溃吴国的力量。

以后几年的日子，夫差过得很舒心。仇已经报了，越人的甜言蜜语和丰厚的贡献又使他恨意全消，再加上周围国家也都惧怕吴国三分，四境相安无事，于是夫差开始"广宫室以自娱"。

吴国的都城从阖闾起就已经成为江南名都。吴城有坚固的军事设施，规模庞大的铜铁冶炼作坊和造船作坊，以及专为王室生产酒醋的手工业作坊。由于吴城工匠众多，有一个城门还被专门命名为匠门。吴国都城内建有豪华的宫殿、台阁、林苑、水榭等，但夫差还是觉得不够气派，不足以作娱乐之用，就扩建了城郊的离宫，即阖闾时建筑的姑苏台。这座高台扩建后高达300丈，可容纳6000人，仅收集建筑材料，就用了三年时间，耗费了吴国大量人力财力，吴国百姓为此昼夜劳作，因疲劳而死者不可胜数。与此相映衬的，则是"千仞高台面太湖，朝钟暮鼓宴姑苏。威行海外三千里，霸占江南第一都"。

建姑苏台时，越国献上特大的木材，高台建成后，越国进贡的美女西施又随范蠡翩翩而至。西施的美艳，使夫差神魂颠倒，为表示对她的宠爱之意，又在灵岩山（今苏州西南）特别为西施建造了富丽的馆娃宫，专供游玩与休息。后人记忆中的历史，常常将大兴土木与国运联系在一起，可能就是因为帝王奢靡的生活，往往来自百姓血泪的浇灌，所以才会有这样的诗句："馆娃宫中馆娃阁，画栋侵云峰顶开。犹恨当时高未及，不能望见越兵来。"

不过在春秋列国争夺霸主地位的氛围中，夫差还算是一个有事业心的君主。公元前489—公元前487年间，他先后征伐中原地区的陈、蔡、鲁三国，还向鲁国征取百牢的献礼。公元前486年，自认为在南方已无后顾之忧的夫差，组织民力修筑了著名的邗沟。邗沟自今江苏扬州市南，引江水经高邮穿射阳湖（今宝应）至末口（今淮安）入淮，再北连沂水和济水，开通了长江到黄河的通道，积极准备北进。

此时，相国伍子胥与夫差的矛盾已发展到白热化阶段。在夫差对越国完全失去防范意识的这段时间里，伍子胥却处处警惕，并提醒吴王夫差不要上当。由于从根本上认识到越国始终是吴国潜在的敌人，所以伍子胥对吴王夫差肆无忌惮地北伐也持激烈的反对态度，但此时的夫差，早已对这个忠直的吴国功臣百般冷落，而对善于逢迎的伯嚭则言听计从。伍子胥或许预料到自己已回天乏术，就趁一次出使齐国的机会，将儿子托付给了他在那儿的朋友。

吴王夫差继续向中原推进。公元前484年，吴国联合鲁、邾、郯等国军队从海路进兵伐齐，但被齐国军队打败了。一年之后，夫差亲自率领大军北上，与齐军会战于艾陵（今山东莱芜市东北）。夫差亲自上阵，还射中了齐将宗楼，吴将士勇气百倍，与鲁国军队一起大胜齐国，俘虏齐中军将领国书等五大夫，斩杀擒获兵士不计其数，缴获战车800辆。夫差把这些战利品全部送给鲁国，以显示大国的风度，还奖赏了参战的越国士兵。齐简公闻讯后大吃一惊，连忙派使者献上大量金币，向夫差谢罪求和。夫差摆出“家长”的架势，规劝齐、鲁两国重结兄弟之盟，双方都不要侵害对方，两国听命受盟。

艾陵的白骨，诉说着夫差的胜利。越国君臣，则乘机来朝贺这一对越国复仇极为有利的成功，吴国朝廷一片颂词、一片欢欣。此时，只有伍子胥一个人心情沉重。在百官朝贺的仪式上，伍子胥一言不发，显得闷闷不乐，夫差见状，就对他说："当初你反对伐齐，今天见我得胜而归，只有你一个人没有功劳，难道不觉得惭愧？"伍子胥怒火冲天，毫不客气地对夫差说："上天在灭亡一个国家之前，将先给他们一点小小的喜悦，接下来再将大的忧患降临到他们头上，战胜齐国，其实也就是这个意思。"夫差很生气，他说："好久不见相国，耳边觉得特别清静，今天你又来聒噪，可真烦死人了！"着实地将伍子胥数落一通。几天以后，夫差设宴款待前来朝贺的勾践，大夫们都站立在旁边，酒酣耳热之际，夫差开口了："现在太宰伯嚭为寡人治军有功，我将封赏他为上卿；越王对寡人始终很孝顺，我想再增封土地给他，以酬谢他对我的帮助。你们这些大夫是怎么想的？"又是伍子胥痛哭流涕出来反对，大叫吴国将被倾覆。夫差本来已听不进他的任何意见，现在更觉得败兴，竟骂他是吴国的妖孽。这时，伯嚭在一边说话了，他告诉夫差："有消息说子胥出使齐国的时候，已将他的儿子托付给齐国大臣鲍氏，这说明他有叛吴之心，请大王明察。"夫差怒气未消，哪里承受得了这个刺激，立即赐伍子胥以属镂之剑自杀。伍子胥自刎后，夫差还不解气，他把伍子胥的尸体包裹在皮革里抛进大江，使之葬于鱼腹，这就是"鸱夷浮江"（鸱夷就是皮袋）的来历。吴王夫差到这个份儿上，已经听不进任何不同的意见了，而伍子胥被杀后，再也没有出现过敢持反对意见的大臣。这是夫差的悲哀，也是吴国的悲哀。

一个初秋的夜晚，当夫差和西施正在月光下对酌时，忽然听到许多小孩的歌声。夫差仔细听那歌词，原来是："桐叶冷，吴王醒未醒？梧叶秋，吴王愁更愁！"孩儿的声音很稚嫩，随秋风飘来的歌词却令人不寒而栗。伯嚭马上安慰夫差说："春至而万物喜，秋至而万物悲，此天道也。大王悲喜与天道同，何所虑乎？"夫差听了转悲为喜，却不知童谣已道出真情。

伍子胥遇难后，夫差觉得耳根清净多了，越发骄横跋扈。公元前482年，夫差决定兴师北上，从水路邗沟出发，经沂水转济水，与晋定公会师黄池（今河南封丘南），夺取中原的霸主地位。出师前，夫差的儿子太子姬友想劝谏，又怕触怒父亲，就设法用讽谏的方式来感悟他。一天清晨，太子姬友怀揣弹弓，从后园来到夫差身边，衣裳和鞋子全弄湿了。夫差问他怎么弄成这样，太子姬友回答说："孩儿刚刚在后园游玩时，听到秋蝉在大树上鸣叫，就走过去观看，只见秋蝉迎风长鸣，自觉这个地方很合适，没想到螳螂攀缘枝条，想捕蝉而食之；螳螂一心图谋秋蝉，不知黄雀徘徊于绿荫，想啄这个螳螂；黄雀一心图谋螳螂，不知孩儿手持弹弓，想弹黄雀，孩儿一心图谋黄雀，又不知旁边有空坎，于是失足掉在里面，把衣鞋全弄湿了，才为父王所笑。"吴王说："你只贪眼前的利益而不顾后患，天下再没有比这更愚蠢的事了。"太子姬友相机进言："其实天下还有比这更愚蠢的事。鲁承周公之后，有孔子之教，不犯邻国，齐国无故谋划征伐他们，以为占有了鲁国，不知吴国倾举国兵力，远征千里而攻之。吴国大败齐军，以为拥有了齐国，不知越王将选亡命之徒，出三江之口，入五湖之中，屠我吴国，灭我吴宫，天下之愚，莫过于此。"夫差听了怒火中烧，他说："这是伍子胥的唾余，对此我已厌烦了很长时间，今天你怎么拾起它来，阻挠我的计划呢？再多说的话，你就不是我儿子！"太子姬友看到父亲这样，心里非常害怕，就告辞了。

8. 千秋遗恨

夫差轻信越国表面的驯顺，轻视越国的力量，而中原霸主地位的诱惑，又是那样不可抗拒。公元前482年，夫差亲自率吴国精锐部队，从邗沟出发。他大会诸侯于黄池，与晋定公争做盟主。

但是夫差万万没有想到，越国压抑多年的仇恨就在此刻喷发了。越王勾践亲率主力从吴国南境直逼姑苏，吴国留驻军队全线大败，越军还焚烧了姑苏，夺取了吴国的船只。

这个凶讯传到黄池时，盟会尚未开始，夫差为封锁消息，竟然下令把在场听到此讯的七个官吏都杀死了。夫差连夜整顿队伍，摆开阵势，向晋国挑战，继续争夺霸主地位。晋国不知底细，只见吴阵中军全是白车、白旗、白色盔甲，吴王亲自仗钺立在中军，边上也是素色的军旗，呈现出一片肃穆的景象。晋人十分恐慌，不敢出营，就派大夫董褐前往会话。董褐

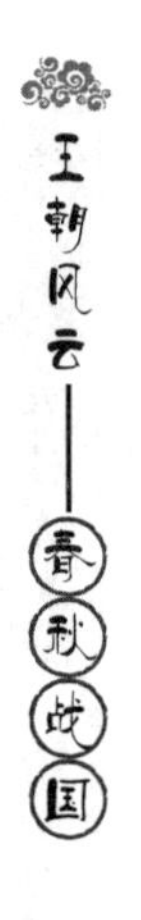

来到吴军阵前，夫差用低沉的语调亲自对他说："周王有旨，命寡人主盟中夏。今晋君逆命争长，迁延不决，寡人恐烦使者往来，亲听命于藩篱之外，从与不从，决于此日！"董褐回报晋侯时私下对赵鞅说："我看吴王面色惨白，说话僵硬，估计不是死了儿子，就是国家遭了大殃，也许就是越国打进了吴国。如果不让他主盟，肯定会对我们下毒手，但也不能白白地让给他，必须以去王号，只称公为条件。"赵鞅跟晋定公商议后接受了董褐的观点，仍以他为使者，到吴军阵营交涉。夫差答应了晋国的要求，收兵就幕，与诸侯举行盟会，以吴为先。

盟会结束后，夫差立即班师从江淮水路返回吴国。一路上，告急的消息纷至沓来，士兵获悉家国被袭，心胆俱裂，加之远行疲惫，全都丧失了斗志。夫差到了这种地步，才发现了形势的可怕，他把伯嚭召来说："你一直对我说越国不会背叛我们，听信了你的话，我才放越王勾践归国。今天发生了这样的事，你理当为我出面向越国求和。不然，子胥属镂之剑还在这里，它必将属于你！"于是，伯嚭听命来到越军阵营，稽首恳求越王勾践赦免吴罪，而吴国的犒军之礼，就像当初越国奉献的一样。由于越国君臣深知当时还没有力量一举灭吴，也就顺水推舟，答应了伯嚭言和的请求。

越王勾践灭吴的历程，其实是很漫长的，用今天的话来说，他打的是艰苦的持久战。接受吴国求和条件之后，越国君臣回去又足足准备了四年。公元前478年，当吴国连年饥荒，国库空虚，经济崩溃，军民疲敝的衰落迹象全面出现的时候，越国才开始了真正灭亡吴国的战争。但难以想象的是，从这以后又时断时续地打了五年，才彻底摧毁了吴国。仅最后的攻城之役，就花了整整两年的时间。当越国军队一次次向城堡发动进攻时，两年中会有多少士兵倒在吴军射来的乱箭中；当越王勾践对吴城采取长期围困的战略时，两年中又会有多少吴国百姓无辜地死于饥饿与寒冷。旖旎的江南大地，2000多年前曾经沐浴过如此狂暴的腥风血雨！一想到这些惊心动魄的场面，夫差被围后的困窘，也就显得相当渺小了。

夫差是国君，所以他的窘迫被渲染、被烛照、被记载在有关吴国的每一篇文章里。其中有几个片段值得注意：

——越兵入城的时候，夫差率群臣逃遁，昼驰夜走，三天三夜抵达秦余杭山。夫差胸中忧愁，目视茫茫，行步踉跄，腹饥口渴。他看见生稻就吃，还伏在地上饮水。这时候，夫差想起了因预言吴国衰亡，而被自己杀死的隐士公孙圣。面临如此绝境，他才产生悔恨之情。

——据说越王勾践答应让夫差住在甬东之地（今舟山群岛），带百家人一起居住。夫差含泪回答："君王赦免吴国，吴也是君王之外府。如果倾覆社稷，废除宗庙，从编氓之列，我是做不到的。"可见夫差重视血统，不肯忍受甬东之辱。

——夫差在自杀前对身边的人说："我杀了忠臣伍子胥和公孙圣，死后无面目见他们于地下，你们一定要用三层布把我的脸裹起来！"说完，拔剑自刎。

九、卧薪尝胆越勾践，藏韬养晦霸东南

越王勾践是春秋末期最后一代霸主。

越王勾践卧薪尝胆，刻苦图强，在谋臣的辅助下整顿国政，韬光养晦，十年生聚，十年教训，终于转弱为强，兴兵灭吴，一雪前耻。他那"卧薪尝胆"的坚忍形象，永远留在后人的记忆里。

1. 旧恨新仇

越王勾践（公元前497—公元前465年）是中国春秋末期最后一个霸主。

勾践的祖先，我们可以追溯到治水的大禹。夏朝到了少康帝时，由于其先祖大禹的陵寝就在今天的绍兴附近，于是他就将自己的庶子封于会稽，以便奉守禹的宗庙祭祀。这样便有了称作越（亦称于越）的古国。越国先民活动在我国长江下游一带，早在2000多年前，这里已经是水网密布、森林繁茂、土地肥沃、物产丰饶，有着人们所熟悉的江南水乡的生态环境。但是那一方水土养育的古越人，却与后来江南的人文特征大相径庭，他们"断发纹身，披草莱而邑"，使我们联想到现今南太平洋岛上的土著居民；刀耕火种的落后生产方式，使他们虽居鱼米之乡，仍远远不能依靠农业生产果腹，而要依靠渔猎与采集作为重要的补充。相对于当时中原古国来说，他们是不在"冠裳之列"的野蛮人，即便勾践自己，面对来自礼

仪之邦的孔门弟子，更不能不作出“僻狭之国，蛮夷之民”的自我评价。值得注意的是，越国的青铜铸造业很发达，尤其是武器制造的精良，更与吴国齐名。这就在当时列国争霸的刀光剑影中，地域上属于近邻的吴、越两国间搭起了激烈争斗的历史舞台的背景。而越王勾践作为剧中主角,则将一个“卧薪尝胆”的坚忍形象，永远留在后人的记忆之中。

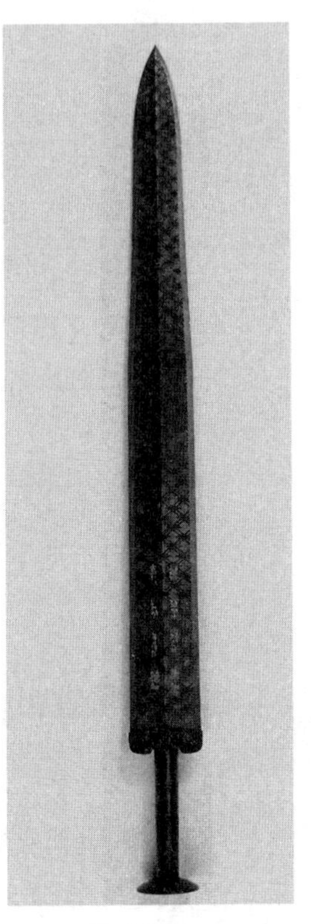
越王勾践剑

越国自少康之子传到勾践，已经历了 20 多代沧桑。公元前 497 年，勾践在其父越王允常去世后继承了王位，成了越国的君主。此时，吴国国王正好是多年前与允常有过宿怨的阖闾。这一年，阖闾听到允常的死讯，便决定趁越国举办丧事之际，兴兵讨伐对手，任凭重臣伍子胥百般劝阻，他都听不进去，并且不顾年老，亲自选精兵三万人，出南门浩浩荡荡地向越国进发。勾践自然不敢轻视这场战役,亲自督阵与吴军对峙于槜李（今浙江嘉兴西南）。初试锋芒，两家势均力敌。勾践远望吴军，发现其队伍整齐，装备精良，士气振奋，决定以计谋迷惑他们。第二天，吴军阵前突然出现三行数百人的敢死队，他们袒露上衣，脖颈上挂着宝剑，一步一步走向吴军。当吴国军士为此感到惊诧时，敢死队中的领头人高声历数自己的罪恶，言毕，这群人一一拔剑自尽，令吴国军队一片哗然。其实敢死队由死囚犯组成，被用来分散吴兵的注意力。正在此时，越军鼓号齐鸣，展开全面进攻，使刚才被分散了注意力的吴国士兵乱了阵脚，勾践率大军趁机突破，冲开吴阵。这时，先锋灵姑浮持戈左冲右突，寻人厮杀，不意正遇阖闾，灵姑浮举戈便击，阖闾避之不及，当场被重创，在返回姑苏途中饮恨而亡。勾践大获全胜，他的谋略也得以初次展现。然而，两国间旧恨加新仇，演成不共戴天之势。

2. 屈为臣虏

公元前 494 年，也就是阖闾阵亡后两年，勾践听说吴王夫差加紧训练军队，誓报杀父之仇，便生出兴兵伐吴，先发制人的念头。大臣范蠡闻之即以理相劝，指出此时兴兵违背道德与天意，对越国非常不利。由于勾践蓄谋已久，毫无转圜余地，于是悲剧就发生了：吴王夫差闻讯，同时率领水陆大军，从太湖出发攻打越国，最后在夫椒（今江苏太湖流域南）击溃越军。在水战中，越国痛失大将灵姑浮，其水兵几乎全军覆灭。勾践带领5000余残兵逃到会稽山躲藏，又被吴国追兵围困。

值此穷途末路，勾践方悔之莫及，忙请教身边两位忠心耿耿而又足智多谋的大臣范蠡与文种。范蠡先以汤囚夏台、文王囚羑里、晋重耳奔翟、齐小白奔莒而最终成王霸之业的故事打消其绝望的心情，继而建议勾践派使者送厚礼向吴国求和，如果吴国还不甘休，越王不妨暂且委屈自己，到吴国去做吴王的臣仆。遭此困境的勾践在无奈中采纳了这个方案，并派文种去吴国乞和。在吴国，文种经过几番曲折之后，终于带着允许越国降吴称臣的消息回到勾践身边。虽然对于越国君臣而言，这一消息意味着已争取到了"东山再起"的时间，但与此同时，一种肉体和精神上难以想象的煎熬，正在无情地等待着他们。

这一年五月的一天，越国浙江边上，阵阵惊涛拍岸。暮色苍茫中，越国君臣们的心中感受不到丝毫的暖意，他们正在举行一个悲壮的告别仪式。文种首先向勾践敬酒并祝辞："皇天佑助，前沉后扬。祸为德根，忧为福堂。威人者灭，服从者昌。王虽牵致，其后无殃。君臣生离，感动上皇。众夫悲哀，莫不感伤。臣请荐脯，行酒三觞。"勾践仰天叹息，举杯垂泪，默然无语。还是范蠡打破了沉闷的气氛，他进言道："臣闻'居不幽者志不广；形不愁者思不远。'古之圣贤，皆遇困厄之难，蒙不赦之耻，岂独君王哉？"一席话唤起勾践深藏在心头的复兴越国的强烈愿望，而群臣在江边对他们的君主发誓，一定要使越国耕战足备，百姓亲睦，等待越王的归来。雪耻的信念支撑着越国君臣的意志，他们没有时间伤感与悲泣。但离别的瞬间毕竟是令人心碎的：勾践仰天叹道："死者，人之所畏，若孤之闻死，其于心胸中，能无怵惕。"然后登船径直离去。岸边，一长列边痛哭边跪拜着的送行者，目睹惨淡斜阳中渐渐远去的孤帆，还有那船上再也没有回首的越王勾践。

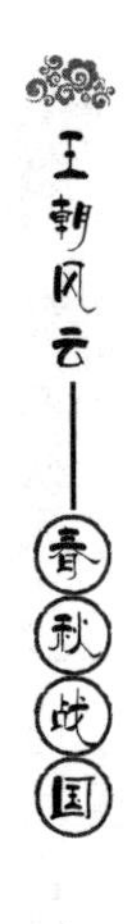

“风飘飘兮西往，知再返兮何年？”越王夫人倚着船舷，时而仰望江天飞来复去的乌鹊，时而低首悲叹自己的命运，一路歌，一路哭，伴随着她的夫君勾践流落异国他乡。

勾践进入吴界后，先遣随行的范蠡拜见吴太宰伯嚭，向他献上金帛美女。伯嚭是吴王夫差的重臣，前述文种到越国求和时，已经通过贿赂的方式笼络了他，而夫差之所以答应越国乞和的请求，很大程度上取决于伯嚭的影响。这次伯嚭依然很热心，他随范蠡探望了勾践，并许下力争让勾践重返越国的诺言。

3. 含垢忍辱

晋见吴王的仪式自然是屈辱的。勾践被伯嚭带领军士押送到吴王阶下，肉袒着身子匍匐在地，夫人也紧紧相随。勾践稽首称臣，道尽自己的卑贱、过失、惭愧，百般感谢吴王保留他生命的厚恩。于是，夫差派人在阖闾的墓侧造了一间低矮简陋的石屋，将勾践夫妇贬入其中，充作吴王的养马人。从至尊地位沦落到仆役的勾践，每天只能穿着围裙，梳着樵夫一样的发型，辛辛苦苦地喂马；而他的妻子则穿着无边的旧衣服，蓬首垢面，做些打扫马厩的杂活。吴王夫差每次驾车出游，勾践都要为他牵马执鞭，步行于车前，而观看的吴国行人纷纷指点：“此乃越王也！”勾践只是低着头，不能流露出丝毫的内心感受。三年光阴，就在这样的忍辱负重的艰辛中流逝了。难得的是，勾践因心怀复国之志，所以对夫差百依百顺，甚至在伺候夫差的细节上比其他的仆役更加细心与驯服。于是，机会就在他耐心与克己的过程中出现了。

有一天，吴王夫差登高远望，只见勾践及夫人坐在马粪旁边，范蠡端端正正地站在左侧，犹不失君臣之礼，夫妇之仪。这一景象使他顿生恻隐之心，再加上伯嚭对此“圣贤之德”大加赞赏，便想选择一个黄道吉日赦免勾践夫妇君臣。后来由于伍子胥以夏、殷的教训力陈利害，夫差才打消此念，但伯嚭仍然不断地为勾践说情。正巧在这个时候，夫差生病了，而且一病就是三个月，尚不见痊愈，勾践便召来范蠡问计。史书记载范蠡略通阴阳之术与医术，他当下推算了夫差痊愈的日期，并与勾践商议了探视病情的计划。次日，勾践对伯嚭说：“人臣之道，主疾则臣忧。今闻主公久病不愈，勾践寝食不安，愿从太宰问疾。”伯嚭立即向吴王转达此意，吴王在昏昏沉沉的情况下召见了他。当勾践进入夫差卧房时，正逢夫差大便，勾践跪叩曰：“下臣在东海，曾事医师，观人泄便，能知疾之瘥剧。”夫差便毕，侍者将便桶拿到户外，勾践掀开桶盖，手取其粪，跪而尝之。然后进卧房禀告吴王，他的病不久便可望痊愈。勾践对正在惊诧中的吴王说，医师曾经教他，“闻粪者顺谷味。今者臣窃尝大王之粪，其味苦恶且酸楚，此味应春夏之气，所以值得庆贺”。夫差听后十分高兴，大赞勾践之仁，认为类似这样的举动，即便是自己的儿子，也是难以做到的。于是立即命勾践离开石室，虽然还是从事牧养，却答应等自己病愈之后，便放勾践归国。

勾践长年累月的卑躬屈膝，再加上伯嚭不断地报告着越国国内驯服平静，终于使吴王夫差消除了所有的戒备心理。公元前 491 年，夫差宣布了对越国君臣的赦免，并命置酒亲自为勾践饯行。勾践稽首屡屡谢恩，对天发誓生生世世永不负吴，并泪流满面，作出依恋不舍的样子。然而，当范蠡驾车载着勾践夫妇渐渐远离姑苏、驰向越国时，侥幸生还的勾践，此时心里又是怎样的一种滋味呢？

4. 卧薪尝胆

勾践回到越国，万姓欢腾，群臣毕贺自不待言。重要的是，此番君臣相见达成的共识依旧，那就是牢记亡国之痛，上下一心，发愤图强，报仇雪耻。为此，勾践采取了一些有效的对策。

勾践不让自己在屈辱中磨砺出来的坚强意志在舒适的生活中逐渐消退。他为国家政事苦身劳心，常常夜以继日，困乏得实在睁不开眼睛时，他就用一种叫作蓼的草来刺激；冬天，他故意抱冰，夏天反而面火；他撤掉卧房中的锦绣被褥，换上柴草，休息时就躺在上面；更有甚者，他还在自己的坐卧处悬挂了苦胆，每当起床和吃饭的时候，他都要尝一尝苦胆的滋味，这就是所谓“卧薪尝胆”。夜半时分，勾践常常暗中为亡国之痛哭泣，喊叫着会稽这两个字。平时，他亲自参加农耕，夫人也亲手养蚕、纺纱；他们食不加肉，衣不披绸，过着平民百姓般的生活，不敢有半点懈怠。

国家的强大当然是复兴的根本。为使受到战争重创的元气得以恢复，勾践积极开展了富国强兵的活动。他任用善于治理国政、安抚百姓的文种管理内政，以便尽快发展生产，充实府库。不仅如此，他还与群臣共同商定了促进人口增长的措施，规定“女子十七不嫁，其父母有罪，丈夫二十不娶，其父母有罪”。对于生育的奖励非常优厚，如妇女临产一定要报官，以便受到医官的照顾；若生一个男婴，国王赏一壶酒、一条狗，生女婴者则可领受一壶酒、一口猪；家中有两个儿子的，其中一个由官府养活，有三个儿子的家庭，官府为其负担两个。在地广人稀的越国，这一政策的实行对生产的发展起了重要的作用。在外交和军事上，勾践任用范蠡征集兵员，训练军队，并积极联齐、结楚、和晋，孤立吴国。

勾践把自己的成功建立在削弱吴国国力与瓦解夫差意志的基础上。多年来，他率领全国上下节衣缩食，其中一个极为重要的原因就是，越国年年月月都要向吴王夫差进献大量的贡品。虽然作为一个臣属国，进贡乃是一种必要的义务；但是另一方面，勾践则视其为搞垮吴国的手段，而他利用这一点，也确实收到了不可忽略的成效。例如在夫差打算建造姑苏台之际，勾践趁机准备了几根又长又大的贵重木材，派遣文种亲自送到吴国。表面上看，这是为了给将来的姑苏台增辉，其实却蕴含着勾践欲使吴国消耗更多建筑材料和人力的用心。果然，为了让这些木材不至于大材小用，吴国修改了原姑苏台的设计方案，使得这一工程更加劳民伤财。此外，勾践还下令为夫差在越国挑选美女，将在境内找到的西施、郑旦诸美女集中起来，通过三年专门训练后再送往吴国。后来，西施得到了吴王的宠爱，使吴王陷于美色而不能自拔，那就是人们非常熟悉的事了。

话说到这里，结局的模糊轮廓似乎已经显现。勾践对于越国的复兴，已经尽了最大的努力。由于集思广益，他所采用的治国方案，在当时看来也算得上是最佳选择。对于越国这段历史的评价，人们有着一致的认识，即经过十年生聚、十年教训，越国人口增加，生产发展，军容整齐，国力日强。但是，勾践的成功，更为关键的所在，是他对于时机的准确把握。

需要指出的是，吴王夫差果然在阿谀奉承、佳酿美女的腐蚀下意志逐渐消磨，判断力日益衰退，当他作出争霸的决策时，恰恰完全将越国的威胁排除在外。可以说，这正是越国君臣在多年殚精竭虑后所要达到的目的。他们不知道机会来自何方，将以什么样的形式表现出来，但他们预感到自己的努力不会白费，他们坚毅地等待着。范蠡的建议与勾践对之的取舍就是这种集体意志的结晶。这样的时机竟然出现在公元前482年，出现在吴王伐齐取得胜利，召集各路诸侯订立盟约，承认他为霸主的辉煌时刻。

5. 越甲吞吴

这是吴国形势急转直下的一年。在这一年中，吴国重臣伍子胥由于长期以来与夫差的冲突趋于白热化而终被赐死（而事实证明伍子胥的看法是一种真知灼见），其后，吴王夫差毫无顾忌地亲率吴军主力北上伐齐。趁吴国只留下老弱兵卒和太子守卫，勾践命范蠡、舌庸率军沿海溯淮，以断吴军道路，他自己则带领主力部队近5万人渡江攻吴，他们袭击吴国外城，并纵火焚烧了姑苏台。吴国的老兵弱卒与越国的精锐部队相遇，自然不堪一击，吴太子也在战斗中阵亡。此时吴王正在北方与诸侯会盟，闻讯后怕诸侯离心，只能不露声色，使人送厚礼与越议和。勾践与范蠡商议，发现吴国现在实力尚存，不是立即可以灭掉的，于是勾践同意了吴国的请求，班师回国。

四年以后，公元前478年，越王勾践亲率大军再次攻吴，吴王统军与之在笠泽对阵。勾践命文种与范蠡各率左右二阵，他自己统领中阵。夜半时分，吴军忽闻鼓声震天，仓皇举火，发现左右已被包抄。夫差传令分军迎战，岂知勾践又悄悄引6000士卒，直冲吴国中军，吴军大乱，遂告失败。继而，越军乘胜追击，又取得节节胜利，在公元前475年，越军攻到姑苏城下，对吴军进行了旷日持久的围困，为时长达两年，吴军才被越军彻底击败。吴王夫差瑟缩在姑苏的一座山上以生稻谷维持着生命，他派使者向越国求和，得到的回答是被发配到东海的一个岛上，带百家人一起居住。只要勾践设身处地，他就不会像吴王对待自己一样赦免夫差。勾践半生的忍辱负重，其实多半就是为了看到这么一种结果。因此，他所能给予业已年迈的吴王的恩赐，也只能是一个绝境了。夫差长叹一声，伏剑自尽。曾经盛极一时的吴国，看起来就像是亡在勾践一步一步的谋划之中。

勾践复仇的愿望，客观上成为推动越国发展的巨大动力。而越国的实力，又使勾践在灭吴之后，得以率领得胜之师北渡淮河，在徐州（今山东省滕州市）大会齐、晋等诸侯，同时派使者向周天子送去贡礼。不久，周元王也派使臣赐给勾践祭肉，并封他为东方之伯，勾践受命，各路诸侯都遣使前往致贺。勾践割淮上之地给楚国，割泗水之东予鲁国，以吴国侵宋之地归宋国，使诸侯更加心悦诚服，顺理成章地成了春秋时期的最后一个霸主。

第三章 军事征战

一、齐鲁兴兵战长勺，曹刿三鼓败强齐

长勺之战，是发生在中国春秋时代齐国与鲁国之间的一场战役，发生于周庄王十三年（公元前 684 年）的长勺（今山东省莱芜）。鲁国在此次战役取得胜利，间接促成数年后齐鲁息兵言和。

齐桓公当政以后，由于嫉恨鲁国曾经帮助过公子姜纠，就出兵攻打鲁国。公元前 684 年，齐国和鲁国在长勺这个地方打了一仗，这就是有名的齐鲁长勺之战。

齐国当时国富民强，势力相当大，而鲁国却是一般的小国家，国力较弱，两国的实力相差悬殊。鲁庄公觉得齐国正是看到鲁国比齐弱，所以欺负他们，心里就憋了一肚子的火，动员全国的力量来抗击齐国。

鲁国有一个人名叫曹刿，知道鲁庄公要和齐国拼命，就去求见鲁庄公。曹刿是个什么样的人呢，他只是个一般的老百姓，但是他却比一般人多了点智慧。曹刿的一些乡亲们对他这一行为大不以为然，有的人劝他说：“国家打仗，都是那些当官人家的事，跟你有什么关系呢？”

曹刿回答说：“那些当官的人整天考虑到自己的得失，又一个个目光短浅，未必能帮助庄公将这场战争打好，还不如我去一趟。”乡亲们没有劝得了他，他独自一人去见鲁庄公。

鲁庄公忙于应付作战前的一切准备工作，所以非常忙，听说有一个老百姓要见他，他并没把这事放在心上，就没有传令让曹刿进来。后来听说

长勺之战遗址纪念碑

门外的这位不速之客有一些攻打齐国的计谋献给国王，鲁庄公就让他进来了。

曹刿见了鲁庄公，就直接向鲁庄公提出自己所担心的问题，问鲁庄公是否已经具备对付齐军的良策。鲁庄公说靠的是鲁国上下一条心。曹刿说："大王怎么知道人民会乐意去为你抗击齐国？"

鲁庄公说："我对老百姓可好了，平时我要是有什么好吃的，好穿的，我都不敢一人享用，而是分给老百姓，和大家共享。我想凭这一点，老百姓会支持我的。"

曹刿听了可不以为然，他说："你这是小恩小惠，不是每个人都能够得到，得到的人毕竟是少数，那些得到你的好处的人也许会帮你，但是那些没有得到你好处的人未必就会甘心去卖命。"

鲁庄公说："你要说那是小的方面，我给你说一个大的方面，比如我在祭祀时，总是非常虔诚，没有一点虚假，老百姓还不能被我们的举动所感化吗？"

曹刿把头直摇，说："祭祀中的虔诚算不了什么，这也不能使得神信任你，从而保佑你。"

鲁庄公沉默了一会儿，说道："要说我平时对待老百姓的事也真够认真的，老百姓所告上来的案件，我虽不能说每一件都过问，但是我还是尽力来处理，我办案的公允是得到老百姓一致认同的。我想，就凭这一点，老百姓还能不支持我？"

曹刿笑了笑，说："你这才算说到了点子上，你如果真是这样做了，老百姓是会听你的，凭这一点是可以很好地号召老百姓去为鲁国战斗的。"

曹刿看到了战前鲁庄公政治方面准备比较充分了，又考虑到战术问题，他请求鲁庄公允许他去前方参战。鲁庄公认为这个计谋的确有可行之处，就同意了，并和他同乘一辆车子向战场进发。

齐鲁两军在长勺这个地方摆开战场，双方人马排列成阵，战旗随风飘扬。鲁国的士兵们手握武器，战马也在阵前紧张地踏着碎步，战场上显示了战前死一般的宁静。

而齐军阵前却是另外一番景观，齐军仗着自己人数多，战将们傲视一切，神采飞扬，根本不把鲁军放在眼中。

鲁庄公看到齐军骄横的样子，非常气愤，就想命令将士们击鼓进攻，曹刿看不是时机，连忙阻止，说："且慢，这不是最佳时刻。"

齐军击鼓进攻，向鲁军阵中奔来，可是鲁军却待而不发，军中阵形排列有序，齐军摸不着头脑，也不敢轻易出击，一阵鼓噪后，又停下了攻击。

当齐军观察鲁军没有丝毫要出击的样子，就又擂了第二通鼓。将士们再次冲锋向前，冲出没多远，发现鲁军一点害怕的样子都没有，所以他们又害怕了，于是只得再次退兵。

鲁国的将士们丝毫没动，可齐国的将士们一个个紧张得要命，身上的肌肉绷得紧紧的，而心里却更加疑惑，不知道鲁国的葫芦里卖的是什么药。更苦了那些齐军的主帅，他们一时不知道是进攻好还是不进攻好；既然齐国这样强大，又有什么害怕呢，所以他们过了一阵，又擂起了鼓，齐军发动了第三次进攻。

而鲁国将士真是以逸待劳，齐国的将士累得要命，鲁国的将士却非常轻松，他们一个个斗志昂扬，个个憋足了劲，时刻准备着杀敌，只等主帅一声令下，他们就会全线出击。

当齐军第三次向他们进攻时，他们一开始还是按兵不动，当齐兵正在疑疑惑惑之际，曹刿说："大王，我们进攻的时间到了，现在您发令吧。"

顿时间，鲁军一齐进发，鼓声震天，鲁军像猛虎一样扑向了齐军，齐军根本没有想到鲁军会突然出击，他们一个个疲劳不堪，根本无心恋战，所以当鲁军杀过来的时候，他们一个个丢盔卸甲，没打几个回合，就败下阵去。鲁军乘胜追击，齐军溃不成军。

齐军狼狈逃窜，鲁庄公就要命令士兵追击，曹刿急忙阻拦道:“不要追，不要追。”

他下了马车，仔细观察敌人败退时车轮的印迹和战马的足痕，发现混乱得很，就说:“现在可以追赶了。”

鲁庄公追击的命令一下，士兵们英勇无畏，乘势追击，就把齐军赶出了鲁国。

长勺一战，鲁军取得了决定性的胜利，而取胜的关键就是有曹刿给鲁庄公出谋划策。后来在闲谈中，鲁庄公就问曹刿为什么在齐军击两通鼓时，还不让将士们去迎击。

曹刿回答得很从容:“打仗这件事，完全凭着一股士气，当双方在战斗之前做了十足的准备，都处于最佳战斗状态，敌方第一通击鼓，这时他们的士气也最足；当第二通鼓打响时，他们的将士有点泄气了；等到第三通鼓时，将士们的气几乎泄完了，在如此情形下，我军去迎击，他们的气泄完了，而我们的气正足着呢，这哪里有不胜之理？齐国虽然败退了，但是齐国是一个大国，我怕他们有埋伏，诱使我们去追击，所以我下车去看看他们的车辙，我看到他们的车辙已经是杂乱无章，站到车子上一看，见他们的战旗也东倒西歪的，所以我断定他们是真正的败逃，这样我才建议您命令将士追击，把他们彻底赶出我们的国境。”

鲁庄公本来就对曹刿的指挥才能赞叹不已，现在又听到他阐述得如此精辟，头功就非他莫属了。

二、穆公率军战韩原，得道多助俘惠公

韩原之战，是春秋时期发生在秦国与晋国之间的战役。公元前 645 年，秦穆公率军攻打晋国,秦晋两国的军队在韩原（陕西韩城）交战,晋军兵败，晋国国君晋惠公被俘。

姬夷吾能够归国为君，主要靠的是秦穆公的支持。姬夷吾在将要即位时，其姐秦穆公夫人嘱咐他照料嫡长嫂贾君，并要他把逃亡在外的公子们都接纳回国。但姬夷吾归国后，既不接纳各位公子，又与贾君私通。他曾答应赏赐大夫里克汾水以北土地百万亩，赏赐丕郑负蔡地方土地 70 万亩，

后来也都不给；他曾许愿奉送秦穆公黄河以西、以南的5座城，还有黄河以北的解梁城（今山西永济市境），后来也背弃了诺言。周襄王五年（公元前647年），晋国发生灾荒，请求秦国卖给粮食，秦穆公不计较晋惠公的失信，把大批粮食运到晋都绛城（今山西翼城县东）。第二年秦国发生饥荒，晋国收成不错，秦向晋求援，晋国却一颗粮食不卖给秦国。这样便激怒了秦穆公。周襄王七年（公元前645年），秦国起兵伐晋。

秦国龙纹铜盉

晋惠公亲自率兵迎战，结果屡战屡败，一直退到韩地。晋惠公问大夫庆郑：“敌军深入，怎么办？”庆郑回答说：“实在是君王使他们深入，能够怎么样呢？”晋惠公责备他放肆无礼；又占卜兵车右卫人选，庆郑得吉卦，但晋惠公不用庆郑，让步扬驾战车，家仆徒为车右，并以从郑国得来的小驷马驾车。庆郑相劝，晋惠公根本不听。

九月，晋惠公准备迎战秦军。派韩简去侦察情况。韩简回报说，秦军少于我们，但请战人员却倍于我军。晋惠公问是什么原因，韩简说：君王出亡期间是依靠秦国的资助，回国为君是由于秦国的宠信，晋国发生饥荒又吃的是秦国的粮食，3次给予我们的恩惠而无所报答。现在又要迎击秦军，我方懈怠，秦军振奋，这样，斗志相差还不止一倍！晋惠公认为，一个普通人尚且不能轻侮，何况是国家？便派韩简去请战道：寡人不才，能集合部下但不能让他们离散，秦军如果不回去，晋军是没有地方逃避命令的。秦派公孙枝回话，表示答应请战，韩简退下去说：“我如果能被秦军囚禁就是幸运的了。”

九月十四日，秦、晋两军在韩原交战，晋惠公的小驷马陷在烂泥之中盘旋不出，晋惠公向庆郑呼喊相救，庆郑说：“不纳忠谏，违背占卜，本来

就是自找失败，现在又为什么要逃走呢？”于是就离开了。梁由靡驾驭韩简的战车，虢射作为兵车右卫，遇上了秦穆公，将要俘虏他，庆郑招呼营救晋惠公，因而失掉了俘获秦穆公的机会，而此时秦军却俘虏了晋惠公，然后班师回军。晋国的大夫们披头散发，拔了帐篷要跟随被俘的晋惠公西行。秦穆公派人辞谢说：“诸位何必如此忧伤，寡人跟随晋惠公西行，怎么敢做得太过分了！”晋国的大夫三拜叩头，说：“您脚踩后土，头顶皇天，皇天后土都听到了您的话，我等谨在下风处听候吩咐。”

秦穆公夫人是晋惠公的姐姐，听说秦军俘虏晋惠公将要到来，便领着太子罃、公子弘和女儿简璧登上高台，踩着柴草，准备自焚。她派人免冠束发，穿着丧服去迎接秦穆公，并捎话说，上天降灾，使秦、晋两国国君不以正常的礼节相见，而是兴动甲兵，如果晋国国君早上进入国都，那么婢子就晚上自焚；晚上进入，那么就翌日清晨自焚，请君王裁夺！秦穆公只好把晋惠公安置在国都外的灵台。

秦国的大夫请求把晋侯带进国都。穆公认为：俘获晋侯，本是带着丰厚的收获回来的，但一回来就要发生丧事，那么这种收获也就没有益处了。再说晋国大夫以忧伤感动自己，用天地约束自己，如果不考虑晋国人的哀痛，就会加重他们的怨恨；不履行自己的诺言，就是违背天地。加重怨恨，难于承当；违背上天，不会吉利。因此，打算放晋惠公回国。公子絷认为，不要再积聚邪恶，应当杀掉他。子桑则认为，放晋惠公回国而把他的太子作为人质，这样会收到好的效果，杀了晋惠公而不能灭亡晋国，只会增加仇恨。于是秦穆公就允许与晋国媾和。

十月，晋国的阴饴甥与秦穆公在王城（今陕西大荔县东）相会，订立盟约。秦穆公询问晋国内部是否和睦，阴饴甥巧妙地回答说：不和睦。小人以晋惠公被俘为耻，又哀悼他们战死的亲属，不惜征收税赋，修治兵甲以立姬圉为国君，并表示一定要报仇，否则宁肯因此而事奉戎、狄。君子则爱护他的国君，也知道他的罪过，征收税赋、修治甲兵以听候秦国的命令，表示一定要报答秦国的恩德，至死也无二心。因此，晋国内部不和睦。秦穆公又询问晋国人对晋惠公的结果怎么看，阴饴甥回答说：“小人忧伤，说惠公不会被释放；君子宽恕，认为他一定会回来。小人说我们损害过秦国，秦国岂能让晋君回来？君子说我们已经知罪，秦国一定会让晋君回来。惠公当初对秦有二心，就拘囚他；服了罪，就释放他，没有比这再宽厚的德行，也没有比这更威严的刑罚了。服罪的人怀念德行，有二心的人畏惧刑罚，韩原这一仗，秦国可以称霸诸侯了。”秦穆公表示，这正是他的心意。便重新安排了晋惠公的住处，并馈赠给他七牢的礼品。

晋惠公将归国，晋大夫蛾析对庆郑说：“你还不赶紧逃走？”庆郑认为，使国君陷入败境而自己不以身死难，又使国君不能惩罚自己，这就不合人臣之道了。为人臣不尽做臣的职责，即使逃亡，又投奔哪里呢？于是留下。十一月，晋惠公回国，二十九日这天，杀庆郑然后进入国都。

这一年，晋国又发生饥荒，秦穆公又馈赠给晋国谷物，并说：“我怨恨晋君而怜悯晋国的百姓。晋国还是很有希望的，我姑且树立德行，来等待晋国有才能人的出现。”从此，秦国开始在晋国黄河东部征收赋税，同时设置官员。

韩原之战，使秦国在各诸侯国中的威信更高。不久，晋惠公去世，在秦做人质的太子姬圉扔下妻子，逃回即位，是为晋怀公。秦穆公很生气，把曾嫁给太子圉为妻的女儿怀嬴改嫁给晋公子姬重耳，并护送姬重耳回国杀晋怀公，即位为晋文公。从此晋国展开了图霸的大业。

由于晋惠公君臣忘善背德，不得人心，所以士气不振，一交战就溃败；而秦军将士同仇敌忾，秦穆公决策正确，所以大获全胜，并俘虏了晋惠公。这场战争的胜负，正反映出“得道多助，失道寡助”这样一个永恒的真理。

三、两棠之役楚胜晋，庄王如愿霸中原

邲之战，是春秋中期的一次著名会战，是当时两个最强大的诸侯国——晋、楚争霸中原的第二次重大较量。因为泌水入荥阳称“蒗荡渠”，可写作“两棠”，所以此战又可称为“两棠之役”。

楚国继柳棼之战和颍北之战被晋军击败受挫后，于公元前597年，楚庄王再次亲率楚军围攻郑国，晋国派荀林父率军再次救郑，双方对垒于邲（今河南郑州北）。郑国为摆脱遭受晋、楚交攻困境，择胜者而从之，企图策动两国决战。遂遣使赴晋军中，请其发兵攻楚。楚为麻痹晋军，两度求

和示弱。晋军主将无意决战，遂答应议和。正当双方行将盟会之时，楚军遣小股兵力袭扰诱战，晋将魏锜、赵旃违令攻楚，楚军趁机全力反击，晋军被迫匆促应战。

楚军听说晋军渡过黄河，在内部也就战与和的问题产生了不同意见。楚庄王想要退兵，他的爱臣伍参主战，令尹孙叔敖主和。孙叔敖说：“昔岁入陈，今兹入郑，不无事矣。战而不捷，参之肉其足食乎？”伍参反驳说：“若战而胜利，孙叔敖就是没有谋略了；若战而不胜，我的肉将在晋军那里，您怎能吃到呢？”令尹孙叔敖下令“南辕、反旆”，即掉转车头，大旗反向，准备退兵。

伍参对楚庄王说：“晋之从政者新，未能行令。其佐先克刚愎不仁，未肯用命。其三帅者，专行不获。听而无上，众谁适从？此行也，晋师必败。且君而逃臣，若社稷何？”楚庄王无言对答，命令尹孙叔敖掉转车头北上，大军驻扎在管（今河南郑州市）地待命，并采纳令尹孙叔敖的意见突袭晋军。

晋军驻扎在敖、鄗（二山俱在今河南省荥阳市北）。郑国为求生存，希望两强决战，以便择胜而从。特派皇戌为使者，劝晋军对楚作战，说：郑国所以屈服楚国，是为挽救国家的覆亡，不敢对晋国抱有二心。楚国因

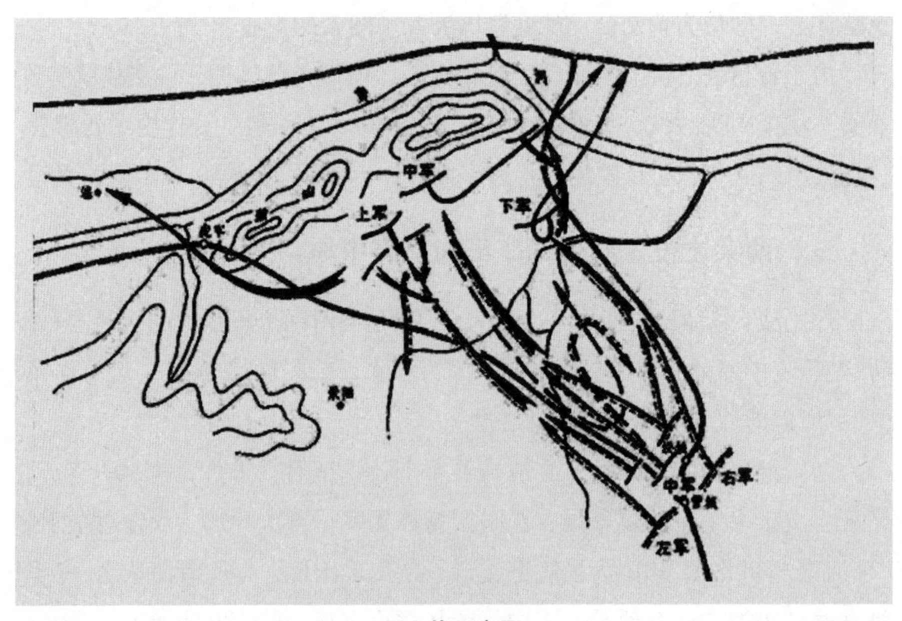

邲之战示意图

屡战屡胜而骄傲了，楚军在外数月，也已疲劳，又不设备，请晋军攻击，郑军愿做帮手，楚军一定失败。对郑国的态度，晋军将佐看法也不同。中军佐先縠主战，说：打败楚国、威服郑国，就在此举，一定答应郑。赵括、赵同支持先縠意见，说："率师以来，唯敌是求。克敌得属又何俟？必从彘子！"而下军佐栾书则认为，楚自战胜庸国（在今湖北省房县、竹山）以来，其君在国无日不教训国人，民生艰难，祸至无日，戒惧不可以懈怠。在军无日不告诫将士，胜利不可仗恃，纣王百战百胜终于灭亡。君臣不骄，军事有备。郑国劝我们交战，我们若胜，他们就会服从我们；我们若败，他们就会服从楚国。是拿我们来占卜啊！不能听郑国的话！赵朔说：栾书说得好，听他的话，能使晋国长久。但是，中军元帅荀林父犹豫不决。

楚军派樊姬来试探晋国军情，说：我军的行动在于抚定郑国，岂敢得罪晋国，请贵军不必久留此地。晋上军佐士会回答说："昔平王命我先君文侯曰：'与郑夹辅周室，毋废王命！'今郑不率，寡君使群臣问诸郑，岂敢辱候人？敢拜君命之辱。"先縠认为答词谄媚，派赵括重新更改为：寡君派我们把楚军赶出郑国，说：无辟（躲避）敌！我们不敢违命。

楚军洞悉晋军将帅不和，又派使者向晋求和，晋国答应了。但在约定了会盟日期以后，楚军突遣许伯、乐伯、摄叔驾单车向晋军挑战，逼近晋军，车右摄叔跳进军垒，杀一人取其左耳，生俘一人而还。晋人分三路追击。楚乐伯射中一麋，奉献于晋追兵鲍癸，鲍癸下令停止追击。

楚军求和本为懈怠晋军，挑战仍在于试探晋军虚实。

晋将魏锜、赵旃，一个求做公族大夫，一个求做卿，都没有得到，所以心怀怨恨，想要使晋军失败。他们请求向楚军挑战，未得到允许；要求去请盟，被允许了。

二人走后，上军佐士会、郤克指出：大军一定要做好迎战准备，否则必然失败。但中军佐先縠说："郑人劝战，弗敢从也；楚人求成，弗能好也。师无成命，多备何为？"拒绝做战斗准备。于是士会命巩朔、韩穿在敖山前设七道伏兵，进行警备。中军大夫赵婴齐派所部在河岸准备了船只。

孙叔敖见晋军来挑战，决意先发制人，命左、中、右三军及楚王亲兵布好阵势，掩袭晋军。魏锜先至楚营挑战，为楚将潘尪所驱逐。夜间，赵旃又至楚营，在楚军门之外席地而坐，命部下袭入楚营。楚王指挥左广追逐赵旃，赵旃弃车逃入林中。晋军在魏、赵二人出发后，特派軘车随后迎接。楚将潘尪在追击魏锜道上，望见軘车掀起的飞尘，回营报告说："晋军至矣！"楚令尹孙叔敖担心楚王有闪失，命令全军出动，布成三个方阵：工尹齐将右矩，唐侯将左矩，向晋军攻击。孙叔敖说："进之！宁我薄人，无人薄我！《诗》云'元戎十乘，以先启行'，先人也。《军志》曰：'先人有夺人之心'，薄之也。"楚军迅速进击，"车驰卒奔，乘晋军"。

在进击中，楚将潘尪所率追击魏锜的四十乘战车也加入了唐侯的右翼方阵。

晋中军帅荀林父见楚军大举来攻，前有强敌，后有黄河，心中慌乱，竟在中军敲响战鼓说："先渡过河的有赏！"中、下军混乱中一道涌向河岸，争船抢渡。先上船者挥刀乱砍，船中断指之多，竟至可以捧起。

晋军向右翼溃败。楚右矩追逐晋下军，左矩追逐晋上军。晋上军因有战备，从容退去。此役晋仅上军未败。

在晋军的溃散中，晋下军大夫荀首之子智罃被楚大夫熊负羁俘虏。

荀首立即率所部族兵，由魏锜驾车，向楚国反攻。下军士卒也多跟随，去寻找智罃。在反击中，射杀楚国大夫连尹襄老，俘虏楚庄王的弟弟公子谷臣。

荀首的反击虽为救援其子，但在客观上起到了掩护晋中、下军渡河的作用。

溃散的晋军，争舟渡河，喧嚣之声，彻夜不绝。有的战车陷入泥坑，无法前进，楚人教他们抽去车前横木，马仍盘旋不进，楚人又教他们拔去大旗，扔掉辕前横木，战车才冲出陷坑。晋军反而回头对楚人说："唉！我没有你们楚国人熟悉逃跑的招数啊！"意在讽刺楚国以前老是打败仗，善于逃跑。

次日，楚军进驻衡雍，辎重到达邲地。楚王在衡雍祭祀河神，并修筑楚先君的宗庙，向先君庙告捷而后凯旋。

这年秋，晋荀林父率残兵回到晋国，自请死罪，晋景公想答应，经士贞子谏止，晋景公仍用荀林父为中军元帅。

邲之战是晋、楚争霸中的一次重要战役。楚胜晋败，郑国自然屈从了楚国。楚庄王为控制整个中原，又进击宋国。周定王十二年(公元前595年)秋九月，楚庄王出师伐宋，经九个月围困，宋国陷入困境，达到了“易子而食，析骨以爨”的程度。而晋不能救，遂于次年三月力尽降楚。宋降楚后，鲁也转而依附楚国。楚又与齐通好。一时中原形势完全落入楚国的掌握之中，楚庄王如愿以偿地取得了中原霸权。

四、齐顷公戏辱惹祸，鞌之战郤克克敌

齐晋鞌之战发生于公元前589年。当时，晋国的执政卿士郤克为报齐国戏辱之仇，借鲁、卫求援之机，发兵攻齐。主战场为鞌，故史称“鞌之战”。这场战争以晋国胜利而告终，但大大消耗了交战双方的实力。

周定王十五年（公元前592年）春，晋侯派遣郤克作为使臣到齐国，召请齐侯参加在晋国断道（今山西沁县东北）举行的盟会。齐侯的母亲萧夫人听说郤克是个跛子，想看看，齐顷公设帷幕遮住，让她躲在帐幕内偷看。郤克一跛一跛登上台阶，萧夫人禁不住笑出声来。郤克非常气愤，出来发誓说，不报复这种耻辱，就不再渡过黄河。这次一同出使到齐国的鲁国使者季孙行父是秃子，卫国使者孙良夫是斜眼，曹国使者公子首是驼背，齐国为了奚落这些使臣，就让在生理上有同种缺陷的人来接待。齐顷公如此轻侮各国使臣，引起了诸国使者的强烈愤怒。郤克回到晋国，就请求晋景公允许他带兵伐齐，晋景公不同意；他又要求用郤氏家族的兵力去攻齐，晋景公也不答应。

周定王十八年（公元前589年）春天，齐国出兵攻打鲁国的北部边境，包围了龙邑（今山东泰安县东南）。齐顷公的宠臣庐蒲就魁在攻打城内时被俘，齐顷公对龙邑守将说，不要杀死他，我同你们订立盟约，军队不再

虎鸷互搏銎内戈

进入鲁国的境内。龙邑守将不理睬，杀庐蒲就魁，并陈尸于城墙上。齐顷公很生气，亲自击鼓攻城，经过3天的战斗，攻克龙邑，随即向南进军，到达巢丘（今山东泰安县境）。在齐国攻打鲁国的同时，卫穆公派孙良夫、石稷、向禽将、宁相率兵攻打齐国。两军相遇，石稷打算回军，孙良夫认为率领部队作战，遇上敌军就撤回，无法向国君交代。如果了解到不能作战，当初就不应出兵。现在既然和敌军相遇，不如一战。这样，卫、齐两军在新筑展开战斗，结果卫军大败，统帅孙良夫多亏新筑的邑大夫仲叔于奚援救，才免于当俘虏。孙良夫感到丧师辱国十分惭恨，急于报仇雪恨，没回卫国就到晋国请求救兵。

这时，鲁国也派臧宣叔到晋国乞师，两人都找到晋国执政者郤克门下。郤克早想出兵攻齐，于是告知晋景公。晋景公见齐国接连攻打自己的盟国，再不能坐视，答应出战车700辆，派郤克任中军元帅。郤克说，这是城濮之战的战车数，当时有先君文公的明察和先大夫们的敏捷，所以获胜。我比起先大夫们，连他们的仆役都不配，请出800辆战车。晋景公答应了他的请求，又派士燮辅佐上军，栾书指挥下军，韩厥做司马，使臧宣叔做向导，同时让鲁大夫季文子也率领人马与晋军会合攻齐。

部队行进到卫国境内，韩厥要杀人，郤克驱车赶去，本想劝阻韩厥，但人已被杀，郤克马上让人把尸体抬到军中示众，意在分担人们对韩厥的指责。晋军在卫国的莘地（今山东莘县北）追上齐军，六月十六日，军队到达靡笄山下(今山东济南城南)。齐顷公派使者到晋军请战，说：贵军光临，敝国将以为数不多的疲惫士卒，明天早上和贵军相见。郤克回答说：晋和鲁、卫是兄弟国家，他们来告诉说，齐国不分昼夜到他们的国土上发泄气愤。晋君不忍心，派下臣们前来向贵国请求，不要和鲁、卫两国作对，并且不让我军久留在贵国境内。对于您的命令，我们是会照办的。齐顷公说：晋军的许诺，正是我们的愿望，即使不答应，也要和他们见个上下！齐国大夫高固冲入晋军中，举起石块，掷向晋军，并擒住被打者，返回自己的军营，他把战车拴在桑树根上，向齐军将士们炫耀道：想做勇士的人快来买我多余的勇气！

周定王十八年（公元前589年）六月十七日，两军在鞌地（今山东济南市西）摆开阵势。邴夏为齐顷公驾车，逢丑父做车右护卫；晋国解张为郤克驾车，郑丘缓做车右。临战，齐顷公轻浮地对将领们说，我先消灭了这些晋军再吃早饭！马不披甲就驰向晋军。

战争刚开始，晋军主帅郤克就被箭射伤，鲜血一直流到鞋上，仍然击鼓不止。他对驾车的解张说自己受伤了。解张说，从一开始交战，箭就射穿我的手和肘，我把箭折断继续驾车，战车的左轮都被血染红了，哪敢说受伤，您忍着点吧！车右郑丘缓也说：交战开始，有危险的路，我都下去推车，您难道不了解吗？解张又激励郤克道：全军所听所看，在于我们的旗帜和鼓声，是进是退都以它为标志。这辆车只要有一人镇守，就可以成就大事，怎么能因为受伤而坏国君的大事呢？身披铠甲，手持武器，本来就是去死的，伤还没重到死亡的程度，您要尽力坚持！说着，解张把缰绳并在左手，右手操起鼓槌击鼓，帅车向前奔驰不止，晋军都紧随它冲了上去。齐军大败而逃，被晋军追赶，围着华不注山绕了 3 圈。

韩厥站在中间驾车追赶齐顷公。齐顷公的御者邴夏说，射那个驾车人，他是君子。齐顷公说，认为他是君子反而去射，这不合于礼义！于是，连续射死韩厥左右的两人。晋大夫綦毋张失掉自己的战车，搭乘韩厥的车。韩厥用肘推他，让他站在自己的身后，又俯身放稳车右的尸体，这时，逢丑父与齐侯在车上乘机交换了位置。危急中，齐侯所乘车的骖马被树木绊住而不能行走，逢丑父因日前小臂被蛇咬伤不能推车，所以被韩厥追及。韩厥拿着马缰走到齐侯的车前，想俘虏齐侯，逢丑父伪装齐君，指使齐侯下车去找水，齐侯乘机坐上副车逃走。韩厥向主帅献上战俘逢丑父，郤克打算杀掉他，逢丑父喊叫着说，截至现在还没有代替他的君主承受祸患的人，如今有一个在这里，还要被杀死吗？郤克认为，一个人不惜以死来使他的君主免于祸患，杀死他，不吉利，不如饶了他，以此来勉励那些侍奉国君的人。于是就赦免了逢丑父。

齐顷公免于被俘，又重整旗鼓，三次冲入晋军，三次杀出重围，寻找逢丑父。然后率残部从徐关（今山东临淄县西）回到齐都。晋军尾追齐军，从丘舆（今山东益都县西南）进入齐国，攻打马陉邑。齐侯被迫向晋国求和，派大夫宾媚人奉送上灭纪国时得到的甗、玉磬和土地。晋国不接受，提出要把当年嘲笑郤克的齐侯母亲萧夫人作人质和将齐国田垄一律改为东西向作为条件，宾媚人对晋人的苛刻条件一一反驳，据理力争，最后表示，如果晋国硬是坚持这些无理要求，齐国只有请求决一死战！曹、卫两国也极力劝说，晋国方面才同意与齐国讲和。七月，晋军将帅和齐国使者宾媚人在爰娄（今山东临淄西）缔结盟约，齐国归还鲁国汶阳（今山东宁阳县北）一带的土地和侵占的卫国领土，晋国得到齐国的大量财物。

鞌之战，晋国大获全胜，齐侯几乎成为晋国的阶下囚，齐国在诸侯中的地位大为削弱，而晋国的霸主地位得到巩固和增强。

五、晋秦对抗战麻隧，三强服晋兴霸业

麻隧之战发生在周简王八年（公元前 578 年），是在晋秦争霸战争的过程中，以晋国为首的诸侯联军在秦地麻隧（今陕西省泾阳县北）击败秦国的一场战役。

晋国自公元前 627 年的崤之战之后，霸业受到秦、楚联盟的影响，陷入两线作战的被动地位。因此在晋灵公、晋成公时，霸业中衰，被楚国夺得中原霸主的地位。晋景公继位后，采取了新的战略：第一，消灭赤狄；第二，在公元前 589 年的鞌之战中战胜齐国，拆散齐楚联盟；第三，派屈巫通吴，联吴制楚；第四，拆散秦、楚联盟。

公元前 582 年冬，晋景公主动释放楚国战俘钟仪，楚共王则派公子辰出使晋国，“请修好，结成”。公元前 581 年春，晋派大夫籴茷至楚回报公子辰之聘。同年五月，晋景公病故，晋厉公继位后仍奉行和楚政策。公元前 579 年，在宋国大夫华元的安排下，晋国的士燮与楚国的公子罢、许偃在宋国的西门外举行第一次弭兵会盟，两国同意暂息兵戈，停止战争。同年，晋大夫郤至至

春秋时期冷兵器——戈

楚，楚大夫公子罢至晋，互相聘问，晋楚两国出现了难得的和平局面。

秦、晋两国自崤之战之后，冲突不断，两国共经历大小十余战，比较大的战争有公元前 620 年的“令狐之战”、公元前 615 年的“河曲之战”和公元前 594 年的“辅氏之战”。虽然晋国胜多败少，但在晋厉公继位后，晋国依然向秦桓公作出和平试探，两君约定在令狐（今山西省临猗县西）相会。公元前 581 年冬，晋厉公先至会所，而秦桓公却不肯渡河，仅派大夫史颗到河东与晋侯结盟，晋厉公亦派大夫郤犨到河西同秦结盟。归国后秦桓公即背叛令狐之盟，联络楚国和狄人共谋伐晋。楚共王拒绝了秦国的要求，并向晋国通报情况。

公元前 579 年秋，秦人约白狄攻击晋国，晋在交刚击败白狄。公元前 578 年春，晋厉公与晋将栾书、荀庚、士燮、韩厥等率上、中、下及新四军前往周都王城（今河南省洛阳市王城公园附近），与齐、宋、卫、鲁、郑、曹、邾、滕八国国君所率军队会师，筹划攻秦事宜，周简王亦派大夫刘康公、成肃公率军助战。同年夏，晋大夫吕相（魏相）奉命赴秦，以绝秦书历数秦国罪状。随后，晋厉公率诸侯联军西进攻秦，秦国出兵迎击，据部分史料估计晋国联军兵力约 12 万人，秦国兵力约五六万人，双方实力悬殊，且晋国以有道伐无道，秦国战败实属咎由自取，该战役双方出动兵马达 18 万人左右是春秋史上规模较大的战役。

晋厉公亲统晋国四军，晋军将领有中军将栾书，中军佐荀庚；上军将士燮，上军佐郤锜；下军将韩厥，下军佐荀罃；新军将赵旃，新军佐郤至。郤毅为晋厉公驾驭战车，栾针为车右，另外加上齐、宋、卫、鲁、郑、曹、邾、滕等八国联军。秦见诸侯大军压境，亦起兵进至泾河以东进行迎战。公元前 578 年五月四日，双方在麻隧展开激战，秦军大败，秦将成差及不更（爵名）女父被俘。诸侯方面，曹宣公死于军中。秦军残部败退，晋及诸侯联军渡过泾河追击到侯丽（今陕西省礼泉县境内），然后回师。

麻隧之战的失败，使秦国数世不振，不再对晋国西部构成威胁。而晋国在取得麻隧之战的胜利后，完成了“秦、狄、齐”三强服晋的部署，中原诸国实为晋之属国。公元前 575 年，晋厉公在鄢陵之战中战胜楚国，实现了晋景公重建霸业的愿望。

六、鄢陵之战晋对楚，两国争霸势头消

鄢陵之战，是周简王十一年（公元前 575 年）晋国和楚国为争夺中原霸权，在鄢陵地区（今河南省鄢陵县）发生的战争。

周简王九年（公元前 577 年），郑国兴兵攻打许国，攻入许都外城，许国被迫割地求和。许国为楚国的附庸，作为报复，周简王十年（公元前 576 年），楚国起兵攻打郑国，至暴隧（今河南省原阳县西），接着又伐卫，至首止（今河南省睢县东）。为此，晋国中军将栾书意图报复楚国，但遭到韩厥的反对。同年，楚共王同意许灵公的要求，派楚国公子申把许国迁到叶城（今河南省叶县南），许国从此成为楚国附庸，其旧地为郑国所有。

周简王十一年春，楚共王在武城（今河南省南阳市北）派遣公子成前去郑国，以汝阴之田（今河南省郏县、叶县间）向郑国求和，于是郑国背叛晋国，与楚国结盟。同年夏，郑国子罕率兵进攻宋国。宋军先后在汋陂（今河南省商丘市、宁陵县之间）、汋陵（今河南省宁陵县南）被郑国击败。

晋国得知郑国叛晋投楚，并兴兵伐宋以后，晋国准备兴师伐郑，一方面出动四军；另一方面派人前往卫国、齐国、鲁国乞师，准备协同作战。晋军统帅是：国君晋厉公亲统四军；中军将栾书，中军佐士燮；上军将郤锜，上军佐荀偃；下军将韩厥，下军佐荀罃留守国内；新军将郤犨，新军佐郤至。

鄢陵

郑国国君郑成公闻讯，向楚国求救。楚共王决定出兵救郑，以司马子反、令尹子重、右尹子革统领三军，会同蛮军，迅速北上援救郑国。楚军统帅是：楚共王亲统三军；司马子反将中军，令尹子重将左军，右尹子革将右军。楚共王亲兵左广彭名驾驭战车，潘党为右；右广许偃驾驭战车，养由基为右。郑成公亲率郑军，石首驾驭战车，唐苟为右。

农历五月，晋军渡过黄河，听说楚军将来到，中军佐范文子（士燮）想退回去，进行了反战陈述。中军将栾书没有同意范文子的请求。

农历六月，晋国军队和楚国军队在鄢陵（今河南鄢陵县北）相遇。范文子不想同楚军交战。新军佐郤至说："秦、晋韩原之战，惠公没有凯旋；晋、狄箕之战，主帅先轸阵亡；晋、楚邲之战，主帅荀林父兵败溃逃。这些都是晋国的奇耻大辱！你也见过先君这些战事，现在我们躲避楚军，就又增加了耻辱。"

范文子说："我们先君多次作战是有原因的。秦、狄、齐、楚都是强国，如果他们不尽力，子孙后代就将被削弱。现在秦、狄、齐三个强国已经屈服了，敌人只有一个楚国罢了。只有圣人才能做到国家内部和外部不存在忧患。如果外部不安宁就必定会有内部忧患。为什么不暂时放过楚国，使晋国对外保持警惕呢？"

范文子的意见没有被栾书采纳。

农历六月二十九日，是古代用兵所忌的晦日，楚军想在援晋的齐、鲁、宋、卫联军到达之前速战速决，于是在六月二十九日早晨趁晋军不备，利用晨雾掩护，突然迫近晋军营垒布阵。

晋军因营前有泥沼，加之楚军逼近，兵车无法出营列阵，处于不利地位。晋军中军将栾书主张先避其锋芒，固营坚守，待诸侯援军到达，以优势兵力转取攻势，乘楚军后退而击破。

新军将郤犨则认为应当出击迎战，并列举楚军的诸多弱点：楚军中军将子反和左军将子重关系不好；楚王的亲兵老旧不精良；郑军列阵不整；随楚出征的蛮军不懂得阵法；楚军布阵于无月光之夜，实不吉利；楚军布阵后，阵中士卒喧哗不静，秩序混乱。

晋厉公采纳郤犨的建议，决定统军迎战；又采纳范文子的儿子士匄的

计谋，在军营内填井平灶，扩大空间，就地列阵，既摆脱不能出营布阵的困境，又隐蔽自己的部署调整。

楚共王望见晋厉公所在的晋中军兵力薄弱，即率中军攻打，企图先击败晋中军，结果遭到晋军的抗击。晋将魏锜用箭射伤楚共王的眼睛，迫使楚中军后退，未及支援两翼。

楚共王召来养由基，给他两支箭，令其射魏锜。养由基一箭射中了魏锜的颈项，魏锜伏在弓套上死去，养由基携另一支箭向楚共王复命。战斗从晨至暮，楚军受挫后退，虽然楚王子公子茷被俘，楚共王也被射瞎一只眼睛，郑将唐苟为保护郑成公败逃而战死，但双方胜负未定。

楚共王决定次日再战。楚国的司马子反派军吏视察伤员，补充步兵与车兵，修理盔甲武器，清理战车马匹，命令次日鸡鸣时吃饭，整装待命，投入战斗。

晋国的苗贲皇也通告全军做好准备，次日再战，并故意放松对楚国战俘的看守，让他们逃回楚营，报告晋军备战情况。楚共王得知晋军已有准备后，立即召见子反讨论对策，子反当晚醉酒，不能应召入见。楚共王无奈，引领军队趁着夜色撤退。楚军退到瑕地时，子反为令尹子重所逼，畏罪自杀。

农历六月三十日，晋军胜利进占楚军营地，食用楚军留下的粮食，在那里休整三天后凯旋回师。鄢陵之战，至此以晋军的胜利而结束。

鄢陵之战是春秋战国经典战役之一，是晋楚争霸战争中继城濮之战、邲之战后第三次、也是两国最后一次主力军队的会战。鄢陵之战标志着楚国对中原的争夺走向颓势。晋国虽然借此战重整霸业，但其对中原诸侯的控制力逐渐减弱。这场战争后，晋、楚两国都逐渐失去以武力争霸中原的强大势头，中原战场开始沉寂下来。

七、晋楚争霸战湛阪，终极之战两相安

这是春秋时期晋楚争霸的最后一战。春秋诸侯争霸战争中，晋与楚为争夺中原（两国之间的郑、曹、卫诸国）霸权，进行了一系列的战争。晋楚争霸主要三次大战：公元前 632 年城濮之战晋胜，公元前 597 年邲之战楚胜，公元前 575 年鄢陵之战晋胜。鄢陵之战时晋俘获了楚王子公子茷，

楚共王也被射瞎一只眼睛；楚国的盟军郑将唐苟为保护郑成公败逃而战死。

公元前 572 年晋悼公继位，选贤任能，励精图治，一时间霸业复兴。晋悼公去世后，其子晋平公继位。晋平公元年（公元前 557 年），晋联合诸侯攻伐与楚国结盟的许国（都叶，今河南省叶县叶邑镇），驻军函氏（许地，今叶县北）。

晋将中行偃率晋军攻楚，楚公子格率楚军迎战，两军战于湛阪（今平顶山市区湛河以北、西高皇旧村以北至北环路一带擂鼓台及落凫山南伸之慢坡），楚军大败南逃。晋军追击至楚国方城（方城，一说是山名，今桐柏山；一说是楚长城，今河南方城至泌阳间。方城之内为楚国腹地），侵取方城之外的领土，攻取诸城邑后，然后回军再次讨伐许国，凯旋而归。

晋胜楚后，又多次同吴国会盟，使楚腹背受敌，再无力与晋扰争。晋也因国内六卿专权，互相争斗，不得已对外罢兵。周灵王二十六年（公元前 546 年），宋国向戌与晋赵武、楚屈建友好协商后，倡议弭兵，晋、楚、齐、秦等 13 国响应，在宋会盟。此后 5 年，中原各国无战争，晋楚争霸也就此结束。

湛阪之战的象征意义绝对不可小视：晋国军队侵入楚国本土，这是晋文公时期也从没有发生过的事情，这也是继公元前 583 年的晋伐蔡攻楚破沈之战、公元前 572 年焦夷之战后，晋国军队第三次侵入楚国本土，可见楚国此时的战略退缩到了何等地步。因此，此后一段时间，晋国基本很少考虑来自楚国的威胁，而主要任务就转变为如何稳定中原局势、维持国家霸业了。

晋楚湛阪之战，是春秋时期具有转折意义的一战。晋楚两国从晋文公、楚成王以来，为争夺对中原地区的控制，进行长达 80 年的争霸战争，可谓战无虚日，给中原各国人民带来莫大的灾难。生产遭到破坏，人民生活万分疾苦。晋楚湛阪之战，楚军大败南逃，晋军乘胜追击，至方城大获全胜。湛阪之战后人们对战争的态度发生了明显变化，由于晋楚均已疲惫，形成均势，两霸从心理上急于相安，经过两次弭兵大会，形成近半个世纪的相对稳定局面，使中原政治军事形势发生深刻变化，促进春秋时期社会历史的发展。

八、吴楚争霸战鸡父，大败七国楚联军

鸡父之战，是周敬王元年（公元前519年）夏季，吴楚争霸战争中，吴国为夺取淮河流域的战略要地州来（今安徽省凤台县），大败楚、顿、胡、沈、蔡、陈、许七国联军于鸡父（今河南省固始县东南）的一场战役。

在战争中，吴军抓住战机，灵活用兵，以情报与谋略配合作战、出奇制胜，夺取州来。

此战后，楚国在战略上居于守势。

公元前519年，吴国因为淮河流域之地尚为楚国所盘踞，吴王僚率公子光等，再次进攻楚国控制下战略要地州来，于是吴楚之战再起。

秋七月，楚平王得知吴军进攻州来，下令司马薳越统率楚、顿、胡、沈、蔡、陈、许七国联军前往救援，并叫令尹阳匄（子暇）带病督师。吴军统帅见楚联军力量强盛，遂撤去对州来的包围，将部队移驻于钟离伺机行动。楚令尹阳匄因病死于军中，楚军失去主帅，士气低落。司马薳越被迫回师鸡父（今河南省固始县东南），准备休整后再作行动。

鸡父位于大别山之西北麓，为当时楚国南端之重镇。其地当淮河上游之要冲，胡、沈、陈、顿、项、蔡、息、江、道诸小国，屏列其西北。楚控有其地以对吴，则进可以战，退可以守；且由此可控制淮颍地区诸小国，而保持其东方之势力范围。吴夺其地以对楚，则不仅可驱逐楚国在淮颍地区之势力而控制其周围诸小国，且可由此以进入大别山区，为日后破楚入郢做准备。

吴公子光得知楚军统帅阳匄已病亡，楚联军不战而退，认为这是吴军退敌的良机，便向吴王僚建议率军尾随楚联军，等待战机。

公子光说："诸侯跟随楚国的虽然很多，可是都是小国。他们害怕楚国而不得已，因此前来。胡国、沈国的国君年幼而浮躁，陈国大夫夏啮年轻力壮但是愚顽，顿国和许国、蔡国憎恨楚国的政令。楚国令尹死去，他们的军队士气涣散，将帅出身低贱而很受宠信，政令又不一致。七国共同参加战斗而不同心，不能团结一致，没有重大威严的军令，楚国是可以打败的。"

吴王僚采纳公子光的建议，并制定出具体的作战计划：迅速向楚联军逼近，定于到达鸡父战场后的次日即发起攻击，利用当天“晦日”的特殊天候条件（古代晦日不打仗），乘敌不备，以奇袭取胜。在兵力部署上，先以一部分兵力首先来进攻胡国、沈国和陈国的军队，打乱其他诸侯国军，再集中兵力攻击楚军主力。同时决定在作战中采取让先头部队放松戒备减少军威，后续部队巩固军阵整顿师旅的灵活战法。

农历七月二十九日，吴军准备就绪后，于用兵所忌的晦日突然出现在鸡父战场。楚司马薳越仓促之中，让胡、沈、陈、顿、蔡、许六国军队列为前阵，以掩护楚军。吴王僚以自己所率的中军，公子光所率的右军，公子掩余所率的左军等主力预作埋伏，以不习战阵的3000囚徒为诱兵，攻打胡、沈、陈诸军。双方交战不久，未受过军事训练的吴刑徒即散乱退却。胡、沈、陈三国军队贸然追击，捕捉战俘，纷纷进入了吴军主力的预定伏击圈中。这时吴三军从三面突然出击，战胜了胡、沈、陈军队，并俘杀胡、沈国君和陈国大夫夏啮。尔后又纵所俘的三国士卒逃回本阵。这些士卒侥幸逃得性命，便纷纷狂奔，口中还叫嚷不已：“我们的国君死了，我们的大夫死了。”

许、蔡、顿三国军队见此状况，军心动摇，阵势不稳。吴军紧随乱兵之后，乘胜擂鼓呐喊进攻许、蔡、顿三国之军，三国之军因惊恐、惶惧而流汗狂奔，不战而溃。楚军初见胡、沈、陈军战胜吴军，向前奔逐，正感吴军脆弱无能，因为当天是晦日休军，多以未及列阵，忽见许、蔡、顿乱军漫山遍野狂奔而来，而后面吴国军队又冲击过来，楚军突受此种奇袭，仓促之间向后败退。吴军大获全胜，并乘胜攻占了州来。

楚军于鸡父之战大败后，司马薳越收集残部退驻薳澨（今河南省新蔡县境）从事整理。战后不久，发生楚国太子建之母出走吴国之事，于是司马薳越畏罪自杀，囊瓦接替薳越担任令尹。

鸡父之战的失败是对楚国的一次沉重打击，使吴国有了进可攻退可守的地域资本。自此楚军很少主动出击吴军，基本采取消极防御的措施，在吴楚争霸战争中逐渐陷入被动，终于在周敬王十四年（公元前506年）的柏举之战被吴国以少胜多，攻破首都，元气大伤。

九、阖闾楚昭战柏举，以少胜多败楚军

柏举之战是周敬王十四年（公元前 506 年），由吴王阖闾率领的 3 万吴国军队深入楚国，在柏举（今湖北省麻城市境内，一说湖北汉川北）击败楚军 20 万主力，继而占领楚都的远程进攻战。在战争中，吴军灵活机动，因敌用兵，以迂回奔袭、后退疲敌、寻机决战、深远追击的战法而取胜。此战是中国古代军事史上以少胜多、快速取胜的成功战例。

周敬王十三年（公元前 507 年），蔡国国君蔡昭侯、唐国国君唐成公，为报楚令尹子常（囊瓦）的勒索和被拘三年之仇，背叛楚国，与晋、吴结盟，使楚北侧失去屏障。公元前 506 年（周敬王十四年）春，应蔡国之请，晋、齐、鲁、宋、蔡、卫、陈、郑、许、曹、莒、邾、顿、胡、滕、薛、杞、小邾 18 国诸侯在召陵（今河南省郾城县东）会盟，共谋伐楚。同年农历四月，晋国又指使蔡国出兵攻灭楚之附庸沈国。楚国于同年秋发兵围攻蔡国。吴国君臣认为倾全力攻楚的良机已至，决定以救蔡为名，经淮道秘密绕过大别山脉，从楚守备薄弱的东北部突入楚境，对楚国实施打击。

公元前 506 年冬，吴王阖闾亲自挂帅，以孙武、伍子胥为大将，阖闾的胞弟夫概为先锋，倾全国 3 万水陆之师，乘坐战船，由淮河溯水而上，直趋蔡境。子常（囊瓦）见吴军来势凶猛，不得不放弃对蔡国的围攻，回师防御本土。当吴军与蔡军会合后，另一小国唐国也主动加入吴、蔡两军行列。于是，吴、蔡、唐三国组成联军，浩浩荡荡，溯淮水继续西进。进抵淮汭（今河南潢川，一说今安徽凤台）后，孙武突然决定舍舟登陆，由向西改为向南。伍子胥不解其意，问孙武："吴军善于水战，为何改从陆路进军呢？" 孙武答道："用兵作战，最贵神速。应当走敌人料想不到的路，以便打它个措手不及。逆水行舟，速度迟缓，吴军优势难以发挥，而楚军必然乘机加强防备，那就很难破敌了。" 说得伍子胥点头称是。就这样，孙武挑选 3500 名精锐士卒为前锋，迅速地穿过楚北部的大隧、直辕、冥厄三关险隘（均在今河南省信阳市以南，河南、湖北两省交界处），直趋汉水，深入楚腹地，不出数日，挺进到汉水东岸，达成对楚的战略奇袭。

当吴军突然出现在汉水东岸时，楚昭王慌了手脚，急派令尹子常、左

司马沈尹戌、大夫史皇等，倾全国兵力，赶至汉水西岸，与吴军对峙。

左司马沈尹戌鉴于分散在楚国各地的兵力尚未集结，易被吴军各个击破，难以阻止吴军突破汉水的防御；又针对吴军孤军深入，不占地利的弱点，主张充分发挥楚国兵员众多的优势，变被动为主动：向令尹子常建议：由子常率楚军主力沿汉水西岸正面设防。而他本人则率部分兵力北上方城（今河南方城），迂回吴军的侧背，毁其战船，断其归路。尔后与子常主力实施前后夹击，一举消灭吴军。

子常起初也同意了沈尹戌的建议。可是在沈尹戌率部北上方城后，楚将武城黑却对子常说："如果等待沈尹戌部夹击，则战功将为沈尹戌所独得，不如以主力先发动进攻，击破东岸吴军，这样令尹之功自然居于沈尹戌之上。"大夫史皇也说："楚人讨厌你而赞扬沈尹戌。如果沈尹戌先战胜吴军，功在你之上，你的令尹之位也就难保了。最好赶快向吴军进攻。"子常一听，觉得有理，于是改变与沈尹戌商定的夹击吴军计划，不待沈尹戌军到达，擅自率军渡过汉水攻击吴军。

吴国君臣见楚军主动出击，遂采取后退疲敌、寻机决战的方针，主动由汉水东岸后撤。子常中计，挥军直追。吴军以逸待劳，在小别（山名，今湖北省境内）至大别（山名，今湖北省境内）间迎战楚军，三战三捷。子常连败三阵，便想弃军而逃。史皇对他说："国家太平时，你争着执政，现在作战不利，你就想逃跑，这是犯了死罪。现在你只有与吴军拼死一战，才可以解脱自己的罪过。"子常无奈，只得重整部队，在柏举（今湖北麻城，一说湖北汉川）列阵，准备再战。

农历十一月十八日，吴军停止后退，在柏举与楚军对阵。吴军先锋夫概认为应先发制人，他对吴王阖闾说："子常这个人不仁不义，楚军没有几个愿为他卖命。我们主动出击，楚军必然溃逃，我军主力随后追击，必获全胜。"阖闾不同意夫概意见。

夫概回营后，对部将说："既然事有可为，为臣子的就应见机行事，不必等待命令。现在我要发动进攻，拼死也要打败楚军，攻入郢都。"于是率领自己的5000前锋部队，直闯楚营。果然楚军一触即溃，阵势大乱。阖闾见夫概部突击得手，乘机以主力投入战斗，楚军很快便土崩瓦解。史

皇战死，子常弃军逃往郑国。

丧失主帅的楚军残部纷纷向西溃逃，吴军乘胜追击，到柏举西南的清发水（今湖北省安陆市境内涢水）追上楚军，阖闾欲立即展开攻击，夫概认为乘其半渡而击，必获大胜。楚军见吴军追至而未进攻，急于求生，争相渡河。待其半渡之时，阖闾挥军攻击，俘虏楚军一半。

渡过河的楚军逃到雍澨（今湖北京山县境），正埋锅造饭，吴军先锋夫概部追至，楚军仓皇逃走。吴军吃了楚军做的饭，继续追击。楚左司马沈尹戌得知子常（囊瓦）主力溃败，急率本部兵马由息（今河南息县境）赶来救援。吴军先锋夫概部在沈尹戌部突然的凌厉反击下，猝不及防，一下被打败。吴军主力赶到后，孙武指挥部队迅速将沈尹戌部包围。尽管沈尹戌左冲右突，奋勇冲杀，受伤三处仍无法冲出包围。最后沈尹戌见大势已去，遂令其部下割下自己的首级回报楚王。

楚军失去主帅，惨败溃逃。此后，吴军又连续五战击败楚军，一路向郢都扑去。楚昭王得知前线兵败，不顾大臣子期、子西的反对，带领亲信逃走。楚昭王西逃的消息传到军前，楚军立即涣散，子期率部分精兵赶去保护楚昭王，子西则率残兵西逃，吴军于公元前 506 年（周敬王十四年）农历十一月二十九日攻入楚国都城郢都（今湖北省荆州市荆州区城北）。柏举之战遂以吴军的胜利而告结束。

吴军攻占郢都后，进行了屠城，到处烧杀抢掠，引起了楚人的仇恨。

楚昭王出逃后，先逃到云梦，再逃到郧国，郧公之弟企图谋杀楚昭王，结果楚昭王流亡到随国，方才安定下来。

伍子胥进入郢都后，寻得楚平王之墓，开棺并鞭尸三百，又寻找楚昭王。随国收留楚昭王，阖闾命随国交出，但随国因为占卜结果不利而拒绝。

申包胥得知伍子胥鞭尸，派人指责伍子胥，并于周敬王十五年（公元前 505 年）春到秦国求救。秦哀公命大将子蒲、子虎率 500 乘战车联同残余楚军南下帮助楚复国，败吴军于沂，楚将子西也率兵于军祥击败吴军，秦楚联军也灭亡了吴的属国唐国。此时，越国乘吴国内空虚发兵进袭吴都，夫概又企图夺取王位，吴王阖闾被迫于同年九月撤离楚地，引兵东归。楚国虽然复国，但元气大伤，一蹶不振。

柏举之战是春秋末期一次规模宏大、影响深远的大战。吴国在经过6年的“疲楚”战略后，一举战胜多年的强敌楚国，给长期称雄的楚国以空前的创伤，从而使吴国声威大振，为吴国进一步争霸中原奠定了坚实的基础。

十、槜李之战越胜吴，夫椒之战吴胜越

1. 槜李之战

周敬王二十四年（公元前496年）五月，越王允常死去，吴王阖闾积多年的怨愤，乘丧起兵伐越。越嗣王勾践率兵抵御，双方在槜李（今浙江嘉兴县西）摆开战场。

勾践见吴军阵势严整，命令敢死队冲锋，为吴军擒获。再次组织敢死队冲锋，又为吴军所擒，而吴军阵势仍然岿然不动。勾践见二次冲锋不能成功，另派罪人排成三列，各持剑注于颈上，走到吴军阵前说，现在吴、越二君交兵，臣等违犯了军令，在君的队列前面行为不果敢，不敢逃避刑罚，谨敢自首而死。于是都自刎而死。吴军注目观看，惊骇不已。勾践抓住机会，突然进攻，大败吴军。越大夫灵姑浮挥戈攻击吴王阖闾，斩落他的脚趾。阖闾身受重伤，在败退途中，死在陉地，距槜李仅七华里。阖闾临终命其子夫差：一定不要忘记越国的仇恨。

越国青铜镦

槜李之战，虽然以吴败越胜告终，但当时吴国领土广大，兵强马壮，实力远超过越国，越并不是吴国的对手。然而，越却战胜了吴国，这就教育了吴国的执政者，要争霸中原，必先灭掉越国，以扫除后顾之忧。

由此又引发了吴、越夫椒之战。

2. 夫椒之战

周敬王二十六年（公元前494年），吴王

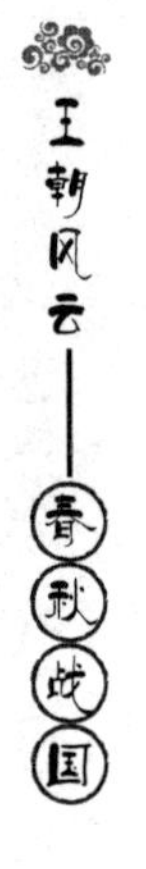

夫差为报吴国先王阖闾被越军击败杀死的仇恨，发全国兵力进攻越国，在夫椒山击溃越国军队，迫使越国屈服于吴国，越王勾践作为战俘前往吴国侍奉吴王3年。

此战奠定了吴国的霸业，但吴王夫差听信小人之言，放赦了勾践，还与越国通好。虽然此后吴国出击齐国大获全胜，但也为吴国的灭亡埋下了祸根。

周敬王二十六年（公元前494年），在吴越战争中，吴王夫差率军在夫椒（今江苏太湖洞庭山）大败越军的作战。

这年，越王勾践闻吴王夫差为报父仇，正加紧训练军队，准备攻越，遂不听大夫范蠡的劝阻，决定先发制人，出兵攻吴。吴王闻报，悉发精兵击越。两军战于夫椒。越军战败，损失惨重，仅剩5000余人，退守会稽山（今浙江绍兴南）。吴军乘胜追击，占领会稽城（今浙江绍兴），包围会稽山。越王无奈，采纳大夫范蠡、文种建议，派文种以美女、财宝贿赂吴太宰伯嚭，请其劝吴王夫差准许越国附属于吴。伍员请吴王勿许。此时，夫差急于北上与齐争霸，不纳伍子胥之言，遂与越讲和，并率军回国。

此战，吴王夫差虽然获胜，但许越议和，没有乘胜一举灭越，为以后越国的发展及继而攻灭吴国埋下了隐患。

第四章 风云人物

一、管鲍之交传佳话，算尽人心成霸业

管仲（约公元前 723—公元前 645 年），名夷吾，颍上（今安徽颍上）人。中国古代著名的经济学家、哲学家、政治家、军事家，春秋时期法家代表人物，周穆王的后代。

管仲的父亲管庄是齐国的大夫，后来家道中衰，导致管仲生活很贫困。管仲有位好朋友鲍叔牙，他深知管仲之才，对他非常敬重。“贫贱之中见真情。”在管仲生活最困苦的时候，好友鲍叔牙向他伸出了援助之手，诚心诚意地帮助他渡过难关。他们俩曾经一起经商，赚了钱，管仲总是多分给自己，少分给鲍叔牙。然而，鲍叔牙却从来不和管仲斤斤计较。对此人们背地议论说管仲贪财，不讲友谊。鲍叔牙知道后便替管仲解释，说管仲不是不讲友谊，他这样做，是由于他家境

管仲

贫寒，多分给他钱，是自己情愿的。

管仲曾三次参加战斗，但三次都从战场逃跑回来。因此人们讥笑他，说管仲贪生怕死，没有牺牲精神。鲍叔牙面对这种讥笑，深知这不符合管仲的作为，就向人们解释说：管仲不怕死，因为他家有年迈的母亲全靠他供养，所以他不得不那样做。

管仲知道鲍叔牙这样对待自己，非常感激地说："生我者父母，知我者鲍叔牙。"两人自此结下了金兰之好。

管仲和鲍叔牙都有远大的政治抱负。他们弃商从政后，分别去辅佐齐襄公的两个弟弟。管仲看好公子姜纠，鲍叔牙却看好公子姜小白。不久，齐国发生内乱，公子姜纠与管仲逃往鲁国，公子姜小白与鲍叔牙逃往莒国。又过不久，齐襄公的堂弟公孙无知杀死齐襄公自立为国君。没过几天，他又被民众杀死，齐国出现了国无君主的局面。

公子姜小白之母是卫国之女，受宠于齐釐公。齐国于是就派人前往莒国迎姜小白回国为君。鲁庄公则想立公子姜纠为齐君，他得到消息后，立即派管仲率领一部分兵马去拦截公子姜小白，以消灭公子姜纠的竞争对手。

管仲带着 30 辆兵车，日夜兼程，赶到了莒国通往齐国的必经之路即墨（今山东平度东南），在那里埋伏守候。当公子姜小白的车队一出现，管仲对准公子姜小白一箭射去，正好射中了姜小白的铜衣带钩。姜小白立即倒在车中，假装被射死。

管仲见公子姜小白已被射死，便赶快派人报告鲁庄公姜小白已死。这一来，护送公子姜纠的队伍放了心，也就放慢了行路的速度，结果一直走了 6 天才到达齐国。而这时候，公子姜小白早已赶到了齐国，被立为国君，是为齐桓公。

齐桓公即位后，鲍叔牙向齐桓公推荐了管仲。齐桓公十分恼怒地说道："管仲用箭射我，企图置我于死地，我难道还能重用他吗？"

鲍叔牙劝齐桓公道："做臣子的理应各为其主。他拿箭射你，正是他对公子纠的忠心，可见此人的忠心耿耿。常言道：一臣不侍二君。管仲的忠心天地可知，神灵可明。论本领，管仲比我强百倍。主公如果想干一番大事业，非用管仲不可。"齐桓公本来就是个宽宏大量的人，听了鲍叔牙的话后，原谅了管仲的过错，并任命他为相，让他协理朝政。

管仲任相后，深受齐桓公重用，得以大展其才。一天，齐桓公向管仲请教治国之策。管仲答道：要使国家强盛，首先要发展经济，只有发展生产，才能富民足食。“仓廪实而知礼节，衣食足而知荣辱。”礼、义、廉、耻是维护国家的根本原则，这些原则若被破坏了，国家就要灭亡。只有发展经济，弘扬这些基本原则，国家的法纪制度才能建立起来，国家的力量才会强大。齐桓公听了点头称允，放手让他在国内大刀阔斧地进行经济改革。

改革伊始，管仲首先打破井田制的限制，采取“相地而衰征”的进步措施，即按土地的好坏，分等征税，让百姓安居乐业。他还积极提倡开发富源。由于齐国东临大海，他鼓励百姓大规模地下海捕鱼，用海水煮盐，对渔、盐出口皆不纳税，以鼓励渔盐贸易。同时，他下令齐国各地大开铁矿，多制农具，提高耕种技术。为进一步加强对盐、铁的管理，管仲还设置盐官、铁官，利用官府力量发展盐、铁业。当时离海较远的诸侯国不得不依靠齐国供应食盐和海产，别的东西可以不买，而盐非吃不可。因此，齐国收入渐渐增多，日积月累，逐渐富裕强大起来。

在对外政策上，管仲积极促使齐桓公采取“尊王攘夷”的方针。因为在当时如公开夺取天子的权力，必然会招致诸侯们的联合反对，而“尊王（周天子）”则可从道义上得到诸侯国的支持，“攘夷”是一方面致力于抵御严重威胁中原各国安全的北方少数部族山戎和狄人，另一方面则是暗中遏止从江汉极力向北扩张的楚国（楚国非西周初年分封之国，当时被视为蛮夷之邦），这是中原诸国的共同心愿。

晋献公十七年（公元前660年），鲁国发生内乱，鲁湣公被庆父杀死，鲁釐公即位，庆父畏罪自杀。这正是“庆父不死，鲁难未已”的典故所在。鲁釐公为了巩固君主地位，与齐国会盟于落姑，有齐国的保护，鲁国得以安定下来。至此，齐桓公德名远播诸侯，威望散布天下。

管仲还辅佐齐桓公领导同盟国共同打击夷、狄。管仲认为齐国如果能够治服北方戎、狄，就消除了中原大患，齐国的威望将在诸侯中得到极大提高。当时位于东周最北方的燕国，经常受戎、狄族的侵扰。于是，在燕军的密切配合下，齐桓公亲率大军北征，将山戎打败。山戎的残兵败将向东北方向逃窜，齐桓公率军穷追不舍，将山戎的同盟国令支和孤竹击败之

后才回师燕国。齐军的胜利极大地提高了齐桓公的号召力，使得渤海沿岸一些部族小国纷纷归顺了齐国。

将山戎打败之后，齐桓公听取管仲的意见再次领导同盟国打击北狄。北狄人灭了卫国，还杀了卫懿公，拆掉了卫国的城墙，到处烧杀抢掠。由于北狄人的洗劫，卫国国都只剩下730人，加上从别处逃来的，也只有5000多人。卫国国都四处废墟一片，齐桓公率兵赶往卫国，狄人纷纷溃退。第二年，为了帮助卫国重建家园，齐桓公牵头联合宋、曹两国帮助卫国在楚丘（今河南滑县东）建立新城作为国都。齐桓公大义救卫，慷慨扶助，使得他在中原诸侯国中的威望更高了。

周惠王二十一年（公元前656年），齐桓公率领齐、宋、陈、卫、郑、许、曹、鲁等八国军队打败靠近楚国的蔡国；接着以楚国不向周天子进贡祭祀的包茅和周昭王被淹死于汉水为理由，进军楚国。最后迫使楚国在召陵（今河南郾城东）与之结盟修好，挡住了楚国北进的势头，楚国接着也派使臣向周天子进贡包茅，表示尊王。

齐桓公北阻戎、狄，南遏楚国获得成功后，得悉周惠王想废太子姬郑，另立太子，便出面力保太子姬郑的地位，反对周惠王废长立幼。他在从召陵回来的第二年（公元前655年），又以拜见太子为名，邀集诸侯在首止（今河南睢县东南）集会，周惠王只好让太子姬郑去首止同诸侯见面，等于公开肯定太子姬郑的地位。

周惠王二十五年（公元前652年），周惠王死，齐桓公在洮（今山东鄄城西南）召集八国诸侯相会，拥立太子姬郑为王，这就是周襄王。周襄王感激桓公，准备派人送给祭肉、弓箭和车子。齐桓公乘机以招待周王使者为名，在周襄王元年（公元前651年），于葵丘（今河南兰考）会盟诸侯。周襄王便派宰孔为代表参加，并特许齐桓公免去下拜谢恩的礼仪。齐桓公本想答应，但管仲说“不可”。齐桓公这才下拜接受周襄王的赐物。管仲之所以这样，就是想让齐桓公给人以处处维护周天子的印象。

齐桓公四十一年（公元前645年），管仲病重，他看到已届古稀之年的齐桓公骄横专断、贪恋美色、喜欢阿谀奉承，一批佞人则受到宠信，而他的六个儿子又都想继位，管仲担心国家将发生大乱。为此，他劝齐桓公务必立公子昭为太子，并疏远奸佞小人。当齐桓公向他问起易牙、竖貂、开方等人可否为相时，管仲指出：竖貂自宫来伺候国君、易牙杀了自己的儿子煮给国君吃、开方背弃喜爱自己的父亲来讨好国君，都是不合人情的，他们决不会爱别人，不会忠于齐桓公，对这些人绝不能任用。但齐桓公听不进管仲的这些逆耳忠言。管仲去世后，桓公就重用这三人，从此，齐国的政局更加混乱。

二、桃花夫人桃花劫，四项功勋三段情

一位绝色美女使三个国家兵祸相接，其中两个国家分崩离析。尽管有人称她为“祸水”，后世却始终把她当作主宰桃花的神仙祭拜。这个女人是春秋时期著名的息夫人，又称“桃花夫人”。

春秋时代的诸侯国，见于经传的有 170 多个诸侯国，各自为政，互相攻伐兼并，中原一带，更是扰攘不安。自从晋国与楚国“城濮之战”以后，形成南北两大壁垒，其余小国不是依晋，就是附楚，端赖强国的保护而生存，稍有不同之处，随时都有玉石俱焚的灾祸降临。

为了生存，列国之间经常钩心斗角，彼此离离合合，全凭自己的利害为出发点，有些甚至为了一点芝麻绿豆大的小事，也能反目成仇，拼得你死我活。蔡哀侯与息侯就是一个典型的例子，这中间无辜受害，作出巨大牺牲的就是息夫人。

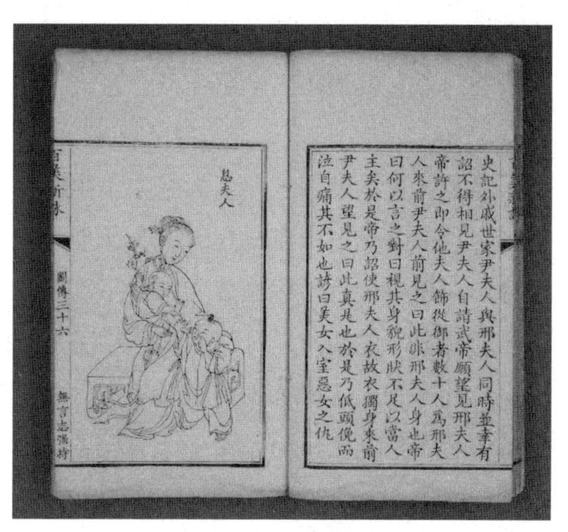

史記外戚世家尹夫人與邢夫人同時並幸有詔不得相見尹夫人自請武帝願望見邢夫人帝許之即令他夫人飾從御者數十人爲邢夫人來前尹夫人前見之曰此非邢夫人身也帝曰何以言之對曰視其身貌形狀不足以當人主矣於是帝乃詔使邢夫人衣故衣獨身來前尹夫人望見之曰此真是也於是乃低頭俛而泣自痛其不如也諺曰美女入室惡女之仇

《百美新咏图传》息夫人

息夫人（生卒年不详），妫姓，陈氏，春秋四大美女之一，为陈国君主陈庄公之女，生于陈国宛丘（今河南省淮阳县）。后因嫁给息国国君，故亦称息妫。息夫人据说长得非常漂亮，世间罕有，息夫人美到什么地步已经没法形容了。后来史书用了一个办法，说息夫人出生

的时候，还没到季节，所有的桃花都开了，所以息夫人后来也有个美称，叫作“桃花夫人”。都说红颜薄命，漂亮的女人命运一般都是坎坷的，息夫人也不例外，这个漂亮女人的命运可以说是一波三折，可歌可泣。

鲁庄公十年（公元前684年），息夫人嫁给息国国君为妻。息夫人出嫁时路过蔡国，当时息夫人的姐姐嫁给蔡国国君蔡哀侯为妻，于是留下息夫人见面。谁知蔡哀侯刚见到息夫人就被息夫人的美貌惊呆了，对息夫人动起了坏心思。他请息夫人吃饭，吃饭的时候就动手动脚，完全没有一个国君该有的样子。息夫人也没办法，也不好就此翻脸，吃过饭，看过姐姐后就愤然回到了息国。

息侯见到息夫人回来之后脸色不对，就缠着息夫人问来问去，最后息夫人招架不住只能说出实情。息侯听到此事大怒，于是派人对楚国国君楚文王说：“请您假装进攻我国，我向蔡国求援，蔡哀侯一定会派军队来，到时候楚国再乘机攻击蔡国，一定可以建立战功。”楚文王采纳了息侯的计策，于同年九月，在莘地（今河南汝南县境）击败蔡军，俘虏了蔡哀侯。

鲁庄公十四年（公元前680年），蔡哀侯因在莘地战败被俘，于是心怀怨恨，便设计报复息侯。他在楚文王面前极力称赞息夫人的美貌，打动了楚文王，于是以巡游为名来到息国。息侯设宴款待楚文王，楚文王见息夫人果然是国色天香，惊为天人。次日，楚文王设宴招待息侯，乘机以武力俘虏息侯，灭亡息国，并让息侯担任守卫城门的士兵。息夫人闻讯后，想投井自杀，但遭斗丹劝阻作罢。息夫人为保全息侯的性命，无奈嫁给了楚文王。

息夫人进入楚宫三年，为楚文王生下两个儿子：堵敖和熊恽。虽然楚文王对息夫人是三千宠爱集于一身，但是息夫人嫁给楚文王之后三年也未曾开口说过一句话。后来楚文王有一次是真急眼了，问息夫人为何三年来不肯对我说一句话，是对你不够好？还是怎样？息夫人最后只答：“一女侍二夫，我本来已无颜面对息国的百姓，我还有何面目去说话呢？”便再度闭口不言。楚文王认为是由于蔡哀侯的缘故才灭亡息国，于是派兵灭亡了蔡国。

有一天，楚文王带着息夫人去打猎的时候，息夫人三年第一次见到了息侯。息夫人走到息侯身边便对息侯说："我之所以不死，是要再见你一面，报答往日恩情，了却平生一愿。"说完便一头撞死在城门上，随后息侯也跟着息夫人一同撞墙而死。后来有人传言，息夫人死时遍地桃花盛开。

其实，关于息夫人的结局还有另外一个版本。

鲁庄公十八年（公元前 676 年），楚文王去世，息夫人长子堵敖继位。

鲁庄公二十二年（公元前 672 年），堵敖想杀死自己的弟弟熊恽。熊恽逃到随国，然后联合随国将堵敖杀死，自立为君，即楚成王。当时楚成王年幼，军国大权落入楚文王的弟弟令尹子元手中。

子元早就贪恋嫂子息夫人的美色，想要诱惑息夫人，便在她的宫室旁边造一座房舍，在里边摇铃铎边跳万舞。息夫人听到后，哭着说："先君让人跳这个舞蹈，是用来演习战备的。现在令尹不用于仇敌而用于一个寡妇的旁边，这不是很奇怪吗？"侍者告诉子元，子元说："女子都没忘记袭击仇敌，我反倒忘了。"

鲁庄公三十年（公元前 664 年），当时子元变本加厉，公然住进王宫，企图挑逗息夫人。若敖氏的斗射师找到子元，痛斥他的无道，结果反遭子元囚禁。若敖氏一族本就对子元的嚣张跋扈隐忍太久，子元又做出此等有辱尊卑伦常之事，还囚禁谏阻的斗射师，更是怒不可遏。事已至此，若敖氏当机立断，时任申公的斗班率众闯入宫中，怒杀子元，平息了持续八年的子元之乱。此后，息夫人倾力辅佐楚成王熊恽，除逆安邦，重外交、选贤才、赦天下、劝农桑，大胆改革，最后还政于君，为楚成王及后世楚王奠定了雄霸中原的基础。楚成王亲政后，息夫人隐居深宫，终老不问政事。死后葬于桃花夫人庙，又称桃花庙。如今河南信阳息县依然有桃花庙。

息夫人有着拒绝以色侍人、倡导女性自立的鲜明个性，促进中原与楚地两种文化的交融，她独有与蔡哀侯、息侯、楚文王虚实相映的三段感情，她建立一身赴难、劝课农桑、推崇新政、辅幼称霸的四项功勋。在河南的土地上，息夫人所经之处都建庙立碑，被尊为"平安神"，如今依然是河南省息县的地域形象名片。

三、楚庄令尹孙叔敖，从此荆楚入中原

孙叔敖（约公元前630—公元前593年），芈姓，蒍氏，字孙叔，又字艾猎。春秋楚国期思（今河南固始西北）人。楚国令尹。

据史料记载，孙叔敖虽然长得不好看，但是头脑却聪明伶俐，特别好学，知识渊博。据说，在楚国担任令尹期间，不到3个月的时间，就把原来无人能解决的烂摊子治理得井井有条，使楚国出现了“上下和合，世俗盛美，政缓禁止，吏无奸邪，盗贼不起”的一片振兴气象。

孙叔敖是一个有胆有识的人，还处处为他人着想。在他还不到10岁时，在田间玩耍时，看到了一条两头蛇，这是不祥之事。孙叔敖很害怕，随手捡起一根小木棍，竭力向蛇打去。蛇猛地抬起头，样子十分凶猛。他顺势一脚踢上去，又用木棍不断抽打，将那蛇打死了。随后，他在地上掘了一个坑，把蛇深埋了。

孙叔敖立马跑回了家，躲到屋里哭了起来，母亲问他发生了什么事，他将刚才的事一五一十地说给母亲听。母亲欣慰地点了点头，说：“人常说‘有阴德者，阳报之’。德能战胜不祥，仁能消除百祸。你能为别人着想，老天也会保佑你的。你不会受到什么惩罚，说不定会有什么大富贵呢！”孙叔敖听了，破涕为笑。

孙叔敖

这件事不胫而走，被越来越多的人知晓，成为美谈。

约公元前605年，孙叔敖在期思、雩娄（今河南省固始县史河湾试验区境内）主持兴修水利，建成中国最早的大型渠系水利工程——期思雩娄灌区（期思陂），相当于现代新建的梅山灌区中干渠所灌地区。据记载，后

来他还曾主持修建芍陂（今安徽寿县安丰塘），在今湖北江陵一带也兴修过水利。

数年后，德才兼备的孙叔敖终引来楚国令尹虞丘子的注意，随后，虞丘子将孙叔敖引荐给了楚庄王，还建议让孙叔敖接替自己的职务。虞丘子力劝楚庄王说："长久占据禄位的，是贪；不推荐贤能通达的，是虚假；不把职位让出来的，是不廉；不能做到这三点，是不忠。做臣子的不忠，君王又为什么偏要把他当作忠？"

楚庄王见自己爱臣态度坚决，就接纳了他的建议，但是也要对孙叔敖的才干和人品检验一番，看是否真如虞丘子所说。孙叔敖在回答治国之道时，从容不迫，讲述头头是道，二人越谈越投机，不知不觉一天就过去了。楚庄王已经完全信服孙叔敖，当即就提出让他执掌国政，他推辞说："我一出身于乡野之人，骤然执掌大权，众人定然不服。大王若真想用我，不如把我放在百官之后吧！"楚庄王十五年（公元前 599 年），庄王基于虞丘子的力谏和自己的当面验证，拜孙叔敖为令尹（即国相）。

孙叔敖主张"施教于民"，"布政以道"。他极为重视民生经济，制定、实施有关政策法令，尽力使农、工、贾各得其便。

当时的楚国通行贝壳形状的铜币，叫作"蚁鼻钱"。庄王却嫌它重量太轻，下令将小币铸成大币，老百姓却觉得不方便，特别是商人们更是蒙受了巨大损失，纷纷放弃商业经营，这使得市场非常萧条。更严重的是，市民们都不愿意在城市里居住谋生了，这就影响了社会的安定。

孙叔敖知道后，就去见楚庄王，请求他恢复原来的币制。楚庄王答应了，结果三天后，市场又恢复到原来繁荣的局面。

当时，淮水流域常常会闹水灾，影响了农业的发展。孙叔敖为使百姓富足，国家强盛，就去亲自调查，主持兴修水利设施。最著名的就是芍陂。芍陂原来是一片低洼地，孙叔敖就发动农民数十万人，修筑堤堰连接东西的山岭，开凿水渠引来河水，造出了一个人工大湖。有水闸可以调节水量，既防水患又可以灌溉浇田，从而振兴了楚国的经济。楚国出现了一个"家富人喜，优赡乐业，式序在朝，行无螟蜮，丰年蕃庶"的全盛时期。

孙叔敖不但政治业绩突出，他还在发展社会经济方面做出了贡献。不

但重视农业，还注重牧业和渔业的发展。他劝导百姓利用秋冬农闲季节上山采伐竹木，再在春夏多水季节通过河道运出去卖掉。这样使资源得到合理利用，也利于国家富足和百姓生活的改善。

孙叔敖任令尹不久，虞丘子的家人犯了法。孙叔敖经仔细审查核实，事情属实，依照法律将那人处死。当时，很多人都说孙叔敖对不起虞丘子，而虞丘子却高兴地对楚庄王说："我就说孙叔敖是一个能治国理政之人，执法不偏私，现在可以证实了吧！"

孙叔敖尽管高官厚禄，但他平日只"乘栈车牝马，披毁羊之裘"，就是自己的妻子也"不衣帛"。他身边的随从见他如此简朴，就劝他应该坐新车，乘肥马，穿狐裘。他解释道："君子穿上好衣服更加恭谦，小人穿上好衣服更加傲慢。我没有好的品德配乘新车、肥马，穿好的衣服。"

尽管孙叔敖有卓越功勋，楚庄王多次要给他封地，但他每次都坚辞不受，"持廉至死"。

在孙叔敖临终之前，他还给楚庄王上奏章说："承蒙大王厚爱，我一个乡野村夫能当上令尹，实在感激您的恩德。我有一个儿子，没有什么资质报答大王，请您准许他回乡种田。"

孙叔敖死后，儿子孙安谨遵父训回到了家乡。由于孙叔敖十分清贫，家中什么也没有，他只能靠种田、打柴维持生计。楚庄王最喜爱的戏子优孟听说后，将此情编成了歌谣，自己装扮成孙叔敖，演唱给楚庄王。楚庄王深受触动，立即召见了孙安。当他见孙安衣衫褴褛，不禁泪下，问其："为何穷到如此地步？"优孟从旁答道："这正说明孙叔敖令尹是何等公而忘私！"楚庄王略加思忖，便"封之寝丘（在今河南固始境内）四百户，以奉其祀。后十世不绝"。

四、介子推割股奉君，居深山宁死不出

介子推（？—公元前636年），又名介之推，后人尊为介子，春秋时期晋国（今山西介休市）人，生于闻喜户头村，长在夏县裴介村，因"割股奉君"，隐居"不言禄"之壮举，深得世人怀念。

早年姬重耳出亡时，先是父亲晋献公追杀，后是兄弟晋惠公追杀。姬

重耳经常食不果腹、衣不蔽体。据《韩诗外传》，有一年逃到卫国，一个叫作头须（一作里凫须）的随从偷光了姬重耳的资粮，逃入深山。姬重耳无粮，饥饿难忍。当向田夫乞讨，可不但没要来饭，反被农夫们用土块当成饭戏谑了一番。后来姬重耳都快饿晕过去了，为了让姬重耳活命，介子推到山沟里，把腿上的肉割了一块，与采摘来的野菜同煮成汤给姬重耳吃。当姬重耳吃后知道是介子推腿上的肉时，姬重耳大受感动，声称有朝一日做了君王,要好好报答介子推。在姬重耳落难之时,介子推能如此肝脑涂地，忠心耿耿，实属难能可贵。

19 年的逃亡生涯结束后，姬重耳一下子由逃亡者变成了晋文公。晋文公大会群臣，赏赐有功人员。奖赏分为三个等级。第一等中又以赵衰、狐偃为最高奖赏，其次就轮到狐毛、先轸。有一个部下叫壶叔的见没有赏到自己，向晋文公进言道："我自从蒲城跟随主公，奔走四方，脚后跟都跑裂了。我服侍您老人家吃饭睡觉,帮您老人家赶马车,一时一刻也不离您身边。如今主公赏赐跟随的一班人，却偏偏没有赏到我，难道我在什么地方得罪了您吗？"晋文公笑着说："你快到我面前来，我给你讲明白。那种用仁义开导我，使我萌生良知的人，受最高奖赏；那种替我出谋划策，使我不受诸侯侮辱的人，受次一等奖赏；那种出生入死，保卫我安全的人，受又次一等奖赏。所以说，上赏赏德，其次赏才，又其次赏功。至于你这种卖力气服侍我，为我奔忙效劳的，还在下面呢，会轮到你的。"壶叔面有愧色，一声不响地退下，内心却更加佩服晋文公了。

介子推也是跟随晋文公逃亡的人。他为人耿直，在渡黄河时看到狐偃以功臣自居，言行举止傲慢，十分反感，不愿再与这种人共事。晋文公归国当政后，介子推只随群臣朝拜过一次，以后就托病住在家中，宁愿过清贫的生活。自己耕田，奉养老母。晋文公大会群臣，论功行赏，没有看到介子推，无意中就把他忘了。介子推的邻居见城门上悬挂着君王的诏令，说是如果有遗漏未曾赏功的，可以自己去申明。他兴冲冲地敲开介家大门，向介子推通报这个消息。介子推听后笑而不答。老母在厨房听到了邻居的话，出来对介子推说："你跟随主公 19 年，危难时曾割股救君，如今为何不去讲个明白？"介子推说："晋献公的儿子中，只有主公最贤能。天理在

主公一边，晋国必然是主公的天下。那些大臣们不知天意，认为扶助主公当政是自己的功劳。我瞧不起他们，觉得与他们在一起共事是一种耻辱。我宁愿在家耕田，决不会贪天之功据为己有。”老母说：“我儿明理，你能当廉洁的高士，难道我就不能当义士的良母吗？我们母子不如一起隐居深山吧。”介子推大喜，就背着老母去过隐居生活了。后来晋文公想起了介子推，派人到处寻找他，始终没能找到。

晋文公求人心切，听小人之言，下令三面烧山，意在逼介子推出山。没料到大火烧了三天，介子推的影子也没见。晋文公叫人在山前山后放火，周围绵延数里，火势三日才熄，介子推终究没有出来。

后来有人在一棵枯柳树下发现了介子推母子的尸骨，晋文公悲痛万分，在介子推的尸体前哭拜一阵，然后安葬遗体，发现介子推脊梁堵着个柳树树洞，洞里好像有什么东西。掏出一看，原来是片衣襟，上面题了一首血诗："割肉奉君尽丹心，但愿主公常清明。柳下作鬼终不见，强似伴君作谏臣。倘若主公心有我，忆我之时常自省。臣在九泉心无愧，勤政清明复清明。”

晋文公将一段烧焦的柳木带回宫中做了一双木屐，每天望着它叹道："悲哉足下。”此后，“足下”成为下级对上级或同辈之间相互尊敬的称呼，据说就是来源于此。

五、宁戚饭牛谏齐桓，不辱使命屈宋公

春秋时期，有一次齐桓公自命多国部队统帅，带着一群漂亮的女人一起出征，担任前敌总指挥的管仲也以爱妾钟离婧相随。有个原籍卫国的乡下人叫宁戚，很有才学，但因出身卑微不受人重视。听说齐国君相好贤礼士，便特地赶来，在齐国军队必将经过的山（今山东淄博市东）下等着。

齐军果然开过来了。坐在战车中的管仲看见了短褐单衣、破笠赤脚，一身乡下人打扮的宁戚，正在山下牵头老牛吃草，还叩着牛角唱歌，便吩咐随从送点酒食给他吃。宁戚吃完后，让人传句话给相国，“浩浩乎白水”。管仲不解其意，钟离婧说：我听说古代有首《白水》诗："浩浩白水，倏倏之鱼。君来召我，我将安居？”看来此人是来求官的。管仲一听，马上停车，

将宁戚召来，就地考察其学识，发现是个人才。便当场写了封举荐信，让他等候齐桓公。

齐桓公率领齐军主力过来了。宁戚还是那一身打扮，站在山前高歌。爱好流行歌曲的齐桓公侧耳细聆，只听那人在唱什么看不见唐尧虞舜，长夜漫漫何时天亮，不由得恼怒。立刻派人将他拖到车前，责问其为何讽刺时政？没想到乡下人不怕,还振振有词地举出一堆理由。齐桓公大怒，喝令将此匹夫斩了。宁戚全无畏色，仰天长叹道："桀杀龙逢，纣杀比干，今天轮到我宁戚当第三个！"一直站在一边冷静观察的隰朋忙道："此人不趋权势，不畏威武，绝非寻常的放牛人，赶快放了他！"齐桓公也换了口气："我这是考验你，你确实是好样的！"这时，宁戚才从怀里掏出管仲的举荐信。在信中，管仲告诉国君，如果让宁戚这样的人才流失到国外去，将后悔无及。

求才若渴的齐桓公马上请宁戚坐上后车。当晚宿营后，便准备给他赐爵。竖貂说：卫国离齐国不远，是否先派人去调查一下他的情况？齐桓公说："我看此人豁达而不拘小节，恐怕在卫国时，难免会犯点小错误。调查到过错材料后再来提升他，显得不光彩。但弃之不用又太可惜。"即于烛光前拜宁戚为大夫，让他和管仲同参国政。

仅仅凭相国的一封举荐信而不经外调政审，就把个放牛人提拔为高级国务官员，并让他马上参与如此重大的国际军事活动的指挥，这妥当吗？齐国随军出征官员中有不少人，虽然未像竖貂那样出于嫉妒而进谗言，但心里也为齐桓公捏一把汗。

旌旗蔽日，箭上弓弦。多国部队兵压宋境。双方严阵以待。战云，在中州上空慢慢聚拢。

眼看一场血流盈野的厮杀即将展开。宁戚在统帅部作战会议上向齐桓公提出：主公奉天子之命集合诸侯，应该努力通过政治解决的途径达到目的。同时自荐：他可以承担说服宋国请和的使命。

齐桓公很欣赏这个方案，立予批准。于是宁戚登上一部小车，只带几个随从,直赴宋都睢阳(今河南商丘),要求和宋公会晤。宋国重臣戴叔皮说：这个乡下人是来耍嘴皮子的。要宋公事先布置武士，俟其一发信号，就将

他逮捕并监禁。可是宋公与宁戚一见面，就被对方关于形势的精辟分析吸引住了，以致对戴叔皮的频发信号视同不见。

宁戚开导宋公说，现在是天子失权，尊卑失序，所以各国政变与暴乱事件层出。贵国亦深受其害，接连发生两次篡逆活动。齐侯不忍坐视国际局势日益恶化，这才奉王室命令，召集会议。北杏会议的主要议程，就是为您正名定位。您中途退出会议，就是自弃成果，依然不脱名位未定的窘境。天子对您这种行为感到愤怒，所以派王师前来问罪。您既叛王命于前，又抗王师于后，于公理于私益都悖逆。依鄙人看来，战端尚未开启，输赢已经判明了。

宋公一听，顿时觉悟，马上派特使带上白玉黄金等贵重礼品，随宁戚去向齐桓公求和。齐桓公把金玉等物交给代表周天子的单蔑，表示不敢自专；又要宋公另遣特使专赴洛邑，向周襄王朝谒。接着，齐桓公再接受宁戚建议，趁郑国发生内乱的机会，派军队将流亡在栎地的郑公子姬突护送回国继承国君之位，史称郑厉公。即位之初的郑厉公对齐国相助之恩，感激涕零，表示要亲自赴齐订盟。

宋、郑两国相继求和请盟，为齐国在泗上称霸扫清了障碍。这两件大功劳又都和宁戚献策息息相关。现在，大家都称颂管仲能慧眼识才，齐桓公能不拘用人。

国际地位和声望的日益抬高，使齐国君臣陶醉在一片喜悦中。从幽地开会回到临淄的齐桓公，大摆宴席，君臣共欢。酒至半酣，桓公连称“乐哉”！这时，鲍叔牙站起来严肃地说：“臣闻‘明主贤臣，虽乐不忘其忧。’臣愿主公毋忘在莒国当政治难民的窘况，愿管仲毋忘在囚车里当引渡犯的愁况，愿宁戚毋忘在山下喂牛的穷况！”

齐桓公闻言，悚然而起，离开席位向鲍叔牙行礼道：“寡人与诸大夫，皆能毋忘，就是齐国社稷的无穷之福！”

以后，人们常用“毋忘在莒”表示忧患意识的保持；用“宁戚饭牛”表示“君子固穷”（语见《论语》)。

六、晏婴制衡佐三朝，谈笑之间平天下

晏婴（约公元前585—公元前500年），字仲，谥平，世称晏平仲。关于他的出身，司马迁云：“晏平仲婴者，莱之夷维（今山东高密）人也。”《集解》引刘向《别录》曰：“莱者，今东莱地也。”《正义》曰：“晏氏，《齐记》云：齐城三百里有夷安，即晏平仲之邑。汉为夷安县，属高密国。应劭云：故莱夷维邑。”《孔子家语》中则直称他为“东夷之子”。其父晏弱为齐国大夫，齐灵公十一年（公元前571年），晏弱“城东阳”以逼莱人；十五年围莱并灭之。由于这次战功，晏弱得到重用。齐灵公二十六年（公元前556年），晏弱病死，晏婴继其父仕于齐。

在先秦齐国历史上，晏婴与管仲齐名，史书并称管晏。二人在各自所处的时代，都为齐国做出了杰出的贡献。管仲勇于进取，具有开拓精神；晏婴善于守成，握有制衡之术。管仲辅齐桓公一世，尊王攘夷，九合诸侯，一匡天下，开春秋齐国首霸之大业；晏婴佐齐灵公、齐庄公、齐景公三朝，委蛇诸大国间，寻隙而立，危而不亡，仍使齐国“垂衣裳朝诸侯”。二人并列齐国名相，同为我国杰出的政治家。

晏婴

晏婴所处的春秋末期，正是中国历史上的大变革时期。当时，周天子的权力和威望江河日下，各诸侯国为了各自的利益，相互间有选择地结成盟国，目的是抑制敌对国势力的发展，维护自己的生存。齐国曾先后同晋、楚、吴等几十个诸侯国结成同盟，但由于诸侯

间经常毁盟，关系非常复杂和紧张，战争也是此起彼伏。整个社会处于动荡不安之中。

在君主制的社会里，作为辅臣，重要职责之一是规谏君主的过失，以利国利民。忠言逆耳，高高在上的君主，更喜欢听歌功颂德的奉承之语，这就使苦心规谏更显可贵，也更艰难。规谏君主，不但需要有为国为民的正义之心，更要有置自身安危于不顾的无畏气概。晏婴为政的一生，充分运用讽谏这一锐利武器，匡正君过，从而最大限度地保证了政治的有效实施。我国历史上的谏臣虽说大有人在，但能像晏子那样见过必谏，每朝必谏、尽忠极谏的贤臣，恐怕为数不多。

晏婴选任官吏的基本原则是官贤任能。齐景公问“莅国治民”之道，晏婴对以“奉贤以临国，官能以敕民”之策，他认为国有三不祥：有贤不知，知而不用，用而不信。有贤不知是聋，知而不用是昏，用而不信是疑。

为了“官贤任能”，晏婴提出了辨别人才的原则和要求，主张选拔人才的方法是举之以事，考之以语。他还指出，求贤之道，在于要善于观察所求之人和什么人交往，并由此来评价此人的品行，不能依靠华丽的辞藻来评定一个人的德行，也不能根据别人对他的评价来评定贤愚优劣。

齐景公时，晋伐阿、甄而燕侵河上，齐师败绩。这时，晏婴向景公推荐田穰苴说：“其人文能附众，武能威敌。愿君试之。”齐景公任命田穰苴为将军。田穰苴严明治国，立表斩杀齐景公宠臣庄贾，使三军震栗。他身先士卒，医治病痛，抚恤羸弱，深得士卒的拥护，齐军声势大振。晋、燕之师闻风而退，田穰苴率兵追击，收复了全部失地。齐景公与大夫郊迎劳师，尊田穰苴为“大司马”。

晏婴在官贤任能的同时，也力斥那些无德、无能、无礼之人。高纠是晏婴的家臣，为晏婴做事达三年之久，不仅没有得到什么禄位，反而被晏婴辞退了。高纠怪而问晏婴，晏婴说，我有三条家法：闲暇时从容相处而不相谈论，就疏远他；出门不相互赞美，回家不相互切磋，就不相交他；国家大事不加议论，怠慢有才能的人，就不会见他。这些您都做不到，这便是辞退您的理由。在晏婴看来，一个连家法都不得要领的人，是称不上贤士的，所以，当齐景公想会见高纠时，晏婴便以高纠无补益于国君而回绝了。

晏婴“二桃杀三士”的故事可谓家喻户晓。公孙接、田开疆、古冶子是齐国当时有名的三位大力士，他们居功自傲，自恃勇力胡作非为，为人们所痛恨。晏婴为齐景公献计，意欲除掉这三个狂妄无礼之人，他让齐景公挑出两个大桃子，让他们论功食桃，结果公孙接、古冶子先后跳出来，认为自己功大而先食桃子。这时，田开疆出来，认为自己的功劳胜过二位，但由于无桃可食，觉得自己在国君面前受辱，被群臣耻笑，自己无颜立于朝廷，便拔剑自杀。公孙接一看，认为自己功小而抢吃桃子，亦羞愧自刎。古冶子一看，三杰已去其二，自己也不能苟活于世，他自杀身亡。

晏婴匡正君过、官贤任能的目的是为了安国利民，稳定社稷。

晏婴为相时，曾出使过吴、鲁、宋、晋、楚等国。在出使楚国时，他的机智善辩及无畏精神得到了最为充分的体现。有一年，晏婴奉命出使楚国。当时，楚强齐弱，楚国对齐使便傲气冲天，加上楚王听说晏婴身材矮小，却闻名于诸侯，楚王想趁机羞辱晏婴以显示自己的威风。楚国群臣更是随声附和，为楚王出谋划策，定计等晏婴就范。晏婴穿着破旧的衣裳，驾着瘦马拉的车，来到郢都东门。郢都守门者没有给晏婴开大门，却指着刚刚打开的小侧门对晏婴说：“相国，依您的身材出入此门已绰绰有余，何必要开大门呢？”晏婴瞧着这个侧门，明白了这是楚国君臣在设法捉弄自己，便灵机一动，大声对守门者讲：“这是狗门，不是人出入之门，出使狗国，才从狗门进，出使到人国，当从大门进，请问这里是人国还是狗国？”晏婴一番话使守门者无言以对，只好让晏婴从大门入城。见到楚王后，楚王问晏婴：“齐国是不是没有人了？”晏婴从容答道：“齐国的都城临淄有七八千户人家，人们举起衣袖就能遮住太阳，挥洒汗水就如同下雨，大街上的人肩并肩，脚跟脚，怎么能说齐国没有人呢？”楚王接着问：“既然如此，那又为什么派你来呢？”晏婴回答说：“齐国委派使者是因人而异，那些精明能干的使臣，就派他们到那些国君精明能干的国家去，那些愚笨无能的使臣，就派他们到国君愚笨无能的国家去。我在齐国最愚笨无能，因此就被派到您的国家来了。”楚王和群臣都叹服晏婴的机智善辩，但他们还不死心，还想找机会捉弄晏婴。

楚王设宴招待晏婴，酒至酣处，突然差役押着一个人从殿下经过。楚王装作非常生气的样子，斥责并询问这个人犯了什么罪。差役忙跪下回答说："这个人犯了偷盗罪。"楚王又问："这个小偷是哪国人？"差役回答："是齐国人。"楚王听到这里，用眼睛斜视着晏婴狡黠地说道："噢，原来齐国人都是善于偷盗的。"晏婴放下酒杯，反唇相讥道："大王，我听说，橘子这种树，生长在淮河以南就能结出橘子；如果把它栽到淮河以北，它就结出枳子。它们的叶子虽然十分相似，但是果实的味道却大不相同。这是什么原因呢？这是因为淮河南北的水土不同。如今这个齐国人生长在齐国不偷盗，来到楚国却成了小偷，原来楚国的水土能使人成为盗贼。"晏婴的回答使楚王瞠目结舌，陷于尴尬之境。楚王心悦诚服地对晏婴讲："先生真是圣人，和圣人是不能开玩笑的，我真是自讨没趣。"晏婴在强大的楚国，受到楚国君臣的侮辱，但他能从容不迫，凭着自己的机智，给对方以有力的反击，从而维护了齐国的尊严和自己的人格，更使自己名显诸侯。

晏婴在他的政治生涯中，不论是内政，还是外交，都取得了非凡的业绩。然而，晏子的一生，却是"以节俭力行重于齐"的。

晏婴一生，通过对历史经验教训的总结、人生的感悟、社会的观照和实践活动的体验，产生了丰富而智慧的思想，不仅影响了他所处的那个时代和国度，而且对今人亦具启迪作用和借鉴价值。

七、伍员白发过昭关，复仇鞭尸楚平王

伍子胥（公元前559—公元前484年），名员（一作芸），字子胥，楚国（今湖北省监利县黄歇口镇）人，春秋末期吴国大夫、军事家。以封于申，也称申胥。

春秋时，南方的楚国是个大国。但楚平王昏庸无能，加之贪婪好色，竟把儿媳妇霸占为自己的妃子，致使大臣们怨言迭起，国家日渐衰弱。

当时，有一个大夫叫伍奢，反对楚王最起劲，楚王对他很头痛，奸臣费无极给楚王出了一个坏主意，把伍奢父子三人派到边疆去了。不久，楚平王平白无故地要废掉太子熊建，又怕太子熊建的老师伍奢不同意，他又听信费无极的诡计，把伍奢召了回来。一见伍奢，楚平王就责问说："有人

报告你和太子建要谋反，你知罪吗？”

伍奢听了非常气愤，抗议说：“你是国君，却听信奸臣的话，你难道真的昏聩到一点良心都没有了吗？”

楚平王一看伍奢敢当面顶撞，不由得大怒，厉声叫道：“来人，推出去斩了！”

“慢！”旁边闪出了奸臣费无极，他叫人先拉走伍奢，然后才对楚平王说：“伍奢的两个儿子都很有本领，现在又在边境，万一闹起事来，是很麻烦的。您看是不是……”他附在楚平王耳旁说出了一条奸计。

不久，伍尚和伍子胥都收到了父亲伍奢的信，信中叫他们赶回国都，两个人捧着信就商量开了。伍尚说：“父命不可违，应该马上回去。”伍子胥却认为，回去就上了楚平王的当，一家人就会被杀绝，不能回去。兄弟俩争来争去，谁也说不服谁。最后，只好分道扬镳。哥哥伍尚回国都去了，伍子胥逃往吴国。

楚平王和奸臣费无极见只有伍尚一个人回来了，马上派人去捉伍子胥。

伍子胥逃到一处荒郊野地，见后边追赶的人来了，回身一箭射死了赶车的。车上的官员下车就跑，伍子胥说：“我本来也能把你射死，现在留着你一条命，回去报告楚王，他必须保证我父亲和哥哥的安全，要不然，我非把楚国灭掉，亲自砍下楚平王的脑袋不可！”

伍子胥

楚平王听了这话，马上把伍奢父子杀死了。然后又派了大批人马去追伍子胥，并且画了伍子胥的像挂在各个关口，出了布告，谁能捉

住他，可以领重赏；藏着他，全家杀头。

伍子胥逃到一个好朋友家里，好朋友劝他先别急着走，要等一个可靠的人来帮忙，才可出关。可是等了七天，也不见那个人来，第七天晚上，伍子胥一夜没有合眼，急得在地上走来走去，直到东方发亮了，走到镜子前面一照，连自己也大吃一惊，头发胡子全部变白了。

好朋友带来一个人，一见伍子胥变了样，高兴地说："这下可好了，我们等的人已经到了，你看，他的身材和你差不多，你们两个换了衣服，叫他冒充你，你正好白了头发，打扮成个老头，就可以混出关了。"

伍子胥怕连累人家，好朋友说："你放心，官兵捉到我们，一看认错了人，也就会把我们放了的。"

就这样，伍子胥逃出了楚国。几年之后，伍子胥果然打回来了，那时楚平王早已死了，埋葬在一个湖边，伍子胥找了好久才找着楚平王的坟墓，挖开一看，原来里边没有尸体，只有一些衣服和铁器。气得伍子胥跺着脚说："我不找着楚平王的棺材，不剁下他的脑袋，决不罢休！"

这时，走过来一位老人，告诉伍子胥："楚平王坟不在岸上，是在湖底呢。他把修坟的工人都杀死了，只有我一个人逃了命。将军把他挖出来，狠狠地揍他一顿吧，不但给您的父兄报仇，也给50多名修坟的工人报仇雪恨！"

伍子胥叫人把湖水抽干，找到了楚平王的坟墓，挖出他的尸体，摆在广场上，抡起鞭子狠狠地抽了他300鞭，又把他的眼睛挖出，骂道："你白白长了两个眼珠子，不认得谁好谁坏，光相信那奸臣的阴谋诡计。你杀了多少好人，你犯了多大的罪啊！"伍子胥就这样为他的父亲和哥哥报了仇。

吴王阖闾死前托伍子胥辅佐少君夫差，封他最高爵位称相国公。夫差即位后就发动吴、越夫椒之战，越惨败几乎亡国，夫差急于图霸中原，欲允越求和之时，伍子胥预见到两国不能共存之势，又洞察越王勾践图谋东山再起之心，力谏不可养痈遗患，而应乘势灭越。夫差不纳，坐视越国自大。

夫差又欲率大军攻齐，越王勾践率众朝贺，伍子胥再度劝夫差暂不攻齐而先灭越，以除心腹之患，又遭夫差拒绝。伍子胥知夫差昧于大势而不可谏，吴国必为越国所破灭，为避祸而托子于齐国鲍氏，反遭太宰伯嚭诬陷，夫差即赐给伍子胥属镂剑，逼伍子胥自杀。伍子胥视死如归，在死前对邻舍人说："我死后，将我眼睛挖出悬挂在吴京之东门上，以看越国军队入城灭吴"，便自刎而死，死后仅九年，越灭吴，终应其言。

八、孙武练兵斩王妃，古代兵书第一人

1. 孙武练兵

孙武（约公元前545—约公元前470年），字长卿，孙子是人们对他的尊称。春秋时期齐国乐安（今山东惠民，一说博兴）人，我国古代伟大的军事家和军事谋略家，中国军事谋略的奠基人。

孙武的祖先妫满，被周天子封为陈国国君（陈国在今河南东部和安徽一部分，建都宛丘，今河南淮阳）。后来由于陈国发生内乱，孙武的远祖妫完携家人逃到齐国。齐桓公很赏识妫完，让他当了大官。妫完在齐国定居以后，改妫为田。孙武家世世代代为大将，为齐国立下了赫赫战功。后来因为孙武的祖父立下了战功，齐王将乐安封给他，并赐姓孙。孙武从小就受到家庭环境的影响，非常喜欢兵法，渴望将来能登坛拜将，沙场点兵，施展自己的才华，干出一番惊天动地的大事业。可惜当时齐国内乱不止，几个大家族争权夺利。孙武厌恶内斗，就举家迁到了南方的吴国，一边继续潜心研

孙武

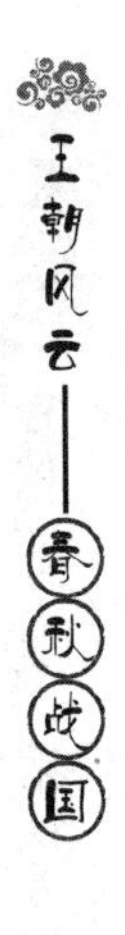

究兵法，一边寻求发展机会。不久，孙武结识了从楚国逃到吴国的伍子胥，两人谈得十分投机，很快成为好朋友。

公元前515年，吴国的公子光在伍子胥的帮助下，刺杀了吴王僚，然后自立为王，就是吴王阖闾。阖闾即位后，求贤若渴，非常希望吴国能强大起来，摆脱楚国的控制，然后称霸中原。伍子胥向他推荐了好友孙武。孙武将自己写的13篇兵法献给吴王阖闾，吴王阖闾读完后，大加赞赏，对孙武说："你的兵书我已经读过了，受益匪浅。但不知道实行起来如何，你能不能操练一下，让我见识见识。"孙武回答说："可以。"吴王故意刁难他说："宫女可以吗？"孙武回答说："可以。"

于是吴王下令将180名宫女召到宫后的练兵场，让孙武去训练。孙武把180名宫女分为左、右两队，任命吴王最为宠爱的两位妃子为左、右队长，让她们带领宫女由孙武进行训练。

孙武站在指挥台上，大声对宫女们说："你们都要以鼓声为准，前后左右要服从我的命令，明白吗？"宫女们都以为这是个游戏，嘻嘻哈哈地乱成一团，一点都不严肃，根本不听号令。孙武非常生气，下令将吴王的两位宠妃斩首示众，以儆效尤。吴王大惊失色，连忙说："先生不要这样！我已经知道你的才华了，请你手下留情！"孙武严肃地说："一支军队没有纪律怎么行呢？士兵不遵守纪律，长官就应该受到惩罚！来人，将两名队长斩首！"吴王心疼得大叫一声，晕了过去。等他再醒过来时，发现宫女们在孙武的指挥下，起立、下蹲、前进、后退，有板有眼的，像正规军一样。吴王立刻封孙武为大将，让他去训练吴军。

经过几年的训练，吴军的战斗力大大增强。吴王、孙武和伍子胥开始率领吴军进攻楚国。孙武指挥吴国3万军队进攻楚国20万大军，五战五捷，势如破竹。吴军长趋直入，攻占了楚国都城郢，楚王仓皇逃跑。后来吴王阖闾的儿子夫差即位后，听信奸臣的谗言，杀害了伍子胥。孙武心灰意懒，躲到深山隐居，一心一意地整理兵书去了。

2.《孙子兵法》

孙武的主要思想都集中在《孙子兵法》中。传世本《孙子兵法》13篇，是孙武一派兵家的著作，其主要内容和核心思想属于孙武，但经过他的门生和战国兵家的整理补充。该书中所描写的战争规模，似是战国时代的情况。

《孙子兵法》竹简

现存的《孙子兵法》是经过三国时代曹操删定编注的，全书分为13篇：《计》《作战》《谋攻》《形》《势》《虚实》《军争》《九变》《行军》《地形》《九地》《火攻》《用间》，总结了春秋至战国时期长期战争的经验，揭示了战争的一些规律，具有朴素的唯物主义思想和原始的军事辩证法思想。其思想内容主要有三方面：

（1）战略指导思想。

战略论是孙子军事学说的主体部分。孙武在此书中首次提出了战略概念——“庙算”，具体论述“安国保民”的最高目标、“五事七计”的全局运筹、“不战屈敌”的止战谋划、“知彼知己”的作战指挥等战略思想。在战略论中孙子提出“安国全军”“唯民是保”的战略目标，把“重战”“慎战”作为根本用战原则。并从其对待战争的严肃态度出发，评述了“五事七计”的重要性。“重战”，即重视战争，提高警惕，加强戒备，应取态度是：“无恃其不来，恃吾有以待之；无恃其不攻，恃吾有所不可攻也。”慎战即开始须慎重，其原则是：“非利不动，非地不用，非危不战。”“五事七计”书中详述“道”（治道）、“天”（天时）、“地”（地利）、“将”（将帅）、“法”（法度）五要素，及其“主孰有道、将孰有能、天地孰得、法令孰行、兵众孰强、士卒孰练、赏罚孰明”等七个对战备全局作正确估计的七个条件。但孙子并没有认为军事力量越强越好，而是主张顾及国力，有限地发展军事。孙子反复强调要以“伐谋”“伐交”作为优先的决策，总结“不战而屈人之兵”的“全胜战略”。而在实战中争取一“军”、一“旅”、一“卒”、一“伍”之“全”仍不失为上策。如此，“谋”“攻”思想已贯彻到底。

孙子关于“知彼知己”和“致人而不致于人”之说，为作战指挥的战略原则，并尽可能“策之而知得失之计，作之而知动静之理，形之而知死生之地，角之而知有余不足之处”，争取“先机之利”，“致人”“不致于人”，掌握战争的主动权。

（2）作战策略思想。

以战略为基础，孙子提出相应用兵策略。其重要策略原则有六：其一，因利制权，因敌制胜。其二，奇正相生，出奇制胜。其三，避实击虚，击其惰归。其四，我专敌分，以众击寡。其五，攻其无备，出其不意。其六，示形用诈，诡道制胜。

（3）军事哲学思想。

孙子论“天”：“阴阳、寒暑、时制也”，是自然界之天；论“道”：“令民与上同意也”，具有民本主义因素。在书中把具有理性思维的人，放在认识和掌握战争规律的主体地位，并详细分析了战争对客观条件的依赖关系。孙子重视矛盾的相互依存，尤其重视矛盾的相互转化，说“乱生于治，怯生于勇，无恒形”，关键是造成“胜兵先胜”的条件，促使矛盾向有利方面发展。

《孙子兵法》除三个主要方面以外，各篇均有其主题思想，又构成一个完整的思想体系。

孙武的战略思想对后世产生了巨大的影响：“世俗所称师旅，皆道《孙子》十三篇”，孙膑、吴起的兵书吸收了很多孙武的思想；曹操亲自为《孙子兵法》做过注释；唐太宗曾赞曰：“观诸兵书，无出孙武。”宋神宗颁定《孙子兵法》为《武书七经》之首。

孙武以及他的《孙子兵法》在国际上也很有影响。唐代时传到日本。1772 年,《孙子兵法》被译成法文版本。英国的汉学家称《孙子兵法》为“世界最古的兵书”，美国人则盛赞孙子是“古代第一个形成战略思想的伟大人物”。孙武的确堪称“百世兵家之祖”。

孙武的军事思想还被广泛地应用于政治、外交、经济、科技、体育竞赛等社会生活的各个方面,《孙子兵法》在现代企业经营管理和商业竞争中也具有不可估量的指导意义。

九、浣纱沉鱼西施女，以身报国美人计

西施（生卒不详），名夷光，春秋末期出生于越国诸暨苎萝村（今浙江省诸暨市苎萝村）。苎萝有东西二村，夷光居西村，故名西施。自幼随母浣纱江边，故又称“浣纱女”。

西施是中国古代四大美人之首,又称西子,天生丽质,有“沉鱼”之貌。西施是个浣纱的女子，五官端正，粉面桃花，相貌过人。她在河边浣纱时，清澈的河水映照着她俊俏的身影，使她显得更加美丽。相传西施在溪边浣纱时，水中的鱼儿觉得西施太美丽了，都自惭形秽地沉到水底不敢出来。西施天生丽质，禀赋绝伦，相传连皱眉抚胸的病态，亦为邻女所仿，故有“东施效颦”的典故。

西　施

越王勾践三年(公元前 494 年），夫差在夫椒（今江苏苏州吴中区）击败越国,越王勾践退守会稽山（今浙江省绍兴南），受吴军围攻，被迫向吴国求和，勾践入吴为质。释归后，勾践针对吴王淫而好色的弱点，接纳大夫文种灭吴九策，其中最毒

辣的便是美人计。大夫范蠡奉命巡行全国勘察美女。他来到苎萝村，遇到了郑旦和西施一对姊妹花。他将郑旦和西施带回会稽，准备献给吴王夫差。越王宠爱的一宫女认为：“真正的美人必须具备三个条件，一是美貌，二是善歌舞，三是体态。”西施只具备了第一个条件，于是，越王花了三年时间，教以歌舞、步履、礼仪等。西施发愤苦练，由一位浣纱女成为修养有素的宫女。在悠扬的乐曲中，翩跹起舞，婀娜迷人，举手投足，恰如其分，待人接物，十分得体。然后，又给她制作华丽适体的宫装，方进献吴王。

西施入吴后，夫差被她迷得神魂颠倒，春秋宿姑苏台，冬夏宿馆娃宫，整天与西施玩花赏月，鸣琴赋诗。灵岩山上有一眼清泉，夫差常让西施对泉水梳妆，他亲为美人梳理秀发。西施擅长跳“响屧舞”，夫差又专门为她筑“响屧廊”，用数以百计的大缸，上铺木板，西施穿木屐起舞，裙系小铃，铃声和大缸的回响声，“铮铮嗒嗒”交织在一起，使夫差如醉如痴。他又与西施泛舟采莲，或乘画船出游，或骑马打猎，总之沉醉于美色，以姑苏台、馆娃宫为家，把国家大事丢在脑后。伍子胥求见，往往被拒之门外，唯太宰伯嚭常侍左右。因此他所能听到的，皆阿谀奉承之声。从此，夫差沉湎女色，不理朝政，终于走向亡国丧身的道路。

西施既然与夫差形影不离，对于吴国的政治斗争、军事机密，也就无所不知，且伺机向越国传递她所得到的情报，以致被今天一些精于考证的史学家称为中国历史上的头号色情间谍。她挑拨吴国的君臣关系，特别是夫差与伍子胥的关系，只要稍微吹一吹枕头风，杀伤力比伯嚭说上一大堆谗言谮语不知大上多少倍。夫差赐剑令伍子胥自杀，恐怕也少不了她一份功劳。勾践的大军能长驱直入，直抵吴国都城，让夫差无还手之力，与西施小姐把夫差迷得晕头转向荒废军政密切相关。因此可以说，西施是勾践灭吴雪耻的功臣之一。明代西施祠有楹联云：“越锦何须衣义士，黄金只合铸娇姿。”便是对西施在越国灭吴中的功劳的肯定。

传说，西施在吴亡后和范蠡驾扁舟入太湖，不知所终；还有一种说法，西施在吴亡后被沉溺于江中。由于史书没有明确记载，西施的归宿成为千古之谜。但人们普遍流传的版本更倾向于前者，那么，西施无疑是四大美女中最幸福的一位。

十、执法严明斩监军，司马兵法遗残篇

司马穰苴（生卒不详），春秋时齐国司马，田氏，名穰苴。他精通兵法，治军以严著称。曾奉齐景公之命率军击退晋燕联军，收复失地。

有一年，晋国联合燕国出兵攻打齐国，齐国的军队节节败退，形势十分危急。齐景公把满朝文武大臣召集起来，商量如何挽救危局。他看了看身边的相国晏婴，请他先讲，晏婴认为最重要的是选拔一个贤能的统帅。他说："臣保举一人，名叫田穰苴，他虽然出身微贱，但文能服众，武能威敌，希望大王试一试。"

齐景公便命人将田穰苴召来，和他谈论用兵之法，退兵之计，田穰苴胸有成竹，应对如流。齐景公听了之后非常高兴，认为他果然如相国所说，是位杰出的帅才，便当场宣布任命田穰苴担任齐国的军事统帅，让他率军速去抵挡燕、晋两国之师，保卫齐国。

田穰苴受命之后，向齐景公请求说："我素来卑贱，大王虽然把我从下层提拔为大将，位居大夫之上，但恐怕士卒不服，百姓不信任，人微言轻，请大王派一位您最信任，国人所尊敬的显贵宠臣为监军，才能发兵。"

齐景公马上同意，任命他最宠爱的贵戚大臣庄贾为监军，于是田穰苴与庄贾相约："明日中午相会于军门。"

次日，田穰苴提前来到军中，立木杆为表以观日影，设滴漏以记时刻，等待庄贾。结果，庄贾恃宠自傲，出发时间早已过了，他才大摇大摆地走来。

田穰苴责问说："你身为监军，为何不按时到来？"

庄贾满不在乎地说："亲戚朋友饯行相送，开怀畅饮，故晚来一步。"

田穰苴一听勃然大怒，说："作为一个将领，受命之后就应忘其家；治理军队就应忘其亲；临阵对敌应忘其身，今敌军侵入我国深处，举国上下人心浮动，士卒于边境死战，国君寝食不安，老百姓生命难保，社稷危在旦夕，你还有什么心思饮酒作乐。"说罢便命令军中执法官将庄贾推出去依军法斩首示众。

齐景公听到田穰苴要斩庄贾，立即派使臣去营救，使臣在军营驾车奔跑，也犯了军令，本应斩首，因为持有君命，田穰苴命令斩其仆从及左骖，

毁其车左边立木，以晓示三军，并派使者向景公回报，然后发兵。

从此三军将士没有一个人敢违犯军令，军威大振。晋、燕联军闻风丧胆，仓皇撤退。齐军乘胜追击，很快收复了全部失地。

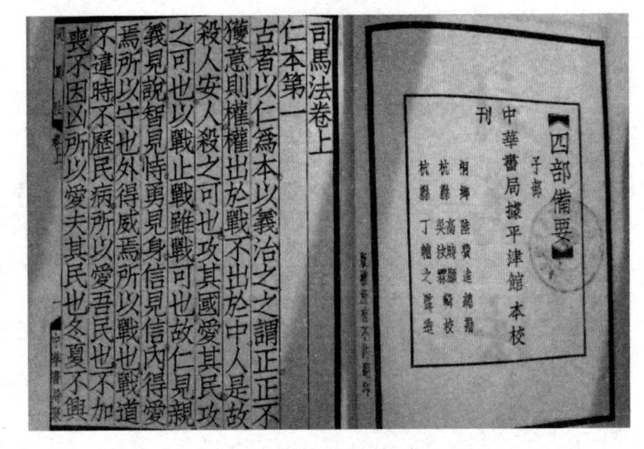
四部備要
子部
中華書局據平津館本校刊
桐鄉陸費逵總勘
杭縣高時顯 吳汝霖輯校
杭縣丁輔之監造

司馬法卷上
仁本第一
古者以仁為本以義治之之謂正正不
獲意則權權出於戰不出於中人是故
殺人安人殺之可也攻其國愛其民攻
之可也以戰止戰雖戰可也故仁見親
義見說智見恃勇見身信見信內得愛
焉所以守也外得威焉所以戰也戰道
不違時不歷民病所以愛吾民也不加
喪不因凶所以愛夫其民也冬夏不興

《司马法》书影

齐景公闻捷大喜。他称赞晏婴推荐了田穰苴这个治国安邦的栋梁之材，田穰苴凯旋回朝时，齐景公率领满朝文武大臣到郊外迎接，并且任命田穰苴为齐国大司马。后来大家称他为司马穰苴。

田穰苴是继姜尚之后一位承上启下的著名军事家，曾率齐军击退晋、燕入侵之军，因功被封为大司马，子孙后世称司马氏。后因齐景公听信谗言，田穰苴被罢黜，未几抑郁发病而死。由于年代久远，其事迹流传不多，但其军事思想却影响巨大。

历史上的《司马兵法》《司马穰苴兵法》《军礼司马法》均包含于《司马法》之中，据传作者为司马穰苴及其追论者。尽管由于该书亡佚严重，155篇仅存5篇，内容不全，但它仍具有很好的军事思想和很高的军事价值。《司马法》论述的范围极为广泛，基本涉及了军事的各个方面；保存了古代用兵与治兵的原则，包括夏商周三代的出师礼仪、兵器、徽章、赏罚、警戒等方面的重要史料。此外，还有很丰富的哲理思想，很重视战争中精神、物质力量之间的转化和轻与重辩证关系的统一，对于人的因素、士气的作用非常重视。

十一、商圣三迁有荣名，宠辱浮沉随心定

范蠡（公元前536—公元前448年），字少伯，楚国宛地三户（今河南

淅川县滔河乡）人。春秋末期政治家、军事家、经济学家和道家学者。范蠡为中国早期商业理论家，楚学开拓者之一，被后人尊称为“商圣”。

范蠡是一个很有些传奇色彩的人物。他曾经在越国担任主持军事的将军，在齐国被人们推举为主持政务的相国，后来隐居海滨，又成为家有万金的巨富。因此，司马迁称他“三迁皆有荣名”。助越灭吴的过程中，我们可以明显地看出这一点。

范蠡虽是楚国人，但因为对楚国腐败的统治集团十分痛恨，所以背井离乡，投奔越国，以期帮助越国富国强兵，消灭那个屡败楚国并给楚国人带来深重灾难的吴国。当时正值越王勾践刚刚即位，急需有识之士大力相佐，于是范蠡得以拜为大夫，主管全国军事。

公元前 494 年，越王勾践不听范蠡的劝告，仓促率军进攻吴国，被早有准备的吴军打败，仅剩 5000 将士退守会稽山，大片国土被吴军占领。这时，原本势均力敌的吴、越两国有了明显的强弱之分，越国处于灭亡的边缘。

面对这种敌强己弱的危险情况，范蠡为越王出了一些大主意。概括起来说，一是保存自己，二是削弱敌人。首先是保存自己。为此，他提出了三个方面的建议。一是假装臣服，诱敌退兵。范蠡建议越国遣使求和，并与越王一起作为人质到吴国侍奉吴王夫差。吴国果然被越国君臣表面的柔顺所迷惑，不仅从越国撤回了军队，而且三年之后还释放了越王和范蠡。回到越国后，范蠡又采取了第二个措施，即麻痹吴王，离间吴国君臣关系。他让大夫文种给吴王送去大量钱财，自己又在全国范围内选出两名绝代佳人。她

范　蠡

们就是著名的西施和郑旦，范蠡派她们到吴王身边，以消磨其意志，并使其不以越国为虑。与此同时，他又派人到吴国散布谣言，挑拨吴王与坚决主张消灭越国的大夫伍子胥之间的关系，迫使伍子胥自杀，以致吴国没人再敢提及灭越之事。

范蠡另一个重要的措施是发展生产，奖励生育，加强军备，提高综合国力。为了保证这一措施的顺利实施，他建议越王励精图治，与人民同甘共苦。越王“卧薪尝胆”的故事就发生在这一时期。在保存自己、发展自己的同时，范蠡还十分注意采取各种措施削弱敌人，反击敌人。他主动给吴王送去许多能工巧匠，诱使吴王大兴土木，大量消耗吴国的人力物力。吴王急着想北上争霸，范蠡就借给吴王一些人马和刀枪，怂恿其与齐、鲁等国交战。这可说是一箭双雕之计了。这一招既破坏了吴国与盟国的关系，又让其自行消耗军事实力。

当吴王率军北上争霸之后，范蠡乘其国内空虚之机，领军突然进攻吴国，全歼吴国都城姑苏的守军，并俘获吴太子，迫使吴国遣使求和。经过十年生聚，十年教训，范蠡的这一系列措施有效地帮助越国保存和发展了自己，削弱了敌人，从而逐步改变了敌强己弱的态势，为战略反攻创造了有利的条件。

公元前478年，吴国迫于国力不支，遣散部分军队，此时恰逢吴国大灾，民怨鼎沸。范蠡乘机再次建议越国进攻吴国，一举歼灭吴军主力，并围困姑苏达三个月之久，迫使吴王自杀，灭亡了吴国。

范蠡帮助越国，终于灭亡了吴国，创造了由战略防御成功地转为战略进攻的典型战例，其中韬光养晦等一系列谋略是很值得我们借鉴的。

但是他得胜回到了国都，深得百姓的爱戴，有点功高盖主的感觉，又深知勾践的为人，于是就决定离开越国。他给越王写了封信，表露了自己的心思。他说：“我曾经听说，主上有烦恼事，他的臣子应该为他分忧，当初你在会稽受耻辱，我们做臣子的人就应该为你去死，那时臣下没有死，是想为主上雪此大耻。现在这个仇已经报了，我也该来领早先的罪过了。”勾践不知说什么是好。

勾践说："你真是一个诚实的人，我要把越国的江山分给你一半，当初我们有难同当，而今要有福共享。"

范蠡这时似乎是听吴王夫差在说话，他当时对伍子胥就是这么说的。范蠡说："感谢主上不弃之恩，我实在受之不起。"说后，就退了下去。

范蠡决定偷偷地离开越国。在一个静悄悄的夜晚，他骑着他心爱的马，带着他的妻儿走了。他不时眷恋地回眼望望自己的祖国，眼里噙满了泪水。

他来到了齐国，给自己的老朋友文种写了一封信，信中说："我曾听人说，飞鸟射完了，良弓就要藏起来；狡猾的兔子被抓光了，猎狗就要被煮吃了。越王的脖子很长，嘴像鸟喙一样尖，我看可以和他共患难，却不可和他共享乐，我劝你还是尽早离开为妙。"

文种接到了这封奇怪的信，感到还是老朋友说得对，于是他就自称有病不能上朝。这样持续了几天，就有人在越王面前进谗言，说文种想谋反，因为那些奸佞之徒实在嫉妒他的才能和功绩。

而勾践也感到，越霸业已成，留着他已没有什么用了，还会生出许多事来，就把文种叫到自己的身边，对他说："你教给我攻打吴国的七条计谋，我只用了三条就打败了吴国，还有四条在你那儿，你还不如跟着吴国的国王去，试试你的计谋，看是不是能救了他们。"

说完就给了他一把剑，让他自杀。可怜这位功勋卓著的老臣死得悄无声息。

范蠡在齐国，改名换姓，自称"鸱（chī）夷子皮"，在海边耕种，做商业买卖，就这样勤劳数年，集聚了许多财产，他成了一个大富翁。

齐国人认为他是个人才，就推举他为相国。他做了一阵，感到还是没兴趣。一天夜里，他在月光下散步，感叹道："我做官做到了相国，我挣钱挣到了成千上万的财产，做人做到这一点，也就不错了。我的一切都达到了顶点，对我来说并不是好事。"于是就辞去了官位，将万贯家财都分发给穷人，又从齐国的大地上悄悄地消失了。

他来到了一个叫陶的地方住了下来，自称为"陶朱公"，就在这个地方做买卖，开作坊，事业倒是如日中天，如火如荼。很快，他又成了一个

富人，后代中国也常以陶朱公来表示富裕。

范蠡一生，三次迁移，他所到之处，一定有所作为，治国可以立奇功，理财可以致大富。他的德行、他的出色的处世能力，为后人所歌颂。

第五章 政治经济

一、权去公室政在家，强家公族分国野

1. 世族与政治

春秋时各国的统治集团由国君的宗亲或少数异姓贵族所组成。《左传》说："天子建国，诸侯立家，卿置侧室，大夫有贰宗。"从天子到卿大夫都是实行嫡长子继承制，次子则分封。各诸侯国之中，长子继位后，次子或庶子为公子，公子之子为公孙，公子、公孙的家族称公族。由于其贵族身份世代相传，又称之为世族。同姓或异姓贵族都有自己的氏名，并享有封邑和田地。封邑或田地的多少、大小，各国不尽相同。如卫国的卿可以拥有百邑，大夫为60，而晋人以为大国之卿有一旅之田，上大夫有一卒之田。当时官禄与土地是相应的，有官则有土，亦享有禄。拥有大片的田地，是卿大夫在政治上具有强大实力的物质基础。

卿大夫在其封邑上建立起一套较为完整的统治机构。卿大夫在封邑上修建起号称为都的城堡，有的规模甚至可和国都相比；还设置有治事的内朝和官属。治理都邑的有邑宰。分管其他具体事务的有马正、司马、工师、贾师等官职。贵族还有权诛戮或惩罚有罪的族众或臣僚，为了封邑的安全，一般都设有私人武装的甲卒（或称私属），国君出征时，贵族往往以其甲卒相从。可见在卿大夫都邑中，不仅有农民为贵族提供租税和力役，而且还有军队、法庭和官属。因而这类都邑实际上是侯国的一个缩影。

当时称这种实力强大的卿大夫家族为强家。各国都有若干在侯国统治集团中占据举足轻重地位的强家（公族）。君主如得不到公族的支持，其统治就很难维持下去。但公族势力过于强大，又会削弱公室的力量。特别是到春秋晚期，同姓或异姓的强家，其实力越来越大，如晋的郤氏“其富半公室，家半三军”，鲁国的季氏“富于周公”，君主已有名无实。这种“末大必折，尾大不掉”的现象在当时非常普遍，造成权去公室、政在家门的结局。所以不久之后，便出现了三家分晋和田氏代齐。

2. 国人与野人

春秋和西周相似，在王国或侯国之内，分成国、野两个部分。国是都城及其四郊，是君主直接统治的区域；在郊以外到边境为野，或称野鄙，君主把野的一部分分封给卿大夫，由卿大夫去统治。

国中所居者为国人，其中包括士和工、商或其他一些平民。如齐国把国中分为 21 乡，即士乡 15 和工商之乡 6。士是贵族中地位最低者，他们世代服兵役，出征时充当甲士；也可以仕进，国家授予他们小块土地以作为俸禄，故《国语》说：“士食田。”士在国人中属于主体部分，具有重要的政治地位。包括士在内的国人在发生暴乱或政变时，往往成为举足轻重的力量，因此，君主或贵族经常“礼国人”，或是对国人“饩粟”，如他们能赢得国人的支持，将是政权能够巩固的重要保证。

在野鄙中，有大片的井田和一些都邑。如齐在野鄙中设王属，每属之下有 10 县，每县之下有 3 乡，乡下有 10 卒，卒下有 10 邑，每邑之下有 30 家。《周礼》说野中有 6 遂。“属”或“遂”中的土地划成井田，由农民去耕种，其收成归国家，成为国家财政的主要来源。都、县是贵族的封邑，晋国称封邑为县，鲁国则称为都。卿大夫从封邑所得的收入，其中一小部分要以贡的形式交纳给国君。

野中的居民称野人或庶人、野氓者。春秋前期，野人的社会地位较低下，不服兵役，仅承担交税和服徭役等义务。到春秋晚期，野人也当兵，地位有所改变。但无论何时，野人也仍属具有自由民身份的平民阶层。

二、君之辅佐卿大夫，三军车战法五刑

1. 官制

春秋时期，王室或侯国中职位最重要者为卿士，是君主之辅佐，当时简称为卿。一般高级官吏皆由大夫充任，而大夫中能秉国政者则号为卿。在卿位者多为公子、公孙。晋国情况略异，卿常由异姓大夫担任。

卿除主政外，作战时或充当将帅。春秋早期，周王室之左、右卿士及齐之国、高二氏，分别担任左、右军之军帅。以后卿人数渐渐增多，如郑、宋有 6 卿，晋最多时可达 12 卿，而掌实权者仍是其中的一二人，他们被称为正卿、冢卿，郑则称为“为政”或“当国”，以区别于其他的卿。在卿位者仍有具体官职，如鲁的三桓，分别担任司徒、司马和司空；宋的正卿任右师、大司马、左师、太宰等职；楚之二卿为令尹、司马。卿的官位常是世袭的，故当时称之为“世卿”。

各国管具体事务的官职有司徒、司马、司空、司寇等，这四种官职名称之前或有加上一“大”者。宰也是常见的官名，或称太宰，有的国家其地位颇为重要。属于师傅之官有太师、少师、太傅。以上几种官职常由卿来担任。此外还有祝、宗、卜、史之类的官职。再有是掌管来往贵宾的行人，管理刑狱的理或大士和尉氏，管理市场和手工业的诸师、工正和工师，管理山林川泽的衡、麓和虞人，管理地方的封人、县师或隧正。楚的官名较特殊，最高执政官的卿为令尹，其他管理各种具体事务者也多以尹为名，如有箴尹、沈尹、连尹、清尹等十几种名称。秦国也有庶长、不更等他国所不见的官名。

2. 兵制

当时作战以车战为主，故各国都有数量甚多的兵车。春秋晚期，晋有兵车四五千乘，其他如楚、齐也有几千乘。出师作战时，军队分为中、左、右三军。中军一般由君主统率，左、右则归卿率领。晋于春秋早期即由卿主三军，中军帅称元帅或将军，同时又是晋之执政。军队士兵主要由小贵族士所组成，庶人或牧、圉也有随军出征者，但非军中主要力量。中军是王卒或公卒，即君主之族众，当时称之为国士，是三军中精锐部分。左、

春秋车战

右军由卿大夫的族众所组成。晋在军师之下，有军大夫、军尉、司马、侯等官职。

除战车外，也有步卒。如晋国为了和戎、狄作战，曾经“毁车为行”，“行”就是步兵，郑国称步兵为徒兵。但终春秋之世，车战仍比步战更重要。吴、越两国设有舟师，是一支重要的水上攻战力量。

3. 刑罚

春秋时的刑罚以五刑为主，即墨、劓、宫、刖、杀五种。杀为死刑，其余皆为毁伤犯人身体某部的肉刑。特别是刖刑，是当时经常使用的一种惩罚手段。《左传》说齐国于春秋末曾经“履贱踊贵”，表明被刖足者之多。有些贵族因犯罪也受此刑，齐的鲍牵即被刖足。较轻的刑有鞭刑，官吏有过者即遭鞭打。犯人也可用甲、盾或铜块来赎罪。还有将犯人或其家属罚作奴隶者，《周礼》说：“丈夫入于罪隶，妇人入于舂藁。”

到春秋晚期，由于社会经济发生了变化，在刑法方面也要求作相应的变革。公元前 536 年，郑国“铸刑书”，即把刑法条文铸于鼎上。公元前 513 年，晋国铸刑鼎，以公布范鞅所作的刑书。公元前 501 年，郑国杀邓析而用其竹刑。在此以前，所谓“议事以制”，就是判决者往往临事作出惩罚标准，缺乏成文性材料的依据。而在刑法条文公布之后，官吏或贵族的专横独断受到抑制，这在历史上具有一定的进步意义，并对以后战国时期刑法条文的完善具有深远的影响。

三、有人有民有国土，经济面貌大发展

春秋初年的中国，地旷人稀。后来举足轻重的齐、晋、楚、秦四强，当初还是边远穷国，十分荒凉：东方齐国靠海，到处是白花花的盐碱地，地上面点缀着的几簇瘦草，在阵阵海风中哆嗦着；西方秦国，虽居原西周腹地，因受战乱之害，昔日的王畿已成一片废墟，残墙连着断垣，散发着臭气的破井，常常数十里不见人烟，不见觅食的乌鸦；北方晋国的南鄙之田，更是狐狸豺狼的天下，入夜，“嗥嗥”的狼嚎在原野上此起彼伏。嚎声起处，时时闪烁着暗绿“鬼火”在离地不远处浮游，令人毛骨悚然；南方的楚国，更甭提了，一群刚移居荆山的“蛮人”穿着不能蔽体的兽皮，手持木棒、石器，在茫茫的山林里拓荒，大树是他们的屋顶，草丛是他们的暖床。不但边远穷困如此，即使是当时经济最发达的中原地区，也有大片“隙地”没开垦。周平王东迁后分封的郑国，虽紧挨王畿，却是在荒草荆棘中建立起来的。稍后，郑、宋之间还有大片“隙地”作为缓冲地带。一度为狄人所灭的卫国，竟以 5000 人在中原腹地得到大片“隙地”，重新建国。

无怪乎当时人们都说：有人民就有国土。

然而历史进入春秋后一二百年，各国的经济面貌都有了极大的变化。

郑国已成为一个农业、手工业、商业都很发达的国家；郑、宋间的隙地也被郑国开垦，成为郑、宋两国争夺的对象；当初以 5000 人复国的卫国，现已人烟稠

古邗沟

密，卫国的陶邑（今山东定陶）被称为“天下之中”，成为各国经济交往的枢纽，后来越国的范蠡因常到此经商而被称为“陶朱公”。

边远各国变化更大，东方齐国五谷丰登，桑麻遍野，齐国国都临淄城遗址面积达 30 多平方公里，有十几座城门，有齐崭崭的交通干线和排水系统。甚至原来很落后的吴国，到春秋后期也开挖了中国历史上最早的运河——邗沟，沟通了江淮水系。

四、农业生产多袭旧，土地私有化井田

1. 农业生产变化不大

春秋时农业工具仍以木、石制品为主，耕作工具多为木制的耒耜。青铜农具甚少，仅在春秋末，今长江下游一带才有过较多的铜农具。由于工具、技术都和西周相差不远，故耕作时仍须共同合作，耦耕到春秋末年还未绝迹。

由于农业受工具、施肥等条件的限制，土地仍须轮休。《周礼》说：“不易之田家百亩，一易之地家二百亩，再易之地家三百亩。”即田地休闲的时间不等，长的两年，短的一年，也有不须休闲者，不过数量较少。《左传》中所说的“爰田”，和《周礼》中的“一易”“再易”之田相似，说明休闲田的普遍存在。

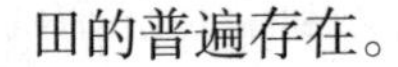

铜　镰

2. 井田制普遍实行

春秋时各国都普遍实行井田制。据《左传》,楚人“井衍沃”，郑“都鄙有章”，“田有封洫，庐井有伍”。所谓井田，是指田地被分划成整齐的小块，田间的土埂和沟洫成为田与田之间的一种界限。《国语》说齐桓公时，管仲以为“井田畴均则民不憾”。这是为了消除农民之间的不满

情绪。所以强调把田地一定要划分成等量的面积。另一方面则出于对农民征收赋役的需要。与此同时，农民也被组织起来。如《国语·齐语》说齐国是“制都三十家为邑，邑有司，十邑为卒，卒有卒帅，十卒为乡，乡有乡帅，三乡为县，县有县帅，十县为属，属有大夫，五属故立五大夫”。把许多分散的农户，纳入这类村社组织之中，再派官吏去管理，可起到巩固统治的作用。后来郡县制下的乡里制就由此演化而来。

井田的最高所有权属于国家或贵族，农民仅有使用权而已。井田中有公田和私田之分。小块的私田由每户农民去耕种，收获归已。公田则由大家通力合作，收成归国家或贵族。但随着经济的发展，农民种公田的积极性日益衰退，从而影响了国家的收入。于是各国对税收方式也作了相应的改变。齐在桓公时就已实行按地亩征租税，鲁则在宣公十五年（公元前594年）也宣布“初税亩”，长期以来的力役租被履亩而税的实物税所取代。

除田税外，农民还要在有战争时向国家交纳军赋。军赋按井征收粮食、草料和牲畜。由于战争频繁，国家不断加赋，如郑作丘赋，鲁季孙“用田赋”，都是违反旧制而加重农民负担的一种新措施。

除划分为井田的用地之外，还有不划井的零散土地。如《周礼》说在国都附近有官田、士田、贾田、赏田等。官田、贾田是分给供职于官府的小吏、工商的禄田，士田是授予士家属的份田。《孟子》所说的“士有圭田”，即指这类形状不规则的田。这些田的最高所有权也属于国家。当时卿大夫之间土地虽可转移，但在小贵族和平民中缺乏土地所有权，特别是买卖土地的现象还未曾出现。《礼记》说“田里不鬻”，与当时实际状况相符。

3. 土地私有制的萌芽与发展

春秋时期，土地私有制萌芽产生，这是社会生产力发展的必然结果。在井田制尚未完全瓦解的情况下，私有土地主要有四个来源：第一是周天子或诸侯赐田。如赵简子赐给名医扁鹊田4万亩，晋惠公夷吾允诺赐里克“汾阳之田百万”，这些赐田都成为私有财产。第二是贵族之间通过转化关系，将部分土地转向私有。第三是贵族之间互相劫夺土地，据为己有。第四是开荒地占为己有。开荒地一般不向国家登记，隐瞒在私人手中，成为私有财产。土地私有制的产生和不断发展，表明封建地主私有制正强有力地冲击着奴隶制的国有制，即井田制。井田制彻底瓦解了。

五、工商垄断在官府，身份世袭渐独立

1. 手工业和商业

手工业分民间的和官府的两种。民间如纺织不过是家庭的一种副业。官府工业则有较大规模,《周礼·考工记》提到的工种有攻木、攻金、攻皮和刮磨、抟埴等项，冶铁业大约出现于春秋末，但很快就获得了较大的发展。

商业和手工业相似之处，除民间的相互交易外，就是由官府经营或控制的工商业,《国语》说“工商食官”，正反映出手工业、商业都以官营为主的这一特点。在各国中,可能出于地理位置的原因,郑国的商业较为发达。从文献记载来看，有关郑国商人的情况颇多，其足迹遍于周、晋、楚等国。商人在出卖贵重物品时，必须取得官府的许可，说明商人尚缺乏独立的经济地位。

春秋冶铁图

在大的都邑中，都有专为交易所设的市，如《左传》提到郑、鲁、齐、晋诸国的市。当时民间交易仍为以物易物为主，但布、帛之类已作为一般等价物，起到货币的作用。而使用金属铸币则较晚，《国语》记周景王铸大钱是在公元前 524 年，现在所见到的铜铸空首布，其中有一部分当为春秋末年所作。

2. 庶人、工商和奴隶

庶人，或称众，是靠农耕而自食其力的人数众多的平民阶层，也称小人，以区别于贵族身份的君子。《国语》说："君子劳心，小人劳力。"庶人多居于野中，故又称为野人，或称为氓。庶人不同于贵族之处是，只有小家庭而无家族组织，故无氏，时人称庶人为匹夫匹妇。

庶人劳动所得，其中一部分要上交，成为国家或贵族财政收入的主要来源。除租税外，庶人负责沉重的徭役，他们要为国家或贵族筑路、修城和建造宫室。庶人一般都被束缚于土地上面，缺乏迁徙的自由。尽管庶人社会地位低下，但他们也能拥有一点财产，其中包括少量的牲畜。

庶人以农穑为其职业，有时也可在官府充当秩位卑微的府史，有军功者有进仕之权利。在天下无道时，庶人可以议政。《左传》说"国将兴，听于民"，即认为君主能听于民，才能使国家走向兴盛和发达。由于民在一国之中具有重要的地位，故各国的贤明君主和政治家都对庶民十分重视，提出了利民之类的政治主张。

工、商与庶人的社会身份比较接近。当时所谓的工商主要是指为官府服务的手工业者和商人，与后来具有独立经济地位的工商业者是有所不同的。工商本人有官府之廪给，其家属则仍须耕种官府颁发的"贾田"方能生活。

工商都居于国中，身份世袭，不能随意改变职业。但与庶人一样，享有一定的政治权利。当官府苛求无已时，工商往往起而反抗，其中以卫国最为突出。春秋晚期，由于经济的发展，工商渐从官府的羁绊中解脱出来，因走向独立经营而致富。如春秋末，晋国降地之富商可以"金玉其车，文错其服"。越国的范蠡最后弃官从商，"十九年之中三致千金"。孔子弟子子贡，经商于曹、鲁之间，成为孔门弟子中最富裕者。这种前所未有的现象，

为以后战国进入发达的商品货币关系阶段奠定了基础。

奴隶名称不一，一般称为臣妾，也有称为仆、竖或牧、圉者。卿大夫家中都拥有较多的奴隶，奴隶往往来自于赏赐，如晋景公曾赏给克狄有功的魏桓子“狄臣千室”。除私家外，官府也有不少的奴隶，尤以罪犯奴隶为多。所谓的奚、罪隶、胥靡就是指这一类的奴隶。《国语》说“皂隶食职”，即罪隶因有职事而受到官府的供养。

臣妾或仆、竖一般多从事家内服役，而牧、圉则是专管牧放牛马的奴隶。官府还有一批具有手艺的奴隶，如《左传》有鲁的孟孙曾贿赂给楚人“执斫、执针、执纴皆百人”的记载，这里所说的是木工、缝衣工和织工。《国语》说当时有所谓隶农者，即使获得肥沃的土地，但收成多少都和自己无关，当是从事于农耕的官奴隶。由于农业劳动中以庶人劳力为主，故奴隶劳动在生产中起不到支配的作用。

第六章 文化科技

一、官学没落私学兴，百家争鸣诸子显

春秋战国的社会动荡、政治分裂为中国最早的知识阶层——士的兴起创造了条件。士人从贵族跌落为庶民，反而得到了思想意识自由发展的广大空间，他们以办“私学”的形式纷纷创立学派，促进了中国学术文化的大发展。

在西周宗法分封制中，士是最下层贵族。士隶属于上一级贵族，行为不自由；经济上可以不劳而“食田”；文化上“士竞于教”，享有受教育的权利，他们身通“六艺”，怀有文韬武略。春秋以前的士“大抵皆有职之人”，既有武士，又有文士。

春秋时期，社会动荡、变革，作为政治结构的宗法制逐渐瓦解，首当其冲的贵族成员显然是处于贵族最底层的“士”，而其中社会地位最为动摇的又是文士。因为当时社会政治动荡的一个主要表现是所谓“礼崩乐坏”。“礼崩乐坏”的直接受害者则必然是那些蚁附于礼乐制度的文士。他们当中的许多成员在这次历史大动荡中跌入庶民的世界，在失去封土、爵位、职官的窘况下，他们虽不如平民胼手胝足可维持生计，但是可以把出卖智力作为新的谋生手段。于是，这些原本在宫廷中专掌典册、身通六艺之士纷然出走，流落民间；他们所掌握的文化也被传播、普及，把原来集中于周王室和宋、鲁的文化逐渐扩散。在他们的教育下，庶民中又产生出新一代文士，与他们一同构成了一个新的士阶层，他们即中国最早的知识阶层。

西周时代，文化教育为贵族所垄断。无论中央国学还是地方乡学，均

由官府开设，而且学校就设在官府中，教育的特点也是“政教合一”，因而叫作“学在官府”，亦称“官学”。

春秋时代，官学瓦解，文士从士贵族中分离而游散于民间。官学的衰落，学术文化的下移，使民间逐渐兴起私人教育，出现“私学”。孔子办私学，在他的学生面前既不是贵族，也不是教官，确是真正意义上的教师了。在私学中，著名的教师几乎都是思想家，他们不拘泥于传统，根据自己的学识、意愿自由安排教育的内容、方式，自由发表对各种自然和社会现象的不同观点，从而形成了儒、墨、道、法、阴阳、名、纵横、杂家各种学派。各学派为了探索客观世界的奥妙，相互竞争，自由论战，以空前的规模和速度，把人们的认识推向新的高度，终于迎来了春秋战国诸子百家争鸣的局面。

春秋战国时期，官学的没落和私学的兴起推动了“诸子蜂起”“百家争鸣”的思想大解放。所谓诸子百家之中，最重要的学派有道家、儒家、墨家、法家、阴阳家、名家和杂家。他们掀起了中国历史上空前绝后的广泛思潮。

春秋时期由于社会经济的发展和科学水平的提高，以及奴隶制的没落、封建制的兴起，引起了社会思想的激烈变化。因而在这一时期，产生了不同的哲学思想和不同的社会理论。并且出现了朴素唯物主义与唯心主义的冲突论争。这时期有代表性的人物包括老子、孔子、孙子等，他们著书立说，为后代留下了宝贵的精神财富。

二、哲学思想出道家，老子巨著五千言

老子（生卒不详），姓李，名耳，字聃，因而人称老聃。楚国普县（今河南鹿邑县）厉乡曲仁里人（一说为今安徽涡阳人）。曾做过周王室管理藏书的史官，后来隐居不仕，不知所终。我国古代著名的哲学家、思想家，道家学派的创始人。在我国民间，老子被称为太上老君、道德真君，关于他有很多神话传说。

老子一生中最大的成就是开创了道家学派，并为后人留下了一部五千余言的《老子》。《老子》分《道经》《德经》，合称《道德经》。在此书中，老子详细阐述了他的“无为”思想，认为“为无为，则无不治”，对后世产生了深远的影响，汉代黄老之术就是对“无为而治”的直接继承。

关于老子的身世有着非常美丽的传说，尤其是他的降生，充满着一段传奇的神话。传说他的母亲是感受了从天而降的神灵所化之气而怀孕，一怀就是整整81年。一天，他的母亲正坐在李树下歇息，忽听得天上仙乐奏鸣，四周香风阵阵，便觉左腋一阵剧痛，随之从腋下生出一个鹤发童颜，顶有日光，身滋白血，面凝金色，耳有三孔，美眉广颊的小孩。孩子一生下来就走了九步，步落之处，莲花绽起。他左手指天，右手指地，说："天上地下，唯我独尊，我当开扬无上道法，普度一切芸芸众生。"他还指着面前的李树说，"这就是我的姓。"当他的母亲带他去洗澡时，九条神龙飞驾而来，化作九条巨鲤，吸水为他喷浴。虽然这段传说像女娲以五彩石补天，精卫以衔木而填沧海那样的虚幻神话，但不得不说老子的确是一位非凡的传奇之人。

老 子

老子从小就勤于用脑。独自一人时，他常常面对浩瀚天穹和河中的流水久久沉思，似乎在揣摩着大自然的奥秘。

有一次，老子与一群小伙伴在一棵大树下玩耍。老子看到大树上写着一个"楝"字，就对小朋友说，这是一棵楝树，而在大树另一侧的小朋友则说这是槐树。两人为此发生了争执。后来，两个人围着大树转了一圈，才发现树的一侧虽然写着"楝"字，但另一侧写的却是"槐"字，实际上是一棵楝槐连理树。通过这件事，老子懂得了看问题要全面、不能以偏概全的道理。

老子十分喜欢家乡的小河，在他看来，小河不仅默默流淌，日夜不息，滋润着两岸的土地，而且能够包容忍让，碰到有东西阻碍，便悄然绕道离去，

从不嫌弃污浊和阴暗。有时候它是涓涓细流，柔弱无比，可一旦到了洪水季节，它又像脱缰的野马，浩浩荡荡，气吞万里，无坚不摧。正所谓“天下莫柔弱于水，而攻坚强者莫之能胜”。家乡的小河就像一本读不完的书，使老子获益匪浅。它那“善利万物而不争”的禀性，对老子后来哲学思想的形成，产生了重大的影响。

少年时期，经族人介绍，老子拜著名学者商容为师。一次，他听说老师得了重病，便前去探望。据说当时商容问了老子三个极富哲理性的问题。

商容首先问：“不论什么人，经过故乡时都要下车，你知道这是为什么吗？”老子答：“这是表示人不论如何发达显贵，都不应忘记家乡、忘记根本。”商容点了点头，表示赞许，又问：“人从高大的树木旁边经过时，都要弯腰鞠躬，这又是为什么？”老子说：“在高大的树下弯腰，是表示敬老的意思。”

紧接着，商容又问了第三个难度更大的问题。他先张开嘴让老子看，然后问：“我的舌头在吗？”老子答：“在。”又问：“我的牙齿还在吗？”老子摇了摇头：“没有了。”商容接着问道：“知道这是为什么吗？”老子略加思索回答：“舌头还存在，是因为它柔弱；牙齿掉光了，那是因为它太刚强。”商容见老子聪明过人，十分满意。他进一步教导说：“要记住，水虽是至柔之物，但滴水却能穿石；舌头虽然没有牙齿坚硬，但却能以柔克刚。最柔软的东西里，蕴藏着人们很难发现的巨大力量，这种力量甚至能够穿透世上最坚硬的东西。现在我已经把天下最根本的道理都告诉你了，再也没有什么东西可以教你了。”

随着人品和学识的不断长进，老子的名气也越来越大。鲁襄公二十二年（公元前 551 年）前后，因朝廷史官空缺，老子被选中担任了守藏室史，相当于周王室典籍图书档案馆的馆长。因为这一便利条件，老子得以博览群书。除历代文诰、档案资料、诗以外，他还读了《军志》《建言》《易》《尚书》等大量的图书文献，成为一名精通周礼理论和制度的学者。作为史官，老子还承担记录一切重大政治活动的职责。

当时，周王室由甘氏一族的甘简公执政，他与族人甘成公、甘景公不和。鲁昭公六年（公元前 536 年），大概是因为记事不合甘景公的意，老子被免去了史官之职。被免职后，老子出游鲁国。

鲁昭公十二年（公元前530年），甘平公登基，老子被召回守藏室继续任职。鲁昭公二十二年（公元前520年），周王室内乱再起，王子姬朝杀掉王子姬猛（周悼王），自立为王。5年后，王子姬朝被众诸侯赶下台，携带大批周朝典籍逃往楚国。老子因此被追究失职之责，再次被免去守藏室史之职，老子遂返回阔别多年的故乡。

在故乡，老子目睹了连年战火带来的灾难：土地荒芜，疮痍满目，民不聊生。这使他更加痛恨朝政的腐败，对“仁义”的看法彻底动摇，毅然与周礼决裂。从此，老子把对现行制度的批判以及救世方略的思考，升华为对宇宙生成及万物本原的探索，成为先秦伟大的思想家、哲学家及道家学派的创始人。

据说老子离开函谷关进入秦国后，遍游秦国各地的名山大川，最后隐居于扶风一带讲学，传播他的道家思想，并终老于扶风。由于老子学识渊博，待人宽厚，深受当地百姓爱戴，所以他死后前来吊唁的人非常多。因老子曾在槐里讲学，百姓们为了怀念他，将他葬于槐里，就是现在陕西省周至县东南的终南山麓。

老子主张以“无为”达到“无不为”，复归人的本性，走向“自然”这一最高境界。相传老子应关尹之请写下《道德经》后，出函谷关，向西归隐而去。

本来，老子的思想已开始向隐居修养、追求无名发展，恰好此时周王室的一场内乱又使他得以由仕途中解脱。周王室发生内乱，周景王崩，王子姬朝叛变，在守藏室中带走了大批周朝的典籍逃奔到楚国。此事波及到李耳，李耳于是辞去守藏室史官之职，离开周都，准备从此隐居。行至函谷关时，关令尹喜请求道：“先生要隐居了，请尽力写一部书吧。”于是老子写成了一部书，这就是《老子》。

《老子》一书是老子思想的结晶。全书采取韵文体，约5000字，分上下两篇，共81章。其中阐释了老子的社会政治思想、朴素辩证法思想，重点阐释了老子的唯心主义思想体系的核心——“道”。而这个“道”是世界万物的本源，他从天人同构、身国一理的思路出发，从个人的身心修养中寻找治国之道。老子身处礼崩乐坏、人欲横流的末世，针对当权者唯

利是图、穷奢极欲的妄为、躁进，他从清净无为的养身体验中得出了天道无为的结论，崇尚一种民风质朴的“小国寡民”的政治体制。老子既讲究积极的进取之道，肯定人的“功成名就”，又告诫人们要超越狭隘的占有欲，倡导“身退，天之道也”。老子既讲“自然”“无欲”“柔弱”“处下”，也倡导“柔弱胜刚强”，认为“强行者有志”。由于老子丰厚的生活阅历，使他创造的道家学说具有很强的生命力，不同的人都能在其中找到自己人生的智慧所在。

“柔弱胜刚强”是老子长期以来思考的结果。《老子》的七十八章对“柔弱胜刚强”作了阐释：“天下柔弱莫过于水，而攻坚强者莫之能胜，以其无以易之。弱之胜强，柔之胜刚，天下莫不知，莫能行。”第七十六章由水到人，到草木，说人活着的时候柔弱，死了变得坚强。万物草木活着的时候柔脆，死了变得枯燥。所以坚强的东西属于死亡一类，柔弱的东西属于生存一类。由于看到树木强大会折断，从而推断军队强大就会灭亡。

在老子看来，柔弱具有一种强大的生命力，不是虚弱，不是脆弱，而是柔韧，有一种不断发展、成长的动力，必定能战胜“强大”。因为，“强大”也就意味着已在走向死亡——物壮则老。

像水那样柔弱，那样趋下，那样平而后止；像水那样深沉平静，那样不求报答，正是为了“胜刚”“胜强”。用《管子·明法解》的话说：“国君擅生杀，制群臣，富天下，威势尊显。”

可谓雄强阳刚之至。要保持住刚强，不是立足于正面，而是立足于反面；不是运用刚强，而是保持阴、柔、弱、雌、厚。所以老子一方面委婉地暗示君人者：“天下之至柔（水与气），驰骋天下之至坚。无有入于无间”（四十三章）；另一方面老子则明确地提倡：“知其雄，守其雌”，“知其荣，守其辱”，“知其白，守其黑”（二十八章），即自知刚强，却始终保持柔弱。

“以柔弱胜刚强”，是《老子》的决胜之道，既是为人处世之道，又是治国之道，是老子辩证法思想的集中体现。

三、“经臣史祖”左丘明，“文宗史圣”写春秋

左丘明（公元前556—公元前451年），姓丘，名明，因其父任左史官，

故称左丘明。春秋末期鲁国都君庄（今山东省肥城市石横镇东衡鱼村）人。相传为春秋末期曾任鲁国史官，是中国古代伟大的史学家、文学家、思想家、军事家。左丘明博览天文、地理、文学、历史等大量古籍，学识渊博。任鲁国左史官，在任时尽职尽责，德才兼备，为时人所崇拜。左丘明是中国传统史学的创始人，被誉为“文宗史圣”“经臣史祖”。孔子、司马迁均尊左丘明为“君子”。历代帝王多有敕封：唐封经师；宋封瑕丘伯和中都伯；明封先儒和先贤。

左丘明的祖父倚相是楚国左史。公元前506年，周天子率领诸侯讨伐楚国，为保存典籍，倚相带领子孙离开楚国来到鲁国，定居肥城石横衡鱼村。为使子孙后代不忘先人，他把姓氏定为老祖宗封地营丘的“丘”字。倚相把典籍献给了鲁国，以便保存下去。他的儿子亦通晓史事，被任命为鲁国的太史，后来左丘明又继承了他父亲的职位，继任鲁国的太史官。左丘明历经30余年写就的《左氏春秋传》，史称《左传》，是中国第一部叙事完整的历史著作，也是一部有着极高成就的文学著作。

为了著述历史，左丘明曾与孔子一同前往周室，在周太史那里查阅档案，回鲁后孔子便写了文字简明的《春秋》，而左丘明则写成了内容浩繁的《左传》。鲁国是周公的封地，相传周公治礼作乐，鲁国保存了前代的多种礼乐制度和文献，所以鲁国一向有“礼乐之邦”的美称。西周灭亡后，周室文化在西方荡然无存，却在东方鲁国保留得相当完整。当时鲁国的各种文献和档案资料，属于太史职掌收藏，左丘明既然为鲁国的太史，自然也就掌握了春秋时代中原最丰富的文献资源。因此，左丘明能够写出《左传》这样一部规模空前的史学巨著也就不难理解了。《左传》的编撰，是左丘明史官生

左丘明

涯中最大的成就，其在中国思想史、史学史、文学史和学术史上都占有重要地位。

《左氏春秋》，简称《左传》，多以史实解释《春秋》，起自鲁隐公元年（公元前722年），迄于鲁哀公二十七年（公元前468年），以记事为主，兼载言论，叙述详明，文字生动简洁，全面反映了当时的社会历史面貌，既是重要的儒家经典，又是中国第一部完整的编年体史书，在文学上也有很高的成就。又著《国语》，分别记载西周末年至春秋时期（约公元前967—公元前453年）周王室及鲁齐晋郑楚吴越诸国史实，偏重记述君臣言论，为中国最早的国别体史书。亦编修国史，日夜操劳，历时30余年，一部纵贯200余年、18万余字的《春秋左氏传》定稿。其历史、文学、科技、军事价值不可估量，为历代史学家和文人所推崇。

左丘明晚年时眼睛出了毛病，不得不辞官回乡，不久就双目失明了。强烈的历史使命感使他振作起来，将几十年来的所见所闻，各诸侯的要闻和君臣容易得失的话记述下来，汇集成著名的历史名著《国语》。《国语》是中国最早的一部国别史，与《左传》一起成为珠联璧合的历史文化巨著，被誉为"百家文字之宗、万世古文之祖"。公元前451年前后，左丘明因病去世，并安葬于故乡肥城石横镇衡鱼村东北处。

左丘明很重视礼的作用。他认为礼是治理国家、安定社会、造福人民的依据和手段，也是"君子"必须遵行的规范；作为一个君子，首先要把礼和义放在最重要的地位，"君子动则思礼，行则思义，不为利回，不为义疚"（《左传·昭公三十一年》）。意思是：一思考问题就要想到礼，一做事就要考虑到义，不为利而丧失意志，不为义而感到内疚。体现礼的众多礼节也要和义结合，对失礼行为持坚决批评的态度。

受重礼思想的影响，左丘明特别重视个人的品德修养。这些修养包括忠、孝、信、义、让等。他认为忠是一个人最美好的品德，忠的首要含义是忠于国君：楚国的子囊在国君死后还不忘给他增加好名声，在自己将要死的时候不忘保卫祖国，他认为这就是忠；鬻拳曾用兵器威逼楚文王纳谏，自认犯了罪而砍断双脚，他认为这也是忠。对君王要忠，对父母就要孝。郑庄公因母亲帮助弟弟谋反，将母亲软禁起来发誓永不相见，颍考叔帮助郑庄公母子和解，左丘明对颍考叔大加赞叹，说他能爱自己的母亲，并且把这种爱也传递给郑庄公，是“纯孝”。信是君子的一个道德标准，它不仅表现在个人品德上，还体现在国家之间，如果国家之间的结盟不是建立在信的基础上,即使结盟也没有任何意义。一个品德高尚的君子,除了讲信，还要讲义。卫大夫石碏大义灭亲，将参与叛乱的儿子正法，左丘明给予高度评价，称其为“纯臣”。让，就是谦让，是礼的重要组成部分。如果一个国家能够形成一种上下谦让的良好社会风气，那么这个国家就能长治久安。另外，君子还要从善不从恶，知道善不可以丢、恶不可以长，做到从善如流。对于那些践踏忠孝信义、品行恶劣的人，左丘明表示深恶痛绝。

左丘明认为国君也必须注重品德修养：国君要治理好国家，首先自己要贤明，做到秉正无私、心胸博大、知人善任；治理国家，还必须把德政和刑罚结合起来，用德政来治理百姓、用刑罚来纠正邪恶，这样百姓才能安居乐业、邪恶才能消除。

左丘明认为在军事上也同样要重视德和义的作用：主张战前必须做好充分的准备，否则就不要出师。这些准备包括：度德，即考虑自己的德能否争取到民众的拥护；量力，即正确估价敌我力量的对比；亲亲，即努力团结自己的亲人，以得到最大限度的支持；征辞，即要有开战的充足理由；察有罪，即考察有罪过的征伐目标。

四、“天纵之圣”孔仲尼，万世师表创儒学

孔子（公元前 551—公元前 479 年），子姓，孔氏，名丘，字仲尼。春秋末期鲁国陬邑（今山东曲阜）人，祖籍宋国栗邑（今河南夏邑）。孔子是中国古代著名思想家、教育家，他开创了私人讲学的风气，倡导仁、义、礼、智、信，是儒家学派创始人。

在中国历史上，孔子是具有划时代意义的人物。孔子曾受业于老子，带领部分弟子周游列国 14 年，晚年修订“六经”，即《诗》《书》《礼》《乐》《易》《春秋》。他以布衣之身闻名于世。他早年为了立足于世，于礼上多下功夫，提出了“克己复礼，仁也”的主张。他开办教育，并抱经世济民之志而游说诸侯各国，以其人格魅力和感召力浇铸了中华民族的品格。相

孔 子

传孔子有门人3000人,高足70人。孔子去世后，其弟子及其再传弟子把孔子及其弟子的言行语录和思想记录下来，整理编成儒家经典《论语》。

孔子在古代被尊奉为“天纵之圣”“天之木铎”，是当时社会上的最博学者之一，被后世统治者尊为孔圣人、至圣、至圣先师、大成至圣文宣王先师、万世师表。其儒家思想对中国和世界都有深远的影响，孔子被列为“世界十大文化名人”之首。随着孔子影响力的扩大，祭祀孔子的“祭孔大典”也一度成为和中国祖先神祭祀同等级别的“大祀”。

孔子的曾祖父是宋国人孔防叔。防叔生了伯夏，伯夏生了叔梁纥。据说孔子是叔梁纥与姓颜的女子野合生下的。孔子一生下来，头顶中间低，四边高，很像尼丘山，他的父母便给他起名为丘，字仲尼。

孔子出世时，中国历史正处于春秋后期的社会大变动时期。当时，中国社会正处在从奴隶社会向封建社会转型的过程中。旧的制度日益瓦解，而新的制度还没有建立起来，整个社会处在动荡不安之中。

在孔子的出生地鲁国，这种旧制度崩溃的迹象更加明显。鲁国曾是著名的“礼乐之邦”，而此时已处在“礼崩乐坏”的状态中。正是这种逆境激发了孔子好学向上的志向，他15岁便确立了学习的志向，从此便如饥似渴地学习。孔子博学、好闻、审思、明辨的精神在早年就可见一斑，曾向老子请教过礼制，跟苌弘学习过音乐。

孔子是中国历史上对于士人品格塑造影响最大的第一位平民教育家，也是世界上第一个私人办教育的人。在当时的社会背景下，意识形态觉醒，百家争鸣开端，孔子的儒家思想开启了社会变革的新声。

孔子自 20 多岁起，就想走仕途，所以对天下大事非常关注，对治理国家的诸种问题，经常进行思考，也常发表一些见解。鲁昭公十年（公元前 532 年），孔子开始为委吏，管理仓库。

鲁昭公十一年（公元前 531 年），孔子改作乘田，管理畜牧。孔子到 30 岁时，已有些名气，所以自称 30 岁前后有所成就。鲁昭公二十年（公元前 522 年），齐景公与晏婴来访鲁国时召见了孔子，与他讨论秦穆公称霸的问题，孔子由此结识了齐景公。

鲁昭公二十五年（公元前 517 年），鲁国发生内乱，鲁昭公被迫逃往齐国。孔子也离开鲁国，到了齐国，受到齐景公的赏识和厚待，甚至曾准备把尼溪一带的田地封给孔子，但被大夫晏婴阻止。鲁昭公二十七年（公元前 515 年），齐国的大夫想加害孔子，孔子只好仓皇逃回鲁国。

鲁昭公三十年（公元前 512 年），孔子 40 岁，经过几十年的磨炼，对人生各种问题有了比较清楚的认识。

鲁定公十一年（公元前 499 年），孔子升为鲁国大司寇，摄相事，7 日而诛少正卯，曝尸 3 日，鲁国由此大治。

鲁定公十二年（公元前 498 年），孔子为削弱三桓势力，采取了“隳三都”的措施，拆毁三桓所建城堡。后来“隳三都”的行动半途而废，孔子与三桓的矛盾也随之暴露。

鲁定公十三年（公元前 497 年），孔子 55 岁。这年春天，齐国送 80 名美女到鲁国。季桓子接受了女乐，君臣迷恋歌舞，多日不理朝政。不久鲁国举行郊祭，祭祀后按惯例送祭肉给大夫们时并没有送给孔子，这表明季氏不想再任用他了。孔子在不得已的情况下离开鲁国，到外国去寻找出路，开始了周游列国的旅程，直到他 70 岁时才返回鲁国。这一时期，也是孔子大力办学、广收弟子的教育鼎盛时期。

孔子一生办学的经历大致如下：17 岁是他教学生涯的起点，20 岁左右到东周进修访学是其进一步提高的关键，回到鲁国后便开始向社会公开招生，真正开始了私人教育事业。35 岁到 55 岁这 20 年是孔子教育事业的巅峰时期，学生人数众多，远近皆至。56 岁到 70 岁这段时间，孔子周游列国，广泛传播自己的学说和主张，是其思想大散播时期。70 岁回到鲁国，专心教育与文献整理工作，是其教育生涯的总结时期。

孔子一生中有大部分时间是从事传道、授业、解惑的工作。他首创私学，进行授学，打破了“学在官府”的旧制度，突破了王公贵族对知识的垄断，促进了文化在民间的传播。

孔子提倡“学以致用”，他的教学目的，在于培养为实行“礼治”和“仁政”所需的人才，把“学”与“道”联系起来。孔子创造了一套卓有成效的教育方法。“因材施教”是孔子的一条重要的教学原则，即针对每个学生的个性和优缺点，循循善诱，尽量发挥其长处。在教学方法上，孔子重视启发式的教育方法，要求学生举一反三，由此及彼地进行推理和分析，这样就培养了学生的自觉性和独立思考能力。此外，孔子还总结了一套正确的学习原则，譬如“学而知之”的唯物主义认识论，“知之为知之，不知为不知”的老老实实的学习态度，以及“不耻下问”的敬学态度等。

孔子对学生的影响，一部分是通过言传，而更多的、更为深刻的则是身教。他的勤奋好学，他对真理、对理想、对完美人格的追求，他的正直、谦虚、有礼，和对国家的忠诚与对百姓的关心，都深深地感染着他的学生和后人。

孔子弟子中在德行方面表现突出的有颜渊、闵子骞、冉伯牛、仲弓；在语言方面表现突出的有宰我、子贡；办理政事能力较强的有冉有、子路；熟悉古代文献的有子游、子夏。在孔子的弟子中，有不少人都干出了一番事业和成就，对于当时的政治，尤其是对于孔子思想的继承和传播，对于儒家的形成和发展，起了决定性的作用。

孔子不仅博学多识，而且毕生致力于为政和为人之道。他主张“学而优则仕”，希望依靠自己的广博学识走上从政道路。然而，仕途的大门却迟迟没有向他敞开，直到人过中年之后，他才获得了从政的机会。

孔子由于对鲁国大夫季氏专权感到不满，于是逃到齐国，曾一度得到齐景公的垂青。

齐景公问他治国之道，孔子答：“君君，臣臣，父父，子子。”也就是说，君臣父子都应该按照传统的礼制和道德规范行事，不可越轨。然而孔子的才华遭到齐国大臣的忌妒，不但大臣晏婴不赞同他的政治主张，而且其他大臣甚至也想谋害他。孔子得不到齐景公的重用，只好告辞了，就回到了鲁国。

而在周敬王十八年（公元前 502 年），孔子由于拒绝叛臣阳虎的拉拢，取得了国君鲁定公和执政大臣季桓子的信任。第二年，51 岁的孔子被任命为"中都宰"——中都地方的长官。他干得很出色，一年之后，被提升为"司空"——主管建筑与道路等事务的长官；不久又升为"司寇"——掌管司法的长官，兼理外交事务。从此，孔子的仕途前景一片光明。

周敬王二十年（公元前 500 年），齐鲁两国在夹谷会盟。在举行会盟仪式时，齐国妄图侮辱鲁国，奏起了边疆地区的音乐，还让侏儒和小丑上台耍笑逗乐。孔子识破了齐国的险恶用心，义正词严地用当时通行的礼法责备对方，并把小丑和侏儒处以腰斩的酷刑，保全了鲁国的尊严，使齐国的阴谋没有得逞。这次外交胜利不但提高了鲁国的地位，而且孔子的政治声誉也因此而鹊起。

孔子参政以后，便建议打击割据势力，从而使鲁国的政治大有起色，这可吓坏了邻国齐国。齐国怕鲁国重用孔子后国力强大难以控制，于是想方设法搞破坏。他们知道鲁定公和季桓子都是好色之徒，便使用美人计，给鲁国送来了 80 名美女、30 辆华丽的马车，从那以后，鲁定公和季桓子便沉湎于酒色，再也不过问政事了。孔子感到自己不能继续施展政治抱负，于是便辞职离开了鲁国，开始周游列国。

孔子圣迹图

孔子离开鲁国后，在外漂泊了 14 年，先后到过卫、匡、蒲、曹、宋、郑、陈、蔡、晋、楚的边境，并反复进出卫国。

卫国是孔子周游列国的第一个国家。卫灵公开始很尊重他，按照孔子在鲁国的俸禄标准发给他粟 6 万斗，但并没给他什么官职，也没让他参与政事。孔子在卫国住了约 10 个月之后，因有人在卫灵公面前进谗言，卫灵公对孔子起了疑心，派人公开监视孔子的行动，于是孔子带弟子离开卫国，打算去陈国。

孔子一行路过匡城时，因为被误认为是曾经骚扰过匡地的阳虎一伙，被人围困了五日。一场虚惊过后，孔子离开匡邑，想去晋国。刚到了蒲地，又碰上卫国贵族公叔氏叛乱，再次被围。逃脱之后，孔子又返回了卫国，卫灵公听说孔子师徒从蒲地返回，非常高兴，亲自出城迎接。孔子此后在卫国住了两年。

但年迈的卫灵公此时对于治理国家并不起劲，虽然尊敬孔子，却无意让他参政，只是偶尔让夫人召见召见他。孔子对此很失望，感到久居无益，两年后就又离开了卫国。

这次，孔子一行辗转经过曹国、宋国、郑国，来到陈国，在陈国住了三年。吴国攻打陈国，弱小的陈国无力自保，局势危险，孔子只好带着弟子离开陈国。

在经过陈、蔡两国交界处时，正赶上吴、楚两国交兵，孔子师徒又被乱军包围，可孔子还每天坚持教学，照样谈笑风生。他教育弟子："君子固穷，小人穷斯滥矣！"意思是说，君子即使处于贫困的境地，也不会改变操守，要是小人遭遇此事，就要越轨胡来了。另外，他还派口才出众的子贡去同楚军交涉，终于在楚军保护下，死里逃生。

楚昭王想重用孔子，但遭到满朝文武大臣的极力反对。国相子西认为，孔子有实现周公事业的想法，如果给他封官加地，再加上贤能弟子的辅佐，将会对楚国构成威胁。楚昭王就此打消了念头。孔子只得离开楚国，回头北返。

最后孔子又回到卫国。这一次，他在卫国住的时间比较长。虽然他本人因不满卫蒯聩与卫出公二人不遵父子之道，拒绝当官，但他的弟子则有的在卫国身居高位，有的则回鲁国做了大官。年迈的孔子身居异乡，越来越想念自己的家国。在卫国居住五年之后，他终于回到阔别 14 年之久的鲁国。

孔子晚年能顺利归鲁，得益于他的弟子们。鲁哀公七年（公元前 488

年），吴与鲁于鄫会盟，鲁国被迫进献厚礼，吴国还要求鲁国的执政大臣季康子去朝见，幸亏子贡从中交涉，才免受羞辱。第二年，吴国攻打鲁国，又是以有苦为首的700勇士誓死抵抗，才打退吴兵。鲁哀公十一年（公元前484年），冉求率领“季氏之甲”击退齐军，立了战功，深得季康子赏识。冉求极力向季康子推荐孔子。季康子便派人带了重礼迎孔子回国。

孔子回鲁以后，鲁哀公和季康子以“国老”之礼相待，并向他求教治国之道。但季康子的施政方法却与孔子的政治思想完全不同。季康子对鲁国盗贼众多表示担忧，向孔子求教如何治“盗”，孔子却说：“如果你自己没有贪欲，那么即使给予奖赏也不会去偷盗。”这实际是讽刺季康子的穷奢极欲。

鲁哀公十四年（公元前481年），齐国发生了一件大事，国相田常杀死了齐国君王简公。以下犯上，以臣弑君，这是孔子最不能容忍的大逆不道之举。于是他便拜见了鲁哀公，请求出兵伐齐。但鲁哀公却回答说：“齐强鲁弱，怎么能去讨伐呢？”让他去找执政的季康子商量。但是季氏由于在政治见解上与孔子不和，又经常受到孔子的批评和讽刺，当然不会理睬孔子。孔子由于一再在仕途上遭受冷遇，所以在晚年便把全部精力用在文化教育事业上，努力搜集和整理古代文献，作为教授弟子的课本。

孔子时期，周室衰微，礼乐败坏，《诗》《书》等典籍残缺不全。孔子追溯夏、商、周三代的礼仪制度，重新编成《书传》，上起唐尧、虞舜之时，下至秦穆公时期，按历史顺序排列史事。考察了夏、殷以来礼制增减的情况后，孔子说：“从此之后，即使过了百代，礼制的增减情况都可以把握，不外乎是文采和质朴的交替变化。周朝借鉴夏、殷两朝的礼制而确定自己的礼仪制度，真是丰富多彩啊。我遵从周朝的礼制。”《书传》《礼记》都是孔子编订的。古代留传下来的《诗》有上千篇，孔子删去重复的部分，选取可以用于礼仪教化的篇章，共305篇，所以《诗经》又称“诗三百”。孔子将这些诗全部配乐，礼乐制度从此才得以称述，六艺齐全。在编著《诗》时，孔子阐述了他的文学观念：“《诗》三百，一言以蔽之，曰：思无邪。”这既符合当时统治阶级的正统思想，又规定了中国整个封建社会的文学创作方向，此外，他还提出“兴、观、群、怨”的诗学理论，阐释了文学的社会功能，对后世具有很大的启发作用。

孔子晚年喜好《易》经，反复研读，以至于“韦编三绝”，就是把串竹简的皮绳都磨断了三次。作为《易》的组成部分的“十翼”，即解释经文的传文，据说就与孔子有关。

《春秋》本是鲁国的编年史,孔子对其进行订正。据说在写作《春秋》时，孔子该写就写，该删就删，连子夏等人都不能插嘴。孔子说：“后世人知道我孔丘是因为《春秋》，而怪罪我孔丘也是因为《春秋》。”在先秦时代所有的学派和学者当中，孔子在保存、整理古代文献方面，作出的贡献最大。他对保存中华民族的古代文化遗产，具有不朽的功绩。这些文献，如《诗》《书》《礼》《乐》，后来都被孔子作为教学内容传授给弟子们。

然而厄运并没有放过他。孔子 69 岁那年，他的独生子孔鲤死了，老来丧子，乃是一大哀事。次年，孔子最喜爱的弟子颜渊也死了，孔子悲痛不已。再下一年,在卫国当官的子路在宫廷斗争中被株连,惨死于卫国政变。

独子和两个心爱的弟子相继死去，使孔子在感情上遭到重大打击，他在子路遇害的次年，就在悲痛中病倒了，从此一病不起。一天，他强撑着，拄着拐杖到户外散心，正好子贡来看望他。孔子深情地说：“赐，你怎么来得这么晚啊？”接着又叹息着唱道：“泰山就要崩塌了！梁柱就要折断了！哲人就要凋谢了！”一边唱一边潸然泪下。接着，他又对子贡说：“天下失去常道已经很久了，没有人能遵循我的主张。夏人死后棺木停放在东面的台阶，周人死后棺木停放在西面的台阶，殷人死后棺木停放在厅堂的两柱之间。昨天傍晚，我梦到自己坐在两柱之间受人祭奠，我本来就是殷人啊。”鲁哀公十六年（公元前 479 年）四月，孔子与世长辞，终年 73 岁。

孔子无论生前死后,其崇拜者都不计其数。他的弟子子贡将他比成“不可逾越的日月”，儒家后学荀子更将他与古代的“三王”并称。

孔子逝世后，鲁哀公将孔子故居改建为庙，收藏孔子生前用过的衣冠、琴、车和书简等。相传鲁国每年按时到孔子墓地供奉祭祀，儒生们也在孔子墓地讲习礼仪，举行乡饮、大射等仪式。

除去焚书坑儒的秦朝，孔子在整个封建社会都备受推崇。尤其是到了汉朝，汉武帝“罢黜百家，独尊儒术”，以“五经”立于学官，儒家思想成了钦定的正统思想，作为儒家学派创始人的孔子的地位远远超过诸子，甚至被尊为“素王”。西汉史学家司马迁评价孔子时说：“天下的君王乃至贤人实在太多了，活着的时候都很荣耀显赫，一旦死去就消失得无影无踪了。而孔子只是个平民，可他的名声和学说却流传了十几代，学者们仍然推崇他为宗师。从天子到诸侯，凡是讲论六经道艺的人，都把孔子的学说当作是判断和衡量的最高准则，孔子可以说是至高无上的圣人了！”

五、发扬儒学成“宗圣”，啮指痛心曾孝子

曾子（公元前 505—公元前 435 年），名参，字子舆，春秋末年鲁国南武城（山东嘉祥县）人。中国著名的思想家，孔子的晚期弟子之一，与其父曾点同师孔子。儒家学派的重要代表人物，在儒学发展史上占有重要的地位，被后世尊奉为“宗圣”，配享孔庙。

鲁哀公元年（公元前 494 年），曾参常随父学诗书，有“伏案苦读”之说。鲁哀公三年（公元前 492 年），“躬耕于泰山之下，遇大雨雪旬日不得归，因思父母，而作梁山之歌”。

鲁哀公五年（公元前 490 年），16 岁的曾参拜孔子为师，他勤奋好学，颇得孔子真传。

鲁哀公十三年（公元前 482 年），孔子的高才弟子颜回病故，曾参就成了孔子学说的主要继承人。

鲁哀公十六年（公元前 479 年），孔子去世，曾参以父礼守孔子墓。孔子临终将其孙（孔鲤之遗孤）子思托付于曾参。

鲁哀公十九年（公元前 476 年），孔门弟子子夏、子游、子张认为有若面貌很像孔子，要把有若当孔子来侍奉，强叫曾参同意。曾参拒绝说：“不可以这样做。老师的德行像长江的水洗过，像秋天的阳光晒过，清净洁白，无以复加，怎么只求面貌相似呢？”

鲁悼公三十二年（公元前 435 年），一天夜里，病危中的曾子突然想起身下铺着一领华美的席子，那是鲁大夫季孙氏送给他的。他认为，自己一生没做到大夫，不应铺大夫的席子，于是就招呼儿子们把席子换下来。没等换上的席子铺好，他就去世了，终年 71 岁。

曾子主张以孝恕忠信为核心的儒家思想，他的修齐治平的政治观，内省、

慎独的修养观，以孝为本的孝道观至今仍具有极其宝贵的社会意义和实用价值。曾子参与编写了《论语》，著写了《大学》《孝经》《曾子十篇》等作品。

曾子著作《大学》，开宗明义提出了三纲——明明德、亲民、止于至善，八目——格物、致知、正心、诚意、修身、齐家、治国、平天下。“古之欲明明德于天下者，先治其国；欲治其国者，先齐其家；欲齐其家者，先修其身；欲修其身者，先正其心；欲正其心者，先诚其意；欲诚其意者，先致其知。致知在格物。格物而后知至，知至而后意诚；意诚而后心正，心正而后身修，身修而后家齐，家齐而后国治，国治而后天下平。”构成了一套完整的封建伦理道德的政治哲学体系。

曾子虽有从政经历，但综观其一生，仍然是一个孔子式的知识分子形象。其根源在于他那尽守礼约、躬守孝道、不苟同权贵的思想品格。

“曾子避席”出自《孝经》，是一个非常著名的故事。曾子有一次在孔子身边侍坐，孔子就问他：“以前的圣贤之王有至高无上的德行，精要奥妙的理论，用来教导天下之人，人们就能和睦相处，君王和臣下之间也没有不满，你知道它们是什么吗？”曾子听了，明白老师孔子是要指点他最深刻的道理，于是立刻从坐着的席子上站起来，走到席子外面，恭恭敬敬地回答道：“我不够聪明，哪里能知道，还请老师把这些道理教给我。”

曾　子

曾子性格内向，长于内省，提出“君子慎独”及“吾日三省吾身”等不朽名言。他是历史上一个有名的孝子，笃行仁孝，提倡忠恕。关于他的孝，历来有很多故事。曾参对父亲非常地孝顺，从来不会违抗父亲的任何决定，有时对于父亲蛮不讲理甚至动粗都尽量顺受。有一次，曾参在瓜田里干活，不知道为什么走了神，不小心把一棵长得很好很肥壮的瓜苗给弄断了。他的父亲曾皙性情暴躁，一见之下，怒火冲天，抄起一根粗木棒照着曾参背脊上就是一棍子。可是曾参这个书呆子，竟然不闪不避，扎扎实实挨了一棍，一下子扑倒在地上，不省人事。过了好半天，他才缓过劲，迷迷糊糊醒过来，背上火烧火燎地疼。尽管如此，还是挣扎着跑去问候他的父亲，说："不孝子惹父亲大人生气了，您老人家教训我，可曾用力过猛，伤了您的手？"问候完毕，又回自己屋里，继续若无其事地弹琴唱歌，以此表明自己一点怨恨也没有。

这件事很快就传了出去，大家都说曾参真是个至孝之人，宁愿自己受伤，也不愿忤逆父亲。后来孔子也听说了，却对此不以为然，还吩咐其他弟子，如果曾参来了，就别让他进来。其他弟子虽然奇怪，可一看孔子的脸色，谁也不敢询问。果然没两天，曾参来了。哪知道刚走到门口，就被关在门外，不准进去。曾参百思不得其解，不知道自己做错了什么。只好千方百计托人传话，希望孔子能解开他心中的疑惑。孔子说："从前舜也是个大孝子，可不是曾参这样的。舜的父亲也经常打他，如果他爹用小棍子打，舜就不闪不避，随他打几下；如果他爹用大木棒打他，他就跑得远远的，躲开暴怒中的父亲。现在曾参明明看见大木棒砸下来也不躲避，存心用自己的血肉之躯去承受那蛮不讲理的暴怒。他自己倒觉得自己这样是孝顺，也不想想，万一他老爹那一棍子把他打死了，那他老爹岂不是要背负杀子的恶名？天下还有比陷父亲于不义更不孝的吗？"

曾参听了别人的转述，恍然大悟。这才明白自己这种做法其实是极端错误的，几乎酿成大错。凡事必须有一个度，如果不能很好地把握这个度，就有可能把好事变成坏事。曾参至孝，本来是一件好事，但是他开始却没有把握住所谓"孝"的标准和度，以为一味地逆来顺受就是"孝"，结果几乎铸成大错。孔子的智慧就在于懂得凡事不能过火，一旦过火就会犯错，这其实也是孔子中庸之道的一个体现。

《二十四孝》中也有一则曾子啮指痛心的故事。曾子少年时家贫，常入山打柴。一天，家里来了客人，母亲不知所措，就用牙咬自己的手指。曾参忽然觉得心疼，知道母亲在呼唤自己，便背着柴迅速返回家中，跪问缘故。母亲说："有客人忽然到来，我咬手指盼你回来。"曾参于是接见客人，

以礼相待。

这就是古代著名的“二十四孝”中的“啮指痛心”。曾子是著名的孝子，因此对母亲传出的资讯有着很强的感知力。后人也以诗颂之:“母指方才啮，儿心痛不禁。负薪归未晚，骨肉至情深。”

六、千古传颂“诗三百”，高歌先秦风雅颂

《诗经》是我国第一部诗歌总集，本来只叫《诗》，汉代儒者奉为经典，乃称《诗经》。

《诗经》共收入西周初期（公元前 11 世纪）至春秋中叶（公元前 6 世纪）500 余年间的诗歌 305 篇，另 6 篇有目无诗。按照音乐的不同，作品分为风、雅、颂三大类。在这个按音乐关系划分的诗歌世界里，展现了久远的年代里，我们的祖先关于政治风波、春耕秋获、男女情爱的悲欢哀乐。

“饥者歌其食，劳者歌其事”，“风”又称为“国风”，是《诗经》的精华所在。共 160 篇，包括周南、召南、邶、鄘、卫、王、郑、桧、齐、魏、唐、秦、豳、陈、曹 15 个国家和地区的乐歌。这些作品主要来自民间，不少是当时人民的口头创作，因此比较直接地反映了下层民众的思想、感情和愿望，诗歌中对黑暗世道的怨恨十分强烈，对不公正现实的讽刺也非常尖锐，具有彻底的批判精神。如《魏风·硕鼠》中，诗人把奴隶主直呼为“贪而畏人”的大老鼠；在《鄘风·相鼠》中，诗人痛骂统治阶级的无耻淫乱；在《魏风·伐檀》中，诗人辛辣地讽刺剥削者无偿占有劳动成果的贪婪。从《卫风·氓》里弃妇的哀伤，到《王风·君子于役》里思妇的忧愁；从《郑风·风雨》爱情的缠绵，到《鄘风·柏舟》誓言的坚贞，《诗经》为我们真实地展现了那个年代的感情生活。不管是展现爱情、婚姻的悲剧，还是表达怀念和思慕，抑或是描绘幽会的甜蜜，莫不生动活泼，感人肺腑。

《诗经》的第一篇《周南·关雎》，就是一曲火热的情歌：

关关雎鸠，在河之洲。窈窕淑女，君子好逑。

参差荇菜，左右流之。窈窕淑女，寤寐求之。

求之不得，寤寐思服。悠哉悠哉，辗转反侧。

参差荇菜，左右采之。窈窕淑女，琴瑟友之。

参差荇菜，左右芼之。窈窕淑女，钟鼓乐之。

诗人以河洲上雌雄和鸣的雎鸠起兴，写一个男子对一个采荇菜的美丽姑娘的单恋。这热烈而坦率的恋曲，却在千年后依然感动无数为爱情献身的人。

“雅”是指周王朝直接统治地区的音乐，共105篇，分为大雅、小雅，多数是朝廷官吏和公卿大夫的作品，但也有大量针砭时弊、怨世忧时的作品。如《小雅·巷伯》痛骂了朝廷中的奸佞小人,《小雅·十月之交》通过自然灾异而警告了当权者,《大雅·荡》则以商朝的覆灭给最高统治者周王敲响了警钟。这些诗篇对社会现实的揭露，对于政治的关注，都启迪了后代文学的现实批判精神。

“颂”是贵族在宗庙中祭祀鬼神和赞美祖先、统治者功德的乐曲，共40篇，分为周颂、鲁颂和商颂。其中周颂是周王室的宗庙祭祀诗，除了单纯歌颂祖先功德外，还有一部分于春夏之际向神祈求丰年或秋冬之际酬谢神的乐歌,从中可以看到西周初期农业生产的情况。如《丰年》中唱道:“丰年多黍多稌 ，亦有高廪，万亿及秭。为酒为醴，烝畀祖妣，以洽百礼，降福孔皆。”而《噫嘻》则描绘了大规模耕作的情形:“噫嘻成王，既昭假尔，率时农夫，播厥百谷。骏发尔私，终三十里。亦服尔耕，十千维耦。”

总之,《诗经》从多方面表现了那个时代丰富多彩的现实生活，反映了各阶层人民的喜怒哀乐。不管是个人的失意忧伤之情，军中的厌战思乡之情,还是男女之间的甜美恋情,都以“乐而不淫,哀而不伤”为抒情基调,显得节制而婉转，总体上形成了委婉曲折、细致隽永的特点，深刻地影响了中国诗歌以含蓄为美的审美精神。

七、建筑鼻祖木匠师，发明创造第一人

鲁班(公元前507—公元前444年),春秋时期鲁国人,姬姓,公输氏,名班,人称公输盘、公输般、班输，尊称公输子，又称鲁盘或者鲁般，惯称“鲁班”。

2400多年来，人们把古代劳动人民的集体创造和发明也都集中到他的身上。因此，有关他的发明和创造的故事，实际上是中国古代劳动人民发明创造的故事，鲁班的名字实际上已经成为古代劳动人民智慧的象征。

鲁班的父亲是一位老木匠。受父亲的影响，鲁班小时候活泼好动，喜欢摆弄父亲的斧、锛。他还用它们把圆木头砍成方条，把粗的木头劈成薄板。10 岁的时候，小鲁班便会使用所有的木工工具。他一天到晚闲不住，自己做了很多小木柜、小板凳、小车等，摆列得到处都是。

随着年龄的增长，鲁班逐渐成长为一名优秀的木匠。他不仅做出了很多精美实用的家具，建造了众多富丽堂皇的住宅，还热衷于发明、改进木工用的工具。相传，锯就是由鲁班发明的。有一年，鲁班奉王命建造一座规模宏大的宫殿。建造这座宫殿需要很多木料，鲁班吩咐徒弟们上山砍伐树木。由于当时还没有锯，徒弟们都是用斧头伐木，效率非常低。他们起早贪黑地忙活，累得精疲力竭，进展却很慢，眼看工程期限越来越近。

鲁班急得像热锅上的蚂蚁。他决定亲自上山察看砍伐树木的情况。山路崎岖不平，杂草丛生。他无意中抓了一把路旁的一种野草，不小心将手划破了。鲁班很纳闷，一根小草怎么能把长满老茧的手划破？于是，他摘下一片叶子来细心观察，发现叶子两边布满了小细齿，用手轻轻一摸，这些细齿非常锋利。他这才明白，手就是被细齿划破的。正在思忖这个问题时，鲁班又看到一只蝗虫正啃吃草叶，只见它的两颗大板牙一开一合，很快就吃下一大片叶子。出于好奇，他顺手抓住那只蝗虫，仔细观察它的牙齿，发现大板牙两侧同样排列着许多小细齿，蝗虫正是靠细齿来咬断草叶的。

这两件事使鲁班大受启发。他想，如果把伐木工具的刃口做成齿状，不是同样会很锋利吗？说干就干，他用大毛竹做成几条带小齿的竹片，然后在小树上做试验。结果，几下子就把树皮拉破了，再拉几下，树干上就划出一道深沟。鲁班高兴之余，发现竹片质地比较软，强度不够，拉了一会儿，

詩經卷之一
國風一
周南一之一
○蘀兮蘀兮風其漂女叔兮伯兮倡
予要女
蘀兮二章章四句
彼狡童兮不與我言兮維子之故使我不能
餐
○彼狡童兮不與我食兮維子
之故使我不能息兮
狡童二章章四句
子惠思我褰裳涉溱子不我思豈無他人

《诗经》书影

有的齿断了，有的变钝了，需要更换新竹片。这显然不能适应大量砍伐树木的需要。看来，竹片不宜作为制作齿的材料，必须找一种硬度、强度较高的材料才行。

鲁班左思右想，试验了多种材料，觉得铁片比较适宜。他找到几位铁匠，让他们制造了一些带有小齿的铁条，然后拿到山上实践。鲁班和徒弟各拉一端，在一棵树干上拉了起来，一来一往，一会儿就把树干割断了，既快又省力。鲁班就这样发明了锯。

他到别人家做木工活的时候，发现人们用一种叫作“杵臼”的碾米工具舂米，这种装置比较费时费力。鲁班决心解决这道难题。他反复观察杵臼的工作原理，认为它的主要弊端在于：它是上下运动，操作时需要抬高手臂，向下用力，时间长了肯定会腰酸胳膊痛。另外，操作这种装置，必须细致，还得把握方向和分寸，故只能由人来做。

针对这两个弊端，鲁班开始考虑解决办法，同时经常深入老百姓的日常生活，询问他们的看法和要求。经过几个月的刻苦努力，鲁班终于发明了一种更为简单，且省时省力的碾米工具。鲁班除了发明锯和石磨之外，还有许多发明创造。他曾发明了一系列木工用具，如刨子（刨光木料的工具）、钻（打孔的器具）、铲、凿子、墨斗（木工画线的用具）和曲尺等，以及弹墨线时用的小弯钩——“班母”，刨木料时顶住木料的卡口——“班妻”。他制造过一种攻城用的云梯。鲁班还对古代的锁进行了改进，把锁的机关设在里面，只有通过特定的钥匙才能开启，安全性和实用性大大增强。据记载，鲁班曾用竹子做成一只木鸟。它能借助风力飞上高空，三天三夜不落地。这在当时引起很大震动。

鲁　班

在兵器方面，鲁班曾为楚国

发明攻城的“云梯”和水战用的钩强。这里还有一个很有趣的故事，根据《墨子·公输篇》记载，鲁班为楚国造了攻城机械，墨子赶去与他斗法，终于制止了一场战争。后来，鲁班就不再造兵器了，而是潜心于造福人类的发明。

无论是在典籍记载还是在民间传说中，鲁班都是一个勤奋多产的发明家。他不停地发明新的工具，改进旧的工具。他的发明创造大大改善了人民的生活，也提高了劳动效率，为我国早期的土木建筑发展作出了杰出的贡献。他对人类贡献非常之大，连欧美一些建筑家们也认为：在世界古代建筑史上，鲁班是一位罕见的大师。

第二编

战国乱纷纷，云消归一统

战国时期，经过长期的混战，形成了齐、楚、燕、韩、赵、魏、秦七个强大的诸侯国，历史上称为“战国七雄”。

这是一个争杀不断的年代，“争地以战，杀人盈野，争城以战，杀人盈城”，虽然生灵涂炭，却又英雄辈出，创造了一个个英雄造时势的神话。

“担当生前事，何计身后评”，群雄为一展胸中抱负逐鹿争霸，为了满腔热血驰骋纵横。君择臣，臣择君，名臣将相们引领着时代的风骚，他们奔走游说，合纵连横，才为重己者用，身为知己者死。

一将功成万骨枯，当世界归于一统，站在最高处的那个人包揽了所有的历史荣光。

第一章 战国七雄

一、七雄并列多争战，各霸一方逞英豪

1. 战国概况

战国，指的是公元前 475 年到公元前 221 年秦统一以前的中国历史时期。这一时期各国混战不休，故前人称之为战国。但前人也把春秋、战国合称东周，还有称战国为列国或六国者。

战国和春秋一样，全国仍处于分裂割据状态，但趋势是通过兼并战争而逐步走向统一。春秋时全国共有 100 多国，经过不断兼并，到战国初年，只剩下十几国。大国有秦、楚、韩、赵、魏、齐、燕七国，即有名的“战国七雄”。除七雄外，越在战国初也称雄一时，但不久即走向衰亡。小国有周、宋、卫、中山、鲁、滕、邹、费等，后来都先后被七国所吞并。与七雄相毗邻的还有不少少数民族，北面和西北有林胡、楼烦、东胡、匈奴、义渠，南面有巴蜀和闽、越，至秦统一，已多与汉民族融合。

七国的疆域情况是：秦占有今陕西及甘肃之东南部，以后渐进到今四川、山西、河南。都城最初在雍（今陕西凤翔），最后迁咸阳。韩的国土是七国中最小者，今晋东南及豫中、豫西部都属韩地，都城在平阳（今山西临汾），后迁郑（今河南新郑）。赵占有今山西的中部、北部以及河北中部和西北部，后拓地至今内蒙古南部的黄河两岸，都城在邯郸。魏占有今晋南及豫北和豫中偏东一带，都城在安邑（今山西夏县），后迁大梁（今河南开封）。齐占有今山东北部及河北东南的一部分，都城在临淄。楚占

有今湖北、湖南、四川、安徽、江苏、浙江和山东的一部分，都城在郢（今湖北江陵），后迁于陈（今河南淮阳）、寿春（今安徽寿县）等地。燕占有今河北北部及辽西一带，后又占有今辽东和内蒙古、吉林的一部分，都城在蓟（今北京），其下都在今河北易县。

2. 战国历史脉络

战国时期，战争日益加剧。最终秦国统一天下，有其偶然但确是一种必然。

下面让我们大概了解一下战国各个时间段里的重大事件。

周元王（姬仁），公元前 476—公元前 469 年在位。越王勾践大败吴国，并最终灭掉吴国，越国强盛一时，国际形势发生了很大改变。

周贞定王（姬介），公元前 468—公元前 441 年在位。周贞定王十六年（453 年），赵魏韩联手打败智伯，将其土地和人民瓜分，而后又将晋国瓜分，史称“三家分晋”。而这期间许多小国都被灭掉了，比如楚国消灭了蔡国、杞国等，七雄已经渐成定势，一些小国无力参与争斗，只能苟延残喘于大国之下。

周哀王（姬去疾），公元前 441 年在位。周哀王继位三个月后，弟弟就将其杀害并自立为王，史称周思王，周思王继位五个月后，小弟弟又如法炮制，杀害兄长，自立为周考王。

周考王（姬嵬），公元前 440—公元前 426 年在位。赵、魏、韩三家大夫权力越来越大，晋国国君反而要向三家朝见，而楚国也正在慢慢扩张，于公元前 431 年灭掉了莒国。

周威烈王（姬午），公元前 425—公元前 402 年在位。周威烈王二十三年（公元前 403 年），赵、魏、韩三家去请封，周威烈王正式授予了三家诸侯的身份，其实此时周天子已经没有那么大的实力了，这只是履行个程序，更加名正言顺。其间中山也刚刚立国，秦、魏开始了交战，齐国在安定了内部以后，也开始向外扩张，魏国成为齐国的目标，处境十分危险，地处中原，背腹受敌，稍有不慎，就会灭亡。但魏文侯起用贤人，占领河西之地，并攻占中山国。实力较晋国也差不到哪去。齐国也没有得到多少便宜，转而进攻比较弱小的鲁国。

战国·错金银兽首形辕饰

周安王（姬骄），公元前401—公元前376年在位。继位第一年，楚声王被杀害，注定了他的时期不能安定下来。公元前389年，吴起率领五万魏卒打败50万秦兵，令秦国大伤元气，史称“阴晋之战”，这也是以少胜多的典型战例之一。公元前386年，齐国君王田和正式被封为诸侯，田氏代齐也终于名正言顺。各国之间相互战争不断，七雄、包括许多小国都无法避免，敌友易变，十分混乱。公元前376年，那个为和平而生的墨子，也再不能奏唱和平，墨子的死，更加剧了社会的动荡，很少有人再为了和平而奔波，比起以往，战争更加频繁。

周烈王（姬喜），公元前375—公元前369年在位。公元前375年，韩国灭掉了郑国，而后来韩国和齐国均有弑君篡位的现象，各国战乱不断，互有胜负，而强大的魏国也随着魏武侯的死而走向衰败。

周显王（姬扁），公元前368—公元前321年在位。这应该是最混乱的时代了，在战国后期，不论强弱，不分兴衰，都参与到战争中。周王室也分开了，成为东西两个小国。魏国的实力远不如从前，秦国在商鞅变法后逐渐强大起来，又将河西之地夺回，数次击败三晋之军，当然多少也有些败绩。而齐、魏也经历了两次大战，即桂陵之战和马陵之战，导致魏国的实力大大下降，楚国也将实力强大的越国打得名存实亡。此时的历史变幻莫测，国际形势动荡不安。魏国与齐国相互争斗以后，又和好如初，公元前334年举行了徐州相王，双方互称对方为王。而秦、楚、赵、韩等国也貌合神离，一般没大动作，不过小摩擦不断。此时纵横家们已经大显身手，张仪和公孙衍开始了对抗，张仪对魏国又打又拉，秦惠文王称王后，公孙衍就针对秦国联合了赵、魏、韩、燕、中山五国相互称王，史称“五国相王”，此时的秦国，实力已凸显出来。

周慎靓王（姬定），公元前320—公元前315年在位。别小看这短短的六七年，战争却不少，而且规模也不小，其中有齐国和秦国的对战，还有赵、魏、韩、楚、燕五国伐秦，虽然没有分出胜负，但不失为一次壮举。秦国接二连三地攻打三晋之国，夺得了不少土地，燕国也发生了内乱，相对来说，这几年楚国反倒是安分许多。

周赧王（姬延），公元前314—公元前256年在位。他在位的时候，将东西周分治，而他则迁都西周办公。此时秦国俨然有横扫千军的气魄和实力，东方六国被它玩得团团转，当然秦国的崛起有商鞅和秦孝公的奠基，却也是秦昭王一手发展强大的，虽然他这个人有点不守信用，但实力才是硬道理，在战争年代，道德都是在军事力量之后，即使是和平年代，也一样。在此时，只有赵国还能勉强和秦国相抗衡，不过长平一战后，令赵国大伤元气，秦赵之间的天平也倾斜于秦国了，其他各国更是不敢向秦国进兵。糊涂的楚怀王败了家底，将土地都拱手送给秦国，还断送了自己的江山和自由，导致楚国岌岌可危。齐、燕之间有着很深的仇恨，燕国为了报仇，联合五国之军攻打齐国，险些灭掉了齐国，即使田单后来救回了齐国，却也不如从前那样强大。在历史上坚持多年的宋国被齐国灭掉了，中山国也被赵武灵王所灭，形势更加明了，秦国就是想要统一天下，可是一些国家却看不出来，仍贿赂秦国，做秦国的爪牙。长此以往，令秦国的实力继续增长。

公元前256—公元前221年，此时秦始皇已经登基，起初是吕不韦掌权，等秦始皇长大后就开始掌握实权，重用一些能人志士，逐渐消灭其他国家，最有功的就要属王翦和韩非了，虽然韩非并没有受到重用，但是其思想却流传下来，被秦始皇运用到国政当中。东方六国逐渐被消灭，原因之一便是他们不够团结。

经过战国，全国从分裂割据的状态走向统一，是历史发展的必然。从春秋到战国，由于社会生产力的提高，农业、手工业、水利、交通、商业等方面都有了较大的发展，使各地区经济上的不平衡性减少，彼此间的联系加强，相互的依赖关系更为密切。经济的发展，为全国统一奠定了基础。政治方面，各国经过变法，建立了百官必须服从君主法令的新的中央官僚

制度，地方上原来的贵族分封制为郡县制所取代，从而消除了各自为政的现象。政治制度上的重大改革，为大一统政权的出现准备了条件。

秦能够统一中国的客观原因为：秦据有富饶而又易守难攻的关中地区，具有良好的地理环境，秦变法比关东六国更为成功，对旧势力、旧制度的铲除较彻底，故在经济、政治方面比其他各国更为先进。秦昭王时，荀子曾到秦国去过。他说秦实行法治很成功，统治阶级内部矛盾较少，政治清明，故秦从孝公至昭王，军事上屡能获胜，绝非偶然。

3. 各国宫廷内斗

公元前 475 年，代国——晋国杀代国国君，代国亡。

公元前 473 年，邾国——被罢黜的前任国君曹益，逐他的儿子现任国君曹革，复位。

公元前 471 年，邾国——越国囚邾国国君曹益，立他的儿子曹何。

公元前 470 年，卫国——大臣褚师比逐国君卫辄，第二年，立公子卫黔。

公元前 469 年，宋国——诸公子逐国君子启，立他的哥哥子得。

公元前 468 年，鲁国——三桓逐国君姬蒋，立他的儿子姬宁。

公元前 458 年，晋国——四卿逐国君姬错，姬错死于道路，公子姬骄继位。

公元前 455 年，郑国——贵族杀国君姬易，立公子姬丑。

公元前 444 年，义渠国——秦国掳义渠（甘肃西峰）国王。

公元前 441 年，周王国——王子姬袭杀国王姬去疾，自立。另一王子姬槐又杀姬叔袭，自立。

公元前 426 年，卫国——公子卫亹杀国君卫纠，自立。

公元前 425 年，秦国——诸大臣攻国君秦怀公，秦怀公自杀，他的孙儿嬴肃继位。

公元前 423 年，郑国——晋国杀郑国国君姬已，他的弟弟姬骀继位。

公元前 422 年，晋国——国君姬柳的妻子秦嬴杀姬柳，立他的儿子姬止。

公元前 415 年，卫国——公子卫颓杀国君卫亹，自立。

公元前 402 年，楚王国——强盗袭杀国王芈当，他的儿子芈疑继位。

此后，因为秦与六国的纷争，六国纷纷陷入生死存亡的泥沼，内部斗争反而减弱了，一致对外、联合抗秦成了斗争的主线。

二、战国高悬英雄榜，七雄演义风云荡

1. 齐

西周、春秋时姜姓诸侯国，战国时为田（陈）氏所取代，为七雄之一。

姜齐是周初重臣太公吕望（亦称师尚父）之后所立。吕望为周文王所举用，并从武王伐商，有功。周公平定三临之叛，伐灭商奄、蒲姑（今山东博兴东南），吕望被封于营丘（今山东淄博东北），占有蒲姑旧地，齐立国始于此。

齐的疆域最初在今山东偏北。齐桓公称霸后，领土有所扩大，北至黄可与燕接界；西至济水与卫接界；南至泰山与鲁接界；东至今山东寿光一带，与杞、莱接界。齐灵公灭莱后，领土更扩大到今山东半岛。

西周后期，周夷王听纪侯之谮烹齐哀公，立其弟吕静为齐胡公，齐胡公曾迁都蒲姑。齐哀公弟吕山率营丘人杀齐胡公自立，为齐献公，齐献公又将都城迁回营丘，称为临淄。从此，齐的国都一直在临淄。

春秋早期，齐与主要竞争对手鲁国之间经常发生战争。公元前 689 年，齐襄公纪国，扫除东面障碍。公元前 686 年，公孙无知杀齐襄公自立，公子姜纠奔鲁，公子姜小白奔莒。次年，公孙无知被杀。鲁伐齐，欲纳公子姜纠，而齐高氏、国氏已召姜小白先入，击败鲁师，立为齐桓公。齐桓公在位期间,任用管仲为辅佐,实行一系列改革,齐国日益强大。公元前684年，齐灭掉西面小国谭，向鲁推进。公元前 681 年，又与宋、陈、蔡、邾会于北杏，南下灭掉逼近鲁的小国遂，迫使鲁与齐言和，盟于柯。次年，齐假王命合陈、曹伐宋，迫使宋国屈服，并与宋、卫、郑会于鄄，又次年，齐与宋、陈、卫、郑复会于鄄，开始称霸诸侯。

春秋中期，齐桓公以“尊王攘夷”为号召，联合中原诸夏，讨伐戎、狄、徐、楚，安定周室。公元前 664 年，齐北伐山戎，救燕；又逐狄，存邢救卫；公元前 656 年，齐合诸侯之师侵蔡伐楚，与楚盟于召陵。此后，齐多次大会诸侯。公元前 651 年，齐会鲁、宋、卫、郑、许、曹于葵丘，周天子赐齐侯胙，齐霸业达到顶峰。公元前 643 年，齐桓公卒，齐从此失去霸主地位，

齐宣王

但仍想和晋抗衡。公元前589年，齐、晋大战于鞌（今山东济南西北），齐师大败。到齐灵公、齐景公时，虽无法胜晋，却依然是仅次于晋的中原强国。

春秋晚期，齐国公室衰落，卿大夫相互兼并。公元前548年，崔杼杀齐庄公，立齐景公，与庆封共同执政。公元前546年，庆封灭崔氏之族，崔杼自杀。庆封专齐政。次年，庆舍与栾、高（齐惠公之后）、陈（田）、鲍四族攻庆封，庆封奔吴。齐景公时，陈桓子施惠于民，民归陈氏，陈氏因而强大。公元前532年，陈桓子联合鲍氏攻栾氏、高氏（齐惠公之后），栾施、高疆奔鲁。公元前489年，齐景公卒，国氏、高氏（齐文公之后）立晏孺子，次年，陈僖子联合鲍氏攻国氏、高氏，国夏、高张奔鲁，遂杀晏孺子，立公子阳生为齐悼公。齐悼公在位4年，被杀，齐人立齐悼公子壬为齐简公，阚止为政。公元前481年，陈成子杀阚止，追执齐简公子舒州，杀齐简公，立齐简公子敬为齐平公，专齐政。

公元前386年，陈成子玄孙太公和被立为诸侯，迁齐康公于海上。公元前379年，齐康公卒，姜齐绝祀。

田齐是妫姓国家，出于陈厉公之子陈完。陈与田古音相近，故古书往往作田。公元前672年，陈完入齐，事齐桓公。陈完传五世至陈桓子，陈氏开始强大。以后陈氏逐渐兼并齐国的栾、高（齐惠公之后）和国、高（齐文公之后）以及鲍、阚等族，专齐政。田齐的国都仍在临淄，疆域亦袭姜齐之旧。

田齐立国时，已经进入战国中期。太公和是第一代齐侯。太公和之孙桓公午在国都临淄的稷下置学官，“设大夫之号”，招聚天下贤士。到齐威王、齐宣王时，稷下人才济济，成为东方学术文化的中心。齐威王任用邹忌为相，改革政治，齐国遂强大。公元前353年，齐大败魏军于桂陵。公元前341

年，齐又大败魏军于马陵。公元前334年，齐威王与魏惠王“会徐州相王”，正式称王。齐威王晚年，邹忌与将军田忌争政。公元前322年，田忌攻临淄，求邹忌，不胜，逃亡楚国。齐宣王时燕国发生“子之之乱”。公元前314年，在孟轲的劝说下，齐宣王命匡章率“五都之兵”“北地之众”伐燕，5旬克之，一度占领燕国。

战国晚期，齐仍保持着强盛的地位。公元前301年，齐联合韩、魏攻楚，大败楚军于垂沙。公元前298—公元前296年，齐联合韩、魏连年攻秦，入函谷关，迫秦求和。公元前288年，齐、秦并称东、西帝，旋皆放弃帝号。次年，苏秦、李兑合赵、齐、楚、魏、韩攻秦，置于成皋。又次年，齐灭宋。公元前284年，燕以乐毅为上将军，合燕、秦、韩、赵、魏攻齐，攻入临淄，连下70余城。齐城不下者只有莒和即墨。齐滑王逃入莒，被淖齿杀死。王孙贾与莒人杀淖齿，立齐滑王子法章为齐襄王，距守。燕引兵东围即墨，即墨大夫战死，城中推举田单为将。双方相持达5年。公元前279年，田单组织反攻，用“火牛阵”大败燕军，收复失地。齐虽复国，但元气大伤，无力再与秦抗衡。公元前221年，秦灭韩、魏、楚、燕、赵后，使将军王贲从燕地南攻占齐国，俘虏齐王建，齐国灭亡。

2. 楚

先秦芈姓（芈本作孊）诸侯国，战国七雄之一。亦称荆。芈姓是所谓“祝融八姓”之一，始祖为季连。季连的后世子孙鬻熊为周文王师。古书记载，鬻熊以下楚君皆以熊为氏，但据出土战国晚期的楚国铜器铭文记载，楚君名号皆以酓为氏。鬻熊曾孙熊绎僻处荆山（今湖北南漳、保康一带），跋涉山林，以事周成王，被封以子男之田，居丹阳（今湖北秭归），从此立为国家。

楚的疆域最初主要在今湖北西部山区和江汉平原一带，后逐渐向西溯江而上扩展到今四川东端，向北溯汉水而上扩展到今河南西南的南阳盆地和丹江流域，向南扩展到今湖南北部的洞庭湖平原，向东沿淮水和江水扩展到今河南东南、安徽北部、江西北部和山东南部、江苏、浙江一带。

西周时期，楚对西周保持相对独立，往往叛服无定。周昭王曾两次率师伐楚。一次在昭王十六年，周师有较多俘获；一次在十九年，周师还济

战国·云雷纹兽首铜鼎

汉水，全军覆没，昭王本人也死在汉水中。这是西周历史上的著名事件。夷王时，王室衰微，熊绎的后代熊渠乘机出兵攻打庸和扬粤（即扬越），至于鄂，分其土，封长子毋康为句亶王，中子挚红为鄂王，少子执疵为越章王。周厉王时，熊渠畏周伐楚，去其王号。周宣王时，楚一度内乱。熊严有子4人，长子熊霜先立。熊霜卒，三弟争立：仲雪死，叔堪亡濮，而少弟季徇立，是为熊徇。熊徇之孙熊仪为若敖（楚君无谥称敖，冠以葬地名），其庶支称为若敖氏，是后来楚国的显族。

春秋早期，若敖之孙熊眴（蚡冒）开启濮地。熊眴卒，其弟之子熊通杀其子代立，迁都郢（今湖北江陵纪南城）。公元前740年，熊通自立为王，是为楚武王。楚武王多次进攻汉以东的强国随（在今湖北随州）。楚文王时，楚更为强大，凌江汉间小国，并北上伐灭申（在今河南南阳）、息（在今河南息县）、邓（在今湖北襄樊）等国。

春秋中期，楚成王屡次北上伐郑，引起北方各国的联合干预。公元前656年，齐桓公合诸侯之师伐楚，与楚盟于召陵（今湖南郾城东）。齐桓公卒，宋襄公乘机图霸。公元前638年，楚败宋于泓（今河南柘城一带）。宋襄公伤股，病创而死，楚势益张。公元前632年，晋文公败楚于城濮（山东鄄城西南），楚北上之势暂时受挫。但楚先后灭亡了弦（今河南息县）、黄（今河南潢川）等小国以及楚的同姓国夔（今湖北秭归）。穆王时，楚又先后灭亡江（今河南息县）、六（今安徽六安）两国。庄王时，楚的势力达到顶峰。公元前606年，楚伐陆浑戎，观兵周郊，问鼎大小。公元前597年，楚大败晋师于邲（今河南郑州西北）。公元前594年，楚围宋5月。楚又先后灭亡庸（今湖北竹山）、舒蓼（今安徽舒城）、萧（今江苏徐州）等小国，终于称霸诸侯。楚共王时，楚的势力有所衰落，公元前 575 年，晋败楚于鄢陵（今河南鄢陵西北）。次年，楚灭舒庸（今安徽舒城）。

春秋晚期，楚长期内乱。楚共王有子 5 人，子楚康王先立。楚康王卒，子郏敖立。楚康王弟子围、子比、子郏、弃疾争位。子围杀郏敖先立，是为楚灵王。楚灵王先后灭亡赖（今湖北随州东北）、陈、蔡。公元前 529 年，弃疾、子比、子郏乘楚灵王外出，攻入郢都，杀楚灵王太子禄，立子比为王，子郏为令尹，弃疾为司马。楚灵王饿死申亥家。后弃疾又杀子比、子郏而自立，为平王。楚平王暴虐，夺太子建妇，杀伍奢及伍奢子伍尚。伍奢子伍子胥出奔吴。楚昭王时，伍子胥劝说吴王阖闾伐楚。

公元前 506 年，吴败楚于柏举（今湖北麻城），五战及郢，攻入楚都。楚昭王逃入随，使申包胥请救于秦。次年，秦、楚败吴于稷（今河南桐柏），吴引兵去。楚昭王灭唐（今湖北随州），还归郢，迁都鄀（今湖北宜城东南）。楚昭王复国后，又灭顿（今河南商水）、胡（今安徽阜阳）等小国。楚昭王卒，子楚惠王立。公元前 481 年，楚平王太子建之子胜，为白公，袭杀令尹子西和司马子期于朝，劫楚惠王。叶公子高出兵，平定白公之乱，再度灭陈。

战国早期，楚惠王再度灭蔡，占领淮水流域；公元前 431 年，楚简王北上灭莒（在今山东莒县）。楚简王卒，楚声王立，立仅 6 年，“盗”杀楚声王。楚声王子楚悼王晚年任用吴起变法，南收扬越，占领洞庭、苍梧，楚复强大。

战国中期，楚威王败越，占领吴故地，越从此破散。楚怀王时，楚与齐纵亲。公元前 318 年，魏、赵、韩、燕、楚等国合纵攻秦，以楚怀王为纵长，不胜而归。秦使张仪入楚，离间齐、楚，许予商（今陕西商县）、于（今河南西峡一带）之地 600 里，已而背约不予，楚因伐秦。公元前 312 年，秦败楚于丹阳（今河南西峡一带），取楚汉中。楚反攻，秦又败于蓝田（今陕西蓝田）。楚服秦，但仍与齐、韩合纵。公元前 306 年，楚灭越（其后裔退居闽越），设郡江东。

战国晚期，楚背齐合秦。公元前 301 年，齐联合韩、魏攻楚，大败楚于垂沙。次年，秦亦攻楚，取襄城。又次年，楚怀王入秦被执，3 年后死于秦，楚从此一蹶不振。楚顷襄王时，秦继续攻楚。公元前 278 年，秦将白起破楚拔郢，楚迁都于陈（今河南淮阳）。楚顷襄王卒，楚考烈王立，以黄歇（封为春申君）

为相。公元前257年，黄歇与魏信陵君救赵败秦。次年，楚灭鲁。公元前253年，楚迁都巨阳（今安徽太和东南）。公元前241年，楚迁都寿春（亦称郢，今安徽寿县西南）。楚考烈王卒，李园杀黄歇，立楚幽王。楚幽王卒，同母弟犹代立为楚哀王。楚哀王立仅两月余，为庶兄负刍之徒袭杀，负刍立为王。公元前223年，秦将王翦、蒙武破楚，虏王负刍，楚国灭亡。

3. 燕

先秦姬姓诸侯国。战国七雄之一。燕本作匽，又称北燕，以区别于姞姓的南燕（今河南延津东北）。周公东征后，周太保召公奭被封于燕，他自己留辅王室，而令其子就封，成为第一代燕侯。

西周、春秋时期，燕的疆域主要包括今北京地区和辽宁西部的大凌河流域，都城在蓟（今北京）。其周围分布着许多戎、狄和貊部族，仅东南与齐邻接，同中原各国来往较少，国力一直不强。

关于西周时期的燕国，史书记载很少，只知当时共有11代燕侯，第一至第八代名号不详，最后三代为燕惠侯、燕釐侯和燕顷侯。

春秋时期的燕国，史书记载也较少，《春秋》经传和《国语》都很少提及。《世本》《竹书纪年》和《史记·燕世家》记录了这一时期的燕世系，但彼此龃龉不合。春秋早期，承西周晚期夷狄交侵的局面。燕国常常受到北方山戎的侵扰。据《世本》记载，燕桓公曾一度把都城南迁到临易（今河北容城）。公元前664年，山戎侵燕，齐桓公出兵相救，恢复了燕的疆界及其与中原周王室的联系，阻止了山戎南下。此后（或更早），燕的都城又北迁到蓟。

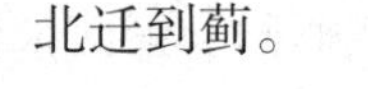

战国·镶嵌兽首形鼓座铜饰

战国时期，燕在各大国中实力最弱，但在当时的列国兼并战争中也起过重要作用。燕与齐、赵、中山相邻，4国经常发生冲突，到战国中晚期，争战愈演愈烈。公元前323年，燕易王称王。燕易王卒，子燕王哙即位，其相国子之深受重用。公元前316年，燕王哙把王位禅让给子之，又收回秩禄300石以上官吏的官玺，让子之重新任命，并由他决断国事，实行政治改革。公元前314年，子之行新政三年，将军市被与太子平聚众作乱，围攻子之。子之反攻，杀死市被与太子平。双方激战数月，死伤甚众。在孟轲的劝说下，齐宣王出兵伐燕，50日将燕攻下。燕王哙死难，子之出亡，被齐擒获而醢其身。中山也乘机攻占燕的大片土地。各国见齐国无意退兵，打算吞并燕国，遂谋伐齐救燕。公元前312年，秦、魏、韩出兵救燕，败齐于濮水之上。次年，赵武灵王召燕公子职于韩，派兵护送其回燕继位，为燕昭王。燕昭王即位于燕破之后，立志报仇雪耻，卑身厚币招聚天下贤士，得乐毅等人，励精图治，燕从此强大。这一时期，燕国设有两个都城，上都为蓟，下都为武阳（今河北易县东南），但也有一说认为汉良乡县为燕的中都。燕将秦开破东胡后，将领土扩大到辽东，设上谷、渔阳、右北平、辽西、辽东5郡，有今滹沱河以北的河北北部及辽宁之大部。公元前284年，燕以乐毅为上将军，联合秦、楚、赵、魏、韩5国伐齐，攻入齐都临淄，连下70余城，齐城不下者只有莒和即墨。齐湣王逃入莒，被齐相淖齿杀死。齐人立齐湣王子法章为齐襄王。燕引兵东围即墨，即墨大夫战死，城中推举田单为将。双方相持长达5年。公元前279年，燕昭王死，燕惠王即位，燕惠王猜忌乐毅，改用骑劫为将。田单进行反攻，收复丧失的70余城，燕从此国势不振。到燕王喜时，又屡败于赵。公元前251年，燕派栗腹、庆秦攻赵，为赵将廉颇所败。公元前243年，赵派李牧攻取燕的武遂、方城。次年，燕派剧辛攻赵，又为赵将庞煖所败。公元前236年，庞煖攻取燕的狸、阳城。秦乘燕、赵之间发生大规模战争，也不断攻取三晋之地。公元前228年，秦破赵，虏赵王迁，兵临易水，直接威胁到燕国。次年，燕太子丹派荆轲入秦刺杀秦王，没有成功。秦派王翦、辛胜击溃燕、代联军于易水以西。又次年，王翦拔取燕都蓟，燕王喜迁都辽东。公元前222年，秦将王贲攻取辽东，俘虏燕王喜，燕国灭亡。

4. 韩

战国七雄之一。姬姓，出于晋公族。祖先韩武子名万，为晋曲沃桓叔之子，封于韩原（今陕西韩城东北，一说在今晋南），因以韩为氏。公元前588年，晋作六军，武子玄孙献子（名厥）列为晋卿。公元前458年，韩宣子与智氏和赵、魏共灭范氏和中行氏，而尽分其土地。公元前453年，韩康子与赵襄子、魏桓子又共灭智氏，三分晋国。公元前403年，韩景侯与赵烈侯、魏文侯被周天子正式册命为诸侯。

韩的疆域最初在今山西东南部，后逐渐扩大到今河南中部。春秋晚期，韩宣子徙居州（今河南温县东北），韩贞子又徙居平阳（今山西临汾西南）。当时韩的疆域大体在今山西临汾地区及其以东的沁河流域和沁河下游的河南温县一带。战国早、中期，韩武子徙居宜阳（今河南宜阳西）。韩景侯时又迁都阳翟(今河南禹县)。公元前375年,韩哀侯灭郑,将国都迁到郑(今河南新郑)，重心遂移到今河南新郑一带和洛阳周围地区。

韩所处地理位置正当所谓“四战之地”的中原地区，东有魏，南有楚，西有秦，北有赵，因受各大国威胁，势力一直未能发展起来。公元前355年，韩昭侯任用申不害为相，实行政治改革，一时“国内以治，诸侯不来侵伐”。但申不害死后，韩仍不能摆脱困境，来自秦的威胁尤为严重。公元前335—公元前301年，秦曾多次败韩，先后攻取韩的宜阳、鄢、石章、武遂、穰等地。公元前296年，齐、韩、魏联军攻入秦函谷关，秦归还韩河外及武遂。公元前293年，秦大败韩、魏联军于伊阙，后又攻取韩的宛、邓，韩不得不献上武遂之地方200里。自公元前286—公元前263年，秦又大败韩，并连续攻取韩的少曲、高平、陉城、南阳。公元前262年，又取韩的野王，切断上党通往韩都新郑的道路，韩上党郡守以郡降赵。次年，秦攻取韩的缑氏、纶。数年后，攻取阳城、负黍。公元前249年，秦灭东周，又取得韩的成皋、荥阳，后全部占领上党郡，并攻取韩的13城。公元前233年,韩派韩非入秦,劝秦存韩伐赵,但不久韩非被迫自杀。公元前230年，秦派内史腾攻韩，虏韩王安，以韩地设颍川郡。韩国遂亡。

5. 赵

战国七雄之一。嬴姓，与秦同出于蜚廉之后。祖先造父，为周穆王御，有功，封于赵城（今山西洪洞北），因以赵为氏。赵氏的后代赵夙事晋献公，献公封赵夙于耿（今山西河津南）。赵夙子赵衰（赵成子）事晋文公，徙居原（今河南济源西北）。赵衰的后代赵盾（赵宣子）、赵朔（赵庄子）、赵武（赵文子）、赵鞅（赵简子）皆为晋卿。公元前453年，赵襄子与韩康子、魏桓子三分晋国。公元前403年，赵烈侯与魏文侯、韩景侯被周天子正式册命为诸侯。赵的疆域最初主要在今山西中部。赵简子居晋阳（今山西太原西南），公元前475年，赵襄子灭代，将领土扩大到今山西东北部及河北蔚县一带。公元前425年，赵献子即位，徙居中牟（今河南鹤壁西）。公元前386年，赵敬侯迁都邯郸（今河北邯郸）。其活动中心逐渐移到今河北东南和河南北部。

战国初期，赵经常与韩、魏联合进攻别国，并向北方各少数民族地区（林胡、楼烦、代、中山等）扩展。它首先灭代，后又助魏进攻中山，取得过一些胜利。战国中期，赵与齐、魏争夺卫，连年大战。赵求救于楚，转败为胜。此后不久，被魏灭亡的中山复国。赵又与中山战于房子、中人。公元前354年，魏围赵都邯郸。次年，齐救赵，败魏于桂陵。公元前333年，赵为御北敌修筑长城。其间，中山强大起来，一度围攻赵的鄗地，对赵形成严重威胁。公元前325年，赵武灵王即位，他发愤图强，重新开启“胡、翟之乡”。公元前307年，赵武灵王与老臣肥义不顾天下之议，实行军事改革，教民“胡服骑射”，图灭中山和北略胡地。是年，赵攻中山到房子，次年，到宁葭，攻略胡地到榆中。又次年，攻取中山的丹丘、华阳等7邑，中山献邑求和。公元前300—公元前296年，赵连续进攻中山，中山灭亡。

公元前299年，赵武灵王立太子何为王，是为赵惠文王，令其守国，而自号主父，率军西北攻略胡地。公元前295年，公子章与田不礼乘赵主父、赵惠文王出游沙丘之机发动叛乱。公子成、李兑起4邑兵平定叛乱，公子章逃入主父所住沙丘宫。公子成、李兑围沙丘宫，主父饿死。赵惠文王时，赵国实力比较强大。公元前287年，苏秦、李兑合赵、齐、楚、魏、韩5国攻秦，罢于成皋，秦归还部分赵、魏失地求和。其后，赵还不断进攻齐、魏，取得过一些土地。公元前273年，秦大败赵、魏于华阳，史载斩首15万。公元前269年，赵大败秦于阏与。公元前260年，秦、赵激战于长平，秦军大破赵军，史载坑降卒40余万，进围赵都邯郸。公元前257年，魏信陵君、楚春申君救赵败秦，解除邯郸之围。公元前251年，燕派栗腹、卿秦攻赵，为赵将廉颇、乐乘所败。公元前241年，赵庞煖率赵、楚、魏、燕、韩5

国兵攻秦，至蕞。公元前 236 年，赵攻燕，秦乘机攻取赵的阏与、撩阳、邺、安阳等城，后又大举攻赵，遭到顽强抵抗。赵虽两次打败秦军，但兵力耗损殆尽。公元前 228 年，秦将王翦、辛胜破赵，虏赵王迁。赵公子嘉出奔代，自立为代王。公元前 222 年，秦将王贲攻取代，虏代王嘉，赵国灭亡。

6. 魏

战国七雄之一。公元前 445 年，魏文侯任用李悝实行变法，较早地实行了社会改革，使魏国成为最先强盛的国家。公元前 354 年，魏惠王派大将庞涓率兵进攻赵国。魏军横冲直撞，如入无人之境，很快逼近赵都邯郸。在这形势危急的情况下，赵成侯忙派使者前往齐国求救。齐威王派田忌为主将，孙膑为军帅，出兵救赵。孙膑说：要想解开纷乱的丝线，不能用手强拉硬扯；要劝解两个打架的人，不能直接参加进去打。派兵解围，应出其不意，攻其不备，采取避实击虚的策略，造成敌人的后顾之忧。田忌接受孙膑的意见，领兵杀向魏国都城大梁。庞涓听说大梁吃紧，领兵回救，星夜赶路。孙膑、田忌将齐军埋伏在桂陵（今山东菏泽东北），静等魏军前来决战。魏军长途行军，疲于奔命，人困马乏。双方一经交战，魏军全线崩溃，齐军获得全胜。这就是以“围魏救赵”的战法著名于世的“桂陵之战”。

事隔不久，魏国联合韩国打败齐国，挽回了败局。魏国在中原又成为第一强国。公元前 342 年，魏国进攻韩国。韩国向齐国求救。齐国仍派田忌、孙膑率军解救韩国。孙膑采取退兵减灶、诱敌深入的战术。齐军佯败后退，第一天留下了 10 万人做饭的锅灶，第二天减少到 5 万人的锅灶，第三天减少到 3 万人的锅灶。庞涓以为齐军逃亡严重，穷追不舍。这时，孙膑在马陵设下埋伏，等庞涓带兵追到马陵，孙膑一声令下，齐军金鼓齐鸣，万箭齐发，大败魏军，庞涓自杀，魏太子申被俘。这就是著名的“马陵之战”。此后，魏惠王和齐威王会盟徐州，双方妥协，均分东方的霸权地位。

后来，魏国逐渐衰弱，齐国和秦国成为东西对峙的两个霸主，进入了齐、秦争强时期。

7. 秦

先秦嬴姓诸侯国，战国七雄之一。秦是古代嬴姓部族中的一支，奉祀少皞。嬴姓祖先大费，传为女脩吞玄鸟卵而生，佐禹治水。商代末年，嬴姓中有叫中潏的一支住在西戎之地，其子蜚廉、孙恶来均事商王纣。西周中期，中潏的后代大骆居西犬丘（今甘肃天水西南、礼县东北），生子成与非子。成为嫡子，继承大骆，住在西犬丘。非子为周孝王养马有功，被孝王封于“汧渭之会”（汧、渭二水交会处）的秦（一说在今甘肃清水一带，一说在今陕西宝鸡市境内），从此非子这一支遂以秦为氏。周厉王时，西戎攻灭西犬丘的大骆之族。周宣王即位，以非子曾孙秦仲为大夫，伐戎不胜，死于戎。秦仲子秦庄公始破西戎，收复西犬丘而居之。秦庄公子秦襄公护送周平王东迁有功，被周平王封为诸侯，秦立国始于此。当时秦的国都在西犬丘，秦襄公为第一代国君，立国后追称秦庄公为公。

秦的疆域最初主要在今甘肃东南和陕西西部的渭水流域，后逐渐并灭今陕、甘境内的西戎各部，沿渭水东进，逾黄河和崤函之塞，进攻三晋；逾今陕西商洛地区进攻楚；逾今陕西汉中地区，进入巴蜀，并从巴蜀进攻楚。

春秋早期，周人退出今陕西境内后，秦致力于东略伐戎，收复周故地。公元前762年，秦文公收复“汧渭之会”，又迁都于秦。公元前753年，秦“初有史记事”。公元前750年，秦文公扩地至岐（今陕西扶风、岐山一带），收周余民。公元前677年，秦德公迁都雍（今陕西凤翔东南）。

春秋中期，秦继续向东扩展。秦穆公利用晋国发生的“骊姬之乱”，曾夺取晋的河西之地。但晋文公即位，晋逐渐恢复强大。公元前627年，晋于殽大败秦军，遏制了秦东进的势头。秦遂用由余之谋伐戎，“益国十二，开地千里”，称霸西戎。秦穆公之后，秦、晋长期争夺河西之地，秦胜少败多，逐渐处于劣势。秦哀公时，晋公室衰落而六卿强大，两国之间的争夺暂时有所缓和。

战国早期，秦长期处于内乱之中，无暇外顾，魏乘机夺取秦的河西之地，迫使秦退守洛水以西。在这种情况下，秦国内矛盾有所缓和，并进行了一系列改革。公元前409年，秦简公“令吏初带剑”。次年，“初租禾”。

战国中期，秦献公迁都栎阳（今陕西临潼北渭水北岸）。公元前384年，献公下令“止从死”。公元前378年，秦“初行为市”。公元前375年，秦“为户籍相伍”。公元前364年，秦大败魏军于石门。秦孝公即位，下令求贤，

商鞅自魏入秦。公元前356年，秦孝公任用商鞅变法，实行什伍连坐之法和民户分立制度，制定按军功大小给予爵位等级的20等爵制，奖励耕织，生产多的可免徭役。秦变得更为强大，连续击败魏，并于公元前350年迁都咸阳（今陕西咸阳东北），并小邑为31县（一说40县），又“为田开阡陌”。公元前348年，“初为赋”。公元前338年，秦孝公卒，秦惠文君即位，车裂商鞅。但秦的变法并未废止，国力不断增强。公元前324年，秦惠文君称王改元。在此前后击破东方六国的连横进攻，灭巴、蜀，疆域迅速扩展。

战国晚期，秦更进一步向东扩展，不断取地于韩、魏和楚。公元前288年，齐、秦并称东、西帝，旋皆放弃帝号。次年，苏秦、李兑合赵、齐、楚、魏、韩5国攻秦，罢于成皋，秦归还部分赵、魏失地求和，东进企图暂时受挫。但其后六国之间矛盾迭起，齐、燕皆一蹶不振。秦乘机继续向东扩展，于公元前260年在长平大败强敌赵。公元前256年，灭西周。公元前249年，灭东周。公元前247年，魏信陵君合5国兵攻秦，败秦于河外。公元前241年，赵庞煖率赵、楚、魏、燕、韩5国兵攻秦，但并未扭转秦国强盛、六国衰落的大势。公元前230年，秦灭韩。公元前228年，秦破赵，俘虏赵王迁，赵公子嘉奔代，自立为代王。公元前226年，秦破燕拔蓟，燕王喜迁都辽东。公元前225年，秦灭魏。公元前223年，秦灭楚。公元前222年，秦灭燕、代。公元前221年，秦灭齐。列国均被兼并，于是秦王政称始皇帝。

三、王室内乱再分裂，东周战国分西东

《战国策》中有“东周与西周争”“昌他亡西周”等记载，说明在战国末期，曾经出现过两个“周”，分别叫西周、东周。这显然不是历史上前后相继的两个历史时期，而是两个国家名称。

公元前441年，在位了28年的周贞定王驾崩，顿时掀起了一阵腥风血雨。按照惯例，本来应该是长子姬去疾继位，没想到三个月后，姬去疾的弟弟姬叔袭杀死兄长自立为王，又过了五个月，姬去疾、姬叔袭的幼弟姬嵬又攻杀姬叔袭自立，这三兄弟，后来被称为周哀王、周思王、周考王。这段兄弟相残的历史被称为“三王争立”。这一时期，田氏尚未代齐，三晋大夫还没有成为诸侯。但周王室的控制领地已经越来越小了。东周天子

实际上有两座都城，以瀍水为界，西城名为“洛邑”，又名郏鄏、王城、河南城，东城名“成周”。春秋时期，周天子主要居住在王城，到了周敬王时期（公元前 519—公元前 477 年）开始长期在成周居住。周考王弑兄篡位后，自己继续居住在成周，而将王城封给了自己的弟弟姬揭，让他成为新周公，续修周公之职，也就是担任周天子的管家。春秋时期原本是有周公的，周桓王时代的周公为周桓公黑肩，后来可能由于周王室多次内乱，老周公家族绝嗣。周公姬揭是新周公，谥号“桓公”，因居住西城，可称西周桓公。

战国·鸡骨白兽首双龙令牌

西周桓公去世后，西周威公继位。西周威公在位大概 40 多年，在位期间想尽一切办法维持周王室存续，不惜操控杀手干预大国政局，引发了聂政刺杀韩国君相事件，韩哀侯、韩相侠累双双毙命。

西周威公去世后，韩、赵两国支持他的两个儿子内斗，最终导致周显王被迫从成周出逃到王城，成周被西周威公其中一个儿子占据，建立东周国。另一个儿子与周天子继续在王城。这是西周国分裂的开端。如此一来，周天子成了真正的孤家寡人。

东周公和西周公名义上相当于是周王室的管家执政一般的角色，实际上此时的周王室一无所有了，土地什么的都是别人的了，仅仅是靠着东、西周公的供养。东周第 25 位君主周赧王即位以后，东周公表示不再继续负担王室的费用。周赧王姬延顿时没了主意，就去求西周公。西周公表现得挺大度，说天子困难到这个地步，身为宗室不能不管，要不天子再搬搬家，到王城居住吧。周赧王只得离开成周，去依靠西周公那里生活。

此后的东周国、西周国世系不明，最出名的是东周昭文公，他在位期间，资助张仪在秦国谋得官位，开启了纵横家时代。他的儿子周最也是当时有名的纵横家。他似乎一度统一二周，但没有取得最终胜利。此后二周继续没落，公元前256年，秦昭襄王灭亡西周国，公元前249年，秦庄襄王灭亡东周国，二周即灭，意味着周王朝彻底终结。

四、多灾多难周王室，九鼎存亡不由己

历史上的周朝包括西周和东周。公元前770年，周平王迁都洛邑（今河南洛阳），这是东周的开始。我们所说的春秋、战国时期也就是东周时期。

公元前403年，韩、赵、魏三家瓜分晋国，这是战国的开始。到了这个时期，周的地位已经一落千丈，跟普通的小国没有根本上的区别。它只占有较少的土地，人口也不多，处于大国的中间，时常受到大国的攻击。

但是，周王还是名义上的天子，各国还是要向他朝拜的。当然，这也只停留在了表面上。

各大国已经不把周天子放在眼里了。因此，在战国时期，周总是会受到来自大国的侵略，可以说是多灾多难了。

公元前307年，秦想攻打韩国，要从周借路通过。

当时的周天子是西周武公，他对这件事感到十分为难，借路给秦国，会得罪韩国，而不借给秦国路，又会得罪秦国。就在他犹豫不决，不知道该怎么办才好时，他的大臣史黡给他出了个主意，他对西周武公说："秦国要从周借路，是对周有野心啊！您应该派使者去联系韩国，对他们这样说：'秦国敢于从周借路去打韩国，是因为他们相信周没力量跟他们对抗。如果韩国能

战国·青铜九鼎

给周一块地，再派使者去楚国，那么秦国一定以为韩、周、楚已经联合了，那样一来，他就不敢从周借路了'。"

西周武公按史厱的话做了，果然，秦退兵了。

又有一年，楚国攻打韩国，韩国想从周借兵马和粮食，东周君很害怕，就找来了谋士苏代商量这件事。

苏代自信地说："您别担心，我有办法让韩国不向咱们借兵马和粮食，而且还把他们的高地送给咱们。"

东周君怀疑地问："你能行吗？这可能吗？"

苏代笑了笑，没回答。

不久，苏代来到了韩国，他对韩国的相国说："楚国打韩国已经有三个多月了，可还没打过来，这说明楚国还没有力量战胜韩国。如果韩国现在向周借兵和粮，那就等于告诉楚国韩国现在的力量已经不行了，楚国就会继续打下去的。"

韩相国听了，忙点头，说："你说得太对了。不过使者已经派到周了，怎么办？"

苏代说："您可以把高地给周。"

韩相国听了，非常生气，说："怎么能把我们的土地随便送给别人呢？"

苏代不慌不忙地说："韩把高地给了周，就说明韩、周已经联合了，楚国就会害怕，这对韩国有好处啊！"

韩相国认为苏代的话非常有道理，就很高兴地把高地送给了周。

公元前 286 年，赵国想攻打周，占领他们的祭地。周赧王听说了，非常害怕，郑商跑来见周赧王，对他说："您别急，只要您给我 30 斤金子，我可以让赵国不打祭地。"

周郝王马上给了他 30 斤金子。郑商来到赵国，把金子给了赵国的太卜（掌管占卜事务的官员），并请他帮忙，不让赵国攻打祭地，太卜答应了。不久，赵王得了重病，请太卜为他算命。太卜告诉周赧王："周的祭地是神地，因为您想攻打它，神发怒了，所以您得了重病。"赵王听后，决定不出兵了。

在周王室宗庙中，有九个鼎。传说中这是从夏朝传下来的，有九个鼎

就可以命令天下的人，因此这九个鼎就成了权力的象征。“问鼎”一词的典故就是出于这里。

公元前 281 年，秦国向周派兵，希望能得到九个鼎，周君很害怕，就找来了颜率。颜率对周君说：“您不用害怕，我去齐国搬救兵去。”

颜率到了齐国，他对齐王说：“秦国自不量力，想得到周的九个鼎，周王室成员们商量一下，都说这九个鼎与其给秦国，不如给齐国，可就不知道大王您的意见怎么样？”

齐王听了，非常高兴，于是派了 5 万齐兵去救周，秦兵被打退了。

齐王也想拿回鼎。颜率又说：“周靠着大王的援军才没被秦国欺负，因此，对大王充满了感激之情，愿意把鼎双手奉上，就是不知道您想怎样把鼎运回去呢？”

齐王刚开始想从魏国运，后来又想从楚国运，可仔细一想这两条路都不好，就问颜率：“你说走哪条路？”

颜率说：“周也在替您考虑这件事，因为这不是普通的鼎，运送每个鼎都需要几万人，九个鼎又怎么运呢？”

齐王听颜率这么说，也就只好算了。

就这样，在战国时期，周王室多次经受磨炼，可以说是多灾多难了。

公元前 249 年，吕不韦出任秦国的相国。在他担任相国不久，就发兵灭掉了东周。

五、诸侯小国命多舛，群狼环伺难独存

1. 鲁国

先秦姬姓诸侯国。西周初年，周公东征打败了伙同武庚叛乱的一些殷商旧属国，成王分封周公长子伯禽于其中的奄国故土建立鲁国，都曲阜。又赐予许多文物典籍及其主管官员，使鲁成为周王朝控制东方的重要据点。春秋初期鲁仍为东方强国，鲁隐公、鲁桓公时（公元前 722—公元前 694 年）曾多次战胜齐、宋等大国，并不断侵袭杞、邾、莒等小国。夺得极、防等地，曹、滕、薛、纪等小国亦经常朝鲁。春秋中期以后，政权转入贵族大臣手中。当时长期掌握实权的，主要是鲁庄公的三个弟弟季友、叔牙、庆父的

子孙，称为季孙氏、叔孙氏和孟孙氏三家（他们都是鲁桓公之后，也称三桓），即所谓“政在大夫”。鲁国是保存西周礼制较多的侯国之一，但受当时形势的影响，也展开了一系列变革活动。如鲁宣公十五年（公元前594年）“初税亩”，鲁成公元年（公元前590年）“作丘甲”，鲁哀公十二年（公元前483年）“用田赋”，都标志着鲁国租税赋役制度的重要改革；鲁襄公十一年（公元前562年）“作三军”，鲁昭公五年（公元前537年）“舍中军”，则标志着鲁国军事组织和君臣力量对比的变动过程。

春秋时期，鲁昭公被三家驱逐，流亡客死异乡。其后不久，三桓属下的家臣阳虎等人又起来劫持大臣，控制国政，一度形成“陪臣执国命”的局面。鲁定公时（公元前509—公元前495年），阳虎失败出奔，三桓重新掌权。后鲁哀公（公元前494—公元前468年在位）图谋恢复君权，同三家大臣冲突加剧，终致流亡越国。战国初期，约在鲁元公时（公元前428—公元前408年），三桓逐渐失势，鲁穆公（公元前408—公元前377年在位）以后，政权又回到国君手中。在此前后，鲁曾联络越、韩、魏等国，多次同齐国作战，争夺边邑。战国末年，楚受秦进逼而东迁，对鲁国的攻伐随之加剧，楚考烈王十四年（公元前249年）终于吞灭鲁国，鲁顷公被废黜。鲁自伯禽始封至鲁顷公亡国，共传33世，历时800余年。

2. 卫国

先秦姬姓诸侯国。西周初，周公平定东方殷商故土的叛乱活动后，任命其弟康叔封坐镇河、淇间以控驭东方。他对康叔谆谆告诫的治国方针，均保存在《尚书》的《康诰》《酒诰》《梓材》等名文中。叔封初封于康（今河南禹县西北），铜器铭文中常见的康侯、康公，都是指叔封或其子嗣，后不知何时改康为卫。西周末年，卫武公在政治上甚为活跃，周平王东迁也曾得到他的支持。春秋之初，卫国仍是东方的大国。卫懿公九年（公元前660年），卫被狄人攻灭，仅剩遗5000余人在宋的资助下临时寄居于曹（今河南滑县东）。接着，齐桓公率诸侯修筑楚丘（今河南浚县东），帮助卫在此重新建国，并派一支齐军驻守保护。卫文公（公元前659—公元前635年在位）艰苦创业，发展生产，到晚年军力增长十倍，后又吞灭邢国（今山东聊城），国势复兴。卫成公六年（公元前629年），卫为避狄人侵扰，再迁帝丘（今山东濮阳南），经百余年休养生息，重又呈现出经济繁荣的景象。进入战国，卫遭到赵的不断蚕食，国土日削，政治上也越加腐败，卫成侯（公元前 361—公元前 333 年在位）被称为“聚敛计数之君”，行将自取灭亡。但卫的灭亡将破坏赵、魏间的均势，所以魏国攻赵救卫，使卫侥幸保存下来，成了魏国的附庸。秦王政六年（公元前 241 年），秦攻魏，占领濮阳一带设置东郡。卫国遂迁徙到野王（今河南沁阳），转受秦的保护。秦二世元年（公元前 209 年），卫君角被废为庶人，卫成为最后灭亡的周代封国。

3. 中山国

春秋战国时国名。春秋时称鲜虞，属白狄，为子姓部族，但也有人以为是姬姓。在《左传》中，关于晋伐鲜虞的记载颇多。中山之名始见于《左传》定公四年。战国时，中山在今滹沱河流域的灵寿、平山、晋州市一带。

中山的史料流传下来者甚少，仅见于《战国策》《吕氏春秋》等书，清王先谦已将这些史料编成《鲜虞中山国事表》。1974 年，河北平山发现中山王墓，出土带有铭文的鼎、壶、钺和兆域图等物，提供了不少重要史料。

公元前 414 年，中山武公初立，都于顾（今河北晋州市）。魏文侯三十八年（公元前 408 年），魏伐中山，派公子击驻守其地。《史记》说中山后来又复国。前人或认为复国后之中山君为魏人，但据铜器铭文所记，战国晚期之中山君确为武公后裔。战国时，中山和宋都是仅次于七雄的强国。《史记》说中山建造过长城，中山君曾受周王册命为侯，公元前 323 年，中山与韩、燕等国共称王。因与赵相邻，但结齐以为援，中山

中山国·错金银铜兽

成为赵的腹心之患。公元前 314 年，齐宣王乘燕子之之乱攻燕，中山也出兵相随,乘机攻占大片土地。从公元前 307 年起,赵武灵王连年向中山进攻,中山由此削弱。公元前 301 年,中山君受赵威胁而奔齐。赵惠文王四年（公元前 295 年）,赵乘齐南攻楚之机,一举灭掉中山。中山复国后,传五世而亡。

第二章 变法运动

经过春秋时期的连年兼并，到战国时期，100 多个诸侯国只剩下 20 多个，而其中又以齐、楚、燕、韩、赵、魏、秦 7 国最为强大。它们为了能够在兼并战争中占有有利地位；同时由于封建领主经济向地主经济的转化，上层建筑也势必调整，因而各国都在国内展开了以政治改革为主的变法运动，以达到富国强兵的目的。

这些变法运动，著名的有魏国的李悝变法、楚国的吴起变法、秦国的商鞅变法、赵国赵武灵王的“军事改国”、韩国的申不害改革、齐国的齐威王和邹忌的改革、燕国的乐毅改革，其中最有影响的是秦国的商鞅变法。

一、李悝变法定《法经》，文侯称雄五十载

李悝（公元前 455—公元前 395 年），嬴姓，李氏，名悝，魏都安邑（今山西夏县）人。战国时期魏国大臣、政治改革家，法家重要代表人物。

李悝生活的年代，正是战国初期。封建经济已经占据社会经济生活的主导地位。经济基础的深刻变化必然引起上层建筑的相应变化。由于新建立的封建政权，面对着奴隶主贵族势力的强烈反对，为了巩固和发展封建国家的经济基础，打击奴隶主贵族的复辟势力，确保新兴地主阶级的统治，战国初期各个国家纷纷掀起变法运动。

当时的魏国，在变法之前面临的局面是在外部环境上，诸侯之间的征战日烈，外部的军事压力日益增大；内部经济上，魏国本身就是晋国中相对落后的地区，在富庶程度上，魏国不如韩国，在军力的强悍程度上，魏

国又不如赵国。为了增强魏国实力，魏文侯任用李悝为相，变法图强。

在魏国立国的早期，李悝并不在魏国的权力中枢之中，他曾经担任过中山相和上地守，这两个地方，都是在毗邻秦国的西北边境上。早年的李悝，曾经多次率军和秦国交战，而他得到魏文侯的赏识，一是因为他的老师子夏是魏文侯的重臣，二则是因为他的变法思想，切中了魏国的时弊。在经历了数年地方官磨砺后，李悝最终成为魏国重臣，开始全面推行他的变法主张。

变法内容主要包括四大项：

第一是废除奴隶制时代的世袭制度，根据能力来选拔官吏，取消旧贵族原本享受的世袭俸禄，用来招募贤才，发展生产。

第二是正式废除了中国传统的井田制，采取“尽地力之教”的政策，鼓励老百姓垦荒，废除原本井田制制度下的土地界限，允许土地私有买卖。同时对国家境内的所有土地进行测评，估算国家的土地产量，制定合理的税收政策。按照土地的贫瘠标准，分配给农民土地，鼓励农民生产的积极性。

第三是实行法治，建立完备的魏国法律《法经》，对于国家法令、政府职能、官员的升迁奖惩、军功的奖励，都做了最完备的规定。

第四就是改革军事制度，建立“武卒”制，即对军队的士兵进行考核，奖励其中的优秀者，并且按照不同士兵的作战特点，重新将他们进行队伍编排，发挥军队的作战优势。

李悝为了进一步实行变法，巩固变法成果，汇集各国刑典，著成《法经》一书，通过魏文侯予以公布，使之成为法律，以法律的形式肯定和保护变法，固定封建法权。《法经》分6篇，为《盗法》《贼法》《囚法》《捕法》《杂律》和《具律》。

李　悝

李悝变法巩固了地主阶级的政权，发展了封建经济，使魏国在战国初期首先强盛起来。作为战国诸侯中第一个变法者，魏国的国势，在魏文侯在位的时期达到了一个高峰。他在位的50年，是魏国雄霸天下，称雄于诸侯的50年。

二、吴起变法震天下，触怒权贵遭射杀

吴起（公元前440—公元前381年），姜姓，吴氏，名起，卫国左氏（今山东曹县）人。战国初期军事家、政治家、改革家，兵家代表人物。

1. 军事奇才

吴起出身于卫国一个新兴的富商之家。当时新兴地主阶级已经登上政治舞台，向奴隶主贵族展开夺权斗争；原来身份低贱的庶人、工商，提高了社会地位，通过读书、游说等各种途径，逐渐参与了各国的政治活动。吴起青年时，抱着改革旧制度、富国强兵的雄心壮志，到处奔跑游说，希望实现自己的政治理想，结果“游仕不遂”，反把千金家产丢个精光。卫国的旧贵族乘机煽动一批人，对年轻的吴起进行攻击、讥刺、诽谤，吴起杀谤己者30余人，辞别了老母，离开了家乡，来到被称为“礼义之邦”的鲁国，一面跟孔子的学生曾参学习，一面在鲁君手下当官。不久，吴起的老母死了。吴起破除传统的习惯，决心坚持在鲁国学习，不回去带孝送丧。但是，这却违反了强调孝道的儒家的规矩，曾参竟为此和吴起断绝师徒关系。从此，吴起摆脱了儒家的影响，在鲁国学习代表新兴地主阶级激进派利益的法家学说和兵法，逐渐成长为一个著名的法家政治家和军事家。

吴　起

公元前411年，齐国发兵攻鲁，鲁君命年仅20岁左右的吴起为大将，带兵抵抗。吴起充分

发挥了他的军事才能，使弱小的鲁国打败了强大的齐国，取得了以少胜多的军事胜利，他的声望也就越来越高了。但是，这样一个有才有功的青年军事家，却遭到鲁国一些大夫们的忌恨和攻击，鲁君也对他怀疑起来。吴起知道鲁国保守势力强大，没有施展才能的机会，于是，他被迫离开了鲁国，来到了战国初年最强盛的新兴封建国家魏国。当时著名法家李悝正协助魏文侯变法，李悝深知吴起熟悉军事，善于用兵，连当时齐国著名的用兵专家司马穰苴也及不上他，便把吴起推荐给了魏文侯。魏文侯正需要一位指挥军事的将官，便任命吴起为大将。吴起在魏国充分发挥了自己的军事才能，对魏国振兴武备、富国强兵起了很大作用。

吴起认为，打仗靠的是军士。士兵的身体素质、军事技术和斗志对战争的胜负很重要，因此他在魏国时对士兵进行严格的挑选、训练和考核。考核的标准是：士兵身穿三层甲，头戴铁盔，腰佩利剑，能操12石的强弩，带箭50支，肩扛长矛一杆，背三天干粮，半天能行100里。凡考核及格者，其家就免去徭役，并奖给田宅。这样，便促进了士兵训练军事技术的积极性，选拔出了一批刻苦耐劳、勇敢善战的战士。接着吴起改革了魏国军队的编制法，把身强力壮、善于近战的编在一起；吃苦耐劳、能长途跋涉的编在一起；使每个士兵的优点能得到充分的发挥，遇到战争时便能灵活地编排使用。在治军中，吴起也和孙武一样，强调“进有重赏，退有重刑”，严明军纪，赏罚分明。他还深入士兵队伍，和最下等、最辛苦的士兵一起生活。魏文侯派吴起带兵攻打秦国时，吴起在行军中和士兵吃同样的饭，穿同样的衣服，晚上和士兵睡在一起，行军时不骑马，背着粮袋和武器跟着队伍步行。有一个士兵生了疮疖，吴起像父母一样关心他，用自己的嘴凑在士兵的疖子上把脓水吸出来，士兵纷纷称道吴起爱兵的事迹。那个生疮疖的士兵的母亲听到这个消息，不禁大哭起来说：“吴将军如此爱护士兵，士兵更爱护吴将军了呀！打起仗来，个个拼命作战，过去吴将军曾替我参军的丈夫吸过脓水，我的丈夫感激吴将军的恩德，战死在沙场。现在吴将军又替我的儿子吸脓水，恐怕他又要战死在沙场上了，我怎么能不悲痛呢？”这个故事反映了吴起爱兵起到了治好军队、提高军队战斗力的效果。重视士兵的作用，强调军事技术和士兵素质的训练，强调军令军纪和官兵一致，

这是吴起军事思想中很有价值的部分，也是吴起在士兵中赢得威信、将士们愿意听他指挥、打仗经常取得胜利的重要原因。

吴起建立的这一套军事制度，历史上称为武卒制。根据现存的吴起练军的遗址来看，当年吴起练军的规模是很大的。在今河南省延津县北发现了当年吴起筑城的遗址，称为吴起城。这个城形状如鹅头，坐落在古黄河的北岸、太行堤以下。现在在西城“鹅脖”处，还有一座高达数米的黄沙岗，相传为吴起所筑的“鼓楼”，当年吴起就在这里威武雄壮地鸣金击鼓、指挥和训练军队的。

吴起以他卓越的军事思想和杰出的军事才能，为魏国训练出了一支训练有素、勇敢善战的军队。他在与敌国作战中，运用时隐时明，诱敌深入、灵活机动的战略战术，屡次获胜。公元前408年，魏文侯命吴起伐秦，吴起攻占了秦国在洛水以东的五座城池，在那里设立了西河郡，由吴起任郡守，使“秦兵不敢东向”。总计他与敌国作战76次，获得全胜的就有64次。这些辉煌的战果，证明了吴起军事思想的正确。吴起本人既是卓越的军事家，又是杰出的政治家。他一面治军练武，一面改革政治，他在西河郡守的任期内，大兴屯田，发展农业，聚集军粮，“治百官，亲万民，实府库”，厉行法治，赏罚分明，严重地打击了旧贵族势力，威震西河，当地老百姓中流传着“吴起囤兵，斩妖拿鬼，百里五谷丰登”的故事，来颂扬他的政绩。吴起根据他长时期训练、指挥军队和从事政治改革的实践，总结了要使新兴地主阶级国家富国强兵的经验。他强调了法家重视农战的思想，指出历史上有的国君“修德废武”，强调仁义，不修武备，结果国家灭亡，有的国君“恃众好勇”，只注意打仗，不修内政，结果也导致社稷的沦丧。吴起认为，要巩固新兴地主阶级政权和社会制度，“必内修文德，外治武备”，既要搞好政治，又要重视军事。他总结了自己治军的经验，写出《吴子兵法》48篇（现存6篇），受到人们的称颂。吴起治军、治政的思想和成就，为李悝在魏国变法的成功和魏国的富强，做出了重要贡献。

吴起在魏任职近30年。后来魏文侯死了，魏武侯继位，吴起受到旧贵族势力的排挤和迫害，被迫离开魏国，于公元前384年左右来到了楚国。

2. 楚国变法

楚国地广人众，能够调集百万大军，在战国七雄中是一支举足轻重的力量。由于政治腐败，经济落后，国力一直萎靡不振。楚悼王继位后，连年遭到魏、赵、韩等国的进攻，不断丧土失地。在极其窘迫的形势下，楚悼王不得不用重礼贿赂秦国，在秦国的帮助下才和魏、赵、韩讲和。

面对这种内外交困的形势，楚悼王很想有一番作为，但苦于缺乏变法图强的真正人才和支持者。正在这时，吴起来到楚国，为楚悼王分析楚国的弊端，并指出要扭转这种局面，只有“明法审令”，尽快变法革新。对吴起分析的种种弊端，楚悼王深有感触，于是先任命吴起为宛守，防御韩、魏。一年以后，晋升为令尹，主持变法。

变法的主要内容包括：“明法审令”，实行法治；减爵禄，进而废除贵族世卿世禄制，凡是封君传至第三代的就收回其爵禄，废除公族中疏远者的特权；精简官职，削减官员的俸禄，整顿吏治；加强军事训练，提高军队战斗力。

吴起推行变法后，在一定程度上起到了富国强兵的作用，加速了楚国封建化的进程，在一定程度上促进了楚国贵族政治向官僚政治的转化。经过变法运动，楚国经济、军事等方面得到一定发展，国力逐渐强盛，尤其是在军事上，主要表现为：向北伐魏救赵，收复了被三晋占领的陈国、蔡国故地，将势力扩展到黄河岸边；向南，平定百越，疆域拓伸至江南，占有洞庭、苍梧之地。当时诸侯各国皆畏服楚国，楚人“兵震天下，威服诸侯”。

然而，变法因从政治上和经济上打击了旧有的贵族，触动了权贵集团的利益，遭到旧贵族的反对，推行起来阻力重重。

公元前 381 年，楚悼王死去，贵族们群起反攻，吴起伏在楚悼王的尸体上，诱使贵族的乱箭射中了王尸。按楚法规定，加兵器于王尸者，罪及三族。因此射杀吴起的旧贵族 70 余家皆被处以诛三族之刑。

三、商鞅变法施高压，作茧自缚遭车裂

春秋战国之际，秦国与中原各国一样，内部产生了一些新的封建因素，不过，秦国的旧势力很强大，贵族侵凌公室，干涉君位，使秦国政权分散，

国势日衰。中原各国都看不起秦国，魏国任用吴起为将，曾一举连拔秦国5城，夺去了秦国河西的大片土地。周安王十八年（公元前384年），秦献公即位，力图改变秦国内忧外患的局面，于是采取了迁都、清理户籍、整顿卒伍、废除人殉和开辟市场交易等项措施，使秦国的国势有所好转。

周显王八年（公元前361年），秦孝公即位，下决心改革图强，恢复春秋时代秦穆公的霸业。他采取的一项重要措施，就是广泛地招揽人才，下令求贤。于是，原为卫国贵族子弟的卫鞅，便从魏国来到秦国。

商鞅（公元前390—公元前338年）原是卫国的贵族后裔，姓公孙，叫卫鞅或公孙鞅。入秦后，因变法有功封于商，号商君，史称商鞅。他好刑名之学，是当时著名的法家代表人物之一。

卫鞅入秦，住在秦孝公的亲信景监家里，并通过他先后3次与秦孝公相见。头两次，卫鞅游说秦孝公学尧舜禹汤的仁义，行帝王之道。秦孝公听不进去，直打瞌睡，还生气地对景监说，你的客人简直太迂腐了，我怎么能用他呢？卫鞅请求第三次见秦孝公，以富国图霸之术说秦孝公，秦孝公听得津津有味，一连和卫鞅谈了好几天，并决定重用卫鞅，变法图强。

但是变法并不是一件简单的事，从一开始就遭到保守势力的坚决反对。甘龙认为：圣贤之人不用改变民众的习俗来推行教化，明智的人不改变原来的制度来治理国家，依据原有的制度来治理国家，官吏民众都熟悉，不会引起混乱，如果不按老规矩办事，随意变动旧法，天下的人就要议论。杜挚也反对变法，认为：没有百倍的好处，不必改变旧有的法制；没有10倍的功效，就不必更换原有的规矩。遵守古法不会错，按照传统规矩办事不会差。卫鞅针锋相对，批驳道：三代礼不同而各成王业，五霸法不同也都各成霸业；贤明的人根据形

商　鞅

势变更礼俗，不贤之人只能按照旧的规矩行事；恪守老一套的人，不配与他们商讨大事。再说，前代的政教各有不同，该效法哪一代？过去的帝王并不是走同一条路，该仿效哪个帝王？成汤与周武王，他们并没遵循古代的制度，也兴旺发达起来；夏桀和殷纣王，也没有改变旧的制度，却照样灭亡了。卫鞅的观点得到了秦孝公的赞同，使秦孝公坚定了变法的决心。于是，他任用卫鞅为左庶长，掌握军政大权，开始进行一系列的重大改革。

卫鞅变法分为两次。第一次是在周显王十三年(公元前356年)施行的。主要内容是：

（1）编定户籍,实行“连坐”法。全国按照5家为“伍”、10家为“什”编定户籍，互相监督。一家犯法，别家若不告发，则10家连坐，处以腰斩；告发的人赐爵一级，藏匿坏人者，按投敌者论处。旅店不能收留没有官府凭证的人住宿，否则店主连坐。

（2）废除世卿世禄制，实行军功爵。国君亲属没有军功的不能列入宗室的属籍，按照军功大小分为20级，然后按等级不同确定爵位、田宅，奴婢以及车骑、衣服等的占有，不许僭越；有功就显贵，无功虽有爵也不能尊贵。奖励军功，禁止私斗。规定凡为国家立有军功的，按功劳大小授予爵位和田宅；在战争中杀敌1人，赐爵一级或授予50石俸禄的官；杀敌军官1人，赏爵一级，田1顷，宅地9亩。私斗按情节轻重，受不同的刑罚。

（3）奖励耕织。凡努力从事农业生产，使粮食和布帛超过一般产量的，免除本人的劳役和赋税；凡不安心务农而弃农从事工商业或游手好闲而贫穷的，全家罚做官奴。同时招徕韩、赵、魏无地的农民到秦垦荒，为他们提供方便。鼓励个体小农经济。新法规定：凡是一家有两个以上的成年男子就必须分家，各立户头，否则要加倍交纳赋税。

为了表示推行新法的决心，他还采取立木赏金的办法取信于民。新法公布之后，很多人议论纷纷，旧贵族极为不满，而太子则明知故犯。卫鞅认为：推行新法之所以困难，主要原因在于那些自恃势力位高、以为别人不敢动的大贵族不遵守。于是，卫鞅决定依法处理太子。由于太子是国君的继承人，不能施刑，因而“刑其傅公子虔，黥其师公孙贾”。这样一来，

就没有谁再敢不遵守新法了。

新法推行 10 年，成效显著。人民丰衣足食，“勇于公战，怯于私斗”，出现了“道不拾遗，山无盗贼”的大治局面。于是秦孝公提拔卫鞅为“大良造”，总揽军政大权。周显王十九年（公元前 350 年），秦迁都咸阳，卫鞅推行第二次变法。主要内容为：

（1）推行县制。全国统一规划，合并乡村城镇为县，设立 31 县，县设令、丞，由国君直接任免。

（2）废井田，开阡陌。把从前施行的“井田制”那种纵横疆界消除掉，鼓励开辟荒地，承认土地私有，允许买卖土地，按照土地多寡征收赋税。

（3）统一度量衡，即“平斗桶、权衡、丈尺”，方便交换与税收。

（4）焚诗书，禁游说。

（5）制定秦律。

新法的推行使秦国从一个贫穷落后的国家一跃而为战国七雄中最为强盛的国家。秦孝公因卫鞅功著于秦，封给他商地 15 邑，号为商君，所以后人称之为商鞅。但是，商鞅变法遭到旧贵族的疯狂反对。周显王三十一年（公元前 338 年），支持变法的秦孝公死后，旧贵族乘机报复，诬告他谋反。商鞅外逃，途中被抓，旧贵族对他施以车裂的极刑。

商鞅虽然被杀，但他推行的新法并没有全部废止。新法的推行为秦国能够最后消灭六国，统一整个中国，打下了良好的基础。商鞅变法的历史作用是巨大的，从此法家思想在秦国成为占统治地位的思想。当然，法家的严刑峻法以及“焚诗书，禁游说”的高压政策，也在中国历史上留下了深远的影响。

四、武灵王变更古法，利作战胡服骑射

周威烈王二十三年（公元前 403 年），韩、魏、赵三家分晋，建立起 3 个封建诸侯国家。当时赵国的疆界东与中山和齐相接，东北与东胡部落和燕相邻，北与林胡、楼烦两部落相交，西南与魏、韩、卫相邻。赵武灵王为赵国第六代国君，是一个有作为的社会改革家和军事家。在他为君期间（公元前 325—公元前 299 年），正处于剧烈的兼并战争时期。

赵国的北部多是胡人部落，这些游牧民族虽然没有与赵国发生大的战争，但小的掠夺冲突是常有的。胡人身穿短衣、长裤，往来迅速，弯弓射箭自如，上下马方便，而赵人穿的衣服，袖长腰肥，领宽摆大，加上烦琐的结扎、笨重的盔甲，行动十分不便。这种情况，同样存在于当时各诸侯国的军队中，且军队的组成又是以长袍大褂的带甲兵士和兵车为主，很少骑兵。赵武灵王有感于此，就准备采用胡人的服装，让军队学习骑马射箭，以利于作战。

周赧王八年（公元前307年），赵武灵王召见群臣，商议教百姓胡服骑射一事，许多大臣想不通，认为改变衣着习惯，牵涉到自古以来中原的礼教习俗，不能轻易改变。大臣肥义支持赵武灵王的主张，认为办任何一件事，顾虑太多就不能成功，若要学习胡服骑射，就不必顾忌旧习惯势力的议论，而且自古以来，风俗习惯不是不能改变的，舜、禹就曾向苗、倮等部落学习和改变过习俗，赵武灵王听了肥义的话，坚定了决心，带头穿胡服。

实行胡服首先遭到以王叔公子成为首的一些人的极力反对，赵武灵王亲自到公子成家说服，整整一天的辩论终于使公子成接受了自己的主张，并表示也愿意带头胡服。但王族公子赵文、赵造、赵俊和大臣周造等人仍然坚决反对这项改革，指责赵武灵王变更古法，是一大罪过。赵武灵王又与他们展开了一场论辩，用大量的事实说明穿胡服的益处，赵文等人理屈词穷，只好同意穿胡服。这项改革推行到全国，很快得到百姓的拥护。公族赵燕迟迟不改胡服，赵王便准备对他处以极刑以示天下，赵燕吓得连连称罪，立即改

赵武灵王胡服骑射

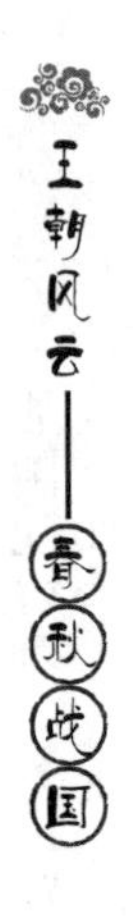

穿胡服。

胡服改革成功后，赵武灵王立即组建骑兵，学习骑马射箭，并很快使骑兵成为赵军的主力。从胡服骑射的第二年（周赧王九年，公元前 306 年）起，赵国军队的战斗力得到很大的增强。凭借着骑兵主力，赵国攻取到榆中（今内蒙古鄂尔多斯）的胡地，“辟地千里”；周赧王十年（公元前 305 年），赵武灵王率军大举进攻原来经常侵扰赵国的中山国，攻取丹丘、华阳、邸、鄗、石邑、封龙、东垣等地，迫使中山国献 4 邑求和；周赧王十五年（公元前 300 年），又攻中山，扩地北至燕、代，西至云中（今内蒙古托克托东北）、九原（今内蒙古包头市西）。到周赧王十六年（公元前 299 年）赵武灵王让位给儿子赵惠文王时，赵国已是“七雄”中的强国之一了。

赵武灵王胡服骑射极大地增强了军队的战斗力，使得赵国一跃而为实力雄厚的强国。同时，从胡人那里学习来的这种短衣长裤服装形式，以后就成为汉民族服装形式的一部分，极大地便利了人们的生活与劳动，2000 多年一直沿用了下来。

五、申不害内修政教，相韩国外应诸侯

申不害（公元前 385—公元前 337 年），亦称申子，郑国京邑（今荥阳东南京襄城）人。《史记》说他专攻“黄老之术”。战国时期法家重要创始人物之一、思想家。以“术”著称，著有《申子》，是春秋战国时期，百家争鸣中的代表人物。

申不害原是郑国京邑（今郑州荥阳东南京襄城）人，曾为郑国小吏，韩哀侯二年（公元前 375 年），韩国灭掉郑国，遂成为韩人，并做了韩国的低级官员。

韩昭侯四年（公元前 359 年），素与韩有隙的魏国出兵伐韩，包围宅阳（今郑州市北）。面对重兵压境的严重局面，韩昭侯及众大臣束手无策。危急关头，申不害审时度势，建议韩昭侯执圭（古时臣下朝见天子时所执的一种玉器）去见魏惠王。申不害说：“要解国家危难，最好的办法是示弱。今魏国强大，鲁国、宋国、卫国皆去朝见，您执圭去朝见魏王，魏王一定会心满意足，自大骄狂。这样必引起其他诸侯不满而同情韩国。是我免于

一人之下，而位于万人之上也。夫弱魏之兵，而重韩之权，莫如朝魏。”韩昭侯采纳申不害建议，亲自执圭去朝见魏惠王，表示敬畏之意。魏惠王果然十分高兴，立即下令撤兵，并与韩国约为友邦。申不害亦由此令韩昭侯刮目相看，逐步成为韩昭侯的重要谋臣，得以在处理国家事务上施展自己的智慧和才干。

申不害

公元前 353 年，魏国又起兵伐赵，包围了赵国都城邯郸。赵成侯派人向齐国和韩国求援。韩昭侯一时拿不定主意，就询问申不害，应如何应对。申不害担心自己的意见万一不合国君心意，不仅于事无补还可能惹火烧身，便回答说：这是国家大事，让我考虑成熟再答复您吧！随后，申不害不露声色地游说韩国能言善辩的名臣赵卓和韩晁，鼓动他们分别向韩昭侯进言，陈述是否出兵救赵的意见，自己则暗中观察韩昭侯的态度，摸透了韩昭侯的心思。于是便进谏说应当联合齐国，伐魏救赵。韩昭侯果然十分高兴，即听从申不害意见，与齐国一起发兵讨魏，迫使魏军回师自救，从而解了赵国之围。这就是历史上著名的“围魏救赵”的故事。

韩昭侯从申不害处理外交事务的卓越表现及其独到的见解，发现这位“郑之贱臣”，原来是难得的治国人才，于是便力排众议，于公元前 351 年，破格拜申不害为相，以求变革图强。

申不害在韩国变法改革，第一步就是整顿吏治，加强君主集权统治。在韩昭侯的支持下，首先向挟封地自重的侠氏、公厘和段氏三大强族开刀。果断收回其特权，摧毁其城堡，清理其府库财富充盈国库，这不但稳固了韩国的政治局面，而且使韩国实力大增。与此同时，大行“术”治，整顿官吏队伍，对官吏加强考核和监督，“见功而与赏，因能而授官”，有效提

高了国家政权的行政效率，使韩国显现出一派生机勃勃的局面。随后，他又向韩昭侯建议整肃军兵，并主动请命，自任韩国上将军，将贵族私家亲兵收编为国家军队，与原有国兵混编，进行严酷的军事训练，使韩国的战斗力大为提高。特别值得一提的是，申不害为富国强兵，还十分重视土地问题。他说:“四海之内，六合之间，曰‘奚贵，土，食之本也’。”又说:“昔七十九代之君，法制不一，号令不同，而俱王天下，何也？必当国富而粟多也。”(《申子·大体编》)因而他极力主张百姓多开荒地，多种粮食。同时，他还重视和鼓励发展手工业，特别是兵器制造。所以战国时代，韩国冶铸业是比较发达的。当时就有“天下之宝剑韩为众”“天下强弓劲弩，皆自韩出”的说法。

申不害相韩 15 年，“内修政教，外应诸侯”，帮助韩昭侯推行“法”治、“术”治，使韩国君主专制得到加强，国内政局得到稳定，贵族特权受到限制，百姓生活渐趋富裕，史称“终申子之身，国治兵强，无侵韩者”。韩国虽然处于强国的包围之中，却能相安无事，成为与齐、楚、燕、赵、魏、秦并列的战国七雄之一。

六、齐威王邹忌变法，燕昭王乐毅改革

1. 齐国的齐威王和邹忌变法

邹忌（约公元前 385—公元前 319 年），一作“驺忌”，尊称“驺子”，中国战国时期齐国人。《史记》亦作驺忌，齐桓公田午时的大臣；齐威王田因齐时期，以鼓琴游说齐威王，被任相国，封于下邳（今江苏邳州西南），号成侯；后又侍齐宣王田辟疆。

齐威王立志改革，思贤若渴。邹忌鼓琴自荐，被任为相国，封于下邳（今江苏邳州市西南），称成侯。公元前 357 年，齐威王即位。不久，邹忌就“以鼓琴见威王”，用“鼓琴”的节奏来说明“治国家而弭（安定）人民”的道理。他认为，君好比琴上的大弦，弹起来“浊以春温”；相好比琴上的小弦，弹起来“廉折以清”；政令好比弹起来“攫之深而舍（释）之愉（舒）”。弹得“大小相益”“复而不乱”，琴音就协调好听，“治国家而弭人民”是同样的道理。齐威王很赏识他，三个月后就授给相印。

邹忌劝说齐威王接受臣下意见，注意选拔人才，修订法律，监督官吏，除去不称职的奸吏，奖励得力的将领和官吏。其目的是在巩固统治秩序的同时，谋求国家的富强，这自然也有利于社会生产的发展。因而经过一番改革，齐国在政治、经济上都有了新气象，齐国国力渐强。

乐 毅

2. 燕国的燕昭王和乐毅改革

乐毅，生卒年不详，子姓，乐氏，名毅，字永霸。中山灵寿人，战国后期杰出的军事家。魏将乐羊后裔，拜燕上将军，受封昌国君，辅佐燕昭王振兴燕国。

乐毅在受到重用后，便在燕昭王的大力支持下，对燕国的政治经济军事等领域进行了一系列改革，史称乐毅改革，又名燕昭王改革。

其改革的主要措施有：

一是明奉法，审官断，制定法律，严厉法制，加强对官吏的审查与考核。

二是确定“察能而授官”的用人原则。只将官爵、禄位授予有功、有能的人，以克服“亲亲”“贵贵”的用人传统。

三是“循法令，顺庶孽者，施及萌隶”。对于遵守法律的人，包括贫民和奴隶，都依照制度给予奖励，以促使燕民自觉守法，安定社会秩序。

四是在军事上着重进行战法和纪律训练，以便提高燕军的军纪和战斗力。

经过乐毅的一系列改革，使燕国逐渐走上了富国强兵之路，为伐齐做好了充分的经济和军事上的准备。

第三章 明争暗斗

一、修公行赏邀人心，公弃其民归于田

田氏代齐，也叫田陈篡齐，是指战国初年齐国大夫田氏夺取政权建立田氏齐国的事件。

公元前 545 年，陈国公族田完的四世孙田桓子与鲍氏、栾氏、高氏合力消灭齐国当国的庆氏。之后田氏、鲍氏灭栾、高二氏。田桓子对齐国公族“凡公子、公孙之无禄者，私分之邑”，对国人“之贫均孤寡者，私与之粟”,取得公族与国人的支持。齐景公时,公室腐败。田桓子之子田乞（田无宇的儿子，即田僖子）用大斗借出、小斗回收，使“齐之民归之如流水”，增加了户口与实力，是谓“公弃其民，而归于田氏”。公元前 489 年，齐景公死，齐国公族国、高二氏立公子荼，田乞逐国、高二氏，另立公子阳生，自立为相。从此田氏掌握齐国国政。

公元前 481 年，田乞之子田恒（田成子）杀齐简公与诸多公族，另立齐平公，进一步把持政权，又以“修公行赏”争取民心。公元前 391 年，田成子四世孙田和废齐康公。公元前 476 年，田常割齐地自安平（今山东淄博东北）至琅琊（今山东胶南西南）为封邑，到此时，齐政皆归田氏。公元前 386 年，田和放逐齐康公于海上，自立为国君，同年为周安王册命为齐侯，列于周室。公元前 379 年，齐康公死，姜姓齐国绝祀。田氏遂有齐国，仍以“齐”作为国号，史称“田齐”。

二、燕王哙放权子之，惹内乱昭王即位

在今河北北部和辽宁西端，为古燕国所在地，其都城为蓟（即今之北京城西南面）。东周时，它还是个比较弱小的国家。由于其地处北方，又与山戎为邻，故常受其侵扰。到了战国时期，燕国逐渐强大起来。燕易王时开始称王，成为战国七雄之一。

孰料，不久燕易王去世，燕王哙继位。

燕王哙任用子之为相国，采纳了公孙衍合纵的建议，与齐、楚、赵、韩共同支持魏国改用公孙衍为相，把张仪驱逐去了秦国。

公元前318年，苏代作为齐国使臣出使燕国。燕王哙问他："你觉得齐王怎么样？"苏代回答说："齐王必不能称霸。"燕王哙问："这是为什么？"苏代回答说："因为齐王不信任和重用他的大臣。"苏代想用这番话激燕王哙重用子之。果然，燕王哙更加重用子之。为此，子之送给苏代百余金，表示要听从苏代的吩咐。

大臣鹿毛寿见状劝燕王哙说："不如把国家让给子之。当年，帝尧之所以被后世称为贤君，是因为他曾经要把国家让给许由，许由没有接受，所以尧既得到了让贤的美名，又没有失去天下。现在，大王如果将国家让给子之，那么子之必然也不敢接受，这样一来大王便可以与当年的尧相媲美了。"

燕王哙听信了蛊惑，使子之的权位更大了。这时又有大臣劝燕王哙说："当年，禹把伯益定为自己的继承人，但他任用的官吏却都是启的党羽。等到禹老了，觉得启的党羽不足以担当统治天下的大任，就传位给了伯益。而启却和他的党羽攻打伯益，最终夺了伯益的国君之位。所以天下人都认为禹虽然名义上传位给了伯益，但不过是给了他一个虚位，而实际上是要让启取而代之。现在，大王您说要把国家让给子之，但所任用的官吏都是太子的人，这就和当年的禹一样，表面上要把国家让给子之，但实际上还是太子说了算。"

燕王哙一听，竟将300石俸禄以上大官的玺全部收回，由子之擢贤任用。子之大权在握，成了实际上的君主，燕王哙却再也不上朝听政了。

公元前314年，太子率军围攻子之数月，一时燕国人心惶惶。齐国乘此时机派兵入燕干涉，燕王哙死于战乱，因为他把国家让给了子之，所以死后连谥号都没有。子之也没落个好下场，被齐人抓住砍成了肉酱。赵武灵王趁燕国内乱，将燕王哙的庶子姬职从韩国送回燕国，继承王位，是为燕昭王。

三、燕昭王求贤若渴，市马骨招贤纳士

燕昭王继位后，立志要使燕国重新强大起来。

燕昭王登门拜访老臣郭隗，说："齐国趁我们国家内乱侵略我们，这个耻辱我是忘不了的。但是现在燕国国力弱小，还不能报这个仇。要是有个贤人来帮助我报仇雪耻，我宁愿伺候他。您能不能推荐这样的人才呢？"

燕昭王

郭隗摸了摸自己的胡子，讲了一个故事：古时候有个国君，最爱千里马，派人到处寻找，找了三年都没找到。有个侍臣打听到远处某个地方有一匹名贵的千里马，就跟国君说，只要给他1000两金子，准能把千里马买回来。国君挺高兴，就派侍臣带了1000两金子去买。没料到侍臣到了那里，千里马已经害病死了。侍臣想，空着双手回去不好交代，就把带去的金子拿出一半，把马骨买了回来。侍臣把马骨献给国君，国君大发雷霆，说："我要你买的是活马，谁叫你花了钱把没用的马骨买回来？"侍臣不慌不忙地说："人家听说你肯花钱买死马，还怕没有人把活马送过来？"这个消息一传

开，大家都认为那位国君是真的爱惜千里马。不出一年，果然从四面八方送来了好几匹千里马。

郭隗讲完了这个故事，说："大王要征求贤才治国，我愿意当马骨。"

燕昭王大受启发，马上派人造了一座精致的大房子给郭隗住，还拜郭隗为老师，礼遇丰厚。各国有才干的人听到燕昭王这样真心实意招揽人才，纷纷赶到燕国，其中最出名的就是赵国人乐毅。燕昭王拜乐毅为亚卿，请他整顿国政，训练兵马，燕国一天天强大起来。

四、苏秦合纵相六国，张仪连横西入秦

战国中期的秦国，自秦孝公任用商鞅实行变法以后，国力迅速强大起来。而山东诸侯国中，魏国的力量这时已经衰落，最东端的齐国力量和秦国相当。由于领土的互相接壤，各大国之间的冲突更加剧烈。秦、齐两个大国彼此展开争取盟国、孤立敌国的斗争。而赵、魏、韩等国国内，由此分成联秦抗齐和联齐抗秦两大派，从而展开了合纵连横活动。

所谓合纵连横，从地域上说，原是以韩、赵、魏为主，北连燕，南连楚为纵；东连齐或西连秦，东西相连为横。从策略上讲，合纵是"合众弱以攻一强"，是阻止强国进行兼并的策略；连横是"事一强以攻众弱"，是强国迫使弱国帮助它进行兼并的策略。起初，合纵既可以对秦，也可以对齐，连横既可以连秦，也可以连齐。直到秦赵长平之战后，才凝固成合纵是六国合力抵抗强秦，连横是六国分别投降秦国之意。适应这种需要，当时产生了一些在诸侯国之间四处活动，凭借三寸不烂之舌打动诸侯王，或取合纵，或采连横，而自己借机谋取高官厚禄的人。后来把这些人称为"纵横家"。其中最有名的是苏秦和张仪。

1. 苏秦合纵

苏秦（生卒年不详），字季子，东周洛阳（今河南洛阳）人，排行第五，他的哥哥苏代、苏厉、苏辟、苏鹤，都是当时著名的纵横家。当时，正值战国中期，各国彼此攻伐争斗，很多纵横家纷纷游说诸侯，献计献策，以言辞博取功名利禄。苏秦对此非常羡慕，加上兄长的影响，从小便立志献身此道。他独自前往齐国颍川阳城（今河南登封市），拜一代纵横大师鬼

苏 秦

谷子先生为师，学习纵横之术。

学成之后，苏秦踌躇满志，前往秦国游说秦王。苏秦对秦惠文王说：“秦国沃野千里，人口众多，实力强大，应该实行连横，东出函谷关，兼并六国，统一天下。”但当时秦国国力有限，还没有足够的实力，所以秦惠文王拒绝了他的建议。苏秦在秦国待了一年多，上书十余次，但始终没有被秦所用。苏秦盘缠用尽，只好灰溜溜地回家了。

回到家，他的妻子埋头织布，不理睬他，嫂子不给他做饭，父母也不和他说话。苏秦大受刺激，开始发愤读书。为了争取一切时间读书，苏秦准备了一把锥子，困的时候就拿起来刺自己的大腿，这就是锥刺股的故事。苏秦日夜刻苦攻读《阴符》《揣情》《摩意》等书，仔细研究了各国的政治、军事、经济、山川地理。经过一年的努力，苏秦终于做到了“天下大势，如在掌中”。

公元前334年，苏秦再次辞别亲人，开始到秦以外的六国兜售其“合纵”主张。当时天下各国中齐、楚、燕、韩、赵、魏、秦最强大，而七国之中秦国最强。苏秦经过反复思考，初步形成了一个促成六国结盟以共同对抗秦国的战略思想，即“合纵”。

苏秦先来到最北面的燕国，对燕王说：“燕国之所以没有受到秦国的进攻，完全是因为燕国南边的赵国是燕国的屏障。如果秦国想攻打燕国，则必须过赵国这一关；而赵国如果想攻打燕国，则没有任何阻碍。所以，大王如果想让燕国平安无事，就应该和赵国结盟，这样就不怕秦国了！”

燕王听后觉得十分有理，就为苏秦备好车马，给了他大量的金银珠宝，让他到赵国去游说赵王，促成联盟。

苏秦来到赵国，对赵王说："现在六国中赵国最强大，所以秦国最嫉恨赵国。但是，秦国为什么不敢进攻赵国呢？那是因为秦国害怕韩、魏两国乘机发起攻击，断秦军的退路和切断补给线。但是如果秦国进攻韩、魏两国，两国肯定抵挡不住秦国的进攻，必然会投降秦国。秦国没有了后顾之忧，就一定会进攻赵国！"

赵王一听，急忙问苏秦："那你说赵国该怎么办呢？"

苏秦说："臣研究了天下的地图，六国的土地是秦国的五倍，兵力是秦国的十倍。如果六国联合起来进攻秦国，秦国必败。大王如果和韩、魏、齐、楚、燕五国结盟，联合起来，共同抵抗秦国，那么秦国肯定会吓得龟缩在函谷关（今河南灵宝北）内不出的。"

赵王觉得苏秦说的十分有理，就赏给苏秦 100 辆马车、1000 镒黄金、100 双白玉璧和 1000 匹锦绸，让他游说各国，联合抗秦。

苏秦来到韩国，对韩王说："韩国土地方圆 900 余里，士卒数十万，天下精良的兵器都是韩国出产的。韩国士卒英勇善战，能以一当百，天下没有哪国能比。韩国如果向秦国称臣，秦国必然会让韩国割让土地，今年给了它，明年它还会来要。韩国的土地有限，但秦国的贪欲是无限的。那样的话，韩国早晚会亡国的！大王不如和赵国联盟，共同抵御秦国。"韩王欣然接受。

接着苏秦又说服了魏国和齐国，最后来到最南面的楚国。

苏秦劝楚王说："楚国是天下疆域最大的国家，土地方圆 6000 余里，士卒百万、战车千辆，粮食可以支撑十年，这可是称霸天下的资本啊。六国中秦国最害怕的就是楚国。如果大王和其他五国结盟，就会孤立秦国，楚国就会称霸天下。"楚王欣然答应。

公元前 333 年，六国共同推举苏秦为合纵联盟的纵约长，同时担任六国的相国，身佩六国相印。六国在赵国的洹水"歃血为盟"，苏秦手捧盛满牛血的铜盘请六国君王歃血，拜告了天地和六国的祖宗，写了六份盟约，共同抵抗秦国。

合纵之后，秦国十多年不敢进犯六国。

2. 张仪连横

秦国经过改革，国力日渐增强。面对势力不断扩张的秦国，其他六国都感到恐慌。为了抵抗秦国，有人建议六国采取联合抗秦的策略。这种策略叫作“合纵”。另有一些人站在秦国一边，拉拢各国与秦国合作，打击其他国家，这种策略叫作“连横”。在主张“连横”的政客当中，要数张仪最有名望。

张仪是魏国人，他早年和苏秦同在鬼谷子先生门下求学。

张仪学完课业之后，告别了老师和同学，到各诸侯国去进行游说。

张仪历经千辛万苦到了秦国。这时，秦孝公已经死了，他的儿子秦惠文王即了位，张仪凭借他的口才，果然得到秦惠文王的信任，当上了秦国的相国。这时候，六国正在组织合纵。

在六国当中，要数齐、楚两国最强大。张仪认为要实行“连横”，必须拆散齐国和楚国的联盟，他向秦惠文王献了个计策，他假装辞去秦国相位，带着厚礼，以游说者的身份投奔楚国。

张 仪

楚怀王对张仪在秦的显赫地位早有耳闻。张仪一到楚国，楚王就盛情款待了他。

楚怀王对张仪说：“您来我们这个偏僻落后的国家，有什么指教吗？”

张仪接过话茬说：“大王如果能听我的意见，首先同齐国断交，不再同它往来，我能把秦国商、於一带的600里土地献给贵国；让秦王的女儿嫁给大王作妻妾。秦、楚两国之间娶妇嫁女，结为亲戚，永远和好。这样，削弱了北边齐国的力量，西边得到秦国的好处，我看没有比这更好的主意了。”楚怀王喜出望外，赞成张仪的主张，一群溜须拍马的大臣都向楚怀王祝贺。

楚国把相印交给张仪，宣布与齐国解除盟约，并派使臣随张仪接收商、於之地。

张仪出使楚国的目的达到了，他一回到秦国便假装从马上掉下来伤了脚，一连三个月都不理楚国使臣。

后来，齐国见楚国不讲信义，便与秦国联合了。张仪见计划实现了，便把楚国使者打发走。楚国使者再一次向张仪索要土地时，张仪耍赖不承认有这回事了。

使者回来一报告，气得楚怀王直翻白眼，发动10万大军攻打秦国。秦惠文王也发兵10万人迎战，齐国也赶来助战。楚国一败涂地，10万人马只剩了两三万，商於600里地没到手不说，还被秦国夺去了汉中600里地。

后来，张仪又放心大胆地去韩国、齐国、赵国、燕国等国逐一地推行他的连横策略。最后，六国的合纵彻底瓦解了。

苏秦和张仪皆以纵横之术游说诸侯而致富贵，引得天下之士竞相仿效。当时有名的纵横家，还有魏国人公孙衍。此外如苏秦的族弟苏代、周最、楼缓等也都十分有名。而纵横游说之士，遍于天下，不可胜计。

五、楚王信谗贬贤臣，屈原忧国投汨罗

楚国被秦国打败后，楚怀王又想重新和齐国联合起来。这时，秦昭襄王继承了王位，他很客气地写信给楚怀王，请他到武关（今陕西丹凤县东南）相会，当面订立友好盟约。

楚国大夫屈原劝楚怀王不要去，他说，秦国一定会设下圈套等着我们上当呢。

正如屈原预料的那样，楚怀王刚进入秦国的武关，立刻被秦国预先埋伏下的人马截断了后路。在会见时，秦昭襄王逼迫楚怀王把黔中的土地割让给秦国，楚怀王拒绝了。秦昭襄王下令把楚怀王押到咸阳软禁起来，并派人通知楚国让他们拿土地来赎人。

楚国的大臣们听到国君被押，非常气愤，拒绝了秦国的无理要求，并立太子为国君，这个国君就是楚顷襄王。

楚怀王在秦国被关一年多，吃尽苦头，后来病死在秦国。

屈 原

楚国人为楚怀王被害死心里很气愤，大夫屈原更是怒不可遏，他劝楚顷襄王搜罗人才，远离小人，鼓励将士，操练兵马，为国家和楚怀王报仇雪耻。

可是他的劝告却招来了令尹子兰和靳尚等人的仇视。他们抓住一切机会在楚顷襄王面前诬陷屈原。

楚顷襄王听信谗言，把屈原革了职，放逐到湘南去。

屈原到了湘南以后，经常在汨罗江（在今湖南省东北部）一带徘徊，吟诵着伤感的诗歌。有一天，屈原在汨罗江边遇见一位打鱼的渔父。渔父对屈原说："您不是楚国的大夫吗？怎么会落到这种田地呢？"

屈原说："我落到这个地步，是因为许多人都是肮脏的，只有我是干净的；许多人都喝醉了，只有我还醒着。"

屈原不愿意屈辱地活着，到了公元前278年五月初五那天，他抱着一块大石头，跳到汨罗江里自杀了。

附近的百姓，得到消息，都划着小船去救他。人们在汨罗江上打捞了许久，也没有找到屈原的尸体。

那位渔父很难受，他对着江面，把筒子里的米撒到江里表达他对屈原的哀思。

在第二年五月初五的这一天，当地的百姓想起这是屈原投江一周年的日子，又划船到汨罗江中，把竹筒子盛了米撒到水里去祭祀他。后来，人们把盛米饭的竹筒子改为粽子，划小船改为赛龙船。这种纪念屈原的活动渐渐成为一种风俗。人们把每年农历五月初五称为端午节。

屈原生前写下了许多优秀的诗篇，其中最有名的是《离骚》。他在这篇诗歌里，痛斥卖国的小人，表达了他忧国忧民的心情，对楚国的一草一木，都寄托了无限的深情。

六、范雎远交近攻计，秦王弃魏转攻韩

赵国因为将相和睦，使秦国不敢侵犯。秦国便把矛头指向其他国家。到了公元前 270 年，秦国又派兵攻打远离秦国的齐国。

正在这时，有人向秦昭襄王推荐一个人，他叫范雎。

范雎是魏国人，才高八斗，能言善辩，但家境贫寒，在魏国大夫须贾府里当门客。

有一回，魏昭王要与齐国结盟，派遣须贾出使齐国。须贾带着范雎一起去了。齐襄王听说范雎很有才能，便想与他交好，特意叫手下人赏赐给范雎很多黄金以及佳肴美酒。范雎想到自己只是随员身份，不配接受这份厚礼，再三不肯接受，有人把这件事告诉了须贾。

几天后，须贾率随员回到魏国，向魏国的相国公子魏齐告发。魏齐立即派人把范雎抓起来，严刑拷问，几次把范雎打得昏死过去，牙齿打掉了，肋骨也打折了，浑身上下皮开肉绽。范雎只好直挺挺地一动不动，假装已经被打死。魏齐以为范雎死了，叫人把范雎用破席卷起来扔到厕所里，天黑后，范雎才从席子里爬出来。

范　雎

郑国的郑安平与范雎有很深的交往，他钦佩范雎是个难得的人才，暗地里把范雎救下来，连夜帮他逃出虎口，改名张禄。

后来，秦昭襄王派使臣王稽访求贤士，郑安平扮作士兵模样服侍王稽，找机会向王稽推荐了张禄。经过交谈，王稽觉得张禄的确是个

难得的人才，便设法把张禄带到秦都咸阳。

秦王非常恭敬地请范雎进宫，虚心求教。范雎分析了各国的情况，主张对于远离秦国的国家，要采取联合的策略；对于邻近秦国的国家，采取进攻的策略。如果攻打遥远的国家，即使打胜了，也不好管理；而攻占了邻近的国家，那么这个国家的土地，都是自己的了。秦昭襄王听后大加赞赏，立刻拜范雎为客卿。过了几年，正式拜他为秦国宰相。秦王振兴朝政后，准备攻打魏国。

魏王听说秦国要发兵攻魏，忙派须贾出使秦国求和。范雎听说须贾来到秦国，便扮作贫寒落魄的样子，前往馆舍见须贾。须贾见到范雎还活着，吓了一跳，问道："你还活着呀，你现在在干什么？"范雎答："我就在这儿给人家干杂活。"须贾看到范雎的可怜相，就让人取了一件锦袍送给范雎。须贾顺便问道："听说秦国宰相张禄很得秦王的赞赏，我很想见见他，不知有没有人能给我引见！"范雎笑了笑说："我家主人同张相国很有交情，我倒愿意替须大人说句话。"须贾说："那太好了。"

到了第二天，范雎带须贾到了相府门口，范雎让须贾在门口等候，自己一直走进相府内，门卫们不加盘问还肃然施礼，须贾看在眼里觉得有些不对劲儿，便忍不住向守门人打听："我今天特来拜会你家主人，不知你家主人在不在家？"守门人告诉他："刚才陪你一起来的就是我家主人，秦国宰相张大人。"须贾一听吓得目瞪口呆。一会儿听到里面传唤："相爷叫须贾进去。"须贾慌忙匍匐在地爬着进入大厅，见到高堂上坐的丞相正是范雎，便连连磕头说："须贾罪该万死，请相国饶恕小人的罪过吧！"范雎愤怒地痛斥须贾一番。接着又说："昨天你送我一件锦袍，念你还有一点良心，饶你一命。今天交你一个任务，回去替我告诉魏王，把魏齐脑袋送来。不然的话，我要发兵直取魏都大梁。"须贾狼狈地退出相府，赶紧回国把范雎的话告诉了魏王，魏齐知道在魏国会成为牺牲品，再也无法待下去了，他偷偷地逃到赵国去，躲在平原君门下避难。

后来，秦国答应了魏国的求和条件，按照范雎的远交近攻计策，向邻近的韩国发动进攻。

七、李斯妒贤进谗言，韩非无辜遭鸩杀

韩非（公元前280—公元前233年），战国末期韩国人，出身贵族，著名的思想家、法家代表人物，先秦法家思想的集大成者。韩非非常喜欢法家学说，日夜苦读申不害、商鞅等人的著作，希望有一天自己也能像他们一样建功立业，使韩国强大起来，不再受秦国的欺凌。后来他和李斯拜荀子为师，学问更加突飞猛进。韩非有些口吃，所以不善于言辞，但他文章写得非常精彩，连李斯也自叹不如。

韩非学成以后，看到韩国政治腐败，日益衰落，不断受到秦国的进攻，一再割地受辱。于是他多次上书给韩王安，希望韩国能够修明法度以富国强兵，但不为韩王安所采纳。韩非只好退而著书立说，写成《孤愤》《五蠹》《内外储》《说林》《说难》等55篇、十余万字的书。

当时韩国与秦国接壤，经常受到秦国的侵扰。韩国为了转移秦国的注意力，派了一个叫郑国的水利专家前去秦国，极力劝说秦王兴修水利。因为兴修水利要耗费巨大的人力物力，秦国如果兴修水利，势必无暇东顾，韩国将得以苟延残喘。但是过了不久，秦王政发现了这个阴谋，大怒，要杀掉郑国。郑国不慌不忙地对秦王说："大王，兴修水利固然会消耗秦国的人力物力，但水利工程修成后将会使秦国获利巨大啊。大王只不过是推迟了几年灭亡韩国而已。"秦王政一听，觉得他说得有道理，就继续让他兴修水利。秦军在搜查郑国的住处时，发现了几本韩非的书，献给了秦王政。

李斯《峄山碑》

秦王政读了以后，大为感慨，说：

“唉！我要是能见到这本书的作者，能和他交谈，就算是死也不会感到遗憾！”秦国的丞相李斯笑了笑说：“大王要见韩非，容易得很。”秦王政惊讶地问：“你认识他？”李斯笑着说：“何止认识，我们还是同学。”秦王政大喜，急切地问：“他是哪国人？现在什么地方？”李斯回答说：“他是韩国贵族，现在在韩国。”秦王政笑着说：“那真是太好了！你去把他请来！”李斯说：“大王，如果我们直接去请韩非，那么就会引起韩王的怀疑，韩国将会认为韩非是个人才而重用他，对我们秦国就不利了。”秦王政问：“那你说该怎么办？”李斯走到秦王政身边，在秦王政的耳边小声说了几句话，秦王政听完大笑，说：“哈哈哈哈！妙计！妙计！”

公元前234年里的一天，秦国的30万大军向韩国发起了进攻，接连攻破了韩国好几座城池，韩国君臣惊慌失措。韩王安把大臣们召集到大殿之上，议论了半天也不知道怎么惹了秦国，大殿上一片唉声叹气的声音。这时朝官忽报秦国使者到了，韩王安慌忙起身相迎。

秦国使者开门见山地说：“秦国与韩国世代友好，要使秦军退兵也不难，只要贵国的一人到秦国去一趟。”韩王安急忙说：“究竟是敝国什么人得罪了秦王？寡人一定要把他捆起来送到秦国谢罪。”使者说：“请问贵国的韩非在哪里？”

韩王与大臣们面面相觑，都很吃惊，不知道韩非怎么得罪秦国了。韩王急忙命令朝官去找赋闲在家著书立说的韩非，韩非一听韩王召见自己，非常高兴，急忙和朝官来到大殿。到了大殿见了秦国使者后，韩非才明白，真正想见自己的不是韩王，而是秦王。几天后，韩非作为韩国的使者奔赴咸阳，30万秦军也班师回国。韩王安终于松了一口气。

秦王政听说韩非到了，非常高兴，召集百官上殿，举行了盛大的仪式欢迎韩非，晚上又举行宴会款待。宴会后，秦王政和韩非对席而坐，深入讨论了治国之道。韩非向秦王政结结巴巴地阐述了自己的政治主张，韩非的精辟见解令秦王政听得如痴如醉，大加赞赏，有一种相见恨晚的感觉，决定重用韩非。

秦王政要重用韩非，却遭到了李斯的嫉妒。李斯害怕韩非受到重用后会取自己而代之，于是就向秦王政进谗言，说：“韩非是韩国贵族，绝不可能忠于秦国的。与其用他，冒着被背叛的危险，不如送他回国。但如果放他回国，无异于纵虎归山，不如现在杀了他以绝后患。”秦王听了下令将韩非投入监狱。李斯见阴谋得逞，就派人毒死了韩非。

第四章 战争狼烟

一、兵车一动数十万，杀人盈城更盈野

战国时期兼并战争比春秋时更为激烈和频繁，规模也更大。各大国都拥有雄厚的武装力量，三晋、齐、燕各有带甲之士数十万人，秦、楚两国各有“奋击百万”。在作战时更是大量出动，秦、赵长平一役，赵出兵40多万人，秦为了灭楚，动员兵力达60万人之多。春秋时的大战，有时数日即告结束，战国时则短者数月，长者可以“旷日持久数岁”。作战双方都要求消灭对方实力，因此一次战役中被杀的士兵多达数万人乃至数十万人。“争野以战，杀人盈野”；争城以战，杀人盈城，已成为常见的现象。战争中消耗的物力也十分惊人。《孙子兵法》说“兴师十万，日费千金”。《战国策》说一次大战，仅以损失的兵甲、车马而言，“十年之田不能偿也”。

各国为了克敌制胜，还竞相改进武器装备。韩、楚两国都以武器制作精良而著称于当时。兵器方面的最大变化是铁兵器开始出现。如《史记》有“楚之铁剑利”的话，《荀子》也说楚的宛（今河南南阳）地所出的戟和铁矛极为锋利。河北易县出土有战国末年燕

杜虎兵符

国的钢戟和钢剑。另外，当时还有铁甲和铁盔。武器中的新品种有弩，弩是在弓上安装木臂和铜制的郭，即利用简单的机械将箭从弓上射出，使箭具有很强的穿透力，像韩国所造的劲弩，可把箭射到600步以外。作战用的器械也多种多样，如有攻城用的云梯、冲车，水战用的钩拒。有关的情况，在《墨子》的《备城门》等篇中都有记述。

作战方法和兵种，也随着战争规模扩大而发生变化。长期以来以车战为主的作战方法，渐退居于不太受地形条件限制的步战之下。在北方民族的影响下，骑兵作为新兵种开始推广。《战国策》说七国各有骑数千匹或万匹。为了便于骑战，公元前307年，赵武灵王命令“将军”“大夫”“戍吏”都要穿胡服，即历史上有名的“胡服骑射”。在《孙膑兵法》中，曾提出“用骑有十利”的看法。骑兵的许多长处，非其他兵种所能及，当时兵家对此已深有认识。

为了加强防御，各国不惜动用大量人力来修建长城。齐的长城西起于平阴防门（今山东平阴），南面到海边的琅琊。魏为了保护其河西，曾在今陕西洛水以东筑长城。赵国在漳水、滏水流域修造过长城，赵武灵王又在阴山下修长城。燕国在大破东胡以后修造长城，西起造阳（今河北怀来），东止于襄平（今辽宁辽阳）。燕、赵修筑北边长城，目的在于防御北方各族入侵，后来秦、汉长城即在其旧基址上加固而成。

二、六国合纵联军盛，强秦连横奏奇功

六国合纵对秦战争，主要的有五次：

1. 赵、魏、燕、韩、楚五国联合攻秦

秦相张仪来魏，向秦惠文王提出秦、韩与魏联合伐齐的建议，被秦惠文王接受，起用张仪为相。张仪当上魏相后，就积极实现他的“欲令魏先事秦而诸侯效之”的所谓“连横”策略，压迫东方各国。在这种形势下，齐、楚、燕、韩、赵五国又联合支持主持“合纵”策略的公孙衍。魏惠王为了巩固与五国的政治关系，改任公孙衍为相国，把张仪赶回秦国。公孙衍这位素见重于六国的新相国，展开“合纵”策略，联合各国，组织了第一次“五国伐秦之战”。实际参加作战的有燕、韩、赵、魏四国军队，公举楚怀

王为联合军的“纵约长”，于周慎靓王三年（公元前 318 年），声势浩大的四国联军，排除秦军的抵抗，打到秦东方战略要隘函谷关。但由于秦军的奋力抵抗，联军最终被秦军击败。四国联军的进攻，虽然没有达到战略目的，但对秦震动极大，纵、横双方的斗争，更加激烈化。

2. 齐、魏、韩三国联合攻秦

继五国联合攻秦之后，六国间虽也知道应以对秦作战为主，但在此期间，由于秦国极力破坏六国的合纵，挑动各国之间互相攻伐，以削弱六国的实力，所以各国之间也发生过一些战争。周赧王十四年（公元前 301 年），韩、魏受秦军事压力，向东方大国齐靠拢。齐相孟尝君田文，加紧对韩、魏的联合工作，终于促成齐、魏、韩三国合兵对楚进攻。齐将匡章、魏将公孙喜、韩将暴鸢统率的联合军，进攻楚的方城，经过 6 个月交战，击破楚军于小沘水上的垂沙，宛叶以北地区被韩、魏所占有。齐、韩、魏联合作战的胜利，不仅使楚军屈服，秦也惶恐不安。秦为了拆散这三国的合纵联盟，提出由秦王之弟泾阳君至齐为质，与齐修好。到秦王政十八年（公元前 229 年），秦又邀请孟尝君田文入秦，担任秦相。表面上对齐友好，实际是把田文控制于咸阳，以破坏他的“合纵”战略。这一行动立即引起赵国的严重不安，秦、齐两大国联合的战略形势，使赵陷于两面受敌的危险，于是赵国发动政治攻势，策动秦贵族樗里疾借口田文“外借秦权，阴为齐谋”，促使秦免去孟尝君的相位，改任楼缓为相。

周赧王十七年（公元前 298 年），齐、韩、魏三国联合对秦进攻。战争开始后，赵、宋两国并未真正协助秦国作战，而是利用大国间的矛盾冲突，乘三国与秦作战之机，兼并邻近其他小国，以扩充自己的领土。三国进攻秦国的战争，连续 3 年之久，最后攻进函谷关，迫使秦国承认战败，退还侵占魏的河外、封陵和韩的河外、武遂等地区，缔结了和约，停止了战争。

3. 燕、齐、魏、韩、赵五国合纵攻秦

秦为了拆散六国“合纵”战略，解除关东压力，继续推行“连横”。丞相魏冉实施“联齐”政策，积极拉拢东方大国齐国，以便秦、齐联合，对付敢于反抗的楚、燕、韩、赵、魏。周赧王二十七年（公元前 288 年）十月，秦王称西帝，统治西方；遥尊齐王称东帝，统治东方。又订立“约伐赵”盟约，议定了共同行动与出兵日期，中原各国面临受到夹击的危险局面。周赧王二十七年（公元前288年），魏昭王通过奉阳君李兑的策划，与赵惠王相会，商量如何联合对秦。但最终由于各国意见未能统一，攻秦计划不了了之。最后于公元前287年以秦退还所占魏、赵的土地而罢兵。

“鄂君启”错金铜车节

4. 赵、楚、韩、燕、魏合纵伐秦

此战发生于秦庄襄王三年（公元前247年）。秦军初期被五国联军战败，退守函谷关后，双方休战。

5. 楚、燕、韩、赵、魏五国联合攻秦

秦王政六年（公元前241年），赵将庞煖组成第五次联军，推举楚王为联军统帅“纵约长”，由楚相春申君黄歇代行纵约长指挥权。庞煖向黄歇和其他国的将领说明过去关东诸侯对秦作战，主要战略是攻取函谷关，以为只要攻克此关，就能顺利地向秦国腹地推进，但终因关隘险要攻而不克，多次受挫，遭到失败。这次应经蒲关渡河直冲渭南。于是五国军队声势汹涌地经河东由蒲关渡河，伸进关中腹地，排除秦军抵抗，进抵距咸阳不远的蕞城。企图攻克蕞城，长驱直入，进攻咸阳。但由于蕞城秦兵顽强坚守，屹立不动，联军久攻不克，出现胶着状态。联军攻城不克，只得停止西进，这给了秦军调动、整顿的时间，重整阵容。后来联军改变战略，攻进关中，打了秦军一个措手不及，首都咸阳形势紧张，国相吕不韦，亲自担任统帅，指挥秦军，进驻灞桥，迎击关东五国军队。汇集于灞桥附近的秦军兵力有王翦、李信、桓军等约10多万人。

秦军认为，“以五国精锐，攻一城而不克，其无能可知”“晋习秦战，楚兵久未经过战争”，进而决定“集中兵力攻楚，击破楚军，其他各国军队会闻风崩溃”。于是除留下部分军队与赵、魏保持对峙状态外，于五军

中各抽出精兵1万，进攻楚军，并规定夜间开始行动。由于李信军的一个军官，运粮误期，受到斥责，暗地叛逃到楚军，把秦军作战计划完全泄露给楚军。而黄歇这位庸愚无能的联合军统帅，闻讯后竟惊慌失措，没有通知友军，只率楚军仓促撤退，离开战场，返回楚国。当秦军按预定计划，对楚军实施大规模夜袭，进入楚军兵营时，才发现楚营无人，扑了个空。王翦当即回军转攻联合军队的主力赵军。王翦、蒙骜、李信等率领将士猛攻赵营。赵军统帅庞煖遭秦军突然猛袭，一方面严令所属不得妄动，沉着应战，另一方面自己亲临营门镇静指挥。双方展开激战，秦军攻势虽猛，赵兵岿然不动，两军激战到天明，韩、魏、燕军闻赵军被攻，前来救援，秦军才停止攻击，收兵回营。秦、赵两军经过这次激战，王翦等将领，称赞赵军战斗力强，并赞扬赵将庞煖遇到夜袭，临危不惊，从容镇静。在秦军收兵后，赵、韩、魏、燕军将领了解到楚军放弃友军，不战而走的原因，深感痛惜，并一致认为这次“合纵”对秦作战，已失去取胜的希望，于是各自收兵回国。庞煖既不满楚军的不战而走，又痛恨齐国的拒不参加联合行动，于返国途中，联合燕军，东攻齐属饶安，攻克了饶安城，以示泄愤。自此第五次联合对秦进攻后，六国再没有组成过“合纵”阵线。形势的发展对秦极为有利，为秦将六国各个击破创造了条件。

三、围魏救赵战桂陵，马陵之战灭庞涓

孙膑是战国时齐国人，孙武的后代，其生卒年不详，大概在吴起之后。他一生坎坷，连真实姓名也没留下，因其受庞涓陷害受过膑刑，故史称孙膑。孙膑生活的战国中期战事频繁，他深刻感到战争在国家安危与人民生活中的重要性，于是下决心学习兵法，立志成就一番大事业。

孙膑成年后，便离开家乡到深山里拜鬼谷子为师，勤奋地学习兵法。孙膑天资聪颖，三天就能熟背《孙子兵法》，并有很多独到的见解。鬼谷子门下有个人叫庞涓，生性奸诈，他表面上和孙膑是很要好的朋友，暗地里却非常嫉妒孙膑的才能。庞涓急功近利，不久后便下山投奔到当时强大的魏国，因其为人狡猾又略懂兵法，受到魏王重用，但他深知孙膑才能远在自己之上，非常担心孙膑出山后会影响自己的前途。于是，庞涓想出了

一条毒计，派人到山上请孙膑来魏国和自己一起施展抱负，孙膑把庞涓当成好朋友，便欣然接受。孙膑到达魏国后不久，庞涓就陷害他私通齐国，通过魏王对他施以膑刑，割去他的膝盖骨，让他不能行走，并在他脸上刺字，让他不能见人，他以为这样就能使孙膑销声匿迹，自己可扬名天下。不久，齐国使者来到魏国，孙膑一边装疯卖傻麻痹庞涓，一边向齐国使者吐露真情，齐国使者把孙膑藏在车中悄悄带回齐国。

孙膑到达齐国后，得到大将田忌赏识。一次，孙膑随田忌参加诸公子举行的赛马活动，看到田忌和齐威王的马相差不大，且有上中下三等，就让田忌以上等马对威王的中等马，以中等马对威王的下等马，以下等马对威王的上等马，结果田忌三局两胜赢得了比赛。齐威王注意到孙膑的智慧，便召见了他。孙膑通过赛马谈兵法，一鸣惊人，被任命为齐国军师。

公元前 354 年，魏国大举进攻赵国，庞涓率领的 8 万大军包围邯郸，企图一举消灭赵国。赵国向齐求救，齐威王答应救赵，派少数兵力与宋、卫两国合攻赵国的襄陵，与赵国遥相呼应。经过一年多的时间，魏军有很大消耗，这时，齐国才以田忌为主帅，孙膑为军师，大举进攻魏国。出兵前，田忌主张直接去邯郸救赵国，而孙膑提出了“围魏救赵”的方法，他认为魏军主力在邯郸，如果此时攻打他们的国都大梁（今河南开封），魏军必定班师回朝，邯郸自然得救，齐军可趁魏军疲倦之时将其歼灭，一举两得。但是当时魏军实力很强，如果及时发现孙膑的计策，对齐军不利。于是，孙膑假装攻打魏国的军事重镇平陵，并假装打败，制造出齐军无能的假象。庞涓见平陵无事，丝毫没有感到齐军

孙 膑

的威胁，继续围赵，并攻下邯郸。这时，孙膑和田忌直捣大梁，逼迫庞涓回师。大梁若失，魏国不保，庞涓顾不得将士旅途劳累，率主力日夜兼程回兵救大梁。当庞涓的部队到达桂陵时，碰上早已埋伏在那里的齐军，齐军以安逸之军，大破魏国疲惫之兵，魏军几乎全军覆没，庞涓侥幸逃生。这就是历史上有名的“围魏救赵”，战后，魏国被迫讲和，归还赵国邯郸。

桂陵之战后，魏王接受历史教训，加强内政外交，较快恢复了元气，但是，魏国的野心还在。公元前340年，魏国又大举进攻韩国，韩国向齐国求救。孙膑分析当时形势，指出如果立刻出兵就等于替韩国作战，不利于齐国，不出兵的话魏国就会攻下韩国而实力大增，于是提出“深结韩之亲而晚承魏之弊”的建议，被齐王采纳。韩国得到齐国救援的允诺，奋起抵抗，虽五战五败，也使魏国实力有所削弱。此时，齐威王抓住时机，再次任命田忌为大将，孙膑为军师，率兵攻魏救韩。这次，按照孙膑的计策，齐军还是直奔大梁。庞涓吸取上次教训，虽急忙回师，却不忘谨慎行军，注意部队的休息。回到魏国后，庞涓想与齐军决一胜负，不料齐军却不肯交战，避免与魏军正面接触，向东撤去。庞涓紧追不放，第一天，见齐军营地有给10万人做饭的锅灶；第二天，齐军还剩5万人的灶；到第三天，只剩3万人的灶了。庞涓暗自高兴，以为齐军将士已逃亡大半，更加拼命追赶。孙膑此时却从容撤退，计算着魏军的行程，判断魏军到达马陵的时间。马陵处于两座高山之间，树木茂密，中间只有一条狭窄的小路可走，是一个伏击歼敌的好战场。孙膑传令士兵就地伐树，将小路堵住，另挑选路旁的一棵大树，刮去一段树皮，在树干上面写道：“庞涓死于此树之下！”几个大字。随后，命令1万弓箭手埋伏在两边密林中，吩咐他们夜里只要看见火光，就一齐放箭。不出孙膑所料，庞涓率领的魏军天黑之后就追到马陵。他见前面的道路被树木堵塞，忙上前察看，却隐约发现路旁的一棵大树上有字，就命人点起火把来观看。当庞涓看清树上的那一行字时方知中了孙膑的计谋，急令魏军后退，但为时已晚，埋伏在山林中的齐军万箭齐发，猝不及防的魏军死伤无数，庞涓身负重伤，知道自己必将身败名裂，拔剑自杀了。齐军乘胜发起进攻，将魏军的后续部队一气打垮，还俘虏了魏军统帅太子魏申。这就是著名的“马陵之战”。

马陵之战后，齐国统治集团内部争权夺利，田忌遇害。孙膑很有先见之明，并没接受齐王的封赏，而是辞官隐去，从此在政治舞台上消失。他把晚年的全部精力放在军事理论的研究上，写出流传千古的《孙膑兵法》，该书汉代以后失传。1972 年在山东的汉墓中发现了《孙膑兵法》的残简，结合汉代以前的史料可以看出，该书继承了《孙子兵法》的部分思想，包含了孙膑的战争观和战略理论，总结了大量战国中期的作战经验，被古人争相博引，是古代著名的兵书。孙膑一生艰辛坎坷，但他忍辱不屈，终成大业，他的精神鼓舞着一代又一代人，他的军事理论为后世作出了巨大贡献，孙膑不愧为中国历史上最杰出的军事家。

四、即墨大摆火牛阵，田单复国任齐相

田单,战国时齐国临淄(今山东淄博东北)人。初为临淄掾吏,默默无闻,不被重用。

公元前 284 年，燕昭王派上将军乐毅，联合赵、魏、韩、秦等国的军队大举攻齐。济西（古济水以西，今山东高唐、聊城一带）一战，大败齐军主力，齐湣王败走莒（今山东莒县）城。接着。乐毅又分兵五路，发展进攻，先后攻古齐国 70 余城。

当齐都临淄失守时，田单退往安平（今山东临淄东北）。途中，田单令家人将长车轴锯短，并在轴头包上铁皮。当安平被攻陷后，齐国人争相逃命，因路窄车多，多因长车轴被撞断而遭燕军俘虏。唯有田单，因车轴短又包以铁皮，得以顺利逃脱，退到即墨（今山东即墨北）。这件事，显示了田单的聪明才智。

田　单

燕军攻克安平后，又长驱直入，围攻莒城。这时，

齐湣王已被人杀死，齐臣王孙贾等拥立齐湣王之子为王（即齐襄王）。齐襄王号召民众守莒抗燕，保卫齐国。乐毅久久攻不下莒城，于是重新调整部署，留右军和前军继续攻莒，他亲率左军和后军东移攻打即墨。即墨军民顽强抗敌，当守城大夫不幸战死后，共推田单为将军，都信任地说："田单能在撤出安平时，于车轴上包铁皮而免遭敌害，说明他熟悉军事。"于是田单欣然受命，承担起领导即墨军民抗燕的大任。

田单看到，在敌强我弱的形势下，若要从根本上扭转战局，必须想法改变两军力量对比，使齐军战斗力由弱变强，燕军由强变弱。为此，他采取了一系列措施。第一，调整防御部署，激发军民斗志。他不仅以身作则，将自己的妻妾编到守城队伍中，以增强防御力量，又拿出个人家财犒赏军士。这就树立了威信，团结了民心，为坚守即墨创造了条件。

第二，施展计谋，除掉乐毅。燕将乐毅有勇有谋，熟悉韬略，这次率军攻齐，他严格约束军队，禁止掳掠，并注意减轻赋税，废除齐湣王的残暴法令，笼络齐国权贵人物。所以燕军攻齐，如入无人之境，连连告捷。因此，齐军要想保住即墨，战胜燕军，必须先除掉乐毅。

恰巧，这时燕昭王死，燕惠王继位。燕惠王在做太子时就对乐毅不满。田单听到这一情况，便决定采取反间计。他派人入燕，散布说："乐毅与燕国新王有怨，不敢回国，想借攻齐机会，控制军队，在齐国称王。只因现在齐国人心未附,故缓攻即墨以收买人心。如果换别的将领,即墨早就攻下了。"燕惠王本来就对乐毅迟迟未攻下莒城和即墨有怀疑，听到街巷风言后便信以为真，于是派骑劫往齐地代东毅统兵，召乐毅回国。乐毅怕遭不测，投奔了赵国。乐毅一走，不仅使田单少了个大敌，而且燕军也人心涣散，战斗力大为减弱。第三，谎称神人相助，削弱敌人斗志。燕将骑劫是个骄傲狂妄、有勇无谋的人。他取代乐毅后，便加紧了对即墨的攻势。为了坚定即墨军民的抗敌信心，进一步削弱燕军斗志，田单令城内军民每餐都要先端饭到户外祭祀祖先。这样一来，吸引了许多飞鸟在城上空盘旋，使燕军感到奇怪。于是田单说："这是神来教导我们"，并令人宣扬说："会有神人来做我的老师。"有一名士兵说:"我可以当老师吗？"田单马上顺水推舟,拜那士兵为"神师"。这个办法，对稳定城内军心，动摇敌人斗志起了一定的作用。第四，诱使燕军行暴，加深守军分敌心理。田单派人向燕军说："我们特别畏惧燕军捉到我们士兵后，削去鼻子，并把他们放在队伍前面进攻我们，若那样，即墨必定守不住了。"骑劫听后，果然令人把俘虏都削去了鼻子。齐军看到，愤慨异常，都表示要死守城池，免被敌捉去。田单又派人到燕军中说："齐军最怕燕军挖其城外祖坟。"骑劫再次中计，派人掘开齐人祖坟，焚烧死人。守军从城上望见，无不咬牙切齿，皆欲出城报仇。

以上措施都收到了积极效果，齐军情绪激昂，士气高涨，燕军却意志消沉，沮丧动摇。两军的战斗力发生了显著的变化。田单觉得反击敌人的条件基本成熟，就积极进行反攻的准备工作。他首先将全部军队隐伏起来，让老人妇女登城守卫，又将民间黄金收集一处，命城内富豪送与燕将，说："即墨马上就要投降，请到时不要伤害家室妻妾。"燕将骑劫见守城人皆老弱妇幼，认为齐军将士伤亡殆尽，已无作战能力，遂对齐人投降的宣传确信不疑，"燕军皆呼万岁"，一心等待受降。田单见假降成功，就在城内收集了 1000 多头牛，在牛身上披上绘着五彩龙纹的外衣，在牛角绑上锋利的尖刀，又在牛尾捆好浸过油脂的苇草，并在城脚挖了几十个洞，通到城外，又挑选 5000 名勇士，扮成鬼神模样。一切准备就绪后，在一天夜里，田单下令点燃牛尾上的苇草，于是着火受惊的 1000 多头牛穿越城洞，向燕营狂奔猛冲。5000 名勇士跟随冲出，全城人也都敲打铜器呐喊助威。顿时，即墨城外火光冲天，杀声震地。燕军将士从睡梦中惊醒，疑是天兵天将从天而降，都哭天喊地，仓皇奔逃。骑劫也在混乱中被杀。田单乘势率兵实施战略追击。敌占区齐民也群起响应，协助田单作战。齐军越战越勇，势如卷席，一鼓作气将失去的城池完全收复。

田单复国后，把齐襄王从莒接回临淄，齐襄王任田单为相国，封于安平邑，号安平君。

田单在任齐相期间，无重大建树。后赵国割济东 3 城 57 邑给齐国，求田单为将，田单入赵任将军。公元前 265 年，他率赵军攻燕，夺取 3 城，又攻韩。次年，田单为赵相。田单最后的结局却无人知道。

五、战略决战秦赵间，长平一战定乾坤

《孟子·离娄》描绘战国时期的战争场景是：“争地以战，杀人盈野；争城以战，杀人盈城。”纵观烽火连天、刀光剑影的270余年战国历史，可知孟老夫子的这一番话并没有虚饰夸张的成分。当然，就战争规模之庞大、杀伤程度之惨烈而言，在当时的众多战争中，没有比秦、赵长平之战更为惊心动魄的了。

长平之战发生在公元前260年，是秦、赵之间的一次战略决战。在战争中，秦军贯彻正确的战略指导，采用灵活多变的战术，一举歼灭赵军45万人，开创了我国历史上时间最早、规模最大的包围歼灭战先例。

秦国自秦孝公任用商鞅实行变法以来，制定了正确兼并战略：奖励耕战，富国强兵，国势如日中天；连横破纵，远交近攻，外交连连得手；旌旗麾指，铁骑驰骋，军事捷报频传。百余年间，蚕食缓进，重创急攻，破三晋，败强楚，弱东齐，构成了对山东六国的战略进攻态势。在秦国的咄咄兵锋跟前，韩、魏屈意奉承；南面楚国自顾不暇；东面齐国力有不逮；北面燕国无足轻重。只有赵国，自公元前302年赵武灵王推行“胡服骑射”军事改革以来，国力较雄厚，军队较强大，对外战争胜多负少，而且拥有廉颇、赵奢、李牧等一批能征惯战的将领，还可以同强秦进行一番周旋。

形势非常清楚，秦国要完成兼并六国、统一天下的殊世伟业，一定得

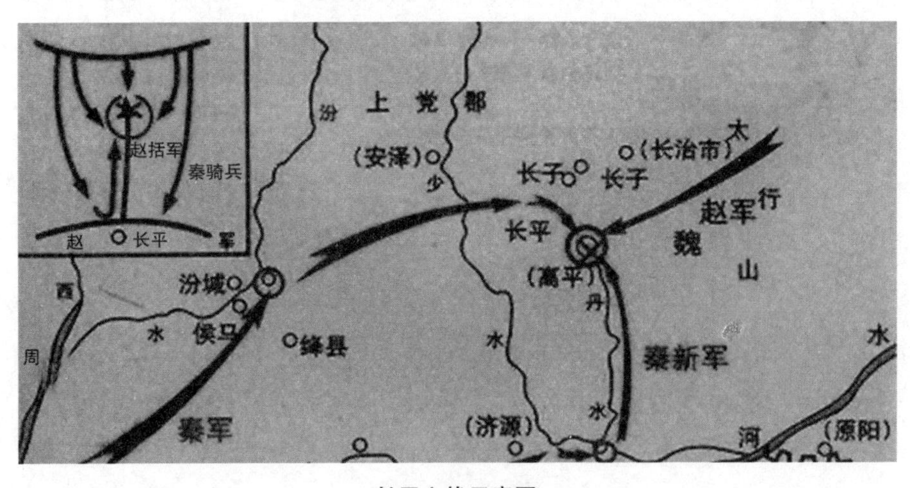

长平之战示意图

拔去赵国这颗钉子；自然，赵国也不是温顺的羔羊，岂肯任他人宰割？双方之间不是你死，便是我活，一场战略决战势所难免。

秦昭襄王根据丞相范雎“远交近攻”的战略构想，从周赧王四十七年（公元前 268 年）起，先后出兵攻占了魏国的怀（今河南武陟西）、邢丘（今河南温县附近），迫使魏国亲附于己，接着又大举攻韩，先后攻取了陉（今河南济源西北）、高平（今河南济源西南）、少曲（今河南济源西）等重要战略据点。并于公元前 261 年攻克野王（今河南沁阳），将狭长的韩国拦腰截为两段。消息传来，韩国朝廷上下一片惊恐，急忙派遣使者入秦，以献上党郡（今山西长治一带）为屈辱条件，向秦国求和。

然而，韩国的上党太守冯亭却不愿献地入秦，他将朝廷的指令放置在一边，做出了献上党之地给赵国的抉择。他的用意当然很清楚：转移秦国的锋芒，促成赵、韩携手，共同抵御秦国，挽救被灭亡的命运。

赵王目光短浅，见天上掉下馅饼，欣喜若狂，在不计后果的情况下，将上党郡并入自己的版图。赵国的这一举动，无异于虎口夺食，秦国方面岂肯善罢甘休，秦、赵之间的矛盾因此而全面激化了。范雎于是建议秦昭王乘机出兵攻赵。昭王便于周赧王五十四年（公元前 261 年）命令秦军一部进攻韩国缑氏（今河南偃师西南），直趋荥阳，威慑韩国，使其不敢增援赵国；同时命令左庶长王龁率领雄师扑向赵国，攻打上党。上党赵军力不能支，退守长平（今山西高平西北）。

赵王闻报秦军长驱东进，急出一身冷汗，得地的喜悦早就去了一大半，只好兴师应战，委派宿将廉颇率赵军主力开往长平，企图以武力重新夺回上党。廉颇抵达长平前线后，即向秦军发起攻击。遗憾的是，秦强赵弱，赵国数战不利，白白地损失了一些人马。廉颇不愧为一名明智的将帅，见进攻遭受挫折，便及时调整战术，转取守势，依托有利地形，筑垒固守，以逸待劳，疲惫秦军，静候其变。廉颇的这一招颇为奏效，秦军的速决势头被抑制住了，两军在长平一带相持不决。

但是秦国的战争指导者毕竟老谋深算，棋高一着，他们运用谋略来打开缺口，使局势朝着有利于自己的方向发展，为尔后的战略进攻创造条件。一方面他们借赵国使者郑朱到秦国议和的机会，故意大鱼大肉地殷勤款待

郑朱，向各国制造秦、赵关系和解的假象，使赵国在外交上和列强“合纵”抗秦的机会失之交臂，陷于被动和孤立。另一方面，又采用离间计，派人携带财宝前赴邯郸，收买赵王左右见利忘义的权臣，让其四处散布流言蜚语，挑拨离间赵王与廉颇的关系，说什么廉颇不足畏惧，他固守防御，乃是出于要投降秦军的目的，秦军最害怕的是让马服君赵奢的儿子赵括为将。终于借赵王之手，将廉颇从赵军主帅的位置上拉了下来，并使赵王不顾贤臣蔺相如和赵括母亲的反对谏阻，任命赵括为赵军主帅。

赵括是一个缺乏实战经验、只会“纸上谈兵”的庸人。他走马上任后，一反廉颇所为，更换将佐，改变军中制度，搞得赵军上下离心离德，斗志消沉。他还改变了廉颇制定的行之有效的战略防御方针，积极筹划战略进攻，企图一举而胜，夺回上党。

秦国在搞乱赵国的同时，也适时调整了自己的军事部署：立即增加军队，起用骁勇善战的武安君白起为上将军，替代王龁统率秦军。为了避免此事引起赵军的注意，秦王下令军中严守这一机密：“有敢泄武安君为将者，斩。”白起，他是战国时期最杰出的军事将领，智勇双全，久经沙场，曾经大战伊阙，阵斩韩、魏联军 24 万，杀得两国肝胆俱裂；南破楚国，攻入鄢、郢，焚毁夷陵，打得楚人丧魂落魄。只会背吟几句兵书的赵括哪里是他的对手。

白起到任后，针对赵括没有实战经验、求胜心切、鲁莽轻敌等弱点，采取了诱敌入伏、分割包围而予以聚歼的正确作战方针，对兵力作了周密细致的部署，造成了“以石击卵”的强大态势。

白起的具体作战部署是：其一，以原先的第一线部队为诱敌之兵，等待赵军出击后，即向预设的主阵地长壁方向撤退，诱敌深入；其二，巧妙利用长壁构筑袋形阵地，以主力守卫营垒，抵挡阻遏赵军的攻势，并组织一支轻装精锐的突击部队，待赵军被围之后，主动出击，以消耗赵军的有生力量；其三，动用奇兵 25000 人埋伏在两边侧翼，待赵军出击后，及时穿插到赵军的后方，切断赵军的退路，协同主阵地长壁上的秦军主力，完成对出击赵军的包围；其四，派出一支骑兵部队，牵制和监视赵军营垒中的留守部队。

战局的发展果然按着白起所预定的方向进行。周赧王五十五年（公元前 260 年）八月，对秦军战略动态茫然无知的赵括统率赵军主力，向秦军发起了大规模的出击。两军交锋没有几个回合，秦军的诱敌部队就佯败后撤。愚妄鲁莽的赵括不问虚实，以为秦军不堪一击，立即率军追击。但当赵军进抵秦军的预设阵地——长壁时，却遭到了秦军主力的坚决阻击，攻势顿时受挫，被阻于坚壁之下。赵括见情势不妙，急忙退兵，可惜为时已晚，预先埋伏在两翼的秦 25000 奇兵迅速出击，及时穿插到赵军进攻部队的侧后，抢占了西壁垒（今山西高平北的韩王山高地），截断了出击赵军与其大营之间的联系，构成了对出击赵军的重重包围。另外的秦军 5000 精骑也迅猛地插到了赵军的营垒之间，牵制、监视留守营垒的那小部分赵军，并切断赵军的后勤运输线。与此同时，白起又下令突击部队不断出击被围困的赵军主力。赵军左冲右突，都无法逾越秦军铜墙铁壁一般的阵地，情况日益危急，不得不就地构筑营垒，转攻为守，等待救援。

秦昭襄王在都城咸阳听到赵军被围、就歼在即的消息，便亲赴河内（今河南沁阳及其附近地区），将当地 15 岁以上的男子全部编组成军，及时增援长平战场。这支部队开进到长平以北的今丹朱岭及其以东一带高地，进一步断绝了赵国的援军和后勤补给，从而确保了白起得以彻底地歼灭被围的赵军。

到了九月，赵军断粮已长达 46 天，内部互相残杀以食，军心动摇，士气涣散，死亡的阴影笼罩着整个部队，局势万分危急。赵括困兽犹斗，负隅顽抗，组织了 4 支突围部队轮番冲击秦军阵地，希望能杀开一条血路，逃脱性命，但是都无功而返，徒然增大伤亡而已。绝望之中，赵括孤注一掷，亲率赵军精锐强行突围，结果败得更惨，连他本人也丧身在秦军如蝗般的箭镞之下。赵军失去主将，斗志全无，彻底放弃了抵抗，40 余万饥疲之师全部向秦军卸甲投降。白起杀心大起，只放过其中年幼的 240 人的性命，将赵军降卒残忍坑杀。秦军终于取得了空前激烈残酷的长平之战的彻底胜利。

长平之战秦胜赵败的结局并非偶然。除了总体力量上秦对赵占有相对的优势外，双方战略上的得失和具体作战艺术运用上的高低也是其中的重

要因素。秦军之所以一举全歼赵军，在于：第一是分化瓦解了关东六国的战略同盟；第二是巧妙使用离间计，诱使赵王犯下临阵易将、起用庸人的严重错误；第三是择人得当，起用深富韬略、骁勇善战的白起为主将；第四是白起善察战机，用兵如神，诱敌出击，然后用出奇制胜的战法分割包围赵军，痛加聚歼；第五是在战斗的关键时刻，秦国上下一体动员，及时增援，协调配合，断敌之援，为白起实施正确的作战指导提供了必要的保证。

赵军惨败的主要原因，一是不顾敌强我弱的态势，贸然开战，一味追求进攻。二是临阵易将，让毫无实战经验的赵括替代执行正确防御战略的廉颇统率赵军，中了秦人的离间之计。三是在外交上不善于利用各国仇视秦国的心理，积极争取同盟国，引为已助。四是赵括不知“奇正”变化、灵活用兵的要旨，既无正确的作战方针，又不知敌之虚实，更未能随机制宜摆脱困境，始终处于被动之中。五是具体作战中，屡铸大错。决战刚刚开始，就贸然出击，致使被围。被围之后，又只知道消极强行突围，未能进行内外配合，打通粮道。终于导致全军覆没的悲惨下场。

在长平之战中，秦军前后共歼灭赵军 45 万人左右，从根本上削弱了当时关东六国中最为强劲的对手赵国；同时，也给其他关东诸侯国以极大的震慑。从此以后，除了极个别的情况（如邯郸之战）外，关东六国再也不能对秦国进行像模像样的抵抗，秦国兼并六国、混同天下的道路基本上畅通无阻了。

六、抗击匈奴却秦军，李牧一死赵国亡

李牧（？—公元前 229 年），嬴姓，战国时期赵国柏仁（今河北省邢台市隆尧县）人，赵国名将、军事家，与白起、王翦、廉颇并称“战国四大名将”。战国末期，李牧是赵国赖以支撑危局的唯一良将，素有“李牧死，赵国亡”之称。

李牧生平事迹大致可划分为两个阶段，先是在赵国北部边境，抗击匈奴；后以抵御秦国为主，因在宜安之战重创秦军，得到武安君的封号。公元前 229 年，赵王迁中了秦国的离间计，听信谗言夺取了李牧的兵权，不久后将李牧杀害。

1. 大破匈奴

战国时期，北方匈奴部落逐渐强大起来，经常南下进入赵国、秦国和燕国的北部边境烧杀抢掠，成为三国的大患。三国纷纷修建长城进行抵御。赵国的赵孝成王即位后，派大将李牧率军驻守在代郡（今河北蔚县）和雁门（今山西代县北）一带，抵御匈奴入侵。

李牧到任后，采取了一系列的措施，如调整官吏，任命有才干的人，使当地的机构更适合战备；将地方的财政收入充作军费，每天杀猪宰羊，让士兵们吃肉，改善他们的生活，增强他们的体质；加强军队的军事训练，每天让士兵们骑马射箭，提高了军队战斗力；增加和完善烽火等报警、通信联络设施，提高信息的传输速度；派出大批情报人员，深入匈奴境内，以便及时掌握匈奴的动态。针对以往赵军与匈奴的作战败多胜少的情况。李牧改变过去匈奴来犯就立即出兵迎击的策略，规定一旦发现匈奴军队来犯，全军要立即把财物、牲畜转移到城里，全军退入城中，坚壁清野，避免作战。如果谁敢擅自出战，斩首示众。后来匈奴骑兵来犯的时候，赵军严密的警报系统发挥威力，赵军迅速收拾财物，赶着牲畜退回城中，坚壁清野，进行固守，不敢擅自出战。匈奴骑兵由于没有攻城的器具，无法攻城，又抢不到什么牲畜粮食，每次都空手而归，赵国的损失极少。赵国在人员、物资上没有多少损失，保存了实力，为以后的反击奠定了物质基础。

李 牧

但李牧的措施，被匈奴认为是胆小怕战，很瞧不起他，连赵军将士也认为自己的统帅李牧是个胆小鬼。这个情况传到赵王那里后，赵王派使者前往边境严厉斥责了李牧，但李牧置之不理，依旧我行我素。赵王很生气，另选将军代替李牧驻守。新到任的

将领在一年多时间里，每当匈奴来犯时，都派赵军出城交战。由于赵军是分散戍守，战时仓促结集出战，在与机动性很强的匈奴骑兵的交战中，屡次失败，伤亡很大。边境地带变成了战场，一片荒凉。老百姓无法种地、放牧，只好纷纷逃亡。赵王只好再命李牧出任原职。李牧说自己生病了，闭门不出。赵王无可奈何，只好承认了自己的错误，李牧说："如果用我，要使用我以前的方法。大王也不能干涉。"赵王只好同意。

李牧到了边境后，还是按照以前的方法行事。几年下来，匈奴没有抢走多少财物，赵国的实力逐渐恢复。又经过几年的经营、训练，赵军战斗力大为提高，士兵们每天好吃好喝，军饷丰厚，求战愿望日益强烈，都纷纷向李牧表示愿意与匈奴决一死战。而匈奴则依旧认为李牧怯战，更加轻视李牧。李牧认为歼灭匈奴机会已经成熟，便着手进行战斗准备，选拔精兵强将，组建一支由战车 1300 辆，骑兵 1.33 万人，步兵 5 万人，弓箭手 10 万人，总兵力约 20 万人的由各兵种组成的大军，日夜操练，加强各兵种之间的配合。

李牧派人让人民满山遍野地放牧牛羊，以引诱匈奴。匈奴人看到后，立即派一小部分骑兵来抢牲口。李牧假装失败逃走，故意丢弃大量的牛羊，让匈奴抢掠。匈奴单于得到赵军失败逃跑的消息后，亲率骑兵 10 万人深入赵境，准备大肆抢掠。

李牧见时机已到，立即派大军出击，迎战匈奴。开始赵军采取守势，以车阵从正面迎战，利用庞大的战车阻碍和迟滞匈奴骑兵的前进，再派弓箭手向敌人不停地射箭，赵军的骑兵和精锐步兵则在战车后方按兵不动。当匈奴骑兵的攻势受挫后，李牧乘机派骑兵从两翼夹击匈奴，发动钳形攻势，随后步兵紧紧跟上，将匈奴团团包围。经过激烈的战斗，匈奴单于仅率少量部队突围逃走，10 万匈奴骑兵全部被歼。李牧在歼灭匈奴主力后，又乘胜追击，攻灭襜褴（在今河北蔚县北），击破东胡（在今内蒙古东部）、迫降林胡（在今山西北部），声威大振。在此后的十多年里，匈奴再也不敢接近赵国边境了。赵国得到了长期的和平，可以腾出手来与中原各国进行争霸了。

2. 连却秦军

李牧到朝中任职，约在公元前 246 年以后。他曾因国事需要调回朝中，以相国身份出使秦国，订立盟约，使秦国归还了赵国之质子。

公元前 234 年，秦大将桓齮攻取赵的平阳（今河北省邯郸市磁县东南），武城（今山东省武城西）杀赵将扈辄于武遂，斩杀赵军 10 万。

公元前 233 年，桓齮又乘胜进击，率军东出上党，越太行山自北路深入赵国后方，攻占了赤丽、宜安（今河北藁城西南 20 里），进攻赵的后方，直向邯郸进军，形势危急。赵王迁从代雁门调回李牧，任命其为大将军，率所部南下，指挥全部赵军反击秦军。

李牧率边防军主力与邯郸派出的赵军会合后，在宜安附近与秦军对峙。他认为秦军连续获胜，士气甚高，如仓促迎战，势难取胜。遂采取筑垒固守，避免决战，俟敌疲惫，伺机反攻的方针，拒不出战。

桓齮认为，过去廉颇以坚垒拒王龁，今李牧亦用此计；秦军远出，不利持久。他率主力进攻肥下，企图诱使赵军往援，俟其脱离营垒后，将其击歼于运动之中。李牧洞悉敌情，不为所动。当赵将赵葱建议救援肥下时，他说“敌攻而我救，是致于人”，乃“兵家所忌”。秦军主力去肥后，营中留守兵力薄弱；又由于多日来赵军采取守势，拒不出战，秦军习以为常，疏于戒备。李牧遂乘机一举袭占秦军大营，俘获全部留守秦军及辎重。李牧判断桓齮必将回救，遂部署一部兵力由正面阻击敌人，将主力配置于两翼。当正面赵军与撤回秦军接触时，立即指挥两翼赵军实施钳攻。经激烈战斗，大破秦军。李牧因功被封为武安君。

公元前 232 年，秦王嬴政再次派秦军入侵，秦军兵分两路攻赵，以一部兵力由邺（今河北临漳西南）北上，准备渡漳水向邯郸进迫，袭扰赵都邯郸，自率主力由上党出井陉（今河北井陉西北），企图拊邯郸之背。将赵拦腰截断，进到番吾（现河北省平山县南），因李牧率军抗击，邯郸之南有漳水及赵长城为依托，秦军难以迅速突破。李牧遂决心采取南守北攻，集中兵力各个击破的方针。他部署司马尚在邯郸南据守长城一线，自率主力北进，反击远程来犯的秦军。两军在番吾附近相遇。李牧督军猛攻，秦军受阻大败。李牧即回师邯郸，与司马尚合军攻击南路秦军。秦南路军知北路军已被击退后，料难获胜，稍一接触，即撤军退走。李牧击破秦军的同时，南拒韩、魏。

3. 惨遭冤杀

公元前 229 年，赵国由于连年战争，再加北部代地地震，大面积饥荒，国力已相当衰弱。秦王嬴政乘机派大将王翦亲自率主力直下井陉（今河北井陉县），杨端和率河内兵卒，共领兵几十万进围赵都邯郸。赵王任命李牧为大将军，司马尚为副将，倾全军抵抗入侵秦军。

王翦知道李牧不除，秦军在战场上不能速胜，遂禀告秦王，再行反间故计，派奸细入赵国都城邯郸，用重金收买了那个诬陷过廉颇的赵王迁近臣郭开，让郭开散布流言蜚语，说什么李牧、司马尚勾结秦军，准备背叛赵国。昏聩的赵王迁一听到这些谣言，不加调查证实，立即委派宗室赵葱和齐人投奔过来的颜聚去取代李牧和司马尚。一直信守“将在外，君命有所不受”，重视独立行事权的李牧接到这道命令，为社稷和军民计而不从，赵王暗中布置圈套捕获李牧并斩杀了他，司马尚则被废弃不用。赵国临战而亲佞臣诛无辜忠臣良将，只过了三个月，到了公元前 228 年，王翦乘势急攻，大败赵军，平定东阳地区（约今河北邢台地区），赵葱战死，颜聚逃亡。秦军攻下邯郸后，俘赵王迁及颜聚。赵国公子嘉逃代（今河北蔚县东北）称王。

李牧是战国末年东方六国最杰出的将领。深得士兵和人民的爱戴，有着崇高的威望。在一系列的作战中，他屡次重创敌军而未尝败绩，显示了高超的军事指挥艺术。尤其是赵破匈奴之战和肥之战，前者是中国战争史中以步兵大兵团全歼骑兵大兵团的典型战例，后者则是围歼战的范例。他的无辜被害，使赵国自毁长城，令后人无不扼腕叹恨。

第五章 风云人物

一、智勇双全蔺相如，忍辱求全将相和

蔺相如（约公元前 330—公元前 270 年），战国后期赵国人。赵国后期七雄并立，以秦国和赵国最为强大。秦国自商鞅变法后，厉行耕战政策，以并吞山东六国为战略目标。

公元前 283 年，赵惠文王得到无价之宝和氏璧。玉璧玲珑剔透，晶莹明澈，放到暗处，熠熠发光。赵王爱不释手。秦昭襄王得知此事后即派使者与书赵王，愿以 15 座城池交换和氏璧。与大臣们商量对策的赵王担心同意秦国的条件后秦国不履行诺言；如不同意则又害怕秦国借此入侵。赵国君臣束手无策，惶恐不安。

蔺相如

这时，宦官缪贤向赵王推荐自己的门客蔺相如，说他胆大心细，能不辱使命。并说以前自己曾犯罪，考虑到陪过赵王和燕王会晤于边境，燕王握着自己的手，要与自己交个朋友这一点，企图逃往燕国。蔺相如阻止说，先生怎知道燕王会收留您呢？蔺相如说，赵强燕弱，先生

又得赵王宠信，所以燕国想与先生结交。如今您逃到燕国，燕王恐得罪赵王，定会把您送交赵王治罪，现在您不如主动向赵王请罪，以求豁免。缪贤采纳了蔺相如的建议，遂得以赦免。赵王听后即召见蔺相如询问对策。蔺相如认为秦强赵弱，不能不答应秦王的请求。赵王道出上述担心，蔺相如说，秦国用15座城池换一块玉璧，赵国如不答应，便有理亏；如秦王纳玉璧而不交城，则理亏在秦国。权衡利弊，让对方理亏为上策。赵王于是拜蔺相如为大夫，捧璧出使秦国。

秦昭襄王听说赵国使者带玉璧而来，非常高兴，立即召见蔺相如。相如恭敬地献上玉璧，秦王赞不绝口，还传给大臣及后宫美人观看，但却只字不提城池之事。蔺相如见秦王无意给予城池，就急中生智称玉璧上有斑点，请求指给他们看，秦王信以为真。相如持玉璧后退几步倚柱怒称：和氏璧乃天下至宝，赵国之臣都称大王情愿用15座城池来换乃是谎言。我却反驳说，百姓尚且能讲信义，何况大国的君主？这样，赵王斋戒5日后，才令我送来。可是大王对此却不恭不敬，让手下人传看此宝，我看大王并无诚意交换，为此我收回玉璧。如果大王以武力相逼，我宁可以头与玉璧一同碎于此柱。秦王害怕，连忙赔礼，令人拿来地图，指出要给赵国的15座城池。相如考虑到秦王不可信，便假称秦王也要斋戒5日，再举行收璧仪式，方可献上玉璧。秦王只好答应。蔺相如令手下人扮成商人，偷偷从小路将玉璧送回赵国。

5天后，秦王召集群臣，邀请各国使臣，参加接收玉璧的仪式。蔺相如却空手而至，他镇静地说，秦国自秦穆公以来，前后有20余位君主，没有一个讲信义的，我担心再受欺骗而对不起赵王，所以令手下人将玉璧送回赵国。现在请求大王治罪。秦王大怒，欲将相如斩首。蔺相如从容地说，秦强赵弱，天下只有强国欺负弱国之事，绝无弱国欺负强国之理。大王若真想得到玉璧，不妨先割让城池，然后派使者取回玉璧，赵国决不敢辜负大王。我欺骗大王，罪该斩首，各国知道秦国为得一块玉璧而杀了赵国使者，必能分辨是非曲直。一席话令秦王哑口无言，便以礼相待，送走了蔺相如。蔺相如能够“完璧归赵”，充分显示了他临危不惧、胆略过人的才能。

此后，秦王对赵国一直耿耿于怀，总想伺机报复。公元前 279 年，秦王邀请赵王到渑池（今河南省渑池县）相会。赵王惧之，不敢擅往。上大夫蔺相如与大将廉颇一致认为，赵王如果不去，则示弱于秦。相如愿随赵王左右以为保护。廉颇则愿辅佐太子，倘若赵王逾期不归，就立太子为王，以绝秦国挟赵王之心。

约会期至，酒宴中秦王对赵王说，闻赵王喜乐，请弹奏一曲以赏我耳。赵王不敢推辞，勉强弹奏一曲。秦国的御史当场记下此事，称某年某月某日，秦王和赵王在渑池相会，赵王为秦王鼓瑟。赵王气得脸色发紫，却无法抗辩。这时，蔺相如手持瓦盆，跪在秦王面前说，赵王听说秦王能演奏秦国的音乐，请秦王敲个曲子！秦王脸色骤变，蔺相如举起瓦盆厉声说，大王不要以强凌弱，五步之内，我能把我的血溅到大王身上！秦王左右武士欲杀相如，相如怒吼一声，吓退武士。秦王无奈，只好勉强地敲了几下瓦盆。蔺相如吩咐赵国的史官记下，某年某月某日，赵王同秦王相会于渑池，秦王为赵王敲盆。秦国大臣不服气，让赵国割 15 座城池为秦王祝寿。蔺相如马上反驳说，请秦王割让咸阳为赵王祝寿。秦王见不敌赵国君臣，欲发兵赵国，却又惧已在边境严阵以待的赵国大军和蔺相如、廉颇这样的人才，便同赵王结为兄弟。为取信于赵国，还将己孙异人送到赵国做人质。

渑池之会后，蔺相如以功高拜为上卿，位在廉颇之上。廉颇不服气，扬言要羞辱蔺相如。相如听说后，始终避免与他相会。每次上朝，相如都称病，不与廉颇争高低。一次，蔺相如出门，望见廉颇，便回车上躲避。相如的舍人们抱怨说，我们离开亲人来侍奉先生，只因仰慕您的高尚节操。如今先生与廉颇同列，受他恶语中伤，反而惧怕，这种屈辱我们无法忍受，请求辞别。蔺相如说，诸位以为廉将军与秦王相比如何？舍人们回答，不如秦王。相如又说，秦王有这样的威势，我尚且在朝堂上怒叱于他，侮辱其群臣。我虽不中用，难道还怕廉将军吗？只是我认为强秦之不敢冒犯赵国，是因为赵国有我们二人。二虎相争，势不两立，必会两败俱伤。我只是视国家危难为至重而已。廉颇耳闻蔺相如的这番话，深受感动，便负荆请罪，二人从此结成生死之交。

蔺相如是战国时期出色的外交家，他的机智勇敢使自己国家不辱于强国。他以国家利益为重，不以一己荣辱为念的高尚品德，赢得了传世美名。

二、三朝元老外交家，能言善辩捍国格

晏子（？—公元前 500 年），字仲，谥号平，原名晏婴，春秋时齐国夷维（今山东高密）人。齐国著名的宰相，历经了齐灵公、齐庄公、齐景公三代，人称齐国的“三朝元老”。辅政长达 50 余年，以有政治远见、外交才能和作风朴素闻名诸侯。

晏子是一位巧言善辩的外交家。《晏子春秋》中收录了很多关于晏子精彩的外交辞令和外交故事：

一次晏子奉命出使吴国，吴王夫差对行人（宾官）说：“吾闻晏婴，盖北方辩于辞，习于礼者也。”接着他就对小臣说，如果晏子来，就称“天子请见”。第二天，吴国礼官对晏子说：“天子请见。”晏子一听，蹙然止步。原来，当时只有国王才能称天子，诸侯国主只能称国君，而吴是一侯国竟然称己为天子，就是表示是国高于齐国一级，这是对齐国的侮辱，晏子愤然拂袖而去，就说自己“不敏而迷惑（不说明，走错了路），入天子（周王）之朝”。吴国引人把晏子的话传给吴王，吴王听后自觉理亏，就传话于晏子：“夫差请见。”并按会见诸侯的礼节，接待了晏子。

古今外交官不乏相貌堂堂，气质非凡的人物，从某种程度上来说，外交官的形象代表了一个国家的风貌。但是外交官能赢得尊重，不辱使命，决不仅仅在于外貌和身高。晏子就是一例。

晏子相貌平平，身材又十分矮小，出使外国常遭到人们的嘲弄。一次他奉命使楚，楚王闻晏子个小，便想利用开玩笑羞辱一下齐国使臣，楚王让人在城门的旁边开了一个小门，请晏子从小门进入都城，首先给晏子一个下马威。晏子明白楚王的用意：利用晏子的生理缺陷开政治玩笑，以便在楚、齐的谈判中占据上风。晏子面对这人身侮辱，怒而不失态，平静机智地以玩笑回敬：“使狗国者，从狗门入，今臣使楚，不当从此门入。”楚王原想羞辱晏子，不想被晏子所辱，只好命宾官敞开大门，

让晏子进城。楚王一计不成，气恼之余又生一计，见到晏子时，楚王问道："齐无人乎？"晏子对曰："(光我齐国首都)临淄三百闾，张袂成阴，挥汗成雨，比肩接踵而在，何为无人？"楚王又说："然（既然有这么多人），则子何为使乎？"晏子见楚王出言不逊，厉声反驳道："齐命使，各有所主：其贤者使使贤王，不肖者使使不肖王，婴最不肖，故宜使楚矣。"楚王辱人不成又被辱，更加气恼，但考虑到两国关系不至于太僵，就止住了，但总想找机会报复晏子。

后来，晏子再次奉命来到楚国，楚王处心积虑又想羞辱齐国使臣。便征求左右大臣们说："晏婴，齐之习辞者也，今方来，吾欲辱之，何以也？"楚国官员就为他出了一个主意：等晏子来了，就让两名官员绑个人进来，然后楚王故意问来者何人，犯何罪，楚官要回答说：是齐国人，偷了东西被擒获。楚王听后很高兴。等晏子来访，楚王请晏子入宴，酒席中间，两名楚国人押着一名被捆绑的人进来，并报告楚王说，这个人是齐国人，在楚国行窃被抓住治罪。楚王故意问晏子："齐人固善盗乎？"晏子见楚王又滋事寻衅，便离开席位迎面反驳说："婴闻之，橘生淮南则为橘，生于淮北则为枳。叶徒相似，其实味不同。所以然者何？水土异也，今民生长于齐不盗，入楚则盗，得无楚之水土使民善盗耶？"楚王搬起石头砸了自己的脚，就自嘲地对晏子笑道：圣人是不能被嬉笑的，今天寡人欲取笑先生，没想反被先生取笑了。楚国国君鲜有贤明者，后人可从屈原的故事中略知一二。齐楚联盟经常为秦国破坏，多因楚王贪利而愚蠢。齐景公再派晏子使于楚国，晏子见楚国虽为万乘之国，但教令不明，治国无道，国王昏聩，晏子就把楚王给他的一个橘子连皮全

战国·四联鼎

吞进肚里，以比喻在楚国无章法可依，对外政策不能连贯。

晏子使楚的故事一方面反映了他临危不惧，从容不迫机敏善辩的才能；另一方面又说明了一个好的外交官在反击对方时把握尺度，留有余地，不把局面弄僵而致断交。晏子是重礼义、爱好和平的政治家。这大概是后人把他列入儒家的主要原因。齐国是春秋时代的超级大国，齐庄公好恃强称霸，“奋乎勇力，不顾行义”。晏子谏曰：“勇力之立也，以行其礼义也。”晏子主张对内实行仁政，对外恪守信义，反对以武力称霸欺凌弱国。他劝齐庄公说：“安仁义而乐利世者，能服天下。”可惜，齐庄公不听劝告，穷兵黩武，用兵无方，国疲民苦，导致国内大乱，齐庄公被臣所杀，齐景公被立为国君。

春秋礼义的一个重要内容就是对天下宗主周王室表示尊重。但随着各诸侯国实力增强，各大国欲挟天子以令诸侯的野心已见端倪，周王室威信日益下落，犯礼者也日益增多。晏子是竭力维护周王室权威的代表人物。他推崇礼义，而对无礼挑衅者则当仁不让地予以驳斥。晋平公准备入侵齐国，先派范雎来齐国探听虚实。齐景公设宴招待范雎。酒席间，范雎要用齐景公的酒具，齐景公当即让人递了过去。晏子马上传令给齐景公换上新樽。酒过几巡，范雎佯装喝醉了，起身跳起舞来，并要奏周之乐（周天子配舞的音乐），遭到齐太师拒绝。范雎怒而离席。齐景公大惧，对晏子说：“晋，大国也，使人来将观吾政，今子怒大国之使者，将奈何？”晏子回答：“夫范雎之为人也，非陋而不知礼也。且欲试吾君臣（意志），故绝之。”范雎见齐国大臣非可欺之辈，就回国对晋平公说：“齐未可伐也。臣欲试其君，而晏子识之；臣欲犯其礼，而太师知之。”孔子听说这件事情之后，对晏子倍加赞赏，说道：“夫不出于樽俎之间，而知千里之外，其晏子之谓也。可谓折冲矣！”今天人们称外交官“折冲于樽俎之间”，就是出自晏子的外交故事。晏子与孔子相互尊重，相互仰慕，各事其君。晏子出使鲁国多次，与鲁国君臣有很深交情。齐、鲁两国相处甚睦。晏子出使鲁国拜见国君之后，还要登孔子之门，孔子每次也“以宾客之礼送之”。但孔子为人比较迂腐，游访齐国时并不去拜会晏子，以至于齐景公问他为何不见，孔子回答说：“臣闻晏子事三君而得顺焉。是有三心，所以不见也。”相反，晏子的气量和见识高于孔子一筹。当孔子一度出任鲁国的宰相时，齐景公担心邻国会因圣人执政而对齐国构成威胁，而晏子则不以为然，他称赞孔子为鲁国“圣相”，但相信鲁国国君不会接受孔子的劝谏（因为孔子喜欢当面教训别人，忠言逆耳）。果然不出晏子所料，孔子当了一年宰相就下台了。孔子想到齐国做官，齐景公不纳，“困于陈燕之间”。

晏子是齐国最后一位有远见卓识的政治家和外交家。《晏子春秋》所记载的故事虽有些艺术加工的痕迹，并无虚构杜撰的嫌疑，它是研究古代东方外交艺术的重要史料。

三、风流战国四公子，赫赫威名扬天下

中国战国时代末期，秦国越来越强大，各诸侯国贵族为了对付秦国的入侵和挽救本国的灭亡，竭力网罗人才。他们礼贤下士，广招宾客，以扩大自己的势力，因此养“士”（包括学士、方士、策士或术士以及食客）之风盛行。

当时，以养“士”著称的有魏国的信陵君魏无忌、赵国的平原君赵胜、楚国的春申君黄歇、齐国的孟尝君田文。因其四人都是礼贤下士、结交宾客之人，后人称之为“战国四公子”。

1. 信陵君魏无忌

魏无忌（？—公元前 243 年），即信陵君，战国四君子之首。是魏昭王的小儿子，魏安釐王的异母兄弟。他为人仁厚并礼贤下士，因为有他，其他国家十多年不敢动魏国的心思。他曾设计偷窃兵符假托皇命救助赵国，在历史上留下了一段“信陵君窃符救赵”的英雄佳话。信陵君是魏昭王的少子，当时在位的魏安釐王的异母弟。为人仁而下士，士无论贤

战国四公子

与不肖皆谦恭而以礼交之，并不因自己贵为王侯而骄士。所以，当时之士人不远千里争往归附于信陵君，信陵君有食客3000。因为信陵君贤而多客，诸侯有10余年不敢加兵于魏。信陵君之礼贤下士，可以他与侯嬴的交往为典型。

当时，魏国有个隐士叫侯嬴，年已70，家境贫寒。在魏都大梁的夷门当监者（看门人）。信陵君闻其贤，前去请见侯嬴，想赠给侯嬴一些财物。侯嬴却不肯接受。信陵君乃置酒大会宾客。等宾客坐定后，信陵君亲自坐车去迎侯嬴赴宴。侯嬴也不客气，摄敝衣冠而直上公子之车，想以此观察信陵君是否是真心。信陵君仍是非常谦恭，侯嬴又对信陵君说："臣有客在市屠中，请您枉车骑过之。"信陵君让车子赶到大梁的市场上，侯嬴下车，去见其客朱亥，故意在那儿说了半天话，并暗中观察信陵君，信陵君脸色愈和，毫无怒意。当时，魏国将相宗室，宾客满堂，都在等待信陵君回去举杯开饮。市场上的人都围观信陵君为侯嬴赶车。信陵君之从骑皆窃骂侯嬴。侯嬴见信陵君颜色始终不变，乃谢客就车。回到家中，信陵君引侯嬴坐上座，并引见侯嬴给众宾客，宾客都大吃一惊。酒酣，信陵君起而为侯嬴上寿，侯嬴："今日侯嬴之为公子亦足矣。侯嬴不过为夷门之抱关者，而公子亲枉车骑，自迎嬴于众人广坐之中。嬴欲成公子之名，故让公子车骑久立于市中，过客以观公子，公子愈恭。市人皆以嬴为小人，而以公子为长者能下士也。"于是，侯嬴遂成为信陵君之上客。侯嬴又向信陵君推荐了朱亥。信陵君当时并未想到，这二人以后对他的事业起了巨大作用。

周赧王五十五年（公元前260年），秦国和赵国在长平（今山西高平北）发生大战。赵军统帅赵括只会纸上谈兵，率领赵军轻易出击，被秦军切断后路，断粮46日。主力40万人全部被秦军歼灭。第二年（公元前259年），秦国复派王陵为将，率秦军主力从上党地区（今山西东南部长治地区）突破井陉关，进围赵国都城邯郸。赵国精锐尽失，不得不困守孤城。秦军日夜急攻，意在灭赵，形势十分危急。赵王之弟、赵相平原君在率军力战的同时，派使者四处求救。因为平原君的妻子是信陵君的姐姐，当此危急之时，平原君发使至魏，请信陵君让魏王发兵救赵。

魏安釐王接到求救书之后，便命晋鄙率 10 万魏军救赵。秦昭襄王听说后，便派使者到魏国去威胁魏安釐王说："吾攻赵旦暮且下，而诸侯谁敢救之，拔赵之后，必先移兵击之。"魏安釐王怕秦军来攻，便命人让晋鄙停止前进，驻扎在邺（今河北临漳西南），筑垒固守。名为救赵，实持两端。平原君苦等救兵不至，使者冠盖相属于魏国，移书责让信陵君。信陵君几次向魏王请求，并让宾客辩士万般劝说，魏安釐王畏秦，终不听从。信陵君自度达不到目的，又不愿自己独生而令赵国灭亡，便召集宾客，约车百余辆，准备往赴秦军，与赵国共亡。行过夷门，见了侯嬴，将自己的想法告诉了侯嬴，并与侯嬴诀别。侯嬴对信陵君说："公子喜士，名闻天下，今有难，无端而欲赴秦军，譬若以肉投饿虎，何功之有？嬴闻晋鄙之军的兵符常在王君的卧室之内，而如姬最得王君宠幸，经常出入于王君卧室，有机会得到这兵符。嬴闻公子曾为如姬报仇，如姬愿为公子去死，只是没有机会罢了。公子诚一开口请如姬，如姬必定答应，窃得虎符而夺晋鄙之军。北救赵而西却秦，有何不可！"信陵君从其计，往请如姬，如姬果然将兵符盗出给了信陵君。

得到兵符后，信陵君准备出发。侯嬴对他说："将在外，君命有所不受，以便国家。公子去合了兵符，而晋鄙不愿交出兵权，事情必定难办。臣客屠者朱亥可与您一起去。朱亥是一个力士。晋鄙听命自然好；如不听命，便可让朱亥击杀他。臣本应跟您前去，只是老了，走不动了。请数公子行日，以至公子至晋鄙军之日，北向自刭，以送公子。"信陵君便出发了。

信陵君到达邺之后，矫魏安釐王之命，要晋鄙交出兵权。晋鄙合过兵符之后，又起了疑心，不想交权。朱亥用 40 斤重的铁椎椎杀了晋鄙，信陵君便统率了晋鄙所率的魏军。信陵君下令军中："父子俱在军中者父归；兄弟俱在军中者兄归，独子无兄弟者归养双亲。"最后得选兵 8 万人，进兵向秦军攻击。因魏军人人皆抱必死之心，故一个冲锋，便逼得秦军向后撤退。这时，赵平原君散掉家财，得敢死之士 3000 人为先，冲击秦军，秦军抵敌不住，后退 30 里。信陵君率领的魏军和楚国的救兵正好赶到，内外夹击秦军。秦军大败，向西撤退。秦军后部郑安平所率的 25000 人被切断归路，向赵军投降。邯郸之围遂解，赵国也转危为安。

信陵君之救赵，是战国时期的“士”阶层活跃于社会政治舞台的一个典型。所谓“得士者昌，失士者亡”。

2. 平原君赵胜

赵胜（约公元前308—公元前251年），战国四君子之一，赵国贵族。赵武灵王之子，赵惠文王之弟。因贤能而闻名。封于东武（今山东武城），号平原君。

平原君的弟兄很多，其中最诚实贤良者非平原君莫属。当时有很多人来投靠他，有赵国的，也有其他国家的，他的门下多的时候有几千人。

他在乡间有一套住宅，紧靠着附近的农民家。隔壁有一个农夫腿不好，走路一跛一跛的，经常到门前的井里去打水，就从平原君家的门前过。

平原君有一个妾，长得十分漂亮，她常常上午站在楼上看外面的风景。一次她看到这个跛足人担着水，一歪一歪的，水桶里的水也一晃一晃的，这美人不由得大笑一声，使这位担水人受到了惊扰。

第二天，那位跛足人来到了平原君的家，对平原君说：“我听别人说，您喜欢结交天下贤良之人，很多人都是慕名而来，而且很多人说，您对投奔来的人非常好，如果他们和您的家人美妾发生争执，您总是向着他们。我是您的邻居，腿有点不好，腰有点驼，而您的爱妾见到而笑话我，这是对我的极大侮辱，我想得到那位笑我的人的人头。”

平原君给他这段话吓了一大跳，就开玩笑地答应道：“好，好，好。”

那人离开了。平原君对他的家人说：“这个狠毒的家伙，就因为一笑而杀我的美人，这不是太过分了吗？”他当然不会杀这位心爱的人的。

后来，发生了一件奇怪的事，他的门人越来越少了，不到一年时间，他的门人只剩下一半。平原君觉得很奇怪。一天，他问手下的一个学生：“我赵胜待你们不薄，对你们也没有失礼的地方，为什么一个个离我而去呢？”

那人说：“不为别的，您对我们够好的了，就为了不杀笑跛脚的人。这虽然是一件小事，但说明了您内心深处还是爱美色而轻视贤士，既然您有这样的念头，人们怎么还会留下来呢？”

平原君突然意识到这一点，回到后室，拿着刀找到了那个美人，举起刀就要杀她。那美人以为是开玩笑，心里三分疑七分怕地说道：“官人，你怎么和我玩起这个来？”

平原君正色道：“你笑那位跛脚人，我今天只有杀了你，才能谢天下之罪。”

美人一看是真的了，当下就吓得倒到了地上，哭着哀求他。平原君望着她那娇小的身躯，望着她那泪流粉面的容颜，一时也心慈手软了。但是他想到天下的大任，一声疯狂地嘶叫，冲到了美人的身边，割下了她的头，他也昏迷过去。

他的学生从昏迷中救醒了他。他冷静地说：“我做了我该做的事，现在我就到那人家去。”他拎着人头，到了邻居的家里，向他赔礼道歉。

这之后，他的门下人又开始增加了。平原君重士而贱妾，竟然杀了自己的美人，就这样一传十,十传百，使得那些士人都对他刮目相看。

3. 孟尝君田文

田文（？—公元前279年），妫姓，田氏，名文，战国四君子之一。是齐威王的孙子，齐国宰相田婴的庶子。被任为魏国宰相，后联合秦、赵等国攻破齐国。从此，中立于诸侯国之间。

秦昭襄王听说田文贤能，把他请到秦国，想让他就相位，但秦国宰相樗里疾担心田文夺他的相位，指使他的门客公孙谗言于昭襄王：“田文是齐国人，他必定先齐后秦。再说，他的门客都是藏龙卧虎之辈，对秦国的事务了如指掌，他一旦背叛秦国，秦国就危在旦夕。”昭襄王去问樗里疾，樗里疾假作惊诧地说：“说得对呀，田文是秦国的祸害，不如杀了他！”昭襄王将信将疑，就把田文软禁在馆舍里。秦泾阳君与田文要好，把真相告诉了田文，并献策说：“昭襄王宠爱燕姬，只有贿赂于她，让她在秦王面前求情，才有救。”田文找秦昭襄王宠妾燕姬求情，宠妾索要他的白狐毛皮袍子，但这件袍子已送给了秦昭襄王，幸好田文有一位下等门客，深夜里潜入库房，学狗叫骗过守库门吏，把袍子偷了出来，献给燕姬，燕姬向秦昭襄王求情，把田文放了。但不久，秦昭襄王后悔了，派兵去追，田文一行来到秦国边境函谷关，关口规定要鸡鸣才放人，由于时辰未到不肯开关。幸好下等门客中有人学鸡鸣逼真，带动其他鸡一起叫了起来，田文及时地过了边关。到了赵国，赵国人取笑他矮小，田文大怒，其门客把取笑他的人全杀了。回到齐国，成为齐相。田文感叹“明珠弹雀，不如泥丸；细流纳海，累尘成冈”，正是两位不知名的下等门客救了他，人才不可估量呀。于是，他把这两位门客提为上等客。

后来齐湣王灭了宋国，十分骄横，要杀田文，于是田文逃到魏国为相，联合燕国、赵国、魏国、楚国、秦国几乎灭了齐国。

孟尝君有个门客叫冯煖，齐国人，家里穷得几乎无法生存，只好托人转求孟尝君，愿意在门下当一名门客。

孟尝君手下的门客，以为冯煖没有什么本领，都瞧不起他，尽给他吃粗茶淡饭。有一天，午饭后，冯煖背靠大厅的圆柱，有节奏地敲击长剑，高声唱起歌来:“长剑归去吧，这里没有鱼吃。”孟尝君听到禀报后，说:“给他鱼吃，把他安排在食客当中。”一天，冯煖从街上回来后，又靠在圆柱上唱起来:“长剑回去吧，在这里出门没车坐呀！”孟尝君听到禀报后说:“给冯煖的待遇要跟所有食客同等，他出门时，要给他备车。”过了不久，冯煖又唱道:“长剑回归吧，在这儿无法奉养老人。”恰巧孟尝君亲自听到歌的内容，就吩咐每天三餐派人给冯煖的母亲送去食品。从此，再也听不到冯煖击剑高歌了。

一天，孟尝君派冯煖到薛邑去收租债。临别时，冯煖问:“收完后，需要买些什么回来吗？”孟尝君说:“你看我家里缺什么，就买什么吧！”

冯煖到薛邑后，就叫当地官吏马上召集所有欠债户，来验对票据凭证。待欠债的百姓到齐，票据也验对完毕，冯煖即假托奉孟尝君的决定，宣布所有应收的债款，统统赏赐给大家。说罢当众把所有票据用火烧了，老百姓万分感激孟尝君。

冯煖第二天见到孟尝君。孟尝君见他回来得这么快，很惊讶地问:“债都收回来了？”冯煖答:“收了。”孟尝君又问:“买什么回来了？”冯煖答:“遵您的吩咐，看您家缺什么买什么。我看，您家里只缺少‘义’，所以替您买了‘义’回来。”孟尝君一时还没有品出话的意思。冯煖解释道:“我自作主张，擅称是您的命令，宣布把债全部免了，把票据全都烧了。百姓感动得高呼不忘您的恩德。这就是我替您买回来的‘义’呀！”孟尝君听后很不高兴。

一年后，齐王革了孟尝君的职位。孟尝君无奈之中，只好回到封地薛邑去安家。薛邑的百姓得知这个消息，扶老携幼，倾城而出，站在离城百里的路边，等候迎接孟尝君。孟尝君看到这番情景，十分感动，他回头看着冯煖说："今天见到先生买回的'义'了。"冯煖趁机说："狡兔有三窟，所以才能保全性命。如今，薛邑才算一窟，还不能高枕无忧。请允许我再给您营筑另两个窟。"孟尝君点头赞许。

后来冯煖去梁国对梁惠王说："齐国把大臣孟尝君放逐国外，而他是个非常有才德的人。哪个诸侯国任用他，哪个国家就会强盛起来。"梁惠王觉得很有道理，便决定请孟尝君为相。梁惠王派遣使者带 100 辆车子、黄金千斤前往薛邑聘请孟尝君。

齐王听到消息后，大为震惊。他懊悔自己当初太冒失了，马上派太子的老师带上千斤黄金和花纹精美的华贵车子，以及齐王自己佩挂的宝剑，作为馈赠孟尝君的礼物，并写了谢罪书。孟尝君答应回朝任相，并按照冯煖的策略提出请齐王把先王传下来的祭祖器分给薛邑一些，在薛邑建一座宗庙。齐王马上答应了。此后，孟尝君当了几十年的齐国宰相，一直顺顺当当，没有受到任何祸患和危害。这是"狡兔三窟"起的大作用啊！

4. 春申君黄歇

黄歇（公元前 320—公元前 238 年），战国四君子之一，以辩才扬名，四君子中唯一不是王室之中的人。楚国太子熊完作为人质到秦国，被扣留了下来，春申君以命相抵，设计将太子救回楚国。楚国顷襄王死后，太子熊完登位，就拜黄歇为国相，封为春申君。从此黄歇辅国持权 25 年，说一不二，荣宠不衰。

当时楚考烈王无子，春申君以此为忧。后来，春申君娶赵人李园之妹。李园之妹有身孕后（此处关于是否有孕有争议），献于楚考烈王，生子被立为太子（即楚幽王），而李园之妹被立为王后。李园因此逐渐掌握大权，蓄养死士，欲杀春申君。楚考烈王病死后，李园令人埋伏于棘门之内，杀死春申君及其全家。

四、英勇善战英名传，廉颇老矣尚能饭

廉颇是战国时期赵国杰出的将领，生卒年不详。他登上历史舞台活动的时候，正是公元前 3 世纪的战国后期。这时，齐、楚、燕、韩、赵、魏、秦七个大的诸侯国进行着激烈的兼并战争，战火燃遍了全中国，连绵不断。作为赵国大将的廉颇，前后征战 40 多年，为赵国的强盛作出了重大的贡献。

公元前 306 年秦昭襄王即位后，派兵进攻赵国。廉颇统率赵国大军，几次打败了秦军，迫使秦昭襄王于公元前 285 年与赵惠文王在中阳（山西中阳县西）会谈讲和。赵惠文王十六年（公元前 283 年），廉颇又领兵打败了齐国，夺取了阳晋（今山东郓城县西），被授予上卿（当时的最高官职）。秦、齐都是当时的头等强国，被较弱小的赵国打败，引起了各国的注目。从此，赵国大将廉颇英勇善战的名声传遍了各诸侯国。

廉颇不仅是一员虎将，而且是一位识大体顾大局，知错必改的忠臣，他“负荆请罪”的故事，一直为人们所传颂。公元前 283 年，不可一世的秦昭襄王企图强骗赵国的稀世之宝——和氏璧，赵国派出身低微的蔺相如出使秦国，蔺相如不畏强秦，机智勇敢，揭露了秦的阴谋，保全了和氏璧“完璧归赵”，出色地完成了使者的任务。公元前 279 年，秦、赵两国相约在渑池（今河南渑池西）相会，会上，秦昭襄王侮辱赵惠文王，蔺相如挺身而出，不顾生命危险，针锋相对，以牙还牙，保住了赵国的尊严。因此，他被任命为上卿，地位在廉颇之上。廉颇对此很不服气。他说：“我当赵国的将军，有攻城野战的大功劳，而蔺相如只凭口舌立功，地位反而在我之上。况且蔺相如本来是个卑贱的人，我感到羞耻，在他之下我受不了！”并公开宣扬：“如果我碰见他，一定要当面叫他丢脸。”蔺相如知道这些情况后，便回避与他相会，每逢上朝总是推托有病不去。有一次乘车出门，远远望见廉颇来了，就赶紧命令把车拉到一旁躲开他。蔺相如手下的人实在忍不住了，非常气愤，问他：“为什么要这样低三下四

地害怕廉将军？你这样做，我们都感到羞耻，如果你以后还是这样，就让我们离开你回家吧！”蔺相如说：“你们知道，秦昭襄王那么威风，各国诸侯都害怕他，可是我却敢在朝廷上当面责骂他。我虽然没有本领，难道会害怕廉将军吗？我只是考虑，强横的秦国不敢把战争强加给赵国，其原因就是有我们两个人能同心协力对付秦国。如果两人冲突，如两头猛虎拼命恶斗，结果只会给秦国以可乘之机。我忍耐让步，是以国家安危为重，不计较个人的私怨。”手下人听了都很敬重他。这番话不久传到了廉颇的耳里，他非常感动，感到自己目光短浅，气度狭窄，为了一时意气，险些误了国家大事。这位劳苦功高为国忠诚的老将，心里十分惭愧，他立即敞开衣服（自认为有罪的表示），背着荆条，登门向蔺相如请罪说：“我是一个没有见识、心胸狭小的人，不知你竟如此宽恕我，你应该责打我啊！”蔺相如也为这位老将公开认错的精神所感动，赶忙上前把他扶起来。从此，两人结成生死之交，将相共同治国。

以后廉颇连年带兵，屡次战胜齐、魏等国。公元前 270 年，秦、赵两国在阏与（今山西和顺县西）大战，赵名将赵奢又大败秦军。八年以后，秦国再度调动大军进攻赵国，赵国派大将廉颇率领倾全国之师应战，双方在长平（今山西高平）展开了战国时期最大的一次攻守战。富有军事指挥才能的廉颇，分析了敌我双方的情况，认为秦强赵弱，秦是攻赵是守，而且秦长途远征，供应粮草有困难，利于速决战。于是廉颇采用持久战，筑垒坚持固守，不与秦军直接交锋，秦军多次挑战，廉颇都不应战，双方坚持了三年，不分胜负。秦军深知，廉颇不去，赵军难破。于是，秦用反间计，散布谣言说：“廉颇老了，容易对付，而且他有降秦之意，秦国真正害怕的是赵括。”赵王中了反间计，任命只会“纸上谈兵”的赵括为大将代替廉颇。赵括代替廉颇统军后，一反廉颇的做法，轻易主动出击，被秦军打得大败，全军 40 多万人全部被秦将白起坑杀。

赵孝成王十五年（公元前 251 年），燕国大将栗腹带兵攻赵，赵孝成王再度起用廉颇为大将率军抵抗，在鄗（今河北柏乡）大败燕军，杀栗腹，

接着乘胜进军围燕，迫使燕国割五座城池请和。得胜回朝后，廉颇被封为信平君，任相国。六年后，廉颇又奉命领兵击魏，攻占了繁阳（今河南内黄东北）。

赵悼襄王时期，赵国国内政局日趋紊乱。郭开专权，嫉贤妒能，唆使赵悼襄王用乐乘代替廉颇，剥夺了廉颇的兵权。廉颇一怒之下，赶走了乐乘，自己也逃到了魏国首都大梁（今河南省开封）。他到魏后，仍怀念赵国，很想回来。赵悼襄王也想再次起用廉颇，曾派人到魏国探视廉颇的身体如何。廉颇在赵使面前，吃了一斗米的饭，十斤肉；吃完，披甲上马，威风凛凛地来回奔驰，表示他仍可以打仗。但是，由于郭开贿赂了使者，使者便向赵王虚报，廉颇虽能吃饭，但坐一会儿工夫就要大便三次。赵悼襄王认为廉颇老了，身体不行了，终于没有将他召回去。后来，楚国派人偷偷地把廉颇接到国都寿春（今安徽寿县），虽被任为楚将，但再也没有立什么功劳了，默然于楚国逝世。

五、助燕伐齐率五军，乐毅连下七十城

乐毅的祖先名叫乐羊，是魏文侯时的将领。公元前 408 年，魏文侯派乐羊率领军队去攻打中山国（在今河北中部偏西，活动中心在今定县），战事持续了三年，终于把中山国灭掉。为了嘉奖乐羊的战功，魏文侯把乐羊封在灵寿（在今河北平山县），乐羊死后便葬在这里，乐羊的后代也在这里定居。由于魏国和中山国之间还隔着一个赵国，所以魏国很难控制中山国。大约在公元前 380 年前后，中山国又重新建国，并把国都设在灵寿。公元前 300 年，赵武灵王派兵进攻中山国；五年以后，即公元前 296 年，又把中山国灭掉。这样，乐毅又成了赵国人。

赵国人见乐毅有才能，善用兵，便推举他在赵国做官。公元前 299 年，赵国发生内乱，赵武灵王被围困在沙丘（在今河北巨鹿东南）宫，活活饿死。乐毅便乘机离开赵国，跑到魏国的国都大梁（在今河南开封）。

乐毅听说燕国发生内乱，齐国乘机破燕；燕昭王为了向齐国报仇，正

礼遇郭隗，招贤纳士，便想到燕国去。说也凑巧，魏昭王正要派使者赴燕，乐毅便作为魏国的使者来到了燕国。燕昭王早就听说乐毅很有才干，对他十分敬重；乐毅便请求留在燕国，燕昭王任命他为亚卿。于是，乐毅一方面帮助燕国训练军队，另一方面积极进行政治改革。燕国经过20多年的努力，国家殷富，士卒乐战，为进攻齐国准备了条件。

当时，齐国号称东方强国，土地肥沃，蓄积丰富；不过齐湣王（公元前300—公元前284年在位）连年征战，南败宋楚，西击三晋，并帮助赵国灭掉了中山国。连年的战争，激化了齐国内部的矛盾，引起了齐国百姓和各国诸侯的不满；加上齐湣王目空一切，骄傲自满，既瞧不起其他各国，又对燕国疏于戒备。

燕昭王觉得形势对自己有利，便跟乐毅商量攻打齐国的大计。乐毅认为，齐国曾是五霸之一，至今实力尚存，加上它地广千里，人口众多，如果仅凭燕国的力量，单独攻齐，很难取胜。他向燕昭王建议，在进攻齐国之前，应该利用各国同齐国的矛盾，先去联络赵、韩、魏三国，共同出兵；这样，削弱并孤立了齐国，燕国才有胜利的把握。燕昭王接受了乐毅的主张，派他去联络赵国，派其他使者去联络韩、魏等国，赵国又去联络秦国。经过频繁的外交活动，不仅赵、韩、魏三国支持燕国，同意出兵，而秦国也想打败齐国，夺取定陶（在今山东定陶北）。

公元前284年，燕昭王动员全国兵力，拜乐毅为上将军。秦国也派大将斯离带兵与三晋之师会合，赵惠文王把相国印绶交给乐毅。乐毅统率燕、秦、赵、韩、魏五国大军，浩浩荡荡，大举伐齐。

齐湣王听说五国大军前来进犯，便任命触子为将，亲自调集全国兵众，沿济水设置防线，进行抵抗。他唯恐齐军战败，对触子下死命令说，只许打胜，不许打败；败了，就要掘你的祖坟。齐湣王昏聩残暴，他这样做，反而涣散了军心，瓦解了斗志。所以，当双方在济水以西接触时，触子一战失利，便丢下大队人马，只身脱逃。齐军大败。

乐毅在打败了齐军的主力之后，便遣还了秦、韩两国的军队，让魏军

去攻取宋国的故地，让赵军去攻占河间，自己准备统率燕军，长驱直入，继续追击。这时，剧辛对乐毅说，齐国是个大国，燕国是个小国，这次能打败齐国，主要靠其他国家的援助。从长远考虑，应该及时占领齐国边境的城池，不应该贸然深入。乐毅不同意剧辛的看法，认为齐湣王早已不得人心，如果燕军乘胜前进，就会使齐国离心离德，爆发内乱，燕军正好征服齐国；如果贻误军机，齐国就会整顿内部，卷土重来，那就很难征服齐国了。于是他抓紧战机，轻卒锐兵，直取齐国的国都临淄（在今山东淄博）。临淄很快陷落。乐毅把齐国宫室的财物、珍宝和祭器全部缴获，运回燕国，献给燕昭王。燕昭王非常高兴，亲自到济上慰劳将士，并封乐毅为昌国（在今山东淄川东）君。

这时，燕国军威雄壮，士气高昂。为了控制并占领齐国全境，乐毅分兵五路：左军东渡胶水，攻占胶东、东莱（在今山东平度、莱阳、乳山一带）；右军沿黄河和济水，向西攻占阿城（在今山东东阿）、鄄城（在今山东鄄城北），跟魏军相接应；前军沿泰山东麓直至黄海，攻取琅琊（在今山东沂南至日照一带）；后军沿着临淄东北的海岸，攻占千乘（在今山东高青东北）；中军镇守齐都临淄。

由于乐毅注意约束将士，严明军纪，禁止抢掠，尊重当地习俗，并且废除了齐湣王的暴令，减轻了百姓的租赋负担，对当地名流也很优待，所以，进展十分顺利，在不到半年的时间里，就连下 70 余城。当时，除莒城（在今山东莒县）、即墨（在今山东平度东南）没有攻占以外，其他地方都被乐毅改设为郡县。乐毅还为齐桓公和管仲修建庙宇，进行祭祀，并在齐国封了 20 多个拥有燕国封邑的封君，把 100 多个燕国的爵位赏赐给齐国的名人，以便拉拢地主阶级，长期占领齐国。

再说齐湣王从临淄逃出以后，先是跑到卫国的国都濮阳（在今河南濮阳西南）；没有多久，又被卫国人赶了出来。以后他东逃西奔，到处碰壁，只得回到莒城，并向楚国求援。楚国派大将淖齿率兵救齐，实际上是想以救齐为名，乘机瓜分齐国，跟燕国平分秋色。齐湣王走投无路，饥不择食，把淖齿当成了“救星”，并拜他为相国。没过几天，齐湣王就被淖齿杀掉。第二年，齐人王孙贾又攻杀淖齿，齐湣王的儿子法章自立为齐王。这样，号称东帝的齐国在几个月之间，就国破君亡。如果不是燕国的形势发生了变化和齐国的田单崛起于即墨，齐国说不定真要灭亡了。

公元前279年，燕昭王死去，太子乐资即位，称燕惠王。燕惠王从做太子时就曾对乐毅有所不满，等他即位后，齐国的田单了解到他与乐毅有矛盾，就对燕国施行反间计，造谣说：“齐国城邑没有攻下的仅只两个城邑罢了。而所以不及早拿下来的原因，听说是乐毅与燕国新即位的国君有怨仇，乐毅断断续续用兵故意拖延时间姑且留在齐国，准备在齐国称王。齐国所担忧的，只怕别的将领来。”当时燕惠王本来就已经怀疑乐毅，又受到齐国反间计的挑拨，就派骑劫代替乐毅任将领，并召回乐毅。乐毅心里明白燕惠王派人代替自己是不怀好意的，害怕回国后被杀，便向西去投降了赵国。赵国把观津这个地方封给乐毅，封号叫望诸君。赵国对乐毅十分尊重优宠，借此来震动威慑燕国、齐国。

齐国田单后来与骑劫交战，果然设置骗局用计谋迷惑燕军，结果在即墨城下把骑劫的军队打得大败，接着辗转战斗追逐燕军，向北直追到黄河边上，收复了齐国的全部城邑，并且把齐襄王从莒邑迎回都城临淄。

燕惠王很后悔派骑劫代替乐毅，致使燕军惨败，损兵折将，丧失了占领的齐国土地；可是又怨恨乐毅投降赵国，恐怕赵国任用乐毅乘着燕国兵败疲困之机攻打燕国。燕惠王就派人去赵国责备乐毅,同时向他道歉说:“先王把整个燕国委托给将军，将军为燕国战败齐国，替先王报了深仇大恨，天下人没有不震动的，我哪里有一天敢忘记将军的功劳呢！正遇上先王辞世，我本人初即位，是左右人耽误了我。我所以派骑劫代替将军，是因为将军长年在外，风餐露宿，因此召回将军暂且休整一下，也好共商朝政大计。不想将军误听传言，认为跟我有不融洽的地方，就抛弃了燕国而归附赵国。将军为自己打算那是可以的，可是又怎么对得住先王待将军的一片深情厚意呢？”

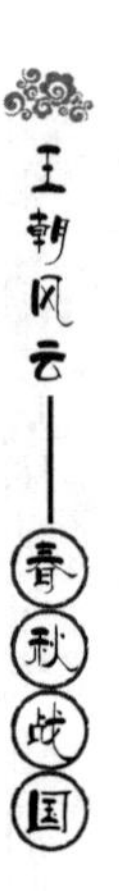

为此，乐毅慷慨地写下了著名的《报燕惠王书》，书中针对燕惠王的无理指责和虚伪粉饰，表明自己对先王的一片忠心，与先王之间的相知相得，驳斥燕惠王对自己的种种责难、误解，抒发功败垂成的愤慨，并以伍子胥“善作者不必善成，善始者不必善终”的历史教训申明自己不为昏主效愚忠，不学冤鬼屈死，故而出走的抗争精神。

于是燕惠王又把乐毅的儿子乐间封为昌国君；而乐毅往来于赵国、燕国之间，与燕国重新交好，燕、赵两国都任用他为客卿。后乐毅死于赵国。

第六章 政治经济

一、政治制度趋完善，官制兵制与律法

1. 官制

战国各国都吸收春秋时君权下替的历史教训，建立新的官僚体制以纠过去宗法贵族把持国家大权之失。

战国时中央最高的官吏为相邦。相邦是百官之长，治理朝中百事，对大小官吏有赏罚之权。各国都置此官，但名称上略有差异，有些国家借用太宰、冢宰、令尹之类的旧名，有的国家称为宰相，秦有时不置相邦，而设左、右丞相。

较相邦为低并分掌各种具体职务的官吏，有主管民政、军事和工程事务的司徒、司马和司空，有管理刑罚和辞讼的司寇或司理，还有专管农业、手工业、山林资源的司田、工师、虞师等官。

地方上一般都分成若干县，以替代过去贵族的封邑，秦商鞅变法后，全国共设41县，《战国策》说魏有百县。县也称都，古书中常将县都连称。在县以下有乡、里。有的国家在乡、里之间还有州。里之下又分成若干个什、伍，伍是5家，什是10家。县的主管官吏为令，秦或三晋，也称县令为大啬夫。在令之下有丞、尉、御史以及县司空、县司马等官。乡、里设三老、里典、伍长等。县置于君主统治之下，君主的政令可通过地方小吏一直贯彻到乡、里，中央集权制比过去大为加强。

各国在边疆地区或新占领的地方，往往设郡以统县。如魏在河西设上

郡，秦灭蜀后设蜀郡，赵打败林胡、楼烦后建立云中、雁门等郡。战国时的郡都比较大，韩的上党郡有17县，赵、燕的代、上谷郡都各有36县。郡的主管官吏为守，也有称太守者。设郡的目的是为了加强地方的军事防御能力，故郡守除治民外，还掌握兵权，可以率兵自卫或出击敌人。

从相邦到地方的守、令，都由国君来任免。在任命官吏时要授予官玺。官吏有了官玺才能行使其权力。在免官时君主又要将官玺收回，当时称为“收玺”或“夺玺”。君主通过所谓的“上计”，考核官吏治绩。官吏不称职或有过失者，君主可收其玺而免其官。《荀子》说：“相邦岁终奉其成功以效于君，当则可，不当则废。”相邦为百官之长，如君主对其不满，随时可被免职。可见当时对官吏的考核是比较严格的。正因为如此，各国政府大都能保持较高的行政效率。

春秋时实行任人唯亲，官吏主要由公子、公孙担任。战国时任人唯贤比较流行。虽然像齐、楚等国任用宗族的现象仍未断绝，但多数国家都主要从平民中擢用有用人才，甚至像申不害、范雎等出身于贫贱者也能被破格任用。秦多用外来的客卿，广揽天下的英才。秦能最强于天下，与此不无关系。官吏人才多通过大臣或名流之推荐和保举。如果推举者徇私，则将受到一定的惩罚。如秦国对于“凡任人而所任不善者，各以其罪罪之”。

官吏一般都是领取实物为俸禄。高官可以食禄千钟，甚至到3000钟、万钟。稍低的俸禄为1000石，依次而下为800石、700石、600石、500石、400石、300石、200石、100石、50石。更低者为斗食。按照秦制，600石以上者皆属高官级别。官吏有特殊功勋者，国家往往赏赐田地，如《商君书》曾说：“得甲首一，赏爵一级，益田一顷。”

封爵仍有，但和春秋之制有较大区别。如属宗室或有功之大臣，可获得君或侯之称号，有封邑或封地，主要食租税，仅有一定的治民权。这些封君多终身或传数世，很难长期世袭。稍低者为卿或大夫，一般是奖励给功臣或名贤。秦的爵制，级别较多，从侯到大夫、士。其中的低爵，获得者为平民或士兵。

2. 兵制

由于战争频繁，各国都拥有一支强大的武装力量。士兵来源于募兵或征兵，当时所说的“练卒”或“练士”，当是招募而来，并经过相当训练、具有较好装备的常备军。但遇大战时，也随时征发适龄男子服兵役。如秦、赵长平之战，秦昭襄王亲赴河内，下令民身高 7 尺到 63 岁的男子都要开赴上党。各国为了激励士兵奋勇作战，采用不同的奖赏办法，如齐国的技击之士，得敌首者可拿到赏金；魏国的武卒，其家属可以免役。秦国除用奖赏外，还用严刑相胁，这也是秦军战斗力很强的原因之一。

战国武士靴形钺

战国时王权很集中，故君主都把兵权牢牢地控制在自己手里，如军队的将帅都由君主任命。战国早期，军将常由相邦充任，以后则由其他高官为之。将帅非常设官，战事结束后即罢。在调动军队时，君主用虎符为信物。虎符为铜质、虎形，分左右两半，有子母口可以相合。右符在王所，左符在将领之手。王若派人前往调动军队，就需带上右符，经过合符，军将才能听命而动。根据秦国“新郪符”的铭文，地方发兵超过 50 人，就必须有王符。可见君主对军队的控制相当严格。

3. 律法

战国时各国都用严刑峻法以治国。为此而制订出一批新的成文法典。魏有李悝的《法经》，最为有名。赵有《国律》，燕有《奉法》。但这些法典都早已亡佚。秦律是在《法经》的基础上编订而成，也已不复存在。但 1972 年出土的云梦秦律和其他有关材料，其中大部分都应是战国时期秦国的法律条文，是了解秦或其他国家法制状况的宝贵资料。

秦律将保护私有财产的神圣不可侵犯性放在首要的地位，如对犯盗窃罪者处罚极为严酷。凡参与分赃或窝赃者，则将和盗窃者受到同样的惩罚。窃贼盗窃所得，其价值超过 660 钱，就要被处以次于死刑的重刑。如盗窃

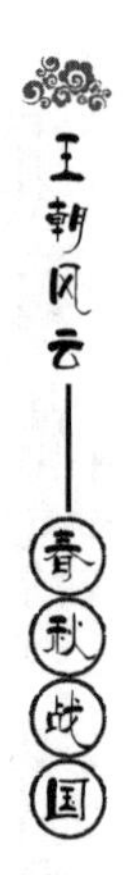

别人的桑叶，其价值不到一钱，也要服苦役 30 天。

其次，法律对官吏的违法行为颇为重视。秦律中有多种的官府法规性质的内容，如有《置吏律》《效律》《军爵律》等，还有和生产有关的《田律》《工律》和《金布律》。官吏在执法时玩忽职守者为“不胜任”，对重罪轻判或轻罪重判为“不直”,“不胜任”和“不直”都构成犯罪。“不廉洁”的官吏为“恶吏”，也为法律所不容。官吏因犯小的过错，则将受到交纳实物的“赀罚”。秦法对官吏约束较严，表明秦十分注意吏治。

战国时刑罚残酷。刑罚有死刑、肉刑、徒刑等类。肉刑分髡、黥、刖、劓等。徒刑是使罪人长期服苦役，三晋称这类罪犯为胥靡，秦称刑徒为城旦或鬼薪、隶臣。秦徒刑中以城旦为最重，犯人髡发穿赭衣，颈中戴铁钳，脚上戴铁镣。同时还要处以黥、劓等肉刑。城旦在严密的监督下服长期的苦役，实际上成为罪犯奴隶。肉刑在战国时已成为前一时代的残余，而徒刑则变为一种重要的惩罚手段。较轻的刑罚有迁刑、笞刑和罚金、罚徭。迁刑是把犯人迁徙到边地去服役或戍守。犯人的家属也要承担法律责任，《法经》中的三族刑，即犯人的父、母、妻的亲属也要受株连。秦律中所谓的“收”，也是指籍没罪人的妻孥。

二、士农工商称“四民”，官私奴隶属平常

春秋战国之际，社会发生了深刻的变化。各种人的身份、地位也发生了很大的变化，战国以前，社会上的自由民为贵族与农民，非自由民为臣妾或仆圉。各个社会阶层的地位比较稳定，当时所谓“士之子恒为士”,“农之子恒为农”，贵族和农民都是代代相传的，身份低贱的奴仆等人当然也不例外。战国时期则不然，由于井田制的瓦解，商品货币关系的发达，封邑制为俸禄制所取代，宗法贵族随之而没落下去，其中的一部分人转变为依靠军事、政治、文化等方面专长而去谋求仕宦出路的游士；农民从井田制的束缚下脱身出来而成为小自耕农；出现了具有独立经济地位的手工业者和商人。这些士、农、工、商，即当时所谓的“四民”，成为社会上活跃的因素，职业也不再世袭相传。如农民接受文化教育后可以上升为士，也可以弃本而逐末；士通过仕宦可以取卿相之位而飞黄腾达，或如范蠡、

子贡因经商而致富，或陷于穷途末路而变成农夫。以往只有贵族才能凭其身份和政治权力而获得大量的财富，而战国时各种不同身份的人都可凭借才能或机缘发财致富。像庶人本属于最贫穷的阶层，但战国时往往“庶人之富者巨万”，这是前所未有的新现象。不过，在对财利的追逐中，既有获胜者，也有失败者。特别是一些小生产者，他们破产后境遇悲惨，甚至卖妻鬻子,这在当时并不少见。贫富分化的加剧,使社会矛盾更加复杂尖锐。但彼此的角逐竞争，又成为当时历史进步的重要推动力量。

四民之中以农民人数为最多。他们是当时社会物质财富的主要创造者之一。小自耕农是国家租税、徭役、兵役的承当者，故各国为了富国强兵，都致力于推行和贯彻有利于小农的政策和方针。如魏国用平籴法，“行之魏国，国以富强”；秦商鞅变法，也因重视农业和农民而能“倾邻国而雄诸侯”。

据《孟子》所说，当时的小自耕农，有五亩之宅，百亩之田，还饲养着“鸡、豚、狗、彘之畜”，如果没有横征暴敛，“数口之家可以无饥矣”，老者还可衣帛食肉。当时魏国的情况是，“今一夫挟五口，治田百亩，岁收亩一石半，为粟百五十石，除十一之税十五石，余百三十五石”。他们为了生活能稍好一点，无不奋力耕作。国家为了多收租税，用赏罚的办法迫使农民多收粮食。如《周礼》中规定，“凡宅不毛者有里布，凡田不耕者出屋粟”。另外像商鞅变法令中也申明，“致粟帛多者复其身”，“事末利及怠而贫者，举以为收孥”。国家强令农民多收粮食，实际上也是为本身利益而着想，如《管子》就说：“民事农则田垦，田垦则粟多，粟多则国富。”这里道出了国家的富足必须建立在农业发达的基础上。

刖刑人守门鬲

小农对社会虽然作出了重大

的贡献，但当时有些君主对农民“厚刀布之敛以夺之财，重田野之税以夺之食”。所以不少农民“乐岁终身苦，凶年不免于死亡”。农民为摆脱困境，或弃本逐末，即弃农经商或去从事小手工业；或出卖劳力，成为别人的雇工。当时所说的“庸”，就是指雇庸劳动。庸也称为庸夫、庸客。在农耕、水利、手工业方面都可以使用雇庸劳力。当时有所谓“市庸”者，大约有的庸工聚集在市中，以等待受人雇用。国家遇灾荒时，对有些农民实行以工代赈，这类农民也称为佣。据《韩非子》记载，雇主一般付给庸工一定数量的钱币作为酬金，故主人雇工常称为“买庸”，雇庸制是商品货币关系发展的产物。

官僚贵族也剥削一般的平民，如秦国的军将或士卒，得敌人甲首者即可“隶五家”，即从国家的编户之民得到五家以供其役使的权利。还有是官吏或军将以“士卒为弟子”，或者是“臣士卒”。有的农民因租税徭役过重而自动投靠到官吏贵族那里以求庇护。这是一种比较特殊的剥削关系，即平民也在一定条件下，成为剥削的对象。

战国时奴隶较多，当时称为臣妾，或僮、虏、仆妾、舆隶、厮舆、胥靡、隶臣、白徒、臧获等。即使在一些平民家中，也常拥有一两名奴隶，改变了过去只有卿大夫等较大贵族才能占有奴隶的旧传统。

奴隶来源有几种，一是战争中的俘虏，《墨子》说战争中得到的战俘或敌国臣民，男子为胥靡，女子为舂米、酿酒的奴隶。秦律也规定，凡敌军之降者，一律入于隶臣。胥靡、隶臣皆为官府奴隶。二为自由民沦落为奴者，特别是农民因破产而“嫁妻卖子”，这在战国较为常见。

主人一般通过以下两种途径而获得奴隶。一是国家之赏赐。如秦对立军功者则赐虏若干名，秦法还规定，能为破大案提供重要线索者，官府则赐臣妾二人。二是从市场上所买得。在商品货币关系的影响下，奴隶和牛马一样地出现在市场上。《周礼·质人》:“掌成市之货贿、人民、牛马……”“人民”即指奴隶。云梦秦墓中所出的秦《日书》，其中多处提到“出入人民、马牛、禾粟”，“人臣徒、马牛它牲”。“出入”即买卖之意。可见买卖奴隶和买卖牲畜、谷物一样频繁。从秦律得知，官府可以把部分官奴出卖给民间，百姓也可以借用官府之幼奴，或卖私奴于官府，官私奴隶通过一定的渠道可以相互转化。

奴隶劳动除了用于家务劳动外，还广泛地用于各种生产方面。《荀子》《韩非子》中所提到的臧获，就属于农田耕作的奴隶，秦律中也有关于臣从事于田作的记载。官府的奴隶除负担诸如筑城、修路之类的苦役外，还用于耕作、矿冶、舂米、酿酒和洒扫等方面。

三晋、齐、秦等国还有一种和奴隶身份相近的赘婿。贾谊说秦的习俗是，"家富子壮则出分，家贫子壮则出赘"。则赘婿多从贫家子弟转变而来，实际上成为富家的奴仆。云梦秦墓中所出的魏《户律》，其中即有不准把田地授与赘婿的规定，其地位低于平民是显而易见的。

三、社会经济大变革，农工商业齐发展

1. 社会经济的变革

从春秋晚期到战国，社会经济迅速发展，而经济的发展，又和生产工具、技术的改进以及生产者劳动积极性的提高有密切关系。

生产工具方面所出现的革命性变革，主要是铁器的出现和广泛使用。春秋末年已经有了铁器，但不普及，进入战国后，无论农业还是手工业，都已离不开铁工具。在《孟子》书里已提到铁耕。《管子》则以为：农夫必须有铁制的耒、耜、铫，女工必须有针和刀，制车工必须有斤、锯、锥、凿。否则他们就不能成其事。据现在所知，河南、陕西、山西、山东、河北、辽宁、湖南、湖北等省都出土过战国铁工具，可见当时使用铁器的区域异常广阔。而且铁工具的类型也多种多样，如有锄、镰、铚等农具，也有斧、锛、凿、刀等手工工具，在同一种工具中又有大小或不同式样的差异。在青铜器时代，铜工具往往和木、石、骨、蚌制成的工具并存。到战国时，不仅木、石工具渐渐消失，就是青铜工具也日益减少。锐利而坚固的铁工具大量地使用于农业和手工业，大大提高了工作效率。

战国时井田制瓦解，田地不再由各家共耕，魏国有"行田"之制，即将土地分成小块，每家农民可受地百亩。其他各国也如此，除百亩之田，还有小块宅圃之地。小农对田地虽无所有权而只有使用权，但耕作是由五口之家的小农所独力完成，国家每年按其产量征收十一之税，故耕作可以

多收多得，农民对种田有很大的积极性。另外，社会上出现了具有独立经济地位的手工业者和商人，其中有些人因经营得法而发财致富。总之，战国时期，因为农业、手工业中个体经营的加强，促使社会生产力迅速提高，经济很快繁荣起来。

2. 农业

战国时期，农具和耕作技术都有改进和提高。农具仍以耒、耜为主，但不同于过去者是在木制的耒、耜上套上了铁口。其他如锄、铲、镰等也都是铁制的，在长江流域仍以青铜工具为多，但类型也多于以往。各地都大大改变了长期以来以木、石、骨、蚌来制作工具的局面。云梦秦律中有“田牛”和“其以牛田”的记载，表明耕作中已使用牛，有关牛耕的具体情况在文献中记载极少，表明牛耕并不普遍。

铁农具使用的结果，既增强了开荒的能力，使可耕地面积增多，从而为社会提供更多的农产品，又可深耕。《孟子》《韩非子》有“深耕易耨”，“耕者且深，耨者熟耘”的说法，是当时普遍推行深耕的确证。《庄子》说：“深其耕而熟耰之，其禾繁以滋。”耰是除草和松土，若使耰和深耕配合起来，种出的谷物，不仅颗粒饱满，而且结实也更多。《吕氏春秋》说深耕的另一好处是：“大草不生，又无螟蜮。”即可减轻草害和虫害。由于深耕的好处甚多，所以受到人们普遍重视。

施肥也有很大发展。《荀子》说：“多粪肥田，是夫众庶之事。”并认为田肥，就可多收谷实。“粪”，是指以水沤草或焚草为灰。当时农民于夏末芟刈杂草，俟其干后纵火以焚之，经过大雨，使田地既不长草，又起到施肥的作用，又有施种肥之法。据《周礼》记载，用不同兽骨之汁浸泡各种种子，能使作物生长得更好。

人们对人工灌溉也很重视。《庄子》中说当时有一种名为桔槔的工具，利用杠杆原理以汲水，对于小面积的灌溉颇为方便。田间则普遍修灌溉的沟渠和水闸或堤防，以便蓄水和排水，保证农田不受旱涝之灾。另外还有大规模的人工河道或其他水利工程。魏在魏惠王时，曾开大沟，引黄河之水入圃田泽（今河南中牟西），又引圃田之水到大梁。魏襄王时，邺（今河北临漳）令史起，开渠引漳水灌溉邺一带的田地，使盐碱地变为良田。

秦昭王时，蜀郡将李冰在今四川灌县修都江堰，解除了岷江的水害，并使成都大平原获得灌溉和航运之利。战国末年，秦用韩水工郑国，在关中开渠以沟通泾、洛二水，即有名的郑国渠，渠两岸的“泽卤之地”4万余顷，变成“收皆亩一钟”的良田，关中成为沃野，秦因此更加富足。这类大规模的工程，改变了某些地区的经济面貌。

随着农业经验的丰富，出现了一些有关的著作，如《管子》的《地员篇》就记录了许多有关辨认土壤的知识，并指出应根据土壤的情况种植适当的作物。《吕氏春秋》的《上农》《任地》《辨土》《审时》4篇，是战国末农学著作中具有代表性的作品。书中对整地保墒、间种、行种以及通风日照对作物生长的作用，适时收割的重要性等，都有精当的论述。可见当时农业正朝着精耕细作的方向发展。

农业的发达，使产量有所提高。据李悝的估计，魏国100亩田平常年景可收150石，如遇大丰收可达300石或600石。《孟子》说：耕者之所获，一夫百亩，百亩之田，上者食九人，上次食八人，中食七人，中次食六人，下食五人。《吕氏春秋》也说：“上田，夫食九人，下田，夫食五人，可以益而不可以损。”这些话表明，当时5口之家耕田百亩，其收成除供其家庭消费外，还能养活多少不等的非农业人口，为社会上提供较过去更多的一些剩余产品，从而加强了农业和手工业、劳心和劳力之间的分工。这是战国时期经济繁荣、文化发达的重要物质条件。

3. 手工业

冶铁是一种新兴的金属冶铸业。最初大约始于春秋末，到战国时有了很大的进展。《山海经》中提到“天下出铜之山四百六十七，出铁之山三千六百九十”。在叙述某山的各种资源时，常有“其阳多铜，其阴多铁”的话，反映出人们对铁矿资源情况的了解已很充分。《管子》还说：“上有赭者，下有铁”，则当时人已掌握通过辨认矿苗来找矿的方法。

20世纪50年代以来，各地出土了大量的战国铁器。其中以农具、手工工具为最多，也有兵器和其他器物。还发现有铸造铁器所用的铁质或泥质的范。根据对出土铁器化验结果得知，当时从块炼法炼制出一种质地较软的铁，但也能将其加工冶炼成坚硬的生铁。由于生铁性脆，时人乃用柔化技术使其变成韧性铸铁。冶工还掌握了将块炼法得到的铁渗炭成钢的技艺。在战国几百年间，能从较原始的块炼法进入到冶铸生铁和炼铁为钢的冶铸方法，技术进步之快，在世界冶金史上少有，表明中国冶铁技术在当时世界上已居于领先地位。

冶铜业在战国手工业中仍占据颇为重要的地位。湖北大冶的铜绿山，发现一处属于春秋到战国时期的铜矿遗址，矿井深达 50 米，井下有纵横交错的巷道，为了防止坍塌，巷道中都架设木制的支架。矿工用青铜或铁制的工具开采矿石，用木辘轳作为提取矿石的工具。据今人的估计，当时在连续几个世纪中，开采的矿石可达 10 万吨左右，从这一遗址的情况来看，当时开采铜矿已具有较大的规模，开采技术也较为先进。

铜除了铸造礼器、乐器之外，还要铸作钱币、符节、玺印、量器等物。社会对铜的需求量很大，故铜器物制造水平仍有提高。据《周礼·考工记》，当时有所谓“钟鼎、斧斤、戈戟、大刃、削杀矢、鉴燧”这样的“六齐”。“齐”指铜、锡的比例。“六齐”即按六类不同器物而定出不同的铜、锡比例。为了更好装饰铜器表面，在铜器表面刻出细槽，再将金、银丝嵌入，形成美观的图案花纹。器物铭文也可采用此法。这就是所谓的错金银，铜器经过这种加工之后，具有更大的艺术魅力。

丝麻织物的生产也颇为发达。东方的齐国就以多“纹采布帛”而著名当时。一些古墓出土的麻织品中，有很细的麻布，每平方厘米有经线 28 支，纬线 24 支。在湖北江陵马山的楚墓中出土一批数量很多的丝织品，保存较好，尤属罕见，其中包括绢、罗、纱、锦等不同品种，以绢的数量为最多。绢每平方厘米有经线 50 支，纬线 30 支。最细密的，经线达 158 支，纬线达 70 支。绢被染成红、黑、紫、黄、褐等颜色。罗、纱是属于质地稀薄的丝织物。这批织物中最珍贵的锦，是用提花机织出的质地较厚的丝织品，上面有五彩的动物或人物花纹，表明当时已有构造复杂的纺织机，织匠则掌握了难度较高的纺织技巧。出土品中还有不少的刺绣。绣的方法分平绣、锁绣两种，绣于罗或绢上，绣出色彩绚丽的龙、凤、虎等图案花纹。从上述遗物看出，战国时丝织品生产方面，无论是纺织、染色或是提花、手绣，都达到较高的技术水平。

战国手工业，一部分为官府经营，一部分属民营。官府手工业的历史可以上溯到商、周，战国时不过继其余绪而已，但在经营的门类、规模以及技巧方面都有新的发展。像新出现的冶铁业，也是官府工业中所不可缺少者。当时官府除生产和国计民生关系密切的盐、铁、钱币之外，还旁及于漆器、陶器、纺织和金银玉石等领域。

民营手工业约开始于春秋末，进入战国后获得很大发展。盐、铁等重要门类中，有不少民营作坊。如魏的猗顿以经营河东池盐而著名，经营冶铁者尤多，如魏的孔氏，赵的卓氏、郭纵，都以冶铁而致富，史称孔氏“家致富数千金”，郭纵可以和“王者埒富”。也有经营其他矿产者，如秦的巴寡妇清，其先世就拥有出产丹砂的矿山，故能“擅其利数世”。官府作坊的产品，大部分供直接消费，仅有一部分才拿去出售，而私营则不然，其产品主要是供销售。因而民营手工业的发达，可为市场提供更多的商品，对商业交换的兴盛起到重要作用。

4. 商业

农业、手工业分工的加强，促进了产品交换的发达。当时手工业者不耕田能得到粮食；农夫不从事手工业，也能得到布帛和陶器、铁器。

交换的频繁使许多物品都进入市场而成为可以买卖的商品。《荀子》说当时北方的走马、吠犬，南方的羽翮、齿革、丹干，东方的织物和鱼、盐，西方的皮革、文旄，都出现于中原的市场之上。商业有一种巨大的吸引力，可以把出产在遥远地方的特产集中在一起。《史记》的《货殖列传》开列出市场上名目繁多的商品名称，从农产品、手工业产品到矿产品、畜牧产品等物，几乎是应有尽有。据云梦秦律，可知秦国从粟、麻、丝、牛、羊、豚、鸡、鱼到脂、胶、筋、角以及铜器、铁器，都是可以买卖的商品。甚至有

秦国半两圆钱

的不动产如房舍、园圃也开始商品化，土地买卖开始出现，但不普遍。在商品浪潮的冲击下，人也转化成一种特殊商品。如《史记》在说到马、牛、羊这类牲口的同时，还提到“僮手指千”。

为了适应商业交换的需要，金属铸币开始大量使用。大约在春秋末年，晋、周等国已有青铜空首布流通于市场，以后变为小型平首布，三晋和燕都铸造这种小布。而燕、齐两国以铜刀币为主。布和刀的发行量很大，上面一般有铸地的地名，常见者有安阳、晋阳、安邑、蒲坂、高都、离石、白人、节墨等100多个城邑名。三晋和周还铸造过圆孔圆钱。战国晚期，齐、燕则铸过方孔圆钱。楚国的铜币较特殊，是仿海贝形的铜贝，俗称“蚁鼻钱”。当时除用铜币外，也以黄金为币，尤以楚为最突出。楚金币是圆形金饼或是锭形金版，上面打有郢爰、陈爰之类的戳印。中原诸国也用圆形金饼，唯数量比楚为少。战国金币在使用时可切割成小块，是与铜币不同的称量货币。各地出土的铜币、金币数量很多，多者几十枚或成百上千，表明当时已有大量的货币投入流通。

随着商业的发达，许多城邑都划出一定的地段、范围作为交易场所的市。市里面分成若干列，即出售货物的“市肆”。市里有国家派去的市啬夫、市掾、市者等官吏，他们的主要职责是收税和维持秩序。

大城邑中还开设不少的手工作坊。如在河北易县的燕下都和山东齐临淄古城遗址中发现有制陶、铜器、骨器、铸钱等作坊的遗迹。当时不少的城邑成为货物的产销中心。工商业的影响促使城邑发展。一是人口的大量增加，二是城邑规模的扩大。《战国策》说战国以前，“城虽大，无过三百丈者；人虽众，无过三千家者”。而战国时则“千丈之城，万家之邑相望”。从这一对比中，清楚地看到了战国和战国以前的明显差别。《墨子》《孟子》等书都说当时有“五里之城，七里之郭”，则这类大城郭比比皆是。从城市人口来看，万家之邑并非最大者，据银雀山出土的《库法》，书中指明大县为20000家，中、小县为15000家或10000家，则战国时大县，其人口总数当在10万左右。国都的人口更多，如齐的临淄多达70000户，人口达30余万。《战国策》说临淄城内的大街之上，“车毂击，人肩摩”，“其民无不吹竽鼓瑟，击筑弹琴，斗鸡走狗”，这里绘出都市的繁荣，有些居民过着富裕的生活。

商业的发展，使商人开始具有独立的经济地位，这和以前的商人隶属于官府的情况大为不同。战国时有名的大商人白圭，根据“人弃我取，人取我与”的准则，在掌握了有利时机后，靠贱买贵卖以获取厚利。当时“言治生，祖白圭”，可见白圭的经商理论被别的商人奉为信条。商人也经营高利贷，当时称高利贷资本为“子贷金钱”，又称“倍贷”。高利贷以小生产者为其主要剥削对象。商人手中掌握了大量的财富后，对生产者起到支配作用。司马迁曾指出：“凡编户之民，富相什则卑下之，伯（百）则畏惮之，千则役，万则仆，物之理也。”富人虽无尺寸之封禄，但可与千户侯相埒，故他称这种富豪为“素封”。大商人子贡来往于各地，所到之处，君主“无不分庭与之抗礼”，极有威势的贵族也都相形见绌。在商业和利润的影响下，社会上的人都逐利不休。有些人甚至为“利”或“财用”可以“不避刀锯之诛”，社会秩序和道德观念都受到了不断的冲击。

商人靠剥削农民和手工业者而致富，损害了国家或君主的利益，因而不少政论家主张“重本抑末”，即对手工业、商业要采取压制或打击的策略，但也有人持不同的看法，认为农、工、商、虞，缺一不可，主张在重农的同时要保护手工业和商业，甚至提出了“农末俱利”才合乎“治国之道”。

四、修筑堤防开运河，都江堰下成“天府”

战国时期的水利工程包括修筑堤防、开凿运河和兴办水利工程。大规模修筑堤防主要是黄河中下游的齐、赵、魏三国，目的是防止洪水泛滥。

春秋末年已开始开凿运河，公元前486年，吴国在邗（今江苏扬州市西北）筑城，在长江、淮河间开凿运河，称邗沟。后又从淮河开一条运河通齐、鲁两国，沟通了济水和泗水。战国时期，魏邺（今河北磁县东南）令西门豹为加强农业灌溉，修建了“引漳水灌邺”水利工程。

魏惠王时又开凿运河，引圃田（今河南中牟县西）水到大梁（今河南开封市）北郭，后又开凿从大梁到荥（今河南荥阳市北）的运河，引黄河水入颍水，沟通黄河和淮水的交通，称鸿沟。

秦昭襄王时，秦蜀郡（今四川成都市）守李冰在灌县西岷江中开凿都

李冰父子

江堰，“中流作堰”分水，用水门节制水量，既免除江水泛滥，又利于灌溉航运。战国末年，秦修建郑国渠，从仲山（今陕西泾阳县西北）引泾水向西注入洛水，全长150千米，使关中干旱的平原得到灌溉。

李冰是战国时期杰出的水利工程学家，都江堰的设计者和兴建的组织者。大约在秦昭襄王五十一年（公元前256年），李冰被任命为蜀郡守。他到任以后，看到当地严重的自然灾情，就着手开始进行大规模的治水工作，设计并组织兴建了都江堰。整个工程是由分水堰、飞沙堰和宝瓶口三个主要工程组成的，规模宏大，地点适宜，布局合理，同时有防洪、灌溉、航行三种作用，充分体现了李冰和劳动人民的智慧，在世界水利工程史上也是罕见的奇迹。

李冰和他的儿子二郎首先对岷江两岸的地势进行了实地考察，仔细地记录了水情。根据具体情况，制定了治理岷江的合理方案，开始了都江堰工程。他先是在岷江的上游打开了一个20米宽的口子，叫它“宝瓶口”，形状就好像是大石堆，这就是后人称作的“离堆”。在江心，采取了构筑分水堰的办法，把江水分作两支，强迫其中的一支流进宝瓶口。为了实现在江心的建筑，他另辟新路，吩咐竹工们编成长3丈、宽2尺的大竹笼，装满鹅卵石，然后一个一个地沉入江底，终于战胜了急流的江水，筑成了分水大堤。这样，岷江汹涌而来的江水被分成东西两股。西面的叫作外江，是岷江的正流；东面的一股叫作内江，是灌溉渠系的总干渠。渠道的头上就是宝瓶口，在经过这个地方的时候再分成许多河道，组成一个纵横交错的扇形水网，灌溉成都平原的千里农田。灌溉面积达20多万公顷（300多万亩）。飞沙堰高度适中，具有分洪和减少宝瓶口泥沙的功用。从此以后，岷江水开始为民所用。以后，他又多次对都江堰进行改进，彻底保证了都江堰对水患的遏制作用。

李冰在治水的过程中，排除了种种迷信的阻挠，坚决用科学的方法来治理水患，而且他还成功地解决了秦王的亲戚华阳侯的妒嫉，以及制造的一系列谣言和中伤事件，及时地处理了工程当中的问题和紧急状况。但是华阳侯的险恶用心还是让李冰受到了革职的处罚。温柔贤淑的李夫人甘当人质，为李冰赢得了宝贵的治水机会，工程才取得了最后成功。百姓们对李冰感恩戴德，但李夫人却病死在咸阳。

除了都江堰，李冰在蜀郡还兴建了许多有益于民的水利工程，他在成都市建了7座桥，修了石犀溪，对洙水（又名青衣水）进行了治理。他组织百姓开凿河心中的山岩，整理水道，便利了航行。李冰还对管江、汶井江、洛水进行过疏导，又引水到资中一带灌溉稻田。李冰还在蜀郡修筑桥梁，在广都主持开凿了盐井，为开发成都平原，发展农业生产作出了重大贡献。

成都平原能够如此富饶，被人们称为“天府”乐土，从根本上说，是李冰创建都江堰的结果。所以《史记》说：都江堰建成，使成都平原“水旱从人，不知饥馑，时无荒年，天下谓之‘天府’也”。

李冰作为第一个治理都江堰的人，筚路蓝缕，功不可没，千百年来一直受到四川人民的崇敬，被尊称为“川主”，在许多地方修有“川主祠”，来表达对他的怀念。

第七章 科技文化

一、兵器玉器相辉映，甘石二公著《星经》

1. 战国铁兵器

在春秋时期，很少使用铁兵器。但到了战国时期，铁兵器的使用已经非常普遍了。据文献记载，战国时期的铁兵器种类很多，有铁剑、铁甲、铁杖、铁锥等。

在现在已出土的上千件先秦铁器中，绝大部分是战国中晚期的，其中铁兵器占大多数，有矛、戟、剑、刀、镞、匕首、甲胄等。1965 年，河北省易县燕下都 44 号墓出土了铁矛 19 件、铁戟 12 件、铁剑 15 件和铁刀、匕首、胄等。

2. 精致的战国玉器

从春秋晚期开始，玉器发生了比较明显的变化。玉器上的花纹由简单向繁密的方向发展，并流行隐起的涡纹，器物显得圆润丰满。体现战国玉器高度工艺水平的是战国中、晚期的玉器，其代表作有辉县固围村魏王室墓出土的大玉璜、平山中山国王墓出土的青玉带钩等。魏王室墓出土的大玉璜中有 7 块美玉、2 个鎏金铜兽头，以铜片贯联起来成为一器，呈弧形，全长 20.2 厘米，玉质温润。色白而泛浅灰，是精美的和田玉。中间一玉微曲似折扇形，上侧琢一回首垂尾卧兽，口部钻有一个小孔，便于穿系，下弧一鼻穿孔，供系玉佩用。此中心玉与其左右的扇面形玉琢有变形蟠虬纹饰，成为龙身，其外两侧为玉龙首，龙首口含鎏金铜虎首，虎首口衔着卷云饰纹的椭圆形玉，图案匀称饱满，琢工细腻精巧。战国时玉器玉质优良，王侯多使用和田玉，玉质细腻温润，光泽晶莹，青白色较多，偶见白玉。

3. 天文学著作《甘石星经》

随着战国时期生产力的不断发展，我国在天文学领域也取得了很大的成就。甘德，又称甘公，战国时期齐国人；石申，又称石申夫或石申父，战国时期魏国人。他们都是取得了卓越成就的天文学家。甘德写有《天文星占》八卷，石申写有《天文》八卷，后人把这两部著作合为一部，称《甘石星经》。

《甘石星经》是我国，也是世界上最早的一部天文学著作，可惜它在宋代以后失传了，今天只能从唐代的天文学书籍《开元占经》里见到它的一些片断摘录。这些片断摘录表明，甘德和石申曾系统地观察了金、木、水、火、土五大行星的运行，发现了五大行星出没的规律；记录了800颗恒星的名字，测定了121颗恒星的方位。后人将甘德和石申测定的恒星记录称为《甘石星表》，这是我国，也是世界上最早的恒星表，比希腊天文学家伊巴谷测编的欧洲第一个恒星表大约早200年。他们当时各自在自己的国家进行天文观测并做了相关记录，直到汉朝，他们两人的著作还是分别刊行，后来的人们才将他们的著作合并。后世许多天文学家在进行天文研究时，都要参考《甘石星经》中的数据，因此，这部著作在我国和世界天文学史上都占有重要地位。

二、千古神医称扁鹊，一问一答集《难经》

扁鹊，姓秦，名越人，渤海郑郡（今河北任丘）人，是春秋战国时期著名的医学家。

扁鹊年轻的时候，是一家馆舍的主管人，他认识了一个叫长桑君的人。通过长时间的交往和了解，长桑君觉得扁鹊人不错，就把自己多年来的医疗经验和珍藏多年的药方都传授给他。扁鹊经过钻研学习，成了一名杰出的医生。

扁鹊此后就在今陕西、山西、河北一带行医，为人民解除疾病痛苦。

扁鹊经过虢国的时候，听说虢国公子因血液运行不畅而忽然倒地身亡。他认真询问了公子的病情和症状，认为公子并没有真正死亡，他可以把公子救活过来。于是他求见虢国国君，用针石药剂很快就救活了公子。大家都认为扁鹊能够使死了的人复生。扁鹊谦虚地说，不是我能起死回生，是他本来就没有死，我只不过是让他恢复过来而已。

扁鹊经过蔡国的时候，看见蔡桓公气色不好，就很直率地告诉他："您生病了，病在皮肉之间，现在还比较容易治。"可是蔡桓公自我感觉很好，坚称自己没病。又过了5天，扁鹊见到蔡桓公说，你的病已在血脉里，不治就要恶化。蔡桓公又没有听扁鹊的劝告。又过了5天，扁鹊见到蔡桓公，见他面色灰暗，又说："您的病已在肠胃之间，再不治的话，就有生命危险了。"这次蔡桓公还是没理会。又过了5天，扁鹊最后一次见蔡桓公，见他面色已全无光彩，知道已是无药可救，就走了。没过多久，蔡桓公就发病而亡。

此后，扁鹊开始周游列国，随俗为变，处处为病人考虑。经过邯郸时，那里重视妇女，他就当妇科医生；经过洛阳时，那里尊重老人，他就当起了耳目科医生；在咸阳时，那里人疼爱小孩子，他就做儿科医生。总之，他各种科目都很擅长，努力为天下百姓解除疾病。

扁鹊是一代神医，因为名声太大，遭到小人的嫉妒。秦国太医令李醯，觉得自己的医术不如扁鹊高明，就派人把扁鹊杀了。

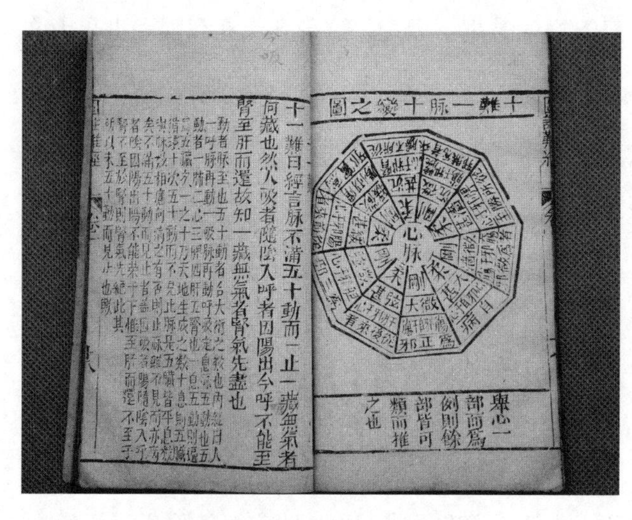
十一難一脉十變之圖

十一難曰經言脉不滿五十動而一止一藏無氣者何藏也然人吸者隨陰入呼者因陽出今吸不能至腎至肝而還故知一藏無氣者腎氣先盡也

舉心一部而爲例則餘部皆可類而推之也

中医古籍《图注八十一难经》

扁鹊在医学上的成就，有以下几个方面：第一，在诊断方面，扁鹊采用了望色、闻声、问病、切脉的四诊合参法，尤其擅长的是望诊和切诊。在给蔡桓公看病的过程中，通过察看蔡桓公气色，就知道其疾病症结，就是望诊的体现。因此《史记》中称赞道："至今天下言脉者，由扁鹊也。"第二，在经络藏象方面，扁鹊提出病邪沿经络循行与脏腑的深浅，以及病由表及里的传变理论。在诊治虢国公子时，他就深入分析了经络循行与脏腑的关系，并给出了救治的方案。第三，在治疗方法方面，扁鹊提出辨证论治与综合治疗结合。从史籍记载中，我们看出扁鹊已经熟练掌握了砭石、针灸、汤液、按摩、熨帖、手术、吹耳、导引等方法，并将其灵活兼用于具体病案之中，综合治疗。第四，在科学预防方面，扁鹊提出了6种病不能治。即"骄恣不论于理，一不治也；轻身重财，二不治也；衣食不能适，三不治也；阴阳并藏、气不足，四不治也；形羸不能服药，五不治也；信巫不信医，六不治也。"其中不治"信巫不信医"，反映出扁鹊朴素的唯物主义思想。

把中药制成丸、散、膏、丹、汤剂等品类也是他的创造。他是我国中医发展史上一位承前启后的重要医学家，为我国传统中医学的发展奠定了基础，人们把他比作传说中黄帝时代的神医扁鹊，后来的中医都尊他为祖师。

扁鹊的医学理论，被后人整理成一部医书，名叫《难经》，是中医学的宝贵文献。

《难经》以问难的形式，亦即假设问答，解释疑难的体例予以编纂。但据考证,该书约成书于东汉以前(一说在秦汉之际)。内容包括脉诊、经络、脏腑、阴阳、病因、病理、营卫、腧穴、针刺等基础理论，同时也列述了一些病证。该书以基础理论为主，结合部分临床医学，在基础理论中更以脉诊、脏腑、经脉、腧穴为重点。该书还明确提出"伤寒有五"(包括中风、伤寒、湿温、热病、温病)，并对五脏之积、泄痢等病多有阐发，为后世医家所重视。全书内容简明扼要，辨析精微，在中医学典籍中常与《内经》并提，被认为是最重要的古典医籍之一。

综上所述，扁鹊是中国医学史上第一位继往开来的大医学家，他奠定了我国传统医学诊断法的基础。他对我国传统医学的贡献将永载史册。

三、“百家争鸣”有余响，大家思想竞光辉

1. 孟子、荀子和儒家思想

儒学是战国时期的显学。孟子和荀子是战国时期儒家的代表人物。

孟子（约公元前372—公元前289年），名轲，字子舆，战国时期邹国（今山东邹城市）人。伟大的思想家、教育家，是战国时代继孔子之后的又一个儒家大师。他的学说与孔子的思想被后人合称为“孔孟之道”，成为延续封建统治几千年的精神支柱。

孟子主性善之说，认为人的本性是善的，而仁、义、礼、智这四种品质是先天固有的。他要求人们通过存心养性，使这些品质扩而大之，以达到改造客观世界的目的。孟子这种唯心主义理论对后来儒家思想的发展有很大的影响。

在性善论的基础上，孟子又导引出关于仁政的学说。仁政的具体内容包括：一是恢复井田，二是“省刑罚，薄赋敛”，三是行“王道”，即行先王以德行仁的治国方略，反对霸道。

与此相应，孟子提出“民为贵，社稷次之，君为轻”的重民思想。他认为统治者得天下，是“得其民，得其心”，而不是靠武力得天下。

孟　子

孟子是地主阶级的思想家，他的思想体系是唯心主义的，但是其中有些思想和主张在限制统治阶级过分剥削和压迫人民方面也起过一些作用。有些言论如“富贵不能淫，贫贱不能移，威武不能屈”，也是应当肯定和发扬的。

孟子继承和发挥了孔子的

学说，对后世影响很大，孟子被尊为“亚圣”，儒家学说则称为“孔孟之道”。

荀子（公元前313—公元前238年），名况，字卿，战国末赵国人。他的学识异常渊博。他批判各家，又吸取各家之长。他曾在齐的稷下讲过学，并取得稷下首领的地位。荀子是战国末期儒家中最有影响的人物。

道家的自然观被荀子所接受。他把天看作是自然界，“天能生物，不能辨物”，断言天是没有意志的。天有变化和运动的规律，但和人间的治乱并无关系，他说：“天行有常，不为尧存，不为桀亡。”至于生产上的歉收和社会上出现动乱，主要是“楛耕伤稼”和封建君主“政险失民”所造成的。道家虽承认天具有物质属性，但觉得人在自然面前是无能为力的。荀子则比道家前进了一大步，他认为人定胜天，提出了“制天命而用之”的著名论点。是古代唯物论中宝贵的思想财富。

荀子主张“礼治”，这是其政治思想的核心，但他的礼治，同孔孟所讲的礼有很大的不同。他主张“礼法兼用”，既隆礼又重法。在“礼”与“法”的关系上，认为礼是用来维护“贵贱有等，长幼有序，贫富轻重，皆有称者”的封建等级制度的，而法是为封建等级制度提供合法的法律依据。“礼”是根本原则，法是具体措施。两者不是对立的，而是相辅相成的。同时，他要求统治者“爱民”，主张“节用以礼，裕民以政”，又进一步论述君主和人民关系为“君者舟也，庶人者水也。水则载舟，水则覆舟”。

荀子提出“法后王”，即注重现实的进步的历史观。在学习上提倡“锲而不舍，金石可镂”的精神，并认为后来者可以居上，“青，取之于蓝，而青（胜）于蓝”，相信一代更比一代强。

2. 墨子和墨家思想

墨家的创始人是墨子。墨子名翟，战国初期鲁国人。墨家是一个学派，又是一个有严密纪律的团体，其首领是墨子，墨子死后则称“钜子”。墨者多半来自社会下层，不仅学文，而且习武，生活俭朴，崇尚吃苦耐劳。《墨子》一书，是墨子的弟子或再传弟子记述墨子的言行集录。

面对当时的社会实际，墨家提出了尚贤、尚同、节用、节葬、非乐、非命、天志、明鬼、兼爱、非攻10种主张。尚贤是要求做到“官无常贵，民无终贱”，

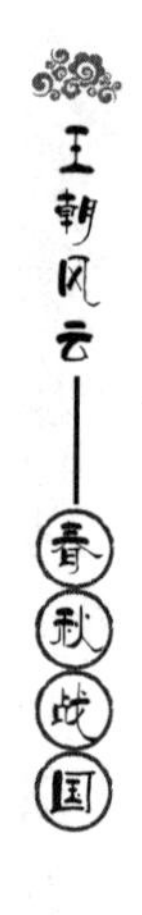

就是说出身低贱的人只要有才能，封建君主也应擢用他们，以此来反对贵族的世官制。墨家又提倡节用来反对当时君主和贵族的奢侈无度，以“去无用之费”。又提出非乐、节葬来反对贵族久丧厚葬和对钟鼓之乐的沉溺。墨家竭力宣扬天下“兼相爱则治，交相恶则乱”。阶级社会中不可能不分阶级而兼相爱，这只是一种空想。从兼爱的观点出发，墨家提出非攻以反对当时以强欺弱的残酷战争。

墨家尊天事鬼，相信天有意志，能降祸福于人，认为君主如违背兼爱、非攻或节用、尚贤，就将受到天和鬼神的谴罚，反之，则能受到福佑。墨家想假借迷信作为实现他们政治理想的一种工具，但实际上，天和鬼神对封建主起不到约束的作用，反而为他们提供了欺骗人民的工具。墨家思想代表了小生产者的愿望，既有反对贵族特权的进步思想，又有阶级调和的幻想和对天与鬼的迷信。其改造社会的方案暴露了小生产者在政治上的软弱无力。墨家思想在当时影响很大，与儒学并称“显学”。

3. 庄子、列子和道家思想

战国时期道家学派的代表人物是庄子和列子。

庄子（公元前 369—公元前 286 年），名周，宋国人，出身于没落贵族，曾做过“漆园吏”，生活困苦，有时以打草鞋为业。他消极避世，隐居从事著述，著有《庄子》一书，共 33 篇。后人把老子和庄子合称“老庄”。

庄子认为“道”先于客观事物而存在，是一种超感觉的精神性的东西，是产生世界万物的本源。又认为人通过修养可得“道”，得了“道”，就进入“真人境地”，可以解脱人生的苦恼、烦闷、无聊，以至生死。显然，这是一种主观唯心主义。

把世间事物都看作是相对的，这是庄子哲学的一个特点。他说：“天下莫大于秋毫之末，而泰山为小；莫寿于殇子，而彭祖为夭。”庄子从不同的角度、标准去衡量事物，那么有时就可以把大小、寿夭颠倒过来。他又说儒、墨两家各以对方所是为非，所非为是，最后争辩不出一个结果。在庄子看来，认识事物的客观是非标准是没有的，他在认识论上必然走向相对主义。

相对主义也被运用到人生和处世上。庄子要求人们对于诸如寿夭、生死、祸福等现象不必计较。根据相对主义，人们判断社会政治的是非善恶的标准是没有的。庄子认为讨论尧和桀的是非是没有意义的。所以庄子对待生活的态度是，“依乎天理，因其固然”，要“安时而处顺”“知其不可奈何而安之若命，德之至也”。斗争是无必要的，一切都顺从命运、安于现状就可以了。这充分反映了没落阶级的悲观失望的精神状态。但庄子却极端反对富贵利禄，痛恨“窃钩者诛，窃国者为诸侯”的不公平现象。由于老庄思想适应了一部分失意人士的心境，因而对后世也产生了很大的影响。

列子是道家学派的杰出代表人物，著名的思想家、哲学家、文学家、教育家。他创立了先秦哲学学派贵虚学派（列子学），是介于老子与庄子之间道家学派承前启后的重要传承人物。著有《列子》一书，其学说本于黄帝、老子，归同于老、庄，对后世哲学、美学、文学、科技、养生、乐曲、宗教影响非常深远。

《列子》又名《冲虚经》，列子也由此被称为“冲虚真人”。原有 20 篇，10 万多字。经过秦祸，刘向整理《列子》时存者仅为 8 篇。西汉时仍盛行，西晋遭永嘉之乱，渡江后始残缺，其后经由张湛搜罗整理加以补全。今存《天瑞》《仲尼》《汤问》《杨朱》《说符》《黄帝》《周穆王》《力命》等 8 篇，其余篇章均已失传。其中寓言故事百余篇，如《黄帝神游》《愚公移山》《夸父追日》《杞人忧天》等，都选自此书，篇篇珠玉，读来妙趣横生，隽永味长，发人深思。

《列子》一书深刻反映了夏末周初交替与春秋战国社会文化生活的各个方面，可以说是一篇恢宏的史诗，当时的哲学、神话、音乐、军事、文化以及世态人情、民俗风习等，在其中都有形象的表现。《列子》保存了神话传说、音乐史、杂技史等众多珍贵的先秦史料，是先秦散文的代表作之一。

列子贵虚尚玄，修道炼成御风之术，能够御风而行，常在春天乘风而游八荒。庄子《逍遥游》中描述列子乘风而行的情景：“泠然善也，旬有五日而后反。”他驾风行到哪里，哪里就枯木逢春，重现生机。飘然飞行，逍遥自在，其轻松自得，令人羡慕。

4. 韩非和法家思想

战国时各地主阶级先后夺取了政权，建立了封建统治，需要与之相适应的统治理论，法家思想应运而生。法家思想主要特征是以法治国，一切断于法，执法上主张赏罚严明，提倡耕战，强化君主专制，主张中央集权等。战国时期法家人物较多，前期法家主要代表是李悝、吴起、商鞅、申不害等人，后期法家的主要代表是韩非、李斯，他们都是荀子的学生。韩非（约公元前 280—公元前 233 年），战国时期韩国新郑（今河南郑州新郑市）人。韩非是先秦法家学说的集大成者，著有《韩非子》一书。

韩非把人类历史看作是发展变化的。他说从上古的有巢氏、燧人氏到夏禹，人的物质生活逐步有所改善。如果有人在夏禹时再去钻木取火，构木为巢，那就势必被鲧、禹所讥笑。同样道理，今天若有人还想颂扬尧、舜、汤、武，那也必定被今天的君主耻笑。所以他认为应该根据今天的实际来制定政策，即所谓“论世之事，因为之备”。他说：“上古竞于道德”“当今争于气力”，因此仁义只适用于古代，而当今就必须依靠法治和暴力。

韩非主张“法治”，首先是加强中央集权，而实行君主专制则是加强中央集权的要害。为此，他认为君主必须掌握“法”“术”“势”这三种“帝王工具”。所谓“法”是指君主制定的成文法令；“术”是君主控制臣下的权术，“术者藏之胸中，以偶众端，而潜御群臣者也”；“势”是指君主至高无上的权力。这三者是不可分离的，

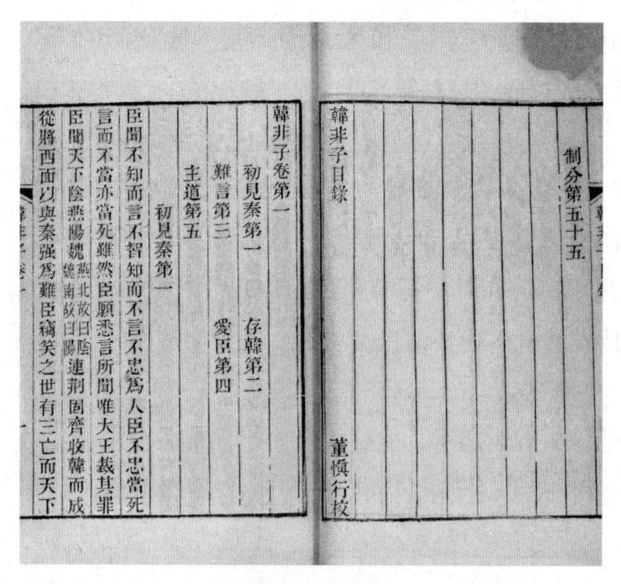
制分第五十五

韓非子目録

董慎行校

韓非子卷第一

初見秦第一　存韓第二

難言第三　愛臣第四

主道第五

初見秦第一

臣聞不知而言不智知而不言不忠爲人臣不忠當死

言而不當亦當死雖然臣願悉言所聞唯大王裁其罪

臣聞天下陰燕陽魏燕北故曰陰魏南故曰陽連荆固齊收韓而成

從將西面以與秦强爲難臣竊笑之世有三亡而天下

《韩非子》书影

有“法”无“术”，会削弱君主的权力；有“术”无“法”，则不能稳定君主的权，但“法”和“术”都必须以“势”为前提，而三者又都是“以法为本”的。所以他认为法律要向全国公布，臣民必须严格遵守，并强调用严刑峻法来镇压人民的反抗，巩固封建统治。

韩非的中央集权君主专制的政治思想，为秦始皇统一中国，建立专制主义中央集权的封建国家奠定了理论基础。

5. 惠施和公孙龙的名家思想

名家是研究名实问题的学派。名实问题，就是概念与事物的关系问题。春秋战国是社会制度发生重大变革的时期，新旧事物交替，出现了名实不符的情况。名家提出要根据新的“实”来慎重地重新定名，这实际上反映了新兴地主阶级肯定社会变革的要求。其主要代表人物有惠施和公孙龙。

惠施又称惠子，战国中期宋人。他主张合同异，认为事物存在着对立的两极，如今和昔、大和小、生和死等，它们都有共同之处，又各自有其特性，即所谓“万物毕同毕异”。这个观点包含有辩证的因素。但他依据同异的相对性，又得出了万物完全相同（毕同）的结论。这又陷入了相对主义的错误。

公孙龙，赵国人，其著作有《公孙龙子》，他写的《白马论》提出了“白马非马”的命题，“马者所以命形也，白者所以命色也，故曰白马非马”。其中包括的一般与个别、共性与个性的辩证法因素。但他只看到个别与一般的差别，并将这种差异绝对化，从而得出“白马非马”的错误结论，陷入了诡辩论。

6. 邹衍的阴阳五行学派

战国末以齐国人邹衍为代表的阴阳五行学派对后世思想的影响也不可忽视。邹衍把具有朴素唯物思想的阴阳说与五行说结合起来，把阴阳消长与五行相胜配合，提出五德始终说，认为土、木、金、火、水五行就是五德，历史上每个朝代代表一德，按五行相胜次序互相更替，周而复始。而主宰历史循环的则是人格神天。这一循环论的唯心主义历史观为后来两汉谶纬神学的发展提供了一个思想基础。

7. 人才辈出的兵家

兵家是专门研究军事学说的派别，主要代表人物是孙膑，另外还有吴起、司马穰苴、魏无忌等。孙膑是战国中期齐国人、孙武的后代。齐威王时任军师，著有《孙膑兵法》，后世失传。1972 年在山东临沂银雀山汉墓中发现了此书。已整理出版的《孙膑兵法》，共 30 篇，11000 多字。孙膑主张用战争手段解决统一问题。他强调进攻战略，但又注重战术的灵活，并主张在运动中消灭敌人等。

8. 许行的农家思想

农家，创始者是许行，他主张人人劳动，自食其力，国君也要“与民并耕而食”，反对不劳而获。这是朴素的农民思想的反映。

9. 杂家与《吕氏春秋》

战国末年，随着社会经济的发展和统一局面的来临，又出现了杂家。秦相吕不韦在秦王政八年令门人辑成《吕氏春秋》一书，公布于众。这部书力图综合先秦诸子，被称为杂家，对各家兼收并蓄，主要是对儒家、道家采取尽量吸收的态度。这部书有重要的政治意义和文化价值，对后世的影响不容忽视。

四、诗歌主流在楚辞，屈子《离骚》惊绝艳

战国后期，在南方的楚地，楚辞的创作大放光彩，成为战国时代诗歌的主流。楚辞是屈原在楚地民歌基础上改造而成的一种新诗体，其名称最早见于汉初，人们用它来称指屈原、宋玉等人的作品以及汉代作家的模仿之作。当时这种文体又简称“辞”，或与赋连称为“辞赋”，由于它以屈原的《离骚》为代表，所以有“骚”之名。

在南方的江汉沅湘流域，有着和中原地区不同的自然条件，当地人民创造了灿烂的楚文化。春秋战国时代，楚国又接受了中原文化的影响。楚辞就是楚文化和中原文化相结合的产物，它的语言、形式、风格以及其中的神话传说、历史人物、风俗习尚、山川物产等等，都带有鲜明的楚国地方色彩。

楚地有浓厚的宗教气氛。民间祭祀时，这种祀神的巫歌与音乐舞蹈

结合在一起，风格热烈活泼，富于浪漫情调。《九歌》本来就是这种民间祭歌，屈原把它们加工改造成了楚辞。另外，战国时代纵横驰说、铺采骋辞的文化气氛和当时散文中的繁辞华句，也对楚辞的出现产生了一定影响。

屈原去世后，在楚顷襄王年间，出现了宋玉等一大批楚辞的作者，兴起了具有浪漫主义色彩的文学潮流，是中国纯文学诗歌的第一个高潮。

屈原的作品有《离骚》《九章》《九歌》《天问》等。其中最重要的代表作品是《离骚》，全诗 370 多句，2400 余字，是在楚国民间歌谣的基础上创建的一种新诗体。它是屈原在政治上遭受挫折后，对过去和未来的思考，也是他自己这个崇高而痛苦的灵魂的自传。

屈原作品的风貌和《诗经》明显不同，这与长江流域的民风和黄河流域的民风不同有关。当时，北方早已进入宗法社会，而楚地尚有氏族社会的遗风，民性强悍，思想活泼，不为礼法所拘。所以，抒写男女情思、志士爱国是如此直切，而使用的材料，又是如此丰富，什么都可以奔入笔底。写人神之恋，写狂怪之士，写远古历史传说，写与天神鬼怪游观，一切神都具有民间普通的人性，神也不过是超出常人的人而已。它们使作品显得色泽艳丽，情思馥郁，气势奔放。这样的作品，表现了与北方文学不同的特色。从体制上看，屈原以前的诗歌，不管是《诗经》或南方民歌，大多是短篇，而屈原发展为鸿篇巨制。《离骚》一篇就有 2400 多字。在表现手法上，屈原把赋、比、兴巧妙地糅合成一体，大量运用“香草美人”的比兴手法，把抽象的品德、意识和复杂的现实关系生动形象地表现出来。在语言形式上，屈原作品突破了《诗经》以四字句为主的格

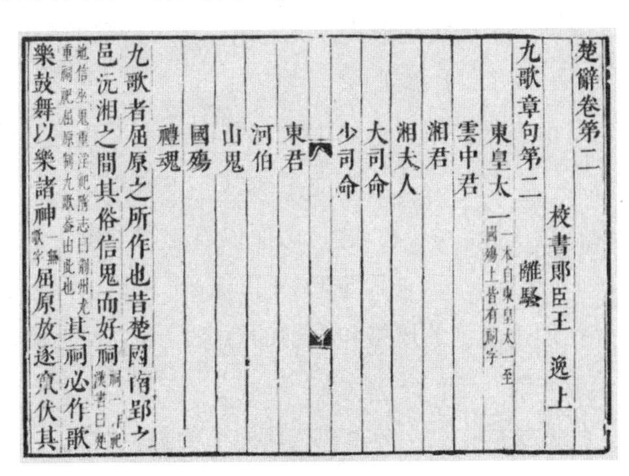
楚辭卷第二
校書郎臣王逸上
九歌章句第二 離騷
東皇太一 一本自東皇太一至國殤上皆有祠字
雲中君
湘君
湘夫人
大司命
少司命
東君
河伯
山鬼
國殤
禮魂
九歌者屈原之所作也昔楚國南郢之
邑沅湘之間其俗信鬼而好祠……其祠必作歌
樂鼓舞以樂諸神……屈原放逐竄伏其

《楚辞》书影

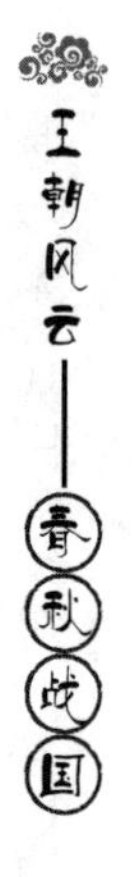

局，每句五、六、七、八、九字不等，也有三字、十字句的，句法参差错落，灵活多变；句中句尾多用“兮”字,以及“之”“于”“乎”“夫”“而”等虚字，用来协调音节，造成起伏回荡、一唱三叹的韵致。总之，他的作品从内容到形式都有巨大的创造性。

屈原作品想象最为丰富，辞采十分瑰丽。《离骚》中大量运用神话传说，把日月风云，都调集到诗篇中来，使辞采非常绚烂，他还突出地描写了三次求女的故事，以表达自己执兼比兴。他善于用美人、香草，以喻君子；恶木秽草，以喻小人，通过比兴手法把君王信谗、奸佞当道、爱国志士报国无门的情景，写得淋漓尽致。

屈原的作品充满了积极的浪漫主义精神。其主要表现是他将对理想的热烈追求融入了艺术的想象和神奇的意境之中。风调激楚，是屈原楚辞风格。屈原由于受宵小的排挤陷害，使曾经对他十分信任并依靠他变法图强的楚怀王，对他产生怀疑以至疏远放逐；楚顷襄王当政后，更为昏庸，朝政日益腐败，楚国面临亡国的危机，而对屈原这样的爱国志士迫害有加。屈原正直的性格，高洁的人格，爱国的行动，反倒都成了罪过。他将自己满腔愤激的情绪，发而为诗，形成了激楚的情调。这种激楚的情调，在《九章》中表现得十分强烈。

作为一个伟大的诗人，屈原的出现，不仅标志着中国诗歌进入了一个由集体歌唱到个人独创的新时代，而且他所开创的新诗体——楚辞，突破了《诗经》的表现形式，极大地丰富了诗歌的表现力，为中国古代的诗歌创作开辟了一片新天地。

由于受到南方自然山水和楚国巫术文化的影响，楚辞散发出艳丽的色彩。刘勰在《文心雕龙・辨骚》中特别指出了楚辞“艳”的特点，他说:“故《骚经》《九章》，朗丽以哀志;《九歌》《九辩》，绮靡以伤情;《远游》《天问》，瑰诡而惠巧;《招魂》《大招》，耀艳而深华。”他认为，楚辞在创造浓艳的风格和奇幻的意象组合方面达到高峰，所谓“惊采绝艳，难于并能”。

在楚辞中，十分重视具体生命的美，对声、色、味的感觉予以充分的重视。在楚辞中香草美人式的比喻俯拾即是。《湘夫人》则展示了一个萧瑟凄清的深秋景象，对自然物的描绘重在烘托出气氛，这被后代称为“千古言秋之祖”。

屈原开创的楚辞，与《诗经》共同构成了中国诗歌乃至整个中国文学的两大源头，对后世文学产生了无穷的影响。